현장에서 본
**재외한국학교
그리고 중국교육**

재외한국학교의 교육과 중국의 교육, 그리고 현지 국제학교의 교육

현장에서 본
재외한국학교
그리고 중국교육

● 박정표 지음

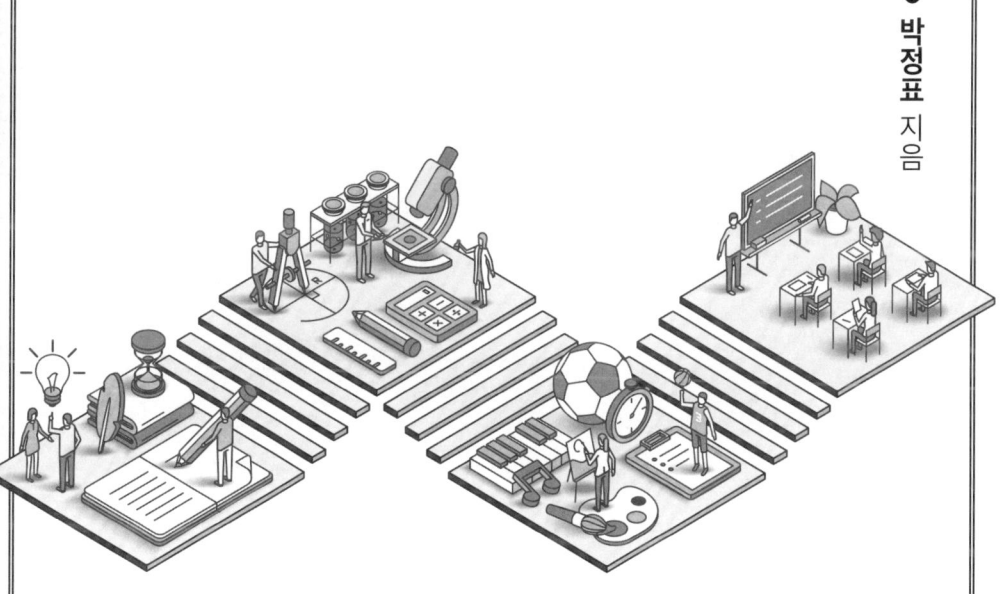

좋은땅

들어가며

　중국 무석한국학교장으로 선발되어 상해 포동공항으로 가는 비행기에 몸을 실었다. 당시 코로나 3년 차라서 방역 상황이 엄중했고 코로나가 앞으로 얼마나 더 길어질지 아무도 모르는 상황이었다. 비행기에 탑승해 보니 승무원들도 모두 방호복을 입고 있었고 얼굴까지 가리고 안면 투명 비닐을 통해 눈만 조금 보였다. 이 순간 코로나에 대응하는 중국 방역 당국의 정책이 생각보다 엄중하다는 것을 알게 되었다. 그리고 상해 포동공항에 도착하자마자 검체를 채취하여 PCR 검사를 다시 한 후 대기하고 있는 버스를 타고 별도의 격리호텔로 이동하는 등 방역관리가 엄혹했다. 이때는 일시적인 감정이었지만 괜히 중국에 왔다는 마음이 밀려왔다.

　현재 중국에는 모두 13개의 한국학교가 있다. 모두 유초중고 교육과정을 운영하는 통합학교이다. 교감이 근무하고 있는 학교도 있고 학교 재정 사정 때문에 교감이 없는 학교도 있다. 교감이 없는 경우 교장이 학사업무를 통할하여 운영해야 하는 어려움이 있다. 국내와 비교한다면 5~6명이 해야 할 일을 교장이 혼자 도맡아 해야 하는 형편이다. 학교장의 업무 부담이 크다고 볼 수 있다. 또 학교가 소재한 지역에는 교민사회가 형성되어 있다. 각 지역 교민사회마다 특성이 있는데 어느 지역이든지 학교가 교민사회의 최대 관심사이고 커뮤니티의 중심이다. 학교에 협력하고 지원하는 긍정적인 요인이 있는가 하면 불분명한 각종 소문이 떠돌아 불필요한 갈등이 생기기도 한다.

이 책은 재외한국학교 근무를 희망하는 분들에게 재외한국학교의 실제에 대한 정보를 제공하기 위해 집필하였다. 특별히 중국에 있는 한국학교 근무를 희망하는 분들에게 좋은 참고 자료가 될 것이다. 각종 웹사이트에 재외국민교육 카페도 있지만 거기에 불확실한 정보도 굉장히 많다. 또 최근에는 민원성 글도 많아서 재외한국학교의 현실에 대한 오해를 살 수 있는 부분도 많아 재외한국학교의 정확한 실제 모습을 알리고 싶었다. 우리 무석한국학교는 물론 화동지역 학교, 그리고 중국 전체 한국학교의 교육 상황이 다루어질 것이다.

그리고 더 나아가 중국 현지 로컬학교의 현실과 국제학교의 교육에 대해서도 탐방과 교류를 통해서 알게 된 정보를 알리고 싶었다. 중국 현지에서 많은 학교를 방문하면서 중국 로컬 학교의 현실을 파악하려고 노력했다. 그리고 거기서 발견한 중국의 장점은 바로 우리학교 교육과정 운영에 반영하였다. 물론 이러한 일련의 노력과 벤치마킹을 통해서 알게 된 사실을 공유함으로써 국내 교육이 더 성장하고 발전하기를 바라는 것은 당연하다.

또 국내 언론에서 중국의 사회와 현실에 대해 폄하하기도 하고 상당수 젊은 층을 중심으로 중국에 대해 오해하고 있는 것도 많아 이 부분에 대해서도 일정 부분 정확한 정보를 제공하고 싶은 마음이 있었다. 물론 필자가 중국에 대해 모두 소상하게 하는 것은 아니다. 편협한 것도 있을 수 있고 과잉일반화의 오류를 범할 수 있다. 그러나 최대한 객관성을 유지하려고 했고 궁금한 것은 중국인과 조선족, 그리고 중국에 오래 산 한국인들을 통해 교차 검증하며 속단하지 않으려고 했다는 점을 말씀드리고 싶다.

아울러 이 책에서는 재외한국학교의 교육과 중국의 교육, 그리고 현지 국제학교의 교육에 대해서 주로 얘기를 할 것이다. 이후 기회가 되면 필자가 중국에서 체험한 내용을 중심으로 중국의 사회와 문화를 독자들과 함께 살펴보고 중국문화유적 답사를 통해 보고 느끼고 생각한 바를 별도의 책으로 구성해 보려고 한다.

그리고 본문의 중국어는 외국어 표기법을 따르지 않고 한자음과 한자를 병기하였다. 실제로 중국어를 공부하지 않는 사람은 외국어 표기법으로 표기하면 그 낱말의 뜻을 알 수 없기 때문이다.

덧붙여 무석한국학교에 근무하는 동안 도움을 주신 분들께 감사를 드리고 싶다. 이재우, 정은태 이사장님과 이사님들에게 감사를 드리고 싶다. 주재 기업 법인장으로 나오셔서 기업경영에도 어려움이 많았을 텐데 이사로서 도움을 주신 법인장 이사님들께 감사를 드린다. 특히 남경에서 먼 길을 마다하지 않고 법률 자문을 해 주신 주경희 변호사님과 감사로서 활동하신 남경 항공항천대 손한기 교수님께 감사를 드리지 않을 수 없다. 그리고 유해섭 학교운영위원장님과 류영현 한국상회장님께도 머리 숙여 감사를 드리고 싶다. 바쁘신 와중에 한결같이 학교 일을 많이 도와주셨다. 그리고 역대 학부모회장님께도 감사를 드리고 싶다. 우리 교직원과 학생들을 위해 늘 헌신적으로 애를 쓰시고 학교건물 매입과 도서관 증축기금을 마련하기 위해 해마다 바자회를 개최하고 모금하는 등 그 귀한 노력과 헌신은 잊을 수 없다.

또 조선족으로서 학교 증치세 문제를 해결하고 코로나 상황 속에서 선생님들의 안정적 부임을 도운 현영자 국장님, 함정옥 외사판공처 부주임에게 감사를 드린다. 학생들의 현장체험에 도움을 준 우정여행사 김성숙 사장님과 진로특강을 한 염인순 은심미반도체 회장님께도 감사를 드리고 싶다. 그리고 특별히 주말한글학교를 20년간 운영하시고 중국 현지학교와의 연락을 도와준 이령경 주말한글학교 교감선생님께도 진심 어린 감사를 드린다.

그리고 주요 행사가 있을 때마다 초청해 주시고 의미 있는 중국문화를 체험할 수 있도록 도와 신오구 우호협회장님과 부회장님께 감사하고 왕장소학 고만춘교장, 채명각 선생님께도 감사를 드린다. 또 ISW국제학교 패터슨 교장선생님과 보스톤국제학교 제인 교장선생님께 특별히 감사를 표하고 싶다. 두 분 덕분에 우리 무석한국학교가 더 성장 발전할 수 있었고 국제적 위상을 확보할 수 있었다. 각종 행사를 함께 진행하였고 정보도 공유하며 성장할 수 있었다. 뿐만 아니라 난와이국제학교, SK소학, 소주 SSIS, Dulwich, 소주 일본학교 교장 선생님들께도 학교를 개방하고 수업을 개방하신 것에 대해 감사를 드린다.

그 누구보다도 우리학교 행정실 직원들을 칭찬하지 않을 수 없다. 코로나 상황 속에서 수많은 일들을 일사불란하게 추진하고 그 많은 학교 공사도 모두 원활하게 진행하였다. 중국 당국으로부터 학교 건물을 매입하는데 혁혁한 공을 세운 박연주 실장님의 헌신과 노력을 잊어서는 안 된다. 그리고 김지연 실장님은 이호(二胡) 연주 로비음악회까지 행정실에서 주관하여 성공시키는 저력을 발휘하였다. 이유정 실장님은 스쿨버스 민원을 특유의 문제해결적 사고로 민완하게 처리를 하였다.

　우리 무석한국학교 행정실은 재중한국학교 최고의 행정실이고 최고의 멤버라고 감히 말하고 싶다. 한 사람 한 사람을 모두 칭찬하고 싶지만 지면 관계상 한계가 있어 아쉽다. 특히 3년 동안 학교장 운전기사로 수고한 유(兪) 기사님에게도 감사를 전하고 싶다. 눈이 오나 비가 오나 코로나 속에서도 우리는 한 형제처럼 지내는 사이가 되었다. 그리고 늘 학교의 든든한 버팀목이 되어 주었던 김승호, 김영준 상해총영사님과 이영섭, 조홍선 교육영사님께도 감사를 드린다.

　마지막으로 중국에 파견을 나와 여러 가지 어려움 속에서 학교를 경영하신 모든 재중한국학교 교장선생님들께 존경과 감사의 박수를 보내고 싶다. 우리 교장선생님들의 헌신과 희생, 그리고 노력이 반드시 좋은 열매를 맺을 거라고 확신한다. 또 해외에 나와서 수고하신 우리학교 박태우 교감선생님과 우리학교 모든 선생님들께도 박수를 보내지 않을 수 없다. 특히 코로나 상황 속에서 출석수업과 원격수업을 병행하느라 더 많은 애를 쓰셨고 수학여행과 체험학습도 추진하시느라 수고를 많이 하셨다. 또 늘 재외학교의 어려움과 하소연을 들으면서도 충분히 지원해 주지 못해 미안해하고 수고하신 교육부 재외동포과 직원들에게도 감사를 드리고 싶다.

　그리고 중국에 파견되어 있는 동안 여러 가지로 애쓰고 응원한 우리 가족과 친척들에게도 감사를 드린다.

목차

들어가며　05

1. 중국시스템과 마주침

입국과 격리생활을 하면서 본 중국　18
호텔 격리 중에도 정시 출근　25
ZOOM 학교운영위원회 회의　29

2. 관찰과 적응

처음 접하는 학교 이사회　32
예외 없는 상피제(相避制) 적용　33
중국에서 처음 맞이한 스승의 날　34
대학별 입시 설명회와 학교장 처신　36
휴일 대체 근무와 수업　38

3. 재외한국학교 시스템

미션 임파서블 행정실장 무석 부임　42
처음 참가한 민주평통상해협의회 통일축제　44

전편입생 선발고사 의미	48
교가 음원 제작	50
출전(出戰)이 아니고 출정(出征)이다	52
학생들의 활동증빙자료를 검토하고	54
교육부를 평가한다	57
재외한국학교 근무 교사 면접 선발	61
수다의 향연이 펼쳐진 재외교육기관장 연수	68
교사 채용과 학교 재정의 어려움	71
북경에서 개최한 재중한국교장협의회	74
주말한글학교를 지키다	84

4. 교육과정 및 교육환경 개선

본전을 뽑은 의자그네	90
선생님은 무엇을 남기는가?	92
잊을 수 없는 의흥죽해(宜興竹海)의 홍차	94
13가지 공사 동시다발 착수	96
운동장에 시계를 다는 날	98
초등 에이스(Ace) 초빙	100
시력보호를 위한 교실 조도 조정	103
아침 등교맞이(迎接早晨)의 효과	105
수용소 철문을 철거하다	107
핼러윈 데이 창의성이 뿜어 나는 행복 교육	109
대극원에서 공작(孔雀) 발레(芭蕾舞)를 보다	116
영어 스피치 콘테스트와 한어비새(漢語比賽)	119
즐거움이 넘친 재중한학교장협의회	121

음색이 고운 아름다운 피아노를 찾아서	124
상해 공동교육과정 연수	129
코로나를 뚫고 졸업식 참석	133
고3 특강 리딩으로 리드하라	135
외국인 학생 중문(中文) 대회	138
대학입시 낭보(朗報)	141
상해 디즈니랜드 수학여행	143
웅비하는 무석한국학교	154
상해총영사님과 프랑스 교육	159
소주(蘇州)에 간 중국문화특강	161
OECD 선진국에 걸맞은 교육환경	169
광저우 공동교육과정 평가회	172
고3 학생들에게 인격 특강	180
항주 상해 수학여행 인솔	183

5. 지역사회와 커뮤니티

행정실장 송별영상 제작	192
Studentware	195
염인순(廉仁淳) 박사 초청 진로특강	197
두려웠지만 인민법원이 두렵지 않았다	199
피아노 반주로 듀엣 연습	202
스승의 날 선물 보따리	205
원초적 야성이 앞선 유치원 앞 소란	208
서예작품으로 본 불멸의 영웅 안중근	211
교사인가? 교육자인가?	213

부녀절(婦女節)에서 여신절(女神節)로   215
상해 한국문화원 임정기록물 전시회   217
바순(Bassoon)이 등장한 민주평통자문회의   220
무석 한국교민대축제 개최   222
한국인 커뮤니티, 필요한가?   225
Change Makers와 함께 그린 우리학교 벽화   229
문학시선 작가협회 방문   231
도서관 증축 기금 마련 바자회   234
교사들이 부임하는 과정   236
억지로 교양을 쌓는 것도 좋다   240
법원에서 학교폭력사건 증언   243

6. 중국교육과 지역사회

왕장(旺庄)실험소학 방문   248
중국유치원 시설이 더 좋아요   251
중국에 대해 아는가? 무석에 대해 아는가?   253
한중(韓中) 교육열 어디가 높은가?   255
당안(檔案)으로 관리하는 신상   259
무석 연운기창(連云寄暢) 소학   261
공개 수업에 대한 한중(韓中)교사 인식 차이   265
이호(二胡) 명인과 함께하는 로비 음악회   268
CCTV 출연한 얼후(二胡) 명인 연주 직관   271
상해 사범대 위안부 역사박물관   277
학교 박물관이 있는 호택(戶宅)중심소학   281
왕장실험(旺庄實驗)소학 축구 교류전   284

상해도서관 동관에 반하다 286
중국의 여름방학과 겨울방학 289
국제 올림픽 개막식과 같은 체육대회 291
SK Hynics를 방문하고 나서 294
고랑(高浪)소학 바자회 297
화동 조선족주말한글학교 교사연수회 301
중국 로컬학교를 다닌 학생의 경험담 305
초등학교 6년 담임제는 약인가? 독인가? 308
중국의 교사 등급 310
협화쌍어(双語)학교 다문화 축제 313
중국대학 강의실 상황 317
뜨거운 중국의 교육 열기 320
왕장실험소학 송별 인사 323

7. 국제학교 교육

벤치마킹 당하는 보스톤국제학교 328
국제화 교육공동체 활동 발표로 높아진 위상 334
ISW국제학교 진정한 보석들 341
과향홍(戈向紅) SK 행복소학 부교장 346
스펠링 비(Spelling bee) 도전하기 348
ISW Java & Jazz 페스티벌 351
모스크바와 연결하다 354
보스톤국제학교 크리스마스 바자회 357
ISW 인터내셔널 데이 359
보스톤국제학교 인터내셔널 데이 363

덕위영국학교(Dulwich)의 철학	*370*
패터슨을 보내고 닥터 윌리암을 만나다	*376*
남외국왕국제학교(南外國王國際學校) 방문	*379*
소주 일본학교 장학지도를 가다	*385*
신주소학(新洲小學) 국제화 교육 참관	*393*
소주 SSIS 유리 통창 사무실	*398*
홍콩(香港)에서 홍콩 가다	*405*

1.

중국시스템과 마주침

입국과 격리생활을 하면서 본 중국

코로나가 한창인 시기에 재중한국학교 파견교장에 지원하여 합격 통보를 받았다. 합격 통보를 받고 기쁘기도 했지만 '이렇게 위험한 시기에 중국에 가야 할까?' 이런 고민도 동시에 하였다. 당시 중국의 코로나 방역 정책이 매우 엄혹했기 중국에 가면 고생을 많이 할 것 같은 생각도 들었고 주위에서도 걱정을 많이 했다.

당시 중국에서는 음성인 코로나 채혈검사 결과를 요구하였으므로 병원에 가서 채혈하고 코로나 검사를 하였다. 그리고 졸업증명서나 학위증명서 등 각종 서류를 번역 공증해서 제출해 달라고 해서 번역 공증을 하느라 많은 시간과 돈을 들였다. 또 비자도 신청하여 받아야 했고 비행기 티켓도 구입해야 했다. 당시 비행기가 간헐적으로 운행을 하던 시기라 표를 구하기도 어려웠고 가격도 평소의 2~3배로 비쌌다.

한편으로는 중국으로 파견을 나가기 위해 방송통신대 중어중문학과에 진학하여 공부를 하고, 졸업 후에도 해오름 동아리에서 중국인 유학생에게 중국어를 계속 배웠다. 또 중국어 HSK 자격증도 취득하였다. 학교 경영에 힘을 쓰면서도 재중한국학교 학교장 선발 면접을 준비하였다. 이런 노력의 결과 중국 파견교장으로 선발되었다.

2022년 2월 14일 인천공항에서 중국 상해행 비행기를 탔다. 비행기를 타고 보니 승무원들이 모두 방호복을 입고 있었다. 얼굴도 식별할 수 없었다. 그 순간 중국의 코로나 방역정책이 우리의 상상을 넘어설 수도 있겠다고 직감했다. 비행기 안에서는 승무원들이 승객들에게 물이나 음료를 주는 서비스를 하는 것이 아니라 자기들이 준비한 물건을 판매하는 데 열을 올리고 있었다. '이것은 주객이 전도된 것이 아닐까?' 이런 생각을 하였다.

상해 공항에 도착하자마자 방역 요원들이 다시 코로나 검사를 하였다. 한국에서 채혈 검사까지 해서 음성을 받아서 왔는데 다시 검사를 하였다. 어찌나 소리를 크게 치는지 무섭기까지 하였다. 그런데 문제는 다른 곳에 있었다. 수화물 찾는 곳에서 짐을 찾았는데 캐리어 바퀴 한쪽이 부서져 있었다. 비행기에 올리고 내리면서 캐리어 바퀴가 부서져 버린 것이다. 새벽에 도착했기 때문에 항공사에 항의를 한다거나 교체를 요구할 수도 없었다. 항공사가 모두 문을 닫아 버렸다. 물론 중국어도 잘하지 못해서 실상 따지기도 어려운 상황이었다. 캐리어를 끌고 이동하는데 한쪽 바퀴가 돌아가지 않아서 캐리어가 자꾸 기울어져서 무거웠다. 그리고 시간을 지체할 수도 없고 방역요원들을 신속하게 따라가야 했다. 상해 방역당국에서 지정한 호텔에 버스를 타고 이동해야 했기 때문이다.

호텔에 도착해 보니 말이 호텔이지 여인숙을 개조한 정도의 수준이었다. 화장실 변기가 고장이 나도 잘 수리를 해 주지 않았다. 감염의 위험 때

[방호복을 입은 비행기 승무원]

[부서진 캐리어 바퀴]

문에 수리기사가 객실로 들어올 수도 없다고 했다. 내가 고쳐서 사용할 수밖에 없었다. 아침 식사는 주로 빵류가 제공되었다. 삶은 계란이 입맛에 맞았고 과일이나 음료수도 괜찮았다. 그리고 먹으면 먹을수록 음식은 입맛에 맞았다.

상해에 오기 전에 상해 호텔은 난방이 안 되어 춥다는 얘기를 들었다. 상해가 덥기 때문에 냉방은 잘되지만 난방이 안 된다는 얘기를 들어서 벽에 걸려 있는 것이 에어컨으로 알고 3일 동안 히터도 켜지 않고 춥게 지냈다. 2월인데도 내복을 입고 잠을 잤다. 중국 생활에 잘 적응해야 한다는 생각밖에 없었다. 호텔에서 나올 때 알아보니 벽에 있는 에어컨은 냉난방 겸용이었다. 지레짐작하지 말고 무엇이든 정확히 확인하자고 마음속으로 다짐했다. 상해 호텔에서 이런 경험이 이후 중국생활과 학교경영에 커다란 도움이 되었다.

호텔에서 학교와 연락을 하며 학교 일을 해야 했기 때문에 노트북을 사용했는데 호텔 와이파이가 너무 느리고 자주 끊어져서 일을 하는 데 어려운 점이 많았다. 호텔에서 하루 종일 있으려니 답답하기도 하여 중국 CCTV를 열심히 보았다. 중국 CCTV 여자 아나운서들은 주로 단발이었다. 한국여자 아나운서들은 긴 머리가 많고 머리카락도 한쪽은 앞쪽으로 하고 다른 한쪽은 뒤로 제치는 것이 거의 공식화되어 있다. '경쟁이 심한 사회의 전형화(典型化) 현상이 아닐까?' '개성이 억압되는 직장의 분위기나 사회문화가 영향을 미친 것이 아닐까?' 이런 생각도 해 보았다.

중국을 잘 이해하기 위해서는 뉴스나 드라마도 보는 것이 좋을 것 같았다. 한국에서도 중국 CCTV 뉴스는 가끔 보아서 뉴스 자막은 익숙한데 오히려 드라마 자막이 더 어렵게 느껴졌다. 빠르게 사라지기도 하고 처음

본 드라마는 전체 내용을 잘 모르기 때문에 더 어렵게 느껴졌다. 호텔에서 본 중국방송 첫인상은 뉴스에 외교부 뉴스가 상당히 많다는 것이다. 국내 뉴스보다 외교 관련 국제뉴스가 많았고 중화민족의 부흥과 국가주의, 그리고 민족주의를 고취하는 캠페인이 많았다. 또 공산당의 위대성을 찬양하는 프로그램이나 드라마도 많았다. 특히 군복을 입고 나오는 공산혁명 관련 드라마가 꽤 많았다. 채널을 돌려도 드라마 소재가 군대 관련 내용이 상당히 많은 부분을 차지했다.

이런 소재의 드라마는 좀 유치하게 느껴지는데 특정 내용에 대한 드라마 편성 비율이나 제작 지침이 있을 것 같은 느낌이 들었다. 지금도 사람들이 저런 드라마를 많이 볼까 하는 의구심이 들었다. 한국도 1980년대는 '땡전 뉴스'라고 해서 뉴스를 시작하자마자 전두환 대통령의 동정을 전하는 것으로 뉴스를 시작했는데 중국은 지금 '땡시 뉴스'인 것 같다. 시진핑 주석의 주요 정치활동을 소개하는 것으로 뉴스를 시작한다.

호텔에서 TV를 보면서 중국어 단어 공부도 하고 듣기 공부도 하였다. 무석 호텔에 격리되어 있을 때 러시아와 우크라이나 전쟁이 발발(2022.2.24.)하였는데 중국 뉴스에서는 러시아와 우크라이나 전쟁을 비중 있게 다루었다. 거의 매일 러-우 전쟁 소식이 뉴스의 상당 부분을 차지하였다. 다만 러시아와 우크라이나 전쟁은 특정 나라를 두둔하여 보도하지는 않고 주로 전쟁 상황을 전하는 뉴스였다.

또 하나 특이한 점은 탄광이 무너져서 광부 14명이 갇혀 있다는 소식을 전하였다. 그런데 이 뉴스를 짧게 단발 뉴스로 다루고 말았다. 한국이라면 언제 구조대가 도착하고 구조 상황에 대해 아주 자세히 실시간으로 생방송도 할 텐데 단발 뉴스로 끝난다. 다음 날 뉴스를 계속 보아도 그 광부들이 어떻게 구조되었는지에 대한 보도가 전혀 없었다. 또 2022 베이징 동계 올림픽 뉴스는 중국 선수단의 활동과 성적을 비교적 냉정하게 다루고 있었다. 당시 쇼트트랙 500m 준결승에서 황대헌 선수의 레인 변경 추월에 대한 심판의 편파 판정으로 한국 매체에서 과잉 반응을 보인 것과는 대조적이었다. 자국에서 진행하는 동계 올림픽인데 매우 냉정한 보도 태도를 유지하는 것을 보고 놀랐다.

공항에 도착한 이후부터 '검체 채취를 너무 자주 하는 것이 아닌가?' 이런 생각이 들었는데 무석 호텔에서는 핸드폰, 칫솔, 물컵, 그 외 소지품을 모두 문 앞에 내놓으라고 하고 문 앞에서 검체 채취를 하였다. 격리하는 것으로도 부족한 것인가? 아니면 어디서 코로나 의심 환자가 나왔나? 별의별 생각이 다 들었다. 방역 요원들이 말하는 중국어 성조는 전반적으로 톤이 높고 생소한 내용을 빠르게 얘기할 때는 잘못하여 야단을 맞는 것 같았다.

중국에 입국 후 격리기간에는 호텔을 3번 옮겼는데 호텔을 옮길 때는 기분이 좋았다. 호텔에 격리되어 밖으로 나오지 못한다는 것이 사람들에게 압박감과 고립감을 주고 때문에 호텔 밖으로 나오는 것은 해방을 의미했다. 아마 격리기간에 한 호텔에만 계속 있었다면 더 힘들었을 것이다. 그러나 가끔 호텔을 옮기니 살 만하고 옮길 시기가 되면 기분이 좋아지고 설레었다. 호텔을 옮긴다고 하면 소풍을 기다리는 초등학생처럼 기대가 되고 들뜨게 된다. 이런 기분이 들 줄은 꿈에도 몰랐다.

이제 마지막 호텔로 이동하기 위해 버스를 탔다. 그런데 버스가 엉망이었다. 아마 폐차 직전의 버스를 이용하는 것 같았다. 코로나가 끝나면 이 버스는 바로 폐차해야 할 것 같았다. 의자의 밑 부분이 터져 있고 커튼 레일이 상하로 흔들리고 바닥의 플라스틱 덮개는 찢어져 있었다.

마지막으로 간 곳은 이비스 호텔인데 학교에서도 멀지 않은 곳에 있었다. 지금도 가끔 호텔 앞을 지나가면 격리되어 있던 때가 생각이 나서 만감이 교차하기도 한다. 이 호텔은 객실이 정말 좁다. 딱 한 사람이 격리되어 있기에 적합한 규모였다. 방음도 잘되지 않아 옆 방에서 전화 통화를 하는 소리가 다 들렸다. 그러나 음식이 아주 풍성하게 잘 나오고 특히 내가 좋아하는 과일이 식사 때마다 다양하게 나와서 열대 과일 잔치를 벌이는 기분이었다. 또 이 호텔에서는 일부 제한이 있었지만 외부 음식을 주문해서 먹을 수 있었다. 이제 서서히 자유가 다가오고 있는 것이다. 전망도 좋았다. 앞에 있는 아파트와 공원이 보이고 길거리까지 보여서 조금 덜 심심했다. 길거리를 내다볼 수 있는 것이 사람을 행복하게 하고 여유롭게 한다는 것을 격리된 경험이 없는 사람은 알 수 없을 것이다.

이 호텔 세면대 배수 구멍은 참 특이했다. 배수 구멍 마개를 좌우로 돌리는 구조였다. 마개를 눌러 툭 튀어나오게 하는 것보다 좋았다. 호텔 안에 있는 중국 로컬 브랜드 하이얼(Haier) TV의 화질이 많이 떨어졌다. 흐릿하게 보이는 화면이 많았고 디자인도 좀 후져 보였다. 그리고 옷장 안에 있을 스테인리스 옷걸이에 녹이 슬어 있어서 깜짝 놀랐다. 스테인리스가 어떻게 녹이 슬까? 스테인리스는 비싸서 합금 비율을 비슷하게 만들었을 거라고 생각했다.

또 겨드랑이에 끼어 체온을 재는 체온계를 받았는데 고장이 난 것 같다. 체온은 학교에 부임해서도 매일 재서 교육국에 보고를 했다. 고장 난 체온계를 바꾸어 달라고 했는데 아무런 소식이 없다. 며칠 후면 호텔을 나간다고 생각하니 기분이 좋아졌다. 이제 드디어 무석에서 살게 되는 것이다. 여러 가지 제한이 있겠지만 그래도 자유를 얻게 되는 것이다. 언제 어디서든 나쁜 짓을 하지 말고 살아야겠다고 다짐도 했다. 교도소에 갇혀서 살게 되는 죄수들은 얼마나 답답하겠는가? 미국 독립전쟁 당시 버지니아 지사인 패트릭 헨리(Patrick Henry)가 한 말이 생각났다. '나에게 자유가 아니면 죽음을 달라'고 했다고 한다.

  호텔에서 나가면서 호텔 방을 깨끗이 청소했다. 함께 격리되어 있던 두 분 선생님도 각종 휴지와 쓰레기, 슬리퍼도 모두 치웠다고 한다. 무석에 온 우리는 한국인으로서 각자 교육외교관이다. 백범 김구 선생이 이런 말을 했다고 한다. '오직 가지고 싶은 것은 높은 문화의 힘이다.' 호텔에서 나갈 수만 있다면 호텔 전체 청소를 하라고 해도 할 수 있을 것 같았다. 호텔을 나가자 행정실장과 행정실 직원, 운전기사가 마중 나와서 대기하고 있었다. 처음 만나는 사람들인데 이산가족을 만난 것처럼 기뻤다. 캐리어를 차에 싣고 흥분된 마음으로 무석한국학교로 향했다.

[상해 호텔에서 이동 후 곤산에서 비행기 탑승자를 각 지역으로 분류하여 보내기 위해 다시 핵산검사를 하고 대기하게 한 다음 버스를 태움]

호텔 격리 중에도 정시 출근

호텔 격리 중에 중국 CCTV를 보기도 했지만 학교와 수시로 연락하면서 학교 일도 심사숙고하여 처리했다. 먼저 보충수업 시행 여부를 결정해야 했다. 소주지역에 살고 있는 학생들은 등교하지 못하고 원격수업을 하고 있었다. 원격수업이 계속되다 보니 소주학생들을 위한 보충수업 요구가 있었다. 원격수업의 효과가 떨어지고 가끔 인터넷이 끊어져서 수업을 제대로 듣지 못하니 주요 교과를 중심으로 보충수업을 해 주었으면 좋겠다는 의견이었다. 참 좋은 의견이었다.

토요일을 이용하여 별도로 시간표를 짜서 보충수업을 하면 학생들의 학업을 보충할 수 있기 때문이다. Tencent meeting을 이용하여 원격수업을 하지만 등교하는 무석거주 학생들과 수업을 같이 해야 해서 어려운 점이 많았다. 무석학생들도 선생님께서 온전히 오프라인 수업에 집중할 수 없는 상황이라 어려움이 있었다. 선생님들은 소주학생들의 원격수업의 원활한 진행도 신경을 써야 해서 고충이 컸다. 또 질문도 거의 할 수 없는 수업 방식이었다.

재외한국학교 학생들은 연간 500~600만 원의 학비를 내가면서 학교에 다니고 있다. 거기에 상응하는 교육서비스를 받아야 하는 것은 당연하다. 하지만 코로나 상황에서 어쩔 수 없는 부분이 있지만 현재의 원격수업방식이 불만족스러울 것이다. 특히 고등학교 학생들은 학교 수업과 학생부의 기록이 매우 중요하다. 하지만 보충수업 시행 여부는 학부모와 학생의 의견을 들어야 한다. 무석과 소주 학생의 의견이 다를 수 있고 형평성에 문제가 있을 수 있다. 원격수업에 들어온 학생들이 자유롭게 수업에 대해 평가하도록 하고 그 결과를 바탕으로 원격 보충수업 진행 여부를 결정해야 한다. 기본적인 자료가 없이 회의를 하게 되면 몇몇 목소리가 큰 사람의 주장대로 의사결정이 이루어질 수 있다. 다른 부장들은 동조나 침묵으로 일관할 수 있고 여기서 학교장이 다른 방향을 제시하면 독단으로 비추어질 수 있다. 객관적인 자료를 확보하여 그것을 바탕으로 보충수업 실행 여부를 결정하면 부작용이 적을 것이다.

  5학년 담임으로 배정된 교사가 소주에 거주하고 있어서 담임을 교체해야 할 상황이 되었다. 개학 후 2주간의 격리 기간이 끝나면 학생들이 등교하는데 소주에 사는 담임선생님이 출근하지 못하는 상황이 발생하는 것이다. 소주에 계속 거주하면서 원격수업을 해야 하는 것이다. 그래서 특단의 대책을 세우지 않으면 안 되었다. 이번에 부임하시는 분이 담임을 맡고 소주에 계시는 분이 교과전담 교사로 전환하면 좋을 것 같았다. 원래는 새로 부임하시는 분이 교과전담을 맡기로 내부 결정이 되어 있었다. 그런데 바꾸게 되면 여러 가지 문제가 있지만 학생 수업이 우선이므로 결단을 하지 않을 수 없었다. 그래서 두 선생님께 상황을 말씀드리고 협력을 요청하였다. 새로 부임하시는 분은 머리가 깨질 정도로 하루 종일 고민을 했다고 한다. 그런 다음 흔쾌히 동의해 주어서 담임을 교체할 수 있었다. 두 분 선생님께 정말 고마운 마음이 들었다. 중국에 와서 서로 만나지도 못했고 서로의 입장이 다르기 때문에 약간 곤란한 일을 전화 통화로 해결하였다. 서로 만나서 얘기를 하면 편한데 격리가 되어 있다 보니 이런 문제를 하나 해결하기도 어렵다.

  호텔에서 중국 CCTV 드라마를 보면서 흥미 있는 점을 발견했다. 드라마의 내용이 한국의 TV 드라마 내용을 그대로 복사한 느낌이 들었다. 중국판 출생의 비밀과 재벌이 등장하고 양쪽 형제와 자매 간에 얽힌 이야기를 풀어 가는 드라마였다. 한국 드라마 단골 소재로 등장하는 것이 중국에서도 똑같이 등장하였다. 드라마를 연출하는 짜임새가 다소 엉성한 구석이 있지만 이러한 소재는 언제 보아도 흥미진진한 것 같다. 격리생활 중에도 무료함을 달래 주는 이런 드라마가 있다니 그나마 다행이었다. 키워드 중심으로 이해하니 자막 이해가 빨랐다.

  호텔이라서 실내의 온도를 보일러로 조정을 하는 것이 아니라 히터를 통해 조절하므로 건조해지기 쉽다. 감기에 딱 걸리기 쉬운 조건이다. 온돌이라면 온도가 천천히 올라가고 내려가는 것도 천천히 내려가는데 히터는 실내 온도가 급격히 올라가고 히터를 끄면 바로 온도가 내려간다. 실내 온도가 건조해지므로 세면대에 물을 받아 놓고 샤워 부스 벽면에 물을 뿌리고 물수건도 두세 군데 널어 놓았다. 이렇게 실내의 습도를 잘 조정해 놓으면 컨디션이 확실히 좋다. 호텔이라고 안심하면 안 되고 이렇게 잘 관리를 해야 한다. 호텔에서 감기에 걸리면 중국 방역당국에서 코로나에 걸린 줄 알고 한 단계 더 높은 격리를 하기 위해 어디론가 다른 곳으로 데려갈지도 모르기 때문이다.

  호텔에서는 시간이 나는 대로 중국어 공부도 하였다. 중국어 공부를 하다 보면 시간이 금방 지나간다. '어차피 중국에 살려고 왔으니 중국어를 잘하면 좋지 않겠는가?' 이런 생각에서 공부를 열심히 하였다. 호텔에서는 말할 사람도 없어서 혼자 말하면서 공부하면 심심하지 않다. 오랫동안 격리되어 있으면서 생각을 한 것인데 한국말도 오래 하지 않으면 잊어 버릴 수도 있겠다는 생각이 들었다. 전에는 한 번도 해 본 적이 없는 생각이었다. 일정한 시간을 잡아서 꼭 중국어를 규칙적으로 공부하였다. 시간이 많으면 사람이 더 게을러진다.

　호텔에 격리되어 있었지만 아침에 일어나면 학교에 출근했다고 생각하고 침대에 누워 있지 않았다. CCTV를 보면서도 공부했고 한국에서 가지고 온 책으로도 공부했다. 하루 10개의 단어 정도를 꼭 익혔다. 한 달이면 300개이다. 적은 것 같지만 기존에 익힌 단어에 새로운 단어를 300개 추가하기 때문에 적은 양이 아니다. 그리고 예문도 열심히 익히고 상황별로 그 단어의 쓰임에 따라 작문도 했다. 그리고 파파고(papago)를 돌려서 확인도 해 보았다. 반복하고 또 반복하면서 나의 단어로 만들었다. 그리고 5일 단위로 학습량과 점검하고 정리하였다. 호텔에 격리되어 있는 동안 뭔가 성취감을 느낄 수 있는 일이 필요했는데 할 일을 잘 찾은 것 같았다.

　4주가 지나 호텔격리가 풀려서 학교에 가면 눈코 뜰 새 없이 바쁠 것이다. 학교에서 의논해야 할 것도 많고 처리해야 할 일도 많아서 시간을 내기가 어려울 것이다. 또 저녁에는 회식도 해야 하고 학교운영위원회나 이사회, 그리고 학부모회와도 만나 인사를 해야 하니 무척 바빠질 것이다.

ZOOM 학교운영위원회 회의

무석한국학교에 부임하여 처음 학교운영위원회를 하는데 ZOOM으로 했다. 다만 학교에서 온라인 수업을 할 때는 무료이기도 하고 더 안정적인 Tencent meeting을 사용하였다. 최근 무석에 코로나 확진자가 1명이 있었는데 이분이 여러 지역을 돌아다니면서 모든 학교가 온라인 수업으로 전환했다. 확진자가 1명이 있는데 750만 무석시 전체 학교가 온라인 수업으로 전환을 한 것이다. 당시 중국의 제로 코로나 방역관리 상황이 이토록 엄중하였다. 온라인 수업으로 전환해서 학교에는 외부인이 들어올 수 없기 때문에 2022학년도에 처음 개최하는 학교운영위원회 회의였지만 온라인으로 할 수밖에 없었다. 학교운영위원장님은 며칠 전에 식당에서 한 번 뵈었고 다른 학부모 위원들은 처음으로 인사를 드리게 되었다.

학운위 위원들은 초등과 중등이 일정한 비율로 나누어져 있었지만 대입이 중요한 목표인 만큼 중고등학교 학부모들의 관심이 더 높았다. 학교운영위원회 진행 방법은 국내 학교와 큰 차이가 없었다. 그리고 학부모들은 학교에 대하여 매우 우호적이고 협조적이었다.

중국에서 학교운영위원회 회의를 ZOOM으로 하리라고는 꿈에도 생각하지 못했다. 최근 상해는 오미크론 감염자가 급격히 늘어나서 도시 전체가 봉쇄되어 2,500만 명이 넘은 상해 사람들이 집 안에 격리되어 있다. 물류대란이 일어나고 있고 격리기간이 길어지자 여기저기서 항의하는 목소리도 커지고 있다. 당시 상해 사람들은 아침에 일어나면 꼭 코로나 검사를 하고 결과를 각 동 단체방에 올리고 점심때쯤 되면 아파트 단지에 방호복을 입은 검사관이 와서 확성기로 한 동씩 불러 모아 또 한 번 핵산검사를 했다고 한다.

당시 우리와 함께 출국한 상해 교장선생님은 학교에 부임하지 못하고 약 60일간 격리되어 있었다. 당국의 봉쇄정책에 대한 불만이 커지고 있고 격리생활에 대한 피로감이 커지고 있다. 세계 최대 규모의 상업 도시 상해의 봉쇄가 길어지면 중국 경제의 성장에 미치는 영향이 클 것이다. 그리고 올 초 양회(兩會)에서 제시한 경제성장률 5.5%를 달성하기 어려울 것이다.

2.
관찰과 적응

처음 접하는 학교 이사회

재외한국학교는 학교 이사회가 구성되어 있다. 즉 재외한국학교는 사립학교이다. 공립학교 교장이 파견되어 사립학교를 경영하는 특수한 상황이라고 볼 수 있다. 그리고 재외한국학교는 초중등교육법에 기반한 의무교육기관이 아니고 재외교육기관이다. 매우 특수한 법적 지위를 가지고 있다고 볼 수 있다.

이번에 이사회를 개최하는 목적은 교직원세금보전수당 신설 관련 보수규정과 시행세칙 개정, 2021년 예산 결산을 심의받는 것이었다. 우리학교 이사회는 이사 9명, 감사 2명 총 11명으로 구성이 되어 있다. 상해총영사관 영사, 학교운영위원장, 학교장, 한인회장은 당연직이고 이외에 주재 기업의 법인장들이 주로 이사회 멤버이다. SK Hynics, LG 화학, 삼성 SDI, 한국 콜마 등 주재기업이 많다. 그리고 특별히 남경대성법률로펌 변호사가 우리학교 이사회 이사로서 많은 도움을 주고 있다. 중국 현지의 법률과 관행에 대해서 잘 모를 수 있는데 변호사님의 도움을 많이 받고 있다.

우리학교 이사회는 분위기가 참 좋다. 학교에 우호적이고 협조적인 각 주재기업의 법인장들로 구성이 되어 있기 때문이다. 과거에는 한국상회 자영업자나 중소기업 대표들이 많아 학비 인상과 관련된 문제에서 매우 민감하게 반응하여 학교 경영에 어려움이 많았다고 한다. 그 후 임기가 만료되는 이사회 멤버를 주재기업 법인장들로 교체하여 이사회가 더 무게감 있게 현안을 논의할 수 있었고 분위기도 좋아졌다고 한다.

예외 없는 상피제(相避制) 적용

상피제는 고려 시대와 조선 시대에 시행된 제도로 비리를 막기 위해 가까운 친인척끼리는 같은 관청에서 근무하지 못하게 하고 지역 인사들끼리 세력을 규합하는 일을 막기 위한 제도였다. 이러한 시스템을 대부분의 재외한국학교에서도 적용하고 있다. 재외한국학교의 경우 자녀를 동반하여 부임하시는 선생님이 꽤 있다. 그렇기 때문에 평가와 관련하여 공정성을 확보하고 불필요한 오해를 막기 위해 상피제를 적용하고 있다. 즉 자기 자녀의 담임이나 교과 수업, 그리고 수행평가나 동아리 활동을 맡을 수 없게 하는 것이다.

그런데 이번에 부임한 과학교사의 자녀가 과학경시대회에서 최우수상을 받았는데 당시 시험 출제 교사에 과학선생님이 포함되어 있었다. 이번에 부임하신 분이 3월 중순 과학경시대회 생명과학 영역 출제자로 참여하신 것 같다. 그 당시 과학계에서 경시대회를 치러야 하니 생명과학 분야 출제를 부탁해서 별생각 없이 출제했을 것이고 자녀는 시험을 보았을 것이다.

하지만 이 부분에 대한 학교의 초치는 단호해야 한다. 수상 관련 공문을 기결 취소하고 학생은 수상을 취소했다. 과학경시대회 문제는 생명과학 문제만 있는 것이 아니라 물리, 화학 문제도 있다. 최우수상을 받았다는 것은 물리나 화학 영역에서도 잘했다는 것을 의미한다. 그러나 이러한 것은 고려 대상이 아니고 엄정하게 처리를 해야 한다. 재외한학의 경우 선생님의 자녀들이 같이 학교에 다니기 때문에 평가의 공정성을 해칠 수 있는 것은 단호하게 처리를 해야 한다.

중국에서 처음 맞이한 스승의 날

올해가 몇 회인지는 모르지만 2022학년도 스승의 날이다. 아침에 학교에 출근하니 중고등학생들이 일찍 등교하여 카네이션을 몇 송이씩 들고 현관에 서 있었다.

현관에 들어서자 "스승의 날 축하합니다"라는 인사말과 함께 카네이션 한 송이를 주었다. 중국에서 맞는 첫 번째 스승의 날이다. 우리 학생들이 바쁜데 언제 이런 생각을 했나 대견하기도 하였다. 더 알아보니 학생들이 자기들의 용돈을 모아 카네이션을 구입하고 스승의 노래 영상도 만들었다고 한다. 고등부 학생자치회 중심으로 이런 이벤트를 준비한 것 같다. 스승의 날 노래 영상은 각 반별로 돌아가면서 스승의 날 노래를 부르고 12학년 2반에서 마무리를 하였다. 무엇보다도 더 의미가 있는 것은 학생 전체가 참여한 스승의 날 축하 영상이었다.

평소에 수행평가도 준비하고 시험도 보고 방과후 수업까지 하느라 시간이 없었을 텐데 이렇게 부족한 시간을 쪼개서 이런 영상을 만들다니 기특한 생각이 들었다. 감사는 좋은 심성의 출발선이다. 그리고 무엇보다도 성장기에 이런 감사가 마음 안에서 터를 잘 잡아야 한다. 이런 의미에서 우리학교 학생들은 복을 많이 받았다. 좋은 선생님들이 많이 계시고 성품이 좋은 친구들도 많아서 훌륭한 인성을 도야할 수 있는 기본 터전이 좋은 것이다. 국내에서는 느낄 수 없는 또 다른 맛의 스승의 날이었다.

유치원생들이 꽃과 카드까지 만들어 교장실로 와서 스승의 날을 축하한다고 하였다. 교장실 협탁 위에 붙여 놓았다. 아주 귀한 선물이다. 교장실 바로 앞에 있는 유치원 아이들은 정말 귀엽고 사랑스럽다. 강서성 남창에서 오신 학부모님의 말씀에 따르면 중국학교에서는 학부모님을 일 년에 두 번 학교에 오게 하여 책상 위에 학생의 시험지를 펼쳐 놓고 매우 고압적인 자세로 학부모님을 야단친다고 한다. 이런 공개적 망신을 아무렇지도 않게 한다고 한다. 일부 학교이기는 하지만 중국에는 이런 문화가 있는 것도 사실이다. 이런 문화에서 자란 학생들이 커서 스승을 어떻게 생각할까?

[스승의 날을 맞아 현관에서 카네이션을 나누어 주는 학생회]

대학별 입시 설명회와 학교장 처신

　재외한국학교에는 매년 각 대학별 입시 담당자들이 입시 설명회를 하기 위해서 방문한다. 이전에는 직접 학교로 방문하였고 코로나 때는 일시적으로 온라인 설명회로 전환하기도 하였다. 주로 4월과 5월에 방문하는데 이때는 학부모와 학생들이 참여하여 각 대학의 입시 요강과 학생 선발의 특징을 경청하고 나름 각 대학의 입학전형에 맞게 대입 준비를 한다.

　입학설명회 시즌을 맞이하여 인하대학교에서 입학처장 교수님과 입학처 직원이 함께 입학설명회를 하셨다. 입학처장님이 하신 말씀 중에 깜짝 놀랄 만한 것이 있었는데 인하대가 우즈베키스탄에 진출하여 4개 학과를 운영하고 있다고 한다. 거기서 매우 성공적으로 운영이 되고 있고 연간 40억 원의 수익이 발생하고 있다고 한다. 굉장히 특별한 케이스인 것 같다.

　재외한국학교는 대입 전형은 12년 특례전형과 3년 특례전형이 두 가지가 있다. 12년 특례전형은 말 그대로 12년 동안 외국에서 교육과정을 이수한 학생에게 주어지는 자격이고 3년 특례전형은 고등학교 1학년을 포함하여 3년 동안 외국에서 교육과정을 이수한 학생에게 주어지는 자격이다. 최근에 해외에 주재원으로 파견되는 분들이 많아서 3년 특례전형의 경쟁률이 과거보다 많이 높아졌다. 12년 특례전형은 서류전형으로만 이루어지기 때문에 대입 준비 부담이 크지 않고 경쟁률도 높지 않다.

　서류전형의 경우 학생부가 중요한데 학생부에 기록되는 교과세부특기사항의 내용과 질이 중요하다. 또 봉사활동, 동아리활동, 독서이력, 행동 발달상황도 선발에 중요한 영향을 미친다. 그리고 상위권 학생의 경우 각종 어학 시험의 성적과 AP 점수도 중요한 변별요인이 될 수 있다. 또 서울대의 경우 학생의 자기소개서와 교사의 추천서도 소정의 글자 수로 제출해야 한다. 각 대학에서 특례전형의 평가 기준을 공개하지 않기 때문에 깜깜이 전형이기도 하지만 과거의 입학 사례에 비추어서 각 대학의 평가 기준을 추측하고 대입 준비를 하는 것이 재외한국학교의 현실이다.

재외한국학교에서 교장의 역할은 국내보다 훨씬 더 중요하다. 그리고 역할도 더 다양하다. 무석에서 한국학교는 학부모 커뮤니티의 중심이며 모든 관심사가 집중되는 곳이다. 그리고 소문이 정말 빠르다. 흔히들 빛의 속도로 소문이 퍼진다고 한다.

학교장이 바뀌게 될 때는 '어떤 교장선생님이 부임하시게 되는가?' 이것이 초미의 관심사였다고 한다. 여러 가지 추측과 소문이 떠돌아다니겠지만 본격적인 판단은 학부모 총회나 수업 공개, 그리고 대입 결과가 나오는 때가 될 것이다.

또 학교장이 당구장에 몇 번 가면 당구장에서 산다고 얘기를 하고 일식집에 한 번 가면 일식만 좋아한다고 소문이 난다. 그리고 노래방에 한 번 가면 룸살롱에 다닌다고 소문이 나는 동네다. 말과 행동 조심이 파견교장의 제일 중요한 행동 수칙이라고 한다.

교육공동체를 겸허히 섬기고 학생과 교직원을 존중하며 무석교육 발전을 위해 헌신하는 것이 소임이고 사명이라고 생각한다. 파견되어 올 당시 초심을 잃지 않고 구설수에 휘말리지 않도록 처신을 잘해야 한다. 빛의 속도로 퍼져 나가는 소문은 수습하기 어렵다. 무석한국학교 교육공동체 모두에게 자랑스러운 교장이 되도록 역할을 다하고 소명을 다해야 한다.

휴일 대체 근무와 수업

중국에는 청명절, 노동절, 중추절, 국경절, 춘절 연휴가 있다. 우리나라와 기념일이 비슷하지만 연휴 기간은 상당한 차이가 있다. 또 하나 다른 점이 있다면 한국에서 공휴일인 크리스마스나 석가탄신일이 휴일이 아니다. 보통 중국에서는 국경절 연휴와 춘절 연휴가 가장 길다. 국경절 연휴는 일주일 이상이고 춘절 연휴는 지역이나 회사에 따라 15~30일이 되기도 한다.

그런데 휴일 기간에서 좀 특이한 점을 발견할 수 있다. 연휴가 길어서 상당히 좋겠다는 생각이 드는데 실제로 그 내용을 살펴보면 그렇지도 않다. 쉬는 날이 이어져서 연휴가 되지만 연휴 동안 출근하지 못하는 날이나 수업하지 못하는 날은 연휴 전후로 보충을 한다. 즉 대체 수업일이나 대체 근무일을 지정하여 등교하고 출근한다. 토요일, 일요일에 대체 수업일과 근무일을 운영하는데 연초에 달력에 아예 반(班)이라고 표시가 되어 있다. 이날은 학교에 가서 수업하고 회사에 출근해야 한다. 중국은 학교 수업일이 연간 204일로 190일인 한국보다 길다. 한국인의 입장에서는 좀 이해가 안 된다. '대체 수업과 대체 근무일을 운영하려면 무엇 때문에 연휴를 길게 하는가?' '연휴를 좀 짧게 하고 토요일, 일요일을 모두 쉬면 되지 않겠는가?' 이렇게 반문할 수도 있을 것이다.

그런데 여기에는 중국의 지리적 특성이 있다. 중국은 인구도 많고 국토도 넓어서 고향을 가거나 지인들을 만나려면 시간이 많이 걸린다. 광저우에서 연변까지 가려면 비행을 타지 않으면 며칠이 걸린다. 또 돌아오는 시간도 많이 걸린다. 그래서 휴일이 2~3일로는 부족하다. 따라서 연휴를 길게 주어야 고향에 가서 부모님도 만나고 친척들도 만날 수 있는 것이다. 연휴가 짧으면 이런 일을 할 수 없다. 그래서 평소에 토요일, 일요일 일부를 할애하여 수업도 하고 일도 하면서 연휴를 길게 잡는 것이다. 이러한 것이 처음에는 잘 이해가 되지 않았지만 중국에 살면서 중국 사회 상황을 보니 중국인의 입장에서는 당연한 일이었다.

[노동절 연휴 혜산고진에 몰린 연휴 인파]

3.
재외한국학교 시스템

미션 임파서블 행정실장 무석 부임

신임 행정실장이 학교에 부임하기를 기다리고 있었다. 전에 면접을 통해서 새로 부임하게 될 행정실장을 선발하여 원래 계획은 6월 하순 한국에서 출발하여 호텔에서 소정의 격리기간을 거친 다음 7월 초중순에 부임하는 것으로 부임 일정을 잡아 놓고 있었다. 그런데 실장님께서 비행기 티켓을 좀 늦게 구입하는 바람에 부임 날짜가 늦어지게 되었다. 더 정확히 말하면 중국행 비행기의 수요가 급증하고 중국 당국에서 비행기의 운행 횟수를 줄이는 바람에 비행기표를 구하기 어렵게 되었기 때문이다.

가까스로 8월 초순 광저우로 가는 비행기를 예매했는데 이 노선을 운행하던 비행기에서 코로나 확진자가 나오는 바람에 서킷브레이크가 발동되어 이 노선의 비행기가 취소되었다. 중국 당국은 각 비행기 노선별로 방역을 철저히 하도록 강조하면서 비행기 운항을 허가해 주었는데 해당 노선에서 코로나 확진자가 발생하면 그 노선의 비행기 운항을 취소해 버린다. 무관용의 원칙이 적용된다. 광저우행 비행기를 예매한 이유는 상해나 무석으로 오는 비행기는 입국 날짜가 너무 늦어져서 그나마 빠른 시간이 8월 초 광저우로 가는 비행기였기 때문이다.

광저우행 비행기가 취소되어서 난감한 상황이 발생하였다. 여기저기 사방으로 다른 비행기를 알아보고 심지어 제3국 경유 비행기까지 알아보았다. 가장 빠른 일정은 9월 초에 천진으로 오는 비행기였다. 그 비행기를 예매하고 출발하기 전까지는 한국에서 온라인으로 업무를 보도록 하였다. 한국에서 원격으로 행정실 직원들과 소통을 하면서 업무를 처리해야 하는 상황이 되었다.

당시에 태풍 힌남노가 한국에 상륙한다고 하여 걱정하였는데 다행히 천진행 비행기가 출발을 하였다. 천진이 중고위험지역으로 분류가 되어 자가격리가 3일에서 7일로 늘어나 호텔에서 7일 격리하고 방역버스를 타고 천진역으로 이동하여 무석역으로 들어왔다. 그리고 무석역에서 방역버스를 타고 자가로 이동하여 며칠 격리한 다음 두 자녀와 함께 학교로 부임하였다. 미션 임파서블이다.

처음 참가한 민주평통상해협의회 통일축제

　민주평통상해협의회 통일축제에 다녀왔다. 민주평통상해협의회는 해마다 통일축제를 개최한다. 중국화동지역 3개 한국학교를 중심으로 백일장과 사생대회, 통일 골든벨, 그리고 학생들이 참가하는 특별프로그램으로 운영이 된다.
　우리학교는 이번에 난타부와 K-pop 댄스, 초등 소리날개 밴드부가 참여하였다. 고등학생들로 구성된 난타부는 위용이 남달랐다. 난타 북은 상당히 크고 소리도 잘 울려서 무대를 장악하는 카리스마가 있다. 자율동아리로 운영하는 난타부는 10학년이 주축이고 9학년이 신입 연습 단원이다. 그리고 11학년들은 주로 후배들을 지도하고 격려하는 역할을 하고 있다. 특별히 코로나로 인해 3년간 연습이나 공연이 거의 중단된 상태여서 난타부를 활성화시키고 맥을 이어 나가도록 하는 것이 현시점에서 중요한 과제였다. 이번 난타부의 공연은 북채의 움직임이 얼마나 빠른지 신기할 정도였고 그 웅장한 소리의 울림이 관중들을 감동시켜 많은 박수갈채를 받았다.
　K-pop 댄스는 안무의 구성이 돋보였다. 남녀 혼성 7인 댄스부는 자유분방함과 리듬감이 압권이었다. 수행평가 준비하랴 지필평가 보랴 바빴을 텐데 언제 저렇게 준비했는지 모르겠다. 그저 감탄이 절로 나오고 프로 걸그룹을 능가하는 퍼포먼스를 보여 주었다. 우리학교뿐만 아니라 소주한국학교 여학생 5인조 Dance 그룹도 남다른 실력을 보여 주었다. 소주학교 댄스동아리 학생들의 댄스 수준이 상당히 높았다. 원래 소주한국

학교는 댄스동아리의 전통이 있는 학교이다. 그래서 그런지 기본실력이 아주 탄탄하다는 느낌을 받았다. 또 우리학교 초등 소리날개 밴드부는 노래 연주를 하면서 보컬이 전체 관중들로 하여금 일어나서 함께 박수 치고 춤추게 하는 배짱과 여유를 부렸다. 연습시간이 짧았는데도 실력이 일취월장했고 자신감이 넘쳤다. 또 모두 선글라스까지 끼고 나왔다.

운동장 쪽에서는 따뜻한 햇빛 아래서 가족들과 함께 사생대회가 열렸다. 나무 그늘에 돗자리를 깔아 놓고 자기가 구상하는 그림을 멋지게 그렸다. 체육관에서는 전체 학생들이 참가한 가운데 통일 골든벨을 진행하였다. 백일장은 이미 학교에서 사전에 실시하여 원고를 주최 측에 제출했다. 상해한국학교 학생들이 합창과 합창곡 메들리로 대미를 장식하고 시상식을 진행하였다.

해마다 진행하던 통일축제를 코로나 때문에 그동안 하지 못했는데 다시 하게 되어 감회가 새롭다고 한다. 화동지역 학교에서 순회하면서 개최

[상해 민주평통자문위 통일 골든벨]

하기도 했다고 하니 우리학교에서도 조만간 주최하게 될 것이다.

통일축제를 시작하기 전 상해학교에 일찍 도착하여 상해학교 뒤쪽에 있는 대만학교의 행사를 담장 너머로 관찰하였다. 대만학교는 학교행사를 어떻게 진행하는지 궁금하였다. 학교의 정확한 이름이 상해대상자녀학교(上海台商子女學校)이다. 이름 그대로 비즈니스를 하는 대만 사람들의 가족이 다니는 학교이다. 우리나라 학예회 같기도 하고 무슨 기념식 같기도 한 행사를 하고 있었다. 신기한 점은 우리나라는 운동회를 할 때 운동장에 만국기를 다는데 여기는 바람개비를 달아 놓았다. 수백수천 개의 바람개비가 돌아가는데 이것도 멋있는 것 같다. 지은 지 좀 오래된 것 같은데 이 학교에는 중국 교감이 파견되어 있다고 한다.

상해한국학교 교장실로 가는데 귀빈 대기실이 있어서 가 보았다. 이미 상해학교 이사장님과 중국 민주평통부의장님이 와 계셨다. 이런저런 얘기를 나누던 중 재외국민투표 얘기가 나왔는데 현재 재외국민이 750만 명이라고 한다. 하지만 실제 투표권을 가진 사람은 238만 명이고 이 중 투표하는 사람은 20만 명이 안된다고 한다. 그리고 재외국민 중 상하이 교민들의 투표율이 제일 높다고 한다. 재외에서 투표하기 위해서는 사전 신고를 하고 투표일에 총영사관까지 와서 투표해야 하므로 원거리에 사는 교민들이 투표하는 것이 쉽지 않다고 한다. 투표 인원이 적으니 재외국민의 목소리가 정치권에 잘 전달이 안 되고 예산도 충분히 배정받지 못하는 실정이라고 한다.

또 상해 교민들의 얘기도 하게 되었다. 상해 구베이 쪽에는 총영사관이 있고 주로 주재원들이 살고 있는데 이쪽 교민들의 생각과 홍치아오 쪽에 사는 교민들의 생각이 많이 다르다고 한다. 경제적 여유가 있는 구베이

쪽 거주자들은 학교 일을 할 때도 자기 돈도 좀 써 가면서 협조적인데 조금 생활이 어려운 훙치아오 거주자들은 학교에 이것저것 따지는 데만 열중하는 경향을 보인다고 한다. 경제적으로 어려운 일부 중국인도 이런 특성을 보이는데 무슨 사고가 나면 잘잘못을 먼저 가린다고 한다. 예를 들어 교통사고가 나면 경찰이 올 때까지 절대로 움직이지 않고 엎드려 있거나 누워 있는 경우를 종종 볼 수 있는데 이것도 잘잘못을 먼저 가리려는 행동이라는 것이다. 이처럼 경제적 여유가 없으면 사람이 각박해지는 것은 당연한 것 같기도 하다.

얘기를 나누다가 시간적 여유가 좀 생겨서 도서관에 가 보았다. 일단 기본적으로 도서관 규모가 우리학교보다 상당히 컸다. 그리고 토요일이라 주말한글학교에 참여한 학생들이 자유롭고 편안하게 책을 보고 있었다. 그 당시 상해에 온 지 7년이 된 초등교무부장님이 아이들을 지도하고 있었는데 도서관에는 고등학생들이 쓴 책이 있다고 하였다. 실제로 보니 학생들이 쓴 책 20~30권이 서가에 꽂혀 있었다. 고등학생들이 재학 중에 쓴 것이고 이미 상당수 학생은 졸업했다고 한다. 아마 대학입학과 관련된 활동이라고 보이는데 대단하다는 생각이 들었다. 상해한국학교 도서관은 통창으로 되어 있어서 창밖을 보니 한 폭의 그림과 같았다. 상지초에 있을 때 상해한국학교 도서관의 통창을 모티브로 해서 상지초 도서관 유리창을 통창으로 개조했던 생각이 났다. 도서관 통창 밖은 풍경은 한 폭의 그림이었다.

전편입생 선발고사 의미

재외한국학교는 학기 말(6월, 12월)에 전편입생 모집 공고를 통해 신학기 전편입생을 선발한다. 신학기 전편입생 규모를 알아야 학교예산 운영 계획을 수립할 수 있고 학급편성이나 담임교사 초빙 등 학사 운영도 추진할 수 있기 때문이다. 그리고 재외한국학교는 주재원의 파견이나 귀임으로 인해 국내학교보다 학생들의 전출입이 많아서 사전에 전입편입 학생 수를 파악해야 원활한 학사 운영을 할 수 있다. 다행히 우리학교는 최근에 학생 수 변동이 거의 없어서 재정적으로 안정이 되어 있고 학사운영에 큰 변수가 없었다.

그러나 대부분의 재중 한국학교는 중국에 투자한 한국기업의 철수 등 대외적인 요인으로 학생 수가 많이 줄어들고 있다. 재외한국학교는 학교 예산의 상당 부분을 학생들이 내는 학비에 의존하고 있어서 학생 수가 줄어들면 학교 재정의 여력이 줄어든다. 그리고 교육과정 운영 예산이 줄어들기 때문에 교육의 질도 저하될 우려가 크다. 뿐만 아니라 현재 재중한 학은 다문화 학생 수가 급격하게 늘어나고 있다. 전에는 다문화 학생 수가 10~20% 수준이었는데 현재 유치원은 약 60%이고 초등 저학년의 경우 50%가 넘는 학교도 많이 늘어나고 있다. 이 학생들에 대한 더 촘촘한 교육이 필요한데 학교 재정이 어려워지면 여기에 필요한 교육적 대응도 어렵게 된다.

더 나아가 전편입학생들의 학력 차가 점점 더 커지고 있다. 재외한학은 전편입선발고사를 통해 적정한 학력 수준을 가진 학생을 뽑아야 하는

데 그렇게 하지 못하고 있다. 재외한국학교는 교육법상 의무교육기관이 아니기 때문에 모든 학생을 수용해야 하는 것은 아니다. 학교가 제대로 된 교육을 감당할 수준이 아닌 학생을 선발하지 않을 수도 있다. 그런데 현재는 학생 수가 줄어들고 있어서 선발고사 자체가 의미가 없는 상황이 되어 가고 있다. 전입해 오는 학생은 무조건 받아들여야 하는 상황에 놓여 있다. 또 이전 학교에서 학교폭력에 연루되어 전입해 오는 학생도 거를 수 없다. 학교 폭력에 연루되어 전입해 오는 학생들은 현재 재학생에 대한 교육적 부작용을 고려하여 전입을 받지 않을 수 있는데 그런 형편이 되지 못하고 있다. 이런 학생들에 대해서는 재학생들과 학부모들이 모두 반대를 하고 있다. 그런데 학생 수가 줄어들고 있어서 전편입심사위원회에서 이런 학생들의 전편입을 허가하지 않아야 하는데 이런 장치도 유명무실해지는 상황이 된 것이다. 학생 수가 너무 줄어들고 있어서 전편입시험을 통한 학생 선발 기능이 점점 없어지고 있다.

교가 음원 제작

학교 홈페이지를 살펴보니 악보는 있지만 교가 음원은 없었다. 전에 근무한 상지초에서는 교가 음원을 홈페이지에 넣고 유치원 원가까지 만들어서 홈페이지에 탑재하고 원아들이 원가를 부르도록 지도를 하였다.

무석한국학교에 부임하여 교가를 들어 보니 잡음이 많고 음이 늘어지는 경향이 있어서 이것을 의식용으로 사용하거나 반주용으로 쓰는 것은 부적절해 보였다. 우리학교는 유초중고가 모두 있어서 교가는 학생들이 애교심을 갖게 하고 무석한국학교 학생으로서 정체성을 확립하는 데 중요한 요소가 된다. 특히 우리학교는 학기 말에 전편입이 많아 국제학교나 중국 로컬학교에서 온 학생들은 교가를 잘 모르고 주요 의식행사에서 입만 뻥긋뻥긋하는 경우가 많았다.

음악선생님과 교가를 새로 제작하는 문제를 의논해 보니 최근 유명드라마 OST 작업을 한 PD가 있다고 한다. 잘 아는 분이라서 시중보다 더 저렴하게 제작할 수 있다고 하였다. 제작 비용은 OST 비용 50만 원과 성악가 노래 15만 원을 합하여 총 65만 원이면 제작이 가능할 것이라고 하였다. 그리고 버전은 음원 버전, 멜로디 버전, 성악 버전을 따로 만들기로 하였다. 성악가가 직접 노래를 부르는 것까지 녹음하여 교가 음원을 제작하였다.

우선 음원 버전과 멜로디 버전이 와서 들어보니 고급스러운 느낌이 확 들었다. 이전 것과는 완전히 달랐다. 계속해서 여러 번 들어 보았는데 만족스러웠다. 성악 버전도 남자 성악가가 교가를 부른 것인데 힘차고 씩씩하게 잘 불렀다. 학교 홈페이지에 교가의 악보와 음원을 탑재하였다. 그리고 아침맞이를 하면서 매주 월요일에는 교가를 큰 스피커를 통해서 흘러나오도록 하였다. 화~금요일은 학생들이 좋아하는 노래 위주로 틀고 월요일 아침에는 교가를 최소 2~3회 틀어서 학생들이 교가를 익히도록 하였다. 초등학교 저학년들은 교가를 들어 볼 기회가 적어서 잘 모를 수 있고 중학년 고학년이라 할지라도 각종 의식 행사에서 잘 부르지 않으면 모를 수 있다. 그래서 초등학교 담임선생님과 중등 음악선생님께도 음악시간에 학생들에게 교가를 가르치도록 말씀을 드렸다. 음악시간 시작할 때 한두 번 부르면 금방 교가를 배울 수 있기 때문이다.

중학교 1학년 학생들 중 텐션이 좋은 학생들은 아침에 학교장 앞에서 교가를 제창하였다. 학교장의 의도를 알고 칭찬을 받고 싶은 것이다. 새롭게 교가 음원을 제작하니 학생들도 좋아하였다. 그리고 학교에서 거행하는 각종 의식의 품격을 높일 수 있어서 좋았다.

출전(出戰)이 아니고 출정(出征)이다

　재외한국학교 학생들은 대부분 특례전형을 통해서 한국대학에 입학한다. 특례전형은 3년 특례전형과 12년 특례전형이 있다. 우리학교의 경우 두 전형에 지원하는 학생 수는 거의 반반이다. 이번에 우리학교 고등학교 3학년 학생 31명이 대학 입학시험을 위해 출정식을 한다. 출정식 주요 내용에는 고3 학생을 응원하는 선생님들의 메시지와 후배들의 응원이 담긴 영상도 있고 학교에서 준비한 선물도 주는 시간도 있다.

　중강당에 마련된 출정식 행사장에 입장하여 소위 입시 출정식을 진행하였다. 용어부터 정확하게 다시 정의를 했다. 출전(出戰)이 아니고 출정(出征)이다. 대학입시라는 전쟁에 참여하는 것이 아니라 정벌하는 것이다. 출정(出征)이라는 말을 해석하고 A4 용지에 써서 보여 주었다. 그리고 제갈량의 출사표에 대해서도 언급했다. 제갈량이 출정을 하며 촉왕 유선에게 올리는 글이 출사표(出師表)이다. 위나라를 치기 위해 출정하는 비장한 마음과 충성심, 그리고 왕과 신하에 대한 당부로 이루어진 글이다.

　그리고 수험생들에게 물었다. '너 자신에게 던지는 출사표는 무엇인가?' '나를 키워주고 지금까지 지원해 주신 부모님께 드리는 출사표는 무엇인가?' '지금 한여름에도 비지땀을 흘리며 가르쳐 주시는 선생님들께 드리는 출사표는 무엇인가?' 자문을 해 보도록 했다.

　그리고 어제 꿈에서 이번 대학입시 합격자를 보았다고 허세를 떨고 과장하며 대학 합격자 명단을 발표했다. 이미 모두 합격을 한 것이다. 완전히 미래를 결정해 버렸다. 학생들은 조금 어안이 벙벙했겠지만 기분은 좋았을 것이다. 한 사람 한 사람 이름을 크게 불러 호명하며 합격을 격려하였다. 학생들이 환호했다. 이미 대학입시에서 합격했다고 교장선생님이 발표했으니 환호하지 않을 수 없었을 것이다. 중강당에서 거념 사진을 찍고 고1, 고2 재학생들이 모두 현관까지 나와서 버스 타고 나가는 선배들을 환송하였다. 선생님들도 나와서 환송을 하였다. 이런 환송을 받으며 고3 학생들은 장도에 올랐다. 합격하라! 아니 정벌하라!

[출정식을 마치고 고3 학생들이 기념사진을 촬영]

학생들의 활동증빙자료를 검토하고

재외한국학교는 학생들이 국내 학생들처럼 대학수학능력시험을 보고 대학에 진학하는 것이 아니라 재외국민특별전형을 통해 대학에 진학한다. 특별전형에 지원할 때는 대학 입학 원서와 고등학교 학교생활기록부, 기타 증빙 서류를 함께 제출하게 된다.

각 대학별로 평가하는 방법도 다르고 제출을 요구하는 서류도 조금씩 다르기 때문에 사전에 지원하고자 하는 대학의 입시 요강을 잘 파악하여 준비하여야 한다. 가장 먼저 준비해야 하는 것은 학생의 고등학교 3년의 학교생활기록부이다. 가장 중요한 서류이고 학생의 모습을 잘 파악할 수 있는 자료이다. 그러나 이것만으로 학생의 진면목을 파악하는 데는 부족한 점이 있으므로 학생의 다양한 활동과 우수성을 입증할 수 있는 자료를 제출하게 된다. 학업성적과 관련된 자료, 어학성적, 수상자료, 동아리 활동 내용 등을 제출하게 된다.

지난번에 대입 원서를 각 대학 입시전형 사이트에 올리는 시기에 코로나 확산 위험이 있다고 무석 교육당국에서 갑자기 원격수업으로 전환하라고 해서 대입 서류를 제출하는 데 어려움이 많았다. 학교에서 서류를 업로드할 수 없어서 학생들이 각자 집에서 했는데 잘되지 않아서 새벽까지 했다고 한다.

그래서 그 상황을 잘 알아보기 위해 평소 잘 알고 있던 한 학생과 이야기를 하였다. 활동증빙자료 제출과 관련된 얘기를 하다가 중국 로컬학교에 다닐 때 성적을 어떻게 제출했냐고 물었더니 중국학교에서 발급해 준대로 제출을 했다고 한다. 중국학교에서 발급해 준 성적표 사본을 보니 거기에는 전체 학생 수와 만점 표시가 없었다. 점수만 표시가 되어 있고 만점이 표시되어 있지 않아서 이 학생의 우수성과 탁월성을 입증하는 자료로는 부족하다는 생각이 들었다. 전체 학생 수를 기록하고 등위를 기록했다거나 만점을 기록하고 점수를 기록했다면 이 학생의 우수성을 알 수 있을 텐데 그런 기록이 없어서 대학입학사정관의 입장에서 본다면 이 학생의 우수성을 판단할 길이 없었다. 이 학생이 초등학교와 중학교는 중국 로컬학교를 다녔다. 그리고 고등학교 1학년 중간에 우리학교로 편입해 온 학생이다. 그리고 우리학교에서 중국어 신문기자로 활동하고 있는 우수한 학생이다. 중국 로컬학교를 다닐 때 중국학생들이 너는 한국사람인데 우리보다 어떻게 중국어를 더 잘하느냐고 시기를 할 정도였다. 한시(漢詩)를 잘 써서 중국학교에서 상도 많이 받았고 중국어 실력도 최상급인 학생이다. 이 학생의 탁월성을 증명할 서류상의 내용이 그것을 나타내 주지 못하고 있었다. 사전에 이것을 파악했더라면 중국학교에 연락하여 전체 학생 대비 등위가 나온 성적표라든지 아니면 만점이 기록된 성적표를 발급해 달라고 했으면 좋았을 것이다. 그런데 현재 이 성적표로는 이 학생의 탁월성을 증명할 길이 없다. 또 소설을 5권이나 썼는데 소설을 올린 웹사이트를 캡처한 것도 올리지 않았다고 한다. 정말 아쉽다.

 입시를 지도하는 선생님들이 수고를 많이 하고 있지만 더 좋은 성과를 위해서는 세밀함과 정교함이 필요하다. 재외한국학교는 졸업생 수가 많지 않아서 한 사람씩 세밀하게 검토를 한다면 충분히 파악해 낼 수 있는 내용이다. 그리고 또 항상 강조하지만 학생들의 학교생활기록부를 기록할 때는 자기 자식의 학교생활기록부를 쓴다는 심정으로 정성을 다해 기록해 달라고 선생님들께 부탁을 하였다. 또 국내에서 학생부 기록과 관련하여 유명한 강사를 섭외하여 중등 교사 전체를 대상으로 원격연수를 할 수 있도록 자리를 마련하였다. 특별히 이점이 효과가 있었던 것 같다. 우리학교 교사들이 학생부 기록의 중요성을 새롭게 알고 또 최근 트렌드를 파악할 수 있는 좋은 기회가 되었다. 그리고 각 교과 교사간 교차검증을 통해 학생부의 오류를 파악하고 정정하였다. 더 나아가 더 세련되고 명확하게 정선된 내용이 학생부에 기록이 되도록 최선을 다하였다.

대학 입장에서 이 학생을 선발하고 싶은 욕심이 생기게 전형 서류를 제출해야 한다. 거짓말을 하거나 가짜 서류를 제출하자는 것이 아니고 우수한 학생의 우수성이 제대로 입증이 될 수 있도록 관련 서류를 준비하여 검토하고 또 학생이 잘 준비하도록 지도해야 하는 것이다.

다행히 이번 입시에서는 진로부에서 열심히 잘 지도하여 학생들의 대학입학 성적이 급상승하였다. 학부모들의 학교교육에 대한 신뢰도가 제고되었고 우호적 협력적 분위기가 조성되었다. 학교장도 토요일과 일요일에도 출근하여 학생들의 입시를 돕고 각종 활동증빙서 작성에 힘을 보태기도 했다. 무엇이든 교육공동체가 함께 노력해야 좋은 성과를 얻을 수 있는 것은 자명하다.

교육부를 평가한다

교육부를 평가한다는 이 말이 교육부에 근무하시는 분들의 기분을 언짢게 할 수도 있을 것이다. 교육부에 근무하시는 모든 분들이 나름 최선을 다하여 일을 하고 있기 때문이다. 그러나 교육부 안에서 보고 교육부 안에서 생각하다 보면 생각의 틀이 한정적일 수도 있고 새로운 시각으로 현안을 볼 수도 없기 때문에 비판을 받고 더 발전할 수 있는 방안을 찾은 것이 옳은 방향일 것이다. 모든 개인이나 조직은 제3자의 평가도 받고 컨설팅도 받으면서 우물 안 개구리에서 벗어날 수 있고 혁신을 통해 도약할 수 있는 것이다. 조금 불편하겠지만 평가와 비판을 피할 필요가 없고 불편한 진실에 직면하여 합리적인 해결책을 찾아서 발전해 나가야 한다.

재외한국학교 학교 운영비의 일부는 교육부로부터 받아서 학교를 운영한다. 학교의 규모와 학생 수에 따라서 다른데 우리학교는 학교운영비의 약 40% 정도를 교육부로부터 지원받는다. 최근 교육부로부터 학교 운영비를 지원받지 못하고 있다. 이유는 환율이 좀 떨어지면 운영비를 송금해 주겠다고 한다. 환율이 언제 떨어질지도 모르고 또 더 오르면 어떻게 하겠다는 것인가? 경제 전문가도 아닌 사람들이 환율을 예측하려고 한다. 환율은 경제 전문가도 예측이 어렵다. 한국은행 총재와 하버드대 경제학과 교수도 환율을 정확히 예측할 수 없다. 환율을 정확히 예측할 수 있는 사람이 있다면 그 사람은 이미 부자가 되었을 것이다.

물론 교육부의 선의는 감사하게 생각한다. 환율이 떨어졌을 때 송금해 주면 조금이라도 재외한국학교에 도움이 될 것이기 때문이다. 그러나 학교 운영비는 단순하게 환율하고만 관계가 있는 것이 아니다. 학교 규모가 작은 학교는 학교 운영비에 여유가 없다. 그래서 교육부의 지원금이 오지 않으면 당장 학교 회계 집행에 큰 문제가 생긴다. 재정적으로 여유가 있는 학교는 지원금이 한두 달 늦어진다고 하더라고 큰 문제는 없다. 그러나 학교 재정이 여유가 없는 학교는 큰 문제가 된다. 교육부에서 환율을 예측해서 송금해 주려고 하면 안 된다. 환율은 수시로 변하기 때문에 예측이 어렵고 재정적으로 압박을 받는 학교도 많기 때문이다. 학교 운영비를 송금할 당시의 환율로 그때그때 송금을 해 주면 된다. 생각해 보면 굉장히 단순한 일을 어렵게 만들고 있는 것이다. 교육부 관리의 설익은 판단이 재외한국학교를 많이 어렵게 하고 있다.

또 재외한국학교에서 일을 하다 보면 교육부의 일 처리에 분통이 터질 때가 많다. 우리 전통 한복을 알고 권장하기 위해서 한복 착용 학교를 선정한다고 해서 교직원과 학생들의 의견을 수렴하여 신청을 했다. 한복 착용 학교로 선정이 되는 날을 기다리다가 답답하여 교육부에 전화를 했는데 검토 중이라고 한다. 학생들에게 한복 교복을 지원해 주는 사업이므로 선정을 해 주면 학생들이 한복을 입고 학교에 등교할 수 있다. 현재 교복과 병행하여 입을 수 있고 한국인으로서 자부심과 정체성을 함양할 수 있는 좋은 기회라고 생각을 하였다. 그런데 나중에 이유를 설명하지도 않고 슬그머니 유야무야(有耶無耶)하였다.

그리고 특이소요 예산을 신청하라고 해서 신청을 했다. 특이소요 예산은 학교 예산으로만 하기 어려운 학교 시설이나 환경 개선 사업을 학교 투자와 비례하여 교육부에서 일정한 비율로 지원해 주는 사업이다. 우리 학교 소방관로에 문제가 있어서 그 더운 여름날 지하실에 내려가서 소방관로 시설을 점검하고 누수 지점을 발견하여 견적까지 받았다. 갑자기 누수가 심하여 수도 요금이 엄청나게 나오는 문제가 발생하여 긴급히 보수 공사를 하면서 특이소요 예산을 신청하였다. 그런데 최근 환율이 급등하여 학교 운영비로 예산을 주는 바람에 특이소요 예산은 없다고 한다. 해마다 해 왔던 사업인데 학교 운영비를 주지 않고 환율 타령을 하고 있다가 갑자기 특이소요 예산까지 주는 않는 것이다. 그나마 우리학교는 학교 예산에 여유가 있어서 다행이었다. 그렇지 않은 학교이면 학교 운영에 많은 재정적 압박을 받았을 것이다. 소방관로 보수 공사로 약 4천만 원을 지급했다. 작은 학교는 이 정도면 학교 운영에 상당한 차질이 발생했을 것이다.

또 국정감사 때는 급하게 연락하여 자료를 내라고 한다. 주말 쉬는 시간에도 메시지가 온다. 물론 근본적인 이유는 우리나라 국회의원들의 권위의식과 무책임 때문이지만 국감을 할 때는 수시로 메시지를 보내 자료를 내라고 한다. 예산을 배부하는 것은 느리고 연락도 하지 않으면서 자료를 내라고 할 때는 정말 빠르다.

또 방과후 예산을 배부하는 것도 문제가 많다. 재외한국학교 학생의 방과후 활동을 지원하기 위해 매년 11월이나 12월에 방과후 예산을 지원해 준다. 방과후 활동 지원금은 학년 초에 지원해 주어야 하는데 매년 말에 지원해 준다. 그러니 정확하게 방과후 활동 예산을 예측하여 집행할 수가 없다. 매년 방과후 개설 과목이나 신청자도 차이가 나고 얼마를 지원해 주는지 지원금까지 정확히 알 수 없으니 일 처리에 어려움이 많다. 예산을 학년 초에 지원해 줄 수 없으면 지원 금액이라도 알려 주면 거기에 맞추어서 예산 집행을 하면 되는데 그것도 알려 주지 않는다. 연말에 가 봐야 된다. 이런 식이다. 그래서 학교에서 학생들에게 불필요하게 많은 방과후 활동 수강비를 받았다가 연말에 다시 돌려주는 방식으로 일을 할 수밖에 없는 상황이다.

　재외한국학교 입장에서 볼 때 교육부의 예산 처리는 정말 늦고 결재 단계도 많은 것 같다. 한국교육부가 중국인들보다 훨씬 느리다. 중국인들은 돈과 관련된 일이면 눈이 반짝반짝해지면서 아주 빨라진다고 한다. 교육부 업무 담당자는 일을 열심히 하는 것 같은데 수많은 관련 부서들이 원활하게 협력이 되지 않고 있다. 무슨 부서 담당자가 휴가를 5일 가면 거기서 멈추어 있고 휴가 간 사람이 돌아오면 다른 협력부서 과장이 출장을 3일 가면 거기에서 또 멈추어 있다. 수직 결재와 수평 협력이 너무 많아서 무슨 일을 하나 하려면 결재를 받느라 시간이 다 가는 형국이 된다. 교육부 업무 처리 방식에 대한 개혁이 필요하다.

재외한국학교 근무 교사 면접 선발

재외한학 근무를 지원하는 선생님들은 주로 재외국민교육기관 교사네이버 카페를 이용하여 정보를 얻는 것 같다. 현실적으로 주변에 재외한학에서 근무한 경험이 있는 동료교사가 있으면 직접적인 정보를 얻을 수 있겠지만 그렇지 못한 경우 정보를 얻는 방법이 막연할 수 있다. 그래서 재외국민교육기관 교사 카페를 통해서 관련 정보를 얻고 지원 국가와 학교를 선택하는 것 같다. 한국에 있는 교사들이 재외한학에 대해서 얻는 정보란 것이 매우 제한적이고 때로는 부정확한 것도 많다. 최근에는 재외한학에서 있었던 경험을 과잉 일반화한다거나 본인의 잘못을 변명하기 위해 학교를 욕하기도 한다. 일부 교직원은 학교장을 상대로 소송을 제기하는 등 매우 민감하게 대처하고 이와 관련된 부정적인 상황을 카페에 퍼뜨리며 침소봉대하기도 한다.

실제로 재외한학에서 근무한 경험이 있는 분과 얘기를 나누다 보면 전체적인 그림이 그려지는데 카페에서 특정 상황에 대해 단편적으로 의견을 개진하는 것을 보고 판단을 하게 되면 재외한학의 실제 모습에 대해 오해의 소지가 크다.

코로나 시기에 재외한국학교 중등교사 선발에 어려움이 많았다. 특히 교과별로 편차가 심하여 7차, 8차까지 채용 공고를 해야 하는 경우가 많았다. 이때 지원자가 없거나 부족하여 기간제 교사를 채용한 경우도 있었다. 기간제 교사들의 교수학습 역량이나 교사로서의 자질에 문제가 있는 경우가 있어서 민원이 많이 발생하기도 하였다.

재외한국학교 전체적으로 이런 몇몇 분들 때문에 학교 경영이나 학생들의 수업, 평가에 어려움을 겪었다. 또 재외한학에는 영어선생님들의 지원자가 많지 않다. 일반적으로 한국보다 학생들의 영어 수준이 높고 선생님들이 토플이나 SAT, AP를 지도하기도 어렵고 영어회화가 유창한 학생도 많아 이런 학생들을 지도하기 부담스럽기도 하다. 또 재외한학은 학년당 학급 수가 많지 않기 때문에 국내보다 수업 준비나 수행평가, 학교생활기록부 기록에 부담이 많은 것도 사실이다.

우리 무석한국학교의 경우 '세아 아빠'란 닉네임을 가진 분이 우리 무석한국학교의 여러 긍정적인 면을 재외국민교육기관 교사 카페(https://cafe.naver.com/kischool)에 많이 올려 주신다. 실제로 우리 무석한국학교에 근무하셨던 분으로 학생들도 친절하게 잘 가르치시고 인품도 훌륭한 분이었다는 이야기를 듣고 있다.

코로나 시기에 재외한국학교 교사는 온라인 면접을 통해 선발하였다. 한국과 중국을 오갈 수 있는 상황이 아니었으므로 화상면접을 통해 선발하였다. 보통 한 사람씩 온라인에 접속하여 15분 내외로 면접을 했다. 학교마다 조금씩 다를 수는 있지만 거의 대동소이하다고 보면 된다. 면접관은 학교에서 주로 교장, 교감, 교무부장 등이 참여하고 행정실 직원일 경우에는 행정실장이 참여한다. 그리고 학교에 따라 학교운영위원장이나 학부모회장, 그리고 이사장이 한 분 참여하는 경우도 있다.

면접 시 질문은 면접할 때 통상적으로 하는 질문이 있다. 재외한국학교 근무를 지원하게 동기와 계획을 묻는다. 사람마다 모두 지원 동기가 다르고 나름 계획도 있으므로 이 질문은 통상적인 질문인 것 같지만 면접대상자의 기본적인 생각을 파악해 볼 수 있다. 또 하나의 방법은 자기소개서와 경력을 중심으로 질문을 하게 된다. 자기소개서에서 특별히 강조한 부분은 면접관이 질문을 할 가능성이 많고 경력과 관련해서도 궁금한 점은 질문을 하게 된다. 그리고 당연한 얘기지만 한국학교에서 원하는 관련 경력이나 역량을 가진 분이 우선 선발이 될 가능성이 높다. 예를 들어 학교에서는 사물놀이를 지도할 수 있는 분을 선발하고 싶은데 지원자 중에서 그런 경력과 역량을 가지고 있다고 판단이 되면 우선 선발 대상이 된다.

따라서 재외한국학교에 지원하고자 하는 교사는 재외교육기관포털(https://okep.goe.go.kr) 채용공고를 보고 학교에서 어떤 역량을 갖춘 교사를 선발하려고 하는지 잘 파악해서 학교를 선택해야 한다. 본인이 가진 강점을 잘 발휘할 수 있는 학교를 선택해야 하고 학교가 원하는 교사가 어떤 교사인지 채용 공고를 통해 잘 파악해야 한다. 흔히들 채용 공고에 제시된 급여 수준을 보고 지원을 하는 경우가 있다. 단순히 급여 수준만 보고 지원을 하면 안 된다. 학교가 소재한 지역의 물가도 다르고 급여 이외의 다른 복지는 채용 공고문에 표시가 안 되는 경우가 많기 때문이다. 일반적으로 보아서 재외한국학교의 급여 수준은 비슷하다고 보면 된다. 중국을 기준으로 보면 경력 15년 이하 선생님들은 한국보다 급여 수준이 높다고 보면 되고 15년 이상이 되는 분은 한국보다 급여 수준 조금 낮아진다고 보면 대략 맞다. 이런 것을 감안하여 지원하면 될 것이다.

그리고 동남아시아의 경우 물가 수준이 중국과 다르기 때문에 중국과 단순 비교는 어렵다. 동남아시아는 현지 물가가 낮기 때문에 학교에서 지급하는 급여로 비교적 풍족한 생활을 할 수 있다고 한다. 그래서 최근 베트남 등으로 지원하는 교사들이 많다. 그러나 중국은 동남아시아에서 누릴 수 없는 중국의 다채로운 풍물과 수많은 문화유산과 유적을 볼 수 있고 경험해 볼 수 있는 기회가 주어지기 때문에 동남아시아 학교와는 비교할 수 없는 견문 확장 기회를 갖게 된다.

  면접과 관련하여 한 가지 더 말씀을 드리면 어떤 교사는 너무 진솔하다는 느낌을 받기도 하지만 전체적인 인상이나 이미지 관리도 필요하다는 생각이 든다. 면접관은 교육경력이나 인생 경험이 면접자들보다는 많은 사람이다. 솔직하게 얘기를 하면 알고 솔직하게 얘기를 하지 않는다고 해서 모르는 것이 아니다. 무엇이 옳고 어떻게 하는 것이 좋다고 절대적인 규준을 제시하기는 어렵다. 상황에 맞게 절묘한 균형과 조화를 엮어 나가는 외줄타기와 같은 것이 면접이다. 외줄을 잘 타면 큰 박수가 나오지만 잘못하면 미끄러져 떨어진다. 이 외줄타기가 어려우면 무난한 방향을 설정해서 가야 하고 자기가 강점이 있는 방향에서 면접이 이루어지도록 해야 한다.

  또 면접 시 보통 '동료와 의견이 다르거나 갈등이 생겼을 때 어떻게 해결할 것인가?' '본인은 어떻게 해결하는 유형인가?' 이런 질문을 한다. 이 질문은 꽤 많이 하는 질문이다. 재외에서 생활을 하다 보면 학교에서 자주 이런 상황에 직면하기 때문이다. 교사 간에 갈등이 심해지면 동료교사에게 부정적 영향을 미칠 뿐만 아니라 학생들에게도 좋지 않은 영향을 주기 때문이다. 흔히 일은 어렵지 않은데 인간관계는 어렵다고 얘기를 하지 않는가? 그래서 재외한국학교 교사는 능력도 중요하지만 인성도 매우 중요한 요소로 보고 선발을 한다.

  그리고 하나는 짧은 면접 시간에 그 사람의 면모를 다 파악하기는 어렵다. 면접은 고도의 다차원적인 평가라고 볼 수 있다. 한 가지 평가 방법이나 내용으로 그 사람의 진면목(眞面目)을 다 알 수는 없다. 그래서 평판조회를 한다. 면접자가 현재 근무하고 있는 학교의 학교장에서 전화를 걸어서 지원자의 평소 학교생활, 인성, 업무 추진력, 대인관계 등을 물어보게 된다. 평판조회가 가장 정확하다고 볼 수 있다. 나는 평판조회에서 걸리는 사람은 선발하지 않았다. 물론 우리가 보는 면접 시 평가도 중요하지만 평판은 지혜로운 시간이 알려 주는 평가이기 때문이다.

평판 조회를 할 때 교장선생님에 따라서 함께 근무하고 있는 선생님을 부정적으로 말씀을 하시는 것이 부담스러워서 에둘러 말씀을 하시기도 한다. 그러나 그것도 평판조회의 중요한 평가 내용이 된다. 왜냐하면 면접자의 역량이나 근무태도, 대인관계가 좋으면 처음부터 기분 좋게 칭찬을 늘어놓으면서 말씀을 하시기 때문이다. 그런데 처음에 이렇게 시작하지 않고 말씀하시는 것이 신중하고 평가에 유보적인 태도를 취하면 이분은 탈락할 가능성이 높다. 교장선생님께서 말씀하시는 소위 뉘앙스와 행간을 읽고 이것을 평판조회의 평가에 반영하는 것이다.

면접은 단순히 말하기 듣기가 아니다. 재외한국학교 초등의 경우 지원자가 많으므로 많은 연구와 면접 전략이 필요하다. 면접관 3명이 돌아가면서 질문을 하고 대답을 듣다 보면 그 사람의 됨됨이와 역량을 파악할 수 있다. 모두 숨기기 어렵다. 30분 이상 면접을 보게 되면 밑천을 다 드러내게 되고 1시간 면접을 보면 바닥이 보인다.

이미 면접을 보고 합격자로 발표하였는데 중등 수학선생님이 갑자기 못 오시겠다고 한다. 면접을 하고 나서 우리학교에 부임하시면 최고의 에이스가 되겠다고 판단했던 분이다. 고등학교 3학년 담임도 두 번이나 하셨고 학생들을 가르치는 데도 열정이 있어 보였다. 그리고 행정실과 위챗도 열어서 취업허가증 발급 절차도 진행하고 있었다. 부임하시지 못하는 이유를 알아보니 부모님께서 반대를 한다고 하신다. '면접 전에 부모님과 기본적인 상의도 안 하셨을까?' 이런 생각이 들었지만 혹시 면접에서 떨어질 수도 있으니까 붙으면 말씀을 드려야겠다고 생각을 할 수 있다. 이해가 가는 측면도 있다.

하지만 면접에서 합격하신 분이 취업허가 절차를 밟는 중에 못 오시겠다고 하면 학교는 참으로 곤란한 상황이 발생한다. 일단 시간도 많이 지나서 다시 채용 절차를 진행하려면 시간도 많이 걸린다. 그리고 본인 때문에 탈락한 사람은 어떻게 하라는 것인가? 한참 생각을 하다가 부모님과 내가 통화를 해 보겠다고 말씀을 드리고 부모님과 통화를 할 수 있도록 연결해 달라고 하였다. 하지만 부모님과 통화는 연결해 주지 않았다. 부모님께서 걱정하시는 바를 충분히 알고 그 걱정을 덜어드리면 따님이 중국으로 가서 근무하시는 것에 동의하실 것 같았다. 하지만 계속 통화를 해 보니 부모님이 반대를 하신다는 것은 좀 핑계인 것 같고 본인의 생각이 변한 것 같았다. 이렇게 되면 할 수 없는 것이다. 본인의 생각이 변했는데 어떻게 하겠는가? 부모님이 반대를 한다면 같은 연배인 교장이 충분히 설득할 수도 있지만 본인이 싫다고 하고 생각이 변했다고 하면 어쩔 수 없는 것이다.

교감이 되어 학교 인사업무를 하다 보면 인간의 속성과 본질, 그리고 이기심을 많이 목격하게 된다. 교사를 할 때는 잘 모른다. 그냥 좋은 동료교사로만 생각하는 경우가 많다. 교장이 되면 교감보다는 인사업무에서 한 발자국 떨어져 있어서 스트레스가 적지만 교감은 스트레스를 많이 받는다. 이미 선발을 했는데 못 오시겠다는 수학교사는 다시 공고를 하여 선발하기로 결정했다.

또 이런저런 과정을 거치고 심사숙고하여 적임자라고 생각하여 교사를 선발해도 막상 함께 생활하다 보면 여러 가지 부정적인 상황에 직면하게 된다. '우리가 면접을 볼 때 보았던 그분인가?' 이런 생각이 들 때가 있다. 그래서 북경교장선생님은 "사람을 판단하는 것은 신의 영역이다" 이렇게 말씀을 하셨다.

'감정을 아름답게 하라' 104세 철학자 김형석 교수가 한 말이다. 장수의 비결이란다. 자기를 위해 일하는 사람은 정년이 되면 할 일이 없지만 공동체와 이웃을 위해 일하는 사람은 정년이 되어도 할 일 넘친다고 한다. 정년이 다 되어 가는 나도 이 말을 실천하고 새로 오시는 선생님의 아름다운 면을 보고 감사하게 생각하며 함께 달려가고 싶다.

수다의 향연이 펼쳐진 재외교육기관장 연수

재외교육기관장이 오랜만에 한자리에 모였다. 코로나 인해 세계 각국에서 재외국민교육과 한국어 교육을 위해 애쓰는 재외한국학교장, 한국교육원장이 대전 유성호텔에 모였다. 12월 12일부터 12월 16일까지 4박 5일 동안 연수를 하게 되었다. 중국에 파견을 나가기 전에 연수를 받았던 분들은 다시 10개월 만에 얼굴을 보게 되니 정말 반가웠다. 중국에 있는 교장들은 종종 만나기도 하지만 동남아나 대만 등에 파견이 되어 있는 교장선생님들은 만나기 어렵다.

재외교육기관장 연수를 하면서 이런저런 얘기를 들어 보니 학교마다 여러 가지 사정이 있었다. 칭다오한국학교는 이번에 기존 학교 옆에 새롭게 건물을 신축하고 있고 9월경에 신축 건물로 입주한다고 한다. 학생들이 거의 학교 주변에 살고 있어서 도보로 통학하고 있고 이번에 건물을 신축하면서 건축비가 예상보다 많이 들어서 교육부에서 비용의 60%를 지원해 주기로 하였다고 한다. 원래 규정은 50% 이상은 안 되지만 학교 신축을 위해 건축비가 예상보다 많이 초과되어 어쩔 수 없는 상황이 되었다고 한다. 이렇게 지원을 받아도 앞으로 건축비 부채가 상당히 많아 남아 있어 향후 학교 재정 운영에 어려움이 있을 거라고 한다.

반면 소주한국학교는 학교발전기금이 많이 들어와 학교 버스를 한 대 구입한다고 한다. 발전기금을 기탁하신 소주한국학교 이상철 이사장의 인품과 학교발전에 대한 헌신에 감사와 칭찬이 자자했다. 중국 현지에 와서 어려운 사업을 하면서 이렇게 큰돈을 내기도 쉽지 않고 학교를 건립할 때도 동분서주하시면서 열심히 뛰셨다. 그리고 또 이렇게 학교가 안정적으로 발전하고 성장하도록 이렇게 많은 도움을 주시는 분이 없을 것이다. 이런 분이 있는가 하면 상해한국학교 이사들은 학교에 발전기금을 한 푼도 안 내면서 각종 이권에만 관심이 많아 어려움이 많다고 한다.

그리고 상해한국학교 교장선생님이 사시는 아파트 맞은편에 상해 고려관 아가씨들이 거주하고 있는데 가끔 관리인이 일렬로 세워 점호를 한다고 한다. 외국에 와서도 통제하고 관리를 하는데 북한에 가족이 있어서 함부로 탈출이나 일탈을 할 수 없다고 한다.

또 연태한국국제학교는 건물이 노후화되어 비가 새는 곳이 많아지고 있다고 한다. 연태는 몇 년 전에 학교환경이 아름답기로 유명하고 이것으로 인해 상을 받기도 했는데 이제 노후화되어 가고 있다니 아쉽다. 우리 학교도 작년에 SK Hynics로부터 많은 지원을 받아 학교를 매입하였는데 최근에는 반도체 경기가 좋지 않아서 재고가 많이 쌓여 있다고 한다. 회사 상황을 생각하면 우리학교 지원에 대해 말을 꺼낼 수 없는 상황이다.

우리가 숙박하고 있는 유성호텔은 역사가 깊은 호텔이다. 이전에는 온천으로 유명했던 호텔이다. 전국 각지에서 온천욕을 즐기기 위해 찾아왔

[재외기관장 연수를 받으며]

[팻말로 인증하기]

던 호텔이다. 내년에 재건축이 예정되어 있어서 역사의 뒤안길로 사라지고 현대식 호텔이 들어선다고 한다. 저녁에 시간이 있어서 친구에게 전화를 하였다. 마침 시간이 된다고 하여 유성호텔 인근에서 만났다. 내년 3월에 교장 발령이 난다고 하는데 교감 때 교장 차출 근평을 한 번 못 받는 바람에 약 3년이 밀렸다고 한다. 하지만 정년까지 교장으로 재직하고 퇴직하게 되니 다행이라고 생각하자고 하였다.

또 유성 '필립아일랜드'에서 교장연수 동기들도 만났다. 젊은이들의 핫플레이스라고 하는데 교장 연수 받을 때 얘기부터 시작하여 소소한 일상까지 얘기하면서 행복한 시간을 보냈다. 그리고 최근 유명을 달리한 교장 동기도 있어서 우리가 너무 일만 하면서 세상을 살면 안 되고 건강을 잘 챙기자고 서로를 격려하였다.

교사 채용과 학교 재정의 어려움

　재외학교는 매년 10월경 교사 채용 공고를 내고 교사 채용을 시작한다. 주로 한국에서 현직으로 근무하고 있는 분을 서류전형과 면접을 통해 선발한다. 중등교사의 경우 간혹 교과별로 지원자가 적을 경우 기간제 교사를 선발하기도 하고 적임자가 없을 경우 재공고를 통해 교사를 선발한다. 주로 재외교육기관 포털에 학교별로 채용 교과와 채용 인원을 공고하여 선발하는데 코로나가 한창일 때는 교사선발에 많은 어려움을 겪었다. 중국 무한에서 시작된 코로나 영향으로 재중한국에 지원하는 교사가 적었고 한국도 코로나가 엄중한 상황이었기 때문에 이러한 시기에 해외에 나간다는 것은 큰 결심이 필요했다.

　다행히 최근에 코로나 위험과 감염자가 줄어들어 방역정책을 완화하고 있어서 새로운 전기를 맞이하고 있다. 최근에 우리학교도 11명의 교사 채용 공고를 내서 현재 10명을 채용한 상태다. 그리고 이제 마지막 1명도 채용 면접을 앞두고 있다. 실제로 마지막 한 분 수학선생님은 정말 채용하기 어려웠다. 재외기관 포털에 7차, 8차까지 채용 공고를 올렸고 한국에서 재외기관장 연수를 받으면서도 서울교육청과 경기도교육청, 광주광역시교육청 홈페이지를 상시 살피고, 구인 안내문도 올리고 구직자들에게는 개인적으로 전화까지 해 가면서 교사 채용을 위해 노력했다.

　마지막 한 분을 채용하기가 이렇게 어려울 줄은 몰랐다. 면접에 참여했던 선생님들이 여러 가지 이유로 중국에 오기 어렵다는 얘기를 들을 때마다 자괴감이 들었다. 재외한국학교에서 한국인 학생들을 교육한다는 희망과 높은 사명감을 가지고 왔는데 교사 채용에 너무 많은 에너지를 쏟아 버려 학교 경영에 투입해야 할 에너지가 소진이 된 것 같았다. 우리학교만 이런 상황이 아니라 다른 학교도 크게 다르지 않다. 상해나 북경은 조금 여유가 있는 편이지만 다른 학교는 모두 우리학교와 같이 어려운 점이 있었다. 학교별로 마지막 한 분을 채용하지 못해 애를 태우고 있다. 온라인 수업으로 전환해서 수업을 하든지 아니면 합반 수업을 해야 하나 걱정을 하고 있다. 사실 유치원이나 초등은 비교적 지원자가 많아서 수월하게 채용을 할 수 있으나 중등의 경우 어려운 점이 많다. 특히 교과별로 편차가 심하다. 그래서 기간제 교사도 뽑고 좀 역량이 부족하다고 생각하지만 이런 분도 울며 겨자 먹기로 뽑기도 한다. 코로나 상황이 완전히 정리가 되면 좀 숨통이 트이리라 생각한다. 그리고 교사 채용 면접은 코로나 상황에서는 화상면접을 실시했다.

재외한국학교 교장의 또 하나 걱정거리는 학교 재정이다. 국내에서는 전혀 걱정하지 않아도 되는 학교재정 문제에 관심을 가지고 심사 수고해서 처리해야 한다. 재외학교의 수입은 대부분 교육부 지원금과 학생들의 학비에 의존하고 있다. 교육부 지원금은 해마다 비슷한데 학교의 지출은 계속해서 증가하고 있는 실정이다. 물가도 오르고 인건비도 조금씩 오른다. 그리고 재외학교의 특성상 학생들의 전출입도 상당히 빈번하여 학교 재정에 영향을 미친다. 그래서 학교 수입을 정확히 예측하기도 쉽지 않다.

최근 국내로 유턴하는 기업이나 중국에 투자한 기업들이 동남아로 이전하는 기업들이 늘고 있어서 재중한국학교 학생 수가 줄어들고 있다. 학생 수가 줄어들고 있어서 대부분의 학교에서 재정적인 어려움을 겪고 있다. 학생들이 줄어드니 학비 수입이 줄어드는 것은 당연한 일이고 학생 전출이 많아지면 학교 예산이 줄어든다. 이렇게 되면 학교 교육환경 개선을 위한 투자는 하기 힘들고 교직원 인건비만으로도 버겁게 된다. 이런 상황에서 재정적으로 더 어려워지면 근무가산금이나 성과급을 줄이고 초과근무 수당도 줄 수 없게 된다. 이렇게 되면 교사 채용에 더 많은 어려움이 예상된다. 해결책은 교육부 지원금을 많이 받거나 학생들이 내는 학비를 인상하면 되는데 이것 또한 쉬운 일이 아니다.

연말이 되어 교직원 성과급을 줄 수 없을 때 학교장은 마음이 착잡해지고 죄인 아닌 죄인이 된다. 재외한국학교에서 생활하면서 국내 사립학교는 교육부에서 학교운영비와 인건비를 전액 지원을 해 주고 있는데 해외는 학교별로 약간씩 차이가 있지만 40~60% 수준을 지원해 주고 있다. 너무 적은 비율이다. 해외에서 생활하고 있는 학생들이 일종의 차별을 받고 있다고 볼 수 있다. 재외한국학교를 졸업하는 학생들은 대부분 한국대학으로 진학하고 학부모들은 귀국하면 바로 한국직장에서 세금을 내고 생활하게 된다. 이 부분에 대해서는 할 말이 많다. 해외 교민들의 이익을 대표해 줄 수 있는 정치권의 힘도 없다. 재외교민 비례대표 국회의원도 없다. 재외한국학교 예산은 오직 재경부의 선의에 의존할 수밖에 없는 구조다. 재외동포청이 신설되었다고 하지만 한계가 있다. 저출산 시대에 국내에 살든 국외에 살든 모두 한국인이다. 차별하고 말고 국외에 있는 한국학교 지원을 늘려주었으면 좋겠다. 우리나라가 해외 원조도 하고 국내에 거주하는 외국인에게도 여러 가지 혜택을 주는데 국외 교민들을 홀대해서 되겠는가?

북경에서 개최한 재중한국교장협의회

코로나 이전에는 관례적으로 재중한학교장협의회를 1년 2회 개최하였다고 한다. 중국의 지리적 특성과 기후를 고려하여 여름에는 비교적 시원한 북쪽 지역 학교에서 개최하고 겨울에는 따뜻한 남쪽 지역 학교에서 개최했다고 한다.

그러나 요즘에는 엘니뇨 현상에 의해 남쪽과 북쪽의 기온이 뒤바뀌는 날씨도 많아지고 있다. 이번 여름만 해도 7월 초에 북경의 기온이 40도를 오르내리는데 남쪽 무석은 기온이 33도 수준에 머무르는 날씨가 많았다. 이번 북경협의회에는 청도교장선생님만 학교 건축이전 문제로 참석하지 못했고 각 학교 행정실장들까지 모두 참석을 하여 학교 현안을 협의하였다.

이번 협의회에서는 주로 고교학점제 시행에 따른 공동교육과정 운영방안에 대해 협의하였고 학교별 원격인프라 구축 현황과 계획에 대해서 의견을 교환하였다. 학교의 여러 현안에 대해서는 학교별로 지원하는 교사의 양상이 다르고 학교 여건도 달라서 일치된 방안을 찾기 어려웠지만 현실성이 있는 대안을 구체화시켜 볼 수 있는 기회를 가졌다. 모든 학교가 원격인프라 구축을 위해 학교별로 스마트 패드 구입을 확대하고 인터넷 속도를 높이고 학교 내 와이파이 접속이 가능한 교육환경을 만들기 위해 노력을 하고 있다는 것을 알게 되었다. 북경한국학교의 교육시설도 둘러보았는데 체육관에 배드민턴 셔틀콕을 자동으로 발사해 주는 기계가 있었다. 탁구공을 자동 발사해 주는 기계가 있다는 것은 알고 있었지만 배드민턴 셔틀콕도 가능하다는 것은 처음 알게 되었다. 저녁에는 북경한국국제학교에서 마련한 만찬에도 참석하였다.

이번 연수 중 북경 이해프로그램도 인상적이었는데 국가박물관 바로 옆에 있는 북경도시계획관은 북경의 도시 모습을 미니어처로 구성하여 북경을 한눈에 볼 수 있도록 해 주었다. 나중에 알게 된 것이지만 중국의 대도시는 이런 도시계획관이 있었다. 상해도 있고 무석도 상주도 모두 있었다. 천안문과 자금성의 위치도 알 수 있었고 국제무역기구, 원명원, 이화원, 베이징 타워까지 모두 한 곳에서 볼 수 있었다. 무엇보다도 북경의 주요 도로가 6환(순환)으로 구성되어 있다는 것이었다. 제1순환은 천안문과 자금성으로 구성되어 있고 조금 넓은 지역으로 확대하여 2순환, 3순환으로 확대되어 나아간다. 꽤 계획적으로 정비가 잘되어 있는 도시의 모습을 볼 수 있었다. 이번에 상해 도시계획관도 가 보려고 계획을 세웠는데 상해의 모습도 한눈에 파악해 보고 싶다.

사실 이번에 북경에 가는 김에 승덕(承德)을 가 보려고 했다. 그러나 학교에서 회의 일정과 승덕을 오가는 시간을 고려해 볼 때 무리가 있어 변경했다. 또 승덕을 가는 기차표도 2주 전에 미리 예매를 하지 않으면 구할 수 없었다. 북경의 더위를 피해 황제들이 여름에 피서를 갔다는 승덕은 박지원의 『열하일기』 무대이기도 하다. 나중에 기회가 되면 꼭 가 보고 싶다. 연태 교장선생님은 고북수진(古北水鎭)을 가자고 했지만 나는 행정실장님과 미리 의논한 곳도 있어서 북경대, 청화대, 인민대, 홍루를 가 보려고 계획을 세웠다. 그리고 시간이 되면 북경의 도서관과 박물관, 경산공원을 더 가 볼 생각을 했다. 그리고 중국 권력층의 거주 지역 중남해(中南海) 근처도 갈 예정이다. 북경은 가 볼 만한 곳이 많은 도시이다.

북경대와 청화대는 2주 전에 인터넷을 통해 예약해야 들어갈 수 있었다. 비가 조금씩 오는 날인데도 청화대 교문 앞에는 수많은 사람들이 자녀들과 함께 와서 교문을 배경으로 사진을 찍었다. 또 미리 예약한 사람들은 입장할 차례를 기다리고 있었다. 왕정남역에서 청화서문까지는 전철로 이동하고 청화서문에서는 자전거를 타고 청화대로 갔다. 행정실장도 자전거를 아주 잘 탔다. 심지어 내 뒤를 따라오면서 우산을 쓰고 자전거를 타는 내 모습을 촬영하기도 했다. 청화대도 예약하지 않았기 때문에 들어갈 수 없었다. 교문을 배경으로 사진을 한 장 찍는 것으로 만족해야 했다. 청화대 바로 옆에 있는 북경대도 마찬가지였다. 북경대와 청화대를 지척에 두고 들어가지 못하니 아쉬움이 컸다.

  북경대와 청화대가 위치한 곳이 중관촌(中關村)이므로 점심 먹을 곳을 찾았다. 중관촌은 북경의 실리콘밸리라고 볼 수 있다. 처음에 들어간 건물은 우리나라로 치면 전자상가와 같은 곳이었는데 먹을 만한 것이 없어서 바로 나와서 덕천가(德川家)로 갔다. 여기에는 한국인들이 좋아할 만한 메뉴가 많았다. 맥도날드, Blue frog, 삼천냉면 등 퀄리티가 좋은 음식

[북경대 정문]

[청화대 정문]

들이 정말 많았다. 우연히 찾은 곳인데 먹을 복이 있나 보다. 딱 맘에 드는 곳이었는데 냉면과 화과, 비빔밥, 도라지 요리를 주문하여 먹었다. 식탁 위에는 소정서(小程序, QR코드)를 스캔하여 주문하고 결제까지 하였다. 중국은 식당에서 하는 이런 주문결제시스템이 참 좋다.

식사 후 인민대학도 갔는데 출입 관리원이 불허하여 입장을 할 수 없었다. 교직원이나 학생 중에 아는 사람이 있어야 입장할 수 있다고 한다. 30분만 잠깐 보고 나오면 안 되겠냐고 사정을 해도 요지부동이다. 중국의 주요 시설 출입관리인들의 위세는 대단한다. 시진핑 주석만큼 권력이 센 것 같다.

원명원(圓明園)으로 갔는데 입장료가 25원이다. 원명원은 북경에 있는 청나라 황실의 정원이다. 1860년 영국 프랑스 연합군이 불을 질러서 소각시켜 버렸지만 부분적으로 복원이 되어 있다. 비가 오는 날인데도 관람객이 정말 많다. 날씨가 좋은 날은 정상적으로 관람을 하기 어려울 수도 있겠다는 생각이 들었다. 원명원 입구 쪽에 우리나라 경복궁 경회루와 비슷한 건물이 있었다. 호수 가운데 수양버들과 어우러져 꽤 운치가 있는 기춘원(綺春園)이다. 그 위로 계속 올라가니 원명원의 하이라이트 서양식 석조건물이 있는 장춘원(長春園)이 나왔다. 프랑스 로코코 양식의 건물들의 흔적이다.

막 들어가려고 하는데 관리인들이 출입을 막고 이미 들어가 구경을 한 사람들도 빨리 나오라고 한다. 입장을 시켜 놓고 빨리 나오라고 하니 어이가 없었다. 장춘원에 도착하여 들어가려고 하는 사람들은 왜 들어갈 수 없느냐고 물었다. 이유를 알아보니 폭우가 예상되므로 관광객들의 출입을 통제하라는 지시가 떨어진 모양이다. 비가 와도 관광하는 데는 큰 문제가 없는 지형인데 출입을 통제하라고 위에서 지시가 내려오니 현장 관계자들은 철문을 닫고 통제하고 있었다. 현장 관계자들이 융통성 있게 대처하는 재량이 주어지지 않는다. 위에서 하라는 대로 해야 한다. 그렇지 않으면 나중에 뒷감당을 할 수 없으므로 현장에서 판단해 보면 이치에 맞지 않은 일도 위에서 하라는 대로 하게 된다. 즉 나는 책임이 없고 위에서 하라는 대로 했다는 식이다. 한국에서 이런 일이 벌어졌으면 항의하고 난리가 났을 텐데 중국인들은 조금 얘기를 하다가 말고 발길을 돌린다. 입장료 환불을 해 주겠다고 안내하는 것 같은데 환불을 담당하는 직원이 어디에 있는지 알 수 없었다. 출입을 막는 것은 일사불란하게 하던데 왜 환불은 이렇게 불확실한지 모르겠다.

　항의도 통하지 않고 시간도 없어서 호숫가에 있는 커피숍으로 갔다. 건물의 실내 인테리어가 로코코 양식인 것 같은데 정말 이색적이고 화려했다. 더 기발한 아이디어는 실내에서 보는 실외 벽화가 영상으로 움직였다. 비가 조금 오는 날이어서 그런지 더 환상적이었다. 어떻게 이렇게 멋진 상상을 했을까? 감탄하지 않을 수 없었다. 장춘원에 들어가지 못하고 기분이 좀 상했는데 여기에서 완전히 보상을 받았다. 창밖의 비가 커피향을 더 진하게 해 주었고 갑자기 기분이 좋아졌다. 내가 조증(躁症)이 있는 사람이 아닌데 너무나 기분이 좋아진 것이다.

　북경 연수 3일째는 학교별로 연수를 진행하라고 해서 이미 계획한 일정을 소화할 계획이었다. 일기예보에 비가 온다고 해서 호텔 프론트로 가서 우산을 빌렸다. 우산을 빌리는 데 보증금(押金)을 100원 달라고 하였다. 실제 중국 우산 가격의 네 배도 넘는 금액이다. 중국에서는 보증금이 실제로 지급해야 하는 금액보다도 비싸다. 호텔에서도 보증금을 내는데 실제 숙박비보다도 1.5~2배 정도 비싸다. 호텔에서 5박은 한다고 하면 하루에 700원이면 실제 호텔에 지불해야 할 금액은 3,500원이다. 그런데 보증금은 5,000원을 내야 한다. 먼저 보증금을 내고 체크아웃할 때 숙박비를 제외한 나머지 금액을 찾아간다. 한국에서는 보증금이 약속을 잘 이해하라는 소정의 금액인데 중국은 이런 개념이 아니다. 한국인의 정서로는 도저히 이해가 안 되는 보증금제도이지만 생각해 보면 '중국에서는 보증금에 숙박비, 실물 배상뿐만 아니라 약속 불이행에 대한 과태료까지 포함이 되어 있지 않나?' 이런 생각이 든다. 서비스 제공자의 이익을 완벽하게 보호하고 있는 것이 보증금제도이다.

행정실장님은 20대 시절에 북경어언대(語言大)에서 어학연수를 받은 적이 있다고 한다. 그래서 어언대를 가 보고 싶어 했는데 여기도 예약하지 않으면 갈 수 없다고 한다. 그리고 시댁 식구들이 무석에 와 있기 때문에 원명원을 둘러보고 바로 무석으로 돌아갔다.

나는 작년에 왔다가 가 보지 못한 북경 홍루로 갔다. 미리 예약을 해 두었다. 홍루로 들어가는데 지하철을 탈 때처럼 짐 검사를 하였다. 3시부터 4시 30분까지 시간대를 예약하였다. 이 시간도 맞추어야 한다. 그렇지 않으면 입장을 할 수 없다.

홍루는 북경대를 중심으로 중국공산혁명의 활동 역사를 전시한 공간이다. 공산당 창시자 진독수(陳獨秀)를 중심으로 한 공산혁명과 신청년활동, 그리고 5.4 운동의 의미를 전시한 공간이다. 총 4층으로 되어 있고 각 층 각방 마다 전시물이 가득하다. 단순히 기록물이나 사진만 있는 것이 아니고 벽화나 조형물도 있었다. 그리고 마르크스 공산혁명 내용까지 전시가 되어 있었다. 또 각 방마다 전시물 관리 안내 요원들이 있었다. 족히

100명은 넘을 것 같다. 대단히 많은 인원들을 배치하고 있다. 정말 놀라울 정도로 많은 인원이다. 절대로 전시물을 훼손할 수 없는 삼엄한 경계라고 할 수 있다. 한국이라면 이런 시설에 각 층에 1~2명 정도 배치하면 될 것 같은데 각 층 각 방마다 관리 요원들이 배치되어 있었다.

다음은 왕부정(王府井)으로 갔다. 왕부정의 야경을 보고 싶었다. 왕부정 서점에서 사마천의 만화 사기도 한 권 샀다. 시진핑 주석의 사상을 기록한 책도 입구에 많이 전시가 되어 있었다. 그리고 물로 붓글씨를 쓰는 연습도구도 있어서 나도 써 보았다. 중국인들이 하는 것이면 나도 체험을 해 보고 싶어서 써 보았다. 또 서점 한쪽에서 각종 인장을 새기는 코너가 있었다. 중국은 도장 문화가 발달되어 있는데 나도 결재용으로 하나 구입하여 쓰고 있는데 아주 좋다.

또 왕부정 Page one 서점이 있었다. 이런 금싸라기 땅에 서점이 또 있다니. 놀랍다. 이 서점은 구석구석에 앉을 자리도 있어서 책을 읽기에 아주 편했다. 요즘 중국 서점은 커피점이 붙어 있는 경우가 많고 책뿐만 아니라 각종 팬시 제품도 많이 취급한다. 그리고 책은 가는 비닐로 포장이 되어 있어서 열어서 읽어 볼 수가 없다. 내용은 볼 수 없고 제목만 보고 구입을 결정해야 한다. 간혹 샘플용으로 비닐이 벗겨져 있는 것이 있지만 그 외 다른 책들은 내용이나 목차를 볼 수 없다. 왕부정 거리에서 이태리 젤라토 아이스크림이 있어서 먹었는데 가격이 40원이다. 아주 조그만 아이스크림이 40원인데 맛도 별로였다. 그리고 왕부정 천주교당에서 방문 기념 사진도 한 장 찍었고 도향촌(稻香村)에 들러서 각종 간식거리도 흥미를 가지고 살펴보았다. 도향촌은 각종 간식거리를 파는 가게이다. 우리나라도 각 지방별로 빵이나 간식거리를 개발하여 팔고 있는데 그 숫자나 형태, 재료에서 중국을 따라갈 수가 없다. 품목도 늘리고 디자인도 더 다양하게 하고 심지어 판매하는 매장이나 부스도 고급스럽게 장식을 할 필요가 있다. 투자를 하니 더 잘 팔리고 이익도 많이 남은 부익부 선순환을 생각해야 한다. 그리고 중국의 안답(安踏)그룹과 합작을 한 KOLON 상표를 볼 수 있었다. 중국에서 계속 매출이 상승하고 있다고 한다. 시간이 많이 늦어서 지하철을 타고 호텔로 돌아왔다. 북경 지하철은 20개 노선이 넘지만 굉장히 혼잡하다.

호텔 객실로 들어가 텔레비전을 켜니 텔레비전 첫 화면에 내 이름과 환영 문구가 나왔다. 순간 깜짝 놀랐다. 중국은 참 대단한 나라이다. 아침에도 텔레비전을 켜니 영어와 중국어로 내 이름이 나오고 인사말이 나왔다. 영업이란 이렇게 하는구나 하고 감탄이 절로 나왔다.

침대에 누워 있는데 북경도시계획관에서 가이드가 설명해 준 내용이 떠올랐다. 중국은 호구제도라는 것이 있어서 대입 시험을 볼 때 자기 호구가 있는 곳에 가서 보게 되는데 중국사람들은 이것에 대해 불만이 없다고 한다. 우리나라 같으면 정말 엄청난 불만이 터져 나올 텐데 중국사람들은 이런 제도에 익숙해져 있어서 자연스럽게 수용한다고 한다. 또 하나 재미있는 사실을 알게 되었다. 서방의 어원에 관한 것이다. 보통 집에는 동쪽에 있는 방과 서쪽에 있는 방이 있었는데 옛날에 주로 햇빛이 잘 드는 동쪽 방에 아들이 기거하게 했고 딸은 서쪽 방에 기거하게 했다고 한다. 그런데 딸이 결혼하게 되면 서쪽 방이 비게 되는데 데릴사위를 하는 사람이 사위를 데려오면 딸이 사는 서쪽 방에서 살아야 했으므로 서방이란 말이 자연스럽게 생겨났다고 한다. 따라서 요즘도 사위를 서방이라고 부르는데 그 어원을 따라가 보면 데릴사위라는 의미가 있어서 그렇게 좋은 의미는 아니라는 것이다. 그냥 '사위'가 좋다. 또 하나는 이전에 북경 한국교민들은 주로 왕징에 많이 살았다고 한다. 지금은 집값도 많이 비싸져서 하북성 영교 쪽에 많이 살고 있다고 한다. 그곳이 집값도 비교적 싸고 공항도 가깝기 때문이라고 한다.

마지막으로 간 곳은 국가 도서관이다. 중국의 국가 도서관은 본관이 있고 분관도 건물이 여러 채이다. 이번에 간 국가박물관은 서책박물관과 어린이박물관이다. 서책박물관은 그 규모가 크고 갑골문자의 발견과 관련된 유물들이 전시되어 있었다. 또 대만이나 마카오 관련 도서가 따로 진열되어 있었고 연구실이 별도로 있었다. 일본 관련 도서 및 연구실도 있었지만 미국이나 한국 관련 도서 및 연구실은 없었다. 한국이나 미국 관련 도서나 연구실은 분관에 있을 수도 있다. 다만 흥미로운 것은 법률관의 경우 탁자 위에 개인별 스탠드가 있는 것은 물론 화분까지 갖추어져 있었다. 저런 곳에서 공부를 하고 자료를 찾으면 저절로 잘될 것 같은 생각이 들었다.

서책박물관을 나와서 어린이도서관으로 갔다. 이곳은 미리 예약을 해야 입장을 할 수 있다. 건물 외관의 디자인도 멋지다. 예약을 했기 때문에 여권을 보여 주고 들어갔다. 학생과 부모님이 함께 와서 책을 보고 있었다. 서가도 어린이들이 편하게 이용할 수 있도록 낮았고 인테리어도 어린이들이 좋아하는 색깔과 디자인으로 되어 있었다. 부모와 자녀가 함께 이용하는 도서관을 표방하고 있었다. 부모님이 먼저 모범을 보이고 자녀와 함께 도서관에 앉아서 책을 읽으니 자녀의 미래가 밝을 것이다.

[디자인이 멋진 북경 어린이 도서관]

[부모와 함께 독서하는 아이들]

주말한글학교를 지키다

　주말한글학교는 재외 교민 자녀들이 주말에 한국학교에 등교하여 우리 한글을 배우는 학교를 말한다. 우리 무석한국학교에 다니는 학생들도 주말한글학교에 등록하여 공부할 수 있고 인근 국제학교나 중국학교에 다니는 교민들의 자녀도 등록하여 한글을 배울 수 있다. 그런데 최근 무석 교육당국에서 학교 안전을 강조하면서 우리학교에 다니는 학생 외 다른 학교 학생은 주말한글학교에 다닐 수 없다고 통보하였다.

　주말한글학교 학생의 약 80%는 국제학교에 다니는 학생들이다. 국제학교에 다니는 학생들이 학교에서 영어를 사용하므로 우리말 실력이 뒤떨어질 수밖에 없으므로 부모님들이 이런 문제를 보완하기 위해 주말에 한글학교에 보낸다. 심지어 인근 상주에서도 주말에 우리 주말한글학교에 오는 학생이 4명이나 된다. 부모님께서 직접 한 시간이 넘는 거리를 운전하여 자녀들을 통학시키고 있다. 대단한 열정이라고 볼 수 있다.

　재작년에 학원수강 금지와 관련된 중국법이 개정되어서 이제 이 법을 엄격하게 적용하여 시행해야겠다는 것이 중국교육당국의 입장이었다. 난감한 상황이 발생하였다. 우선 행정실 통역을 통하여 무석 교육당국 담당자를 학교로 오게 하여 학교의 상황과 입장을 설명하고 한국학교의 특수성을 이해해 달라고 말하였다. 또 입장을 바꾸어서 중국인들이 해외에 나가 있으면 중국어를 배운다. 모국어를 배우는 것이 무엇이 문제인지 모르겠다. 이렇게 말하면서 설득했으나 하급자인 자기는 결정권이 없다고 말하였다.

민원의 출발점을 알아보니 누군가가 한국학교에서 학원을 운영한다고 교육국에 민원을 넣었다고 한다. 중국에서는 학원 운영이 공식적으로 금지되어 있기 때문에 당연히 할 수 없다는 것이 교육국의 입장이었다. 우리 주말한글학교는 2005년 설립된 순수민간비영리기관이다. 주상해총영사관에서 발행한 재외교육기관 등록증도 가지고 있다고 설득을 했지만 소용이 없었다. 현재 중국은 학생들의 학원수강을 금지하고 있기 때문에 학생들이 학원수강을 할 수 없다. 다만 상당수 학생들이 비밀리에 학원수강을 하고 있다. 한 자녀만 있고 교육열이 높은 중국에서 좋은 학업성적에 대한 갈망이 크기에 과외가 없어지기는 현실적으로 어렵다.

사실 우리학교에는 조선족 주말한글학교도 있다. 조선족 학생들이 주말에 학교에 와서 한글을 배우는 것이다. 조선족은 국적이 중국이므로 한국학교에 다닐 수 없고 중국학교를 다녀야 한다. 만일 이런 것을 위반하면 학교 폐쇄 조치도 할 수 있는 것이 중국이다. 그래서 우리는 조선족들에게는 안타까운 일이지만 앞으로 우리학교에서 한글을 가르치면 안 되니 다른 곳을 알아보라고 하였다. 조선족들도 중국 당국의 입장을 알기에 그동안 배려해 주신 것만으로도 감사하며 다음 학기부터는 다른 곳을 알아보겠다고 하여 조선족 한글학교 문제는 정리되었다.

하지만 조선족 자녀들이 모여 한글을 배울 마땅한 장소가 없어서 상황은 녹록지 않다. 딱한 현실이다. 우리학교에서 교실을 제공하고 조선족 선생님이 와서 한글을 가르쳐 주는 최고의 교육 여건이 일시적으로 제공되었다는 것에 만족해야 할 수밖에 없다.

우리 주말한글학교는 무료가 아니다 1년에 한화로 약 36만 원 정도를 낸다. 또 재외동포청에서 일부 교육비가 지원된다. 이것으로 차량운행비,

교재비, 체험학습비를 지불하고 주말한글학교 선생님에게도 소정의 수고비가 지급된다. 그런데 중국 당국에서는 우리학교 선생님이 아닌 사람이 학생들을 가르치는 것을 문제 삼고 있다. 주말한글학교 선생님은 우리학교 선생님도 있지만 일부는 재외교민 중 뜻이 있는 분을 선발하여 주말한글학교 교사를 하도록 하고 있다. 우리학교 선생님이 아닌 분은 취업중이 없는데 취업을 하고 있는 것이나 마찬가지며 세금도 내지 않고 있다고 주장하고 있었다. 이에 우리는 이분들은 취업자가 아니며 월급을 받는 것이 아니라 소액의 봉사료를 받기 때문에 중국 당국에서 생각하는 것과는 상황이 다르다고 설명하였다. 일부는 수긍을 하기도 하였다.

그리고 중국 당국을 더 설득하기 위해 주말한글학교 교감선생님께서 주말한글학교의 연혁, 조직도 및 교사 현황, 채용공고, 면접평가 내용 등을 중국어로 번역하여 교육당국에 제공하였다. 며칠 후에 답변을 받으니 구교육국에서 시교육국과 협상을 더 해야 하니 이 쟁의는 잠시 보류하겠다는 답변을 받았다. 무슨 뜻인지 모르겠다. 잠시 보류라고 한다. 행정실 중국직원도 이 말이 무슨 의미인지 모르겠다고 한다. 주말한글학교는 당장 중단하라는 것인지 해도 좋다는 뜻인지 모르겠다고 한다.

그래서 생각해 낸 것이 우리학교는 계속해서 주말한글학교를 정상적으로 운영하겠다는 취지의 메시지를 보내라고 했다. 그러면 무석 교육당국에서 정확한 답변을 할 것이라고 보았기 때문이다. 조금 답답한 방법이기는 하지만 그때는 그 방법밖에 없었다.

주상해총영사관과도 긴밀하게 연락하면서 신오구 교육국의 입장을 기다리고 있었다. 신오구 교육국의 입장이 명확해지면 총영사관과 연락하면서 공동으로 보조를 취하자고 하였다. 그러나 조금 더 깊게 생각해 보니 이 문제는 총영사님께서 무석 시장이나 당서기와 협의하여 처리해야 할 문제인 것으로 보였다. 우리 입장에서만 이 문제를 볼 것이 아니라 중국입장에서 보면 소정의 등록비를 받아서 지출하고 있고 학생들이 학교에 와서 공부하고 있기 때문에 학원과 비슷한 것으로 보일 것이다. 사실 상하이나 중국 베이징 등 일부 지역에서는 한국인 영어교사를 채용할 수 없다. 중국 당국에서 인정한 미국, 캐나다, 영국 등 7개 나라의 사람만 영어교사를 할 수 있기 때문이다. 그래서 영어교사는 교사가 아닌 행정직원 등으로 채용해서 영어를 가르치게 하고 있다. 재외 학교의 경우 원어민 영어교사도 필요하지만 한국인 영어교사도 필요하기 때문이다. 무석은 이런 점에서 다행인데 한국인 영어교사에 대한 통제가 없다.

주말한글학교는 재외교민들 자녀들의 한글 교육의 보루이다. 한국인으로서 정체성 교육의 핵심이기도 하다. 반드시 지켜내야 할 교육 현안인 것이다. 며칠 후 주상해총영사관 총영사님과 무석시장이 만나셨다. 전에도 두 분이 서로 의리가 통하는 친분이 있었다. 허심탄회하게 이야기하면서 이 문제를 매듭지었다. 밤에 교육영사님으로부터 급하게 문자 연락이 왔다. 주말한글학교 문제가 해결이 되었다고 한다. 아마 알코올 외교가 통했던 것 같다. 중국의 알코올 외교는 관시문화의 핵심이다. 더 나아가 무석시장이 신오구청장과 신오구교육국에 특별 지시를 하여 앞으로 한국학교의 교육에 더 많은 관심과 지원을 하라고 명령했다고 한다. 그래서 그다음 날 신오구 교육국장이 학교을 방문하여 학교 현안을 듣고 적극적으로 해결하겠다는 말씀을 하셨다. 그리고 며칠 후에 있는 졸업식에도 참석하겠다고 하고 실제로 교육관계자들이 대거 우리학교 졸업식에 참여하였다. 졸업식장에 자리를 마련하느라 계획을 수정하고 부산을 떨었다. 하지만 주말한글학교가 계속해서 공부를 할 수 있게 되었다는 기쁜 마음에 바쁘고 힘든 줄도 모르고 교감선생님과 교직원들이 자리를 마련하였다.

그리고 졸업식에는 주상해총영사관 총영사님도 참석하셔서 자리를 빛내 주셨다. 추운 날씨에 먼 길까지 오셔서 최근에 발간된 우리학교 교지와 백호인형을 드렸다. 교육영사님과 강소성 담당 영사님, 비서분까지 챙겨 드렸다. 우리는 백호인형 외교를 하였다.

또 다행히 조선족 주말한글학교도 다른 학습공간을 마련했다고 한다. 그래서 조선족 한글주말학교에 혹시 책걸상이 필요하면 우리학교에서 유무상 증여를 통해서 계속 공부해 나갈 수 있도록 지원을 하겠다고 하였다. 그랬더니 조선족 주말한글학교 교장선생님과 선생님들이 정말 기뻐하셨다. 우리학교, 조선족 주말한글학교 모두가 계속해서 한글을 가르칠 수 있게 되었다.

[주말한글학교 입학식]

4. 교육과정 및 교육환경 개선

본전을 뽑은 의자그네

　학생들은 하루에 8시간의 정규수업을 한다. 초등학교 1학년도 8시간씩 하루 정규수업을 한다. 초등학교 1~2학년은 체력이 달린다. 거기에다가 방과후 수업이 2시간이 있다. 물론 방과후 수업은 선택이지만 거의 대부분의 학생이 방과후 수업을 선택한다. 하루에 10시간의 수업을 하고 있다. 이렇게 많은 수업은 재외한국학교의 특수성도 있지만 대다수 학부모들이 원하기 때문이다. 또 방과후 수업에 참여하면 저녁 식사를 학교에서 제공하므로 엄마들 입장에서는 가사 부담이 줄어들기 때문이다. 보통 재외한국학교에서는 주당 영어수업은 10시간, 중국어수업은 4~5시간이다. 한국학교에 비해 영어와 중국어 수업이 두 배 이상 많다.

　이렇게 하루 종일 학교에서 생활하기 때문에 학생들에게 재미있는 공

[중앙정원 그네]

간과 휴식 공간이 필요하다. 우리학교는 학생 수에 비해 학교 여유 공간이 부족하기 때문에 학생 휴게시설을 확충하기도 어렵다. 그래서 교내 곳곳에 의자그네를 설치하였다. 중앙 정원에 의자그네를 두 개 설치하고 교문 옆 향장나무 아래도 설치하였다. 그리고 유치원 옆 아름드리 나무 밑과 운동장에도 의자그네를 하나씩 설치를 하였다. 쉬는 시간과 점심시간에 조금이나마 휴식 시간을 갖도록 해 준 것이다. 선생님들도 점심 식사를 하고 운동장을 한 바퀴 돌면서 앉아 있기도 하고 학교 차량 운전기사도 가끔은 흔들거리는 그네 위에 앉아 휴식을 취하기도 하였다. 심지어 이웃 ISW 교장선생님과 난와이국제학교 교장선생님도 우리학교를 방문하셨을 때 중앙정원에서 의자그네를 타고 아이들처럼 좋아하였다.

[노거수밑 그네]

선생님은 무엇을 남기는가?

사람은 죽어서 무엇을 남기는가? 이름을 남긴다. 호랑이는 죽어서 무엇을 남기는가? 가죽을 남긴다. 선생님은 학생들에게 무엇을 남기는가? 열정과 사랑을 남긴다. 아니 그렇게 말하고 싶다.

학교장 입장에서 가장 안타까운 것은 능력은 있는데 열정이 없는 선생님이다. 능력은 좀 부족해도 괜찮지만 열정이 없으면 기대할 미래가 없는 것 같다. 부족한 능력은 외부의 도움으로 채워질 수 있지만 없는 열정은 남이 채워 주기 어려운 것 같다.

능력이란 측면에서 생각해 보면 선생님들의 능력에는 큰 차이가 있는 것 같지 않다. 모두 일정한 수준 이상의 역량을 가진 분들을 선발했기 때문이다. 그러나 열정은 선발기준이 없다. 각자 마음속에 내재된 것이어서 측정하기 어렵다. 교육현장에서 교육의 성과를 좌우하는 것은 능력이 아니라 열정이다. 열정이 있는 선생님 한 분이 열정이 없는 5~10명의 선생님 역할을 한다. 아니 그 이상을 한다.

학교장이 된 사람들은 나름 교육현장에서 열정을 가지고 교육을 했던 사람들이다. 개인차는 있겠지만 열정이 없었다면 교장이 되기도 어려웠을 것이다. 그래서 학교장은 능력이 있는 선생님보다 열정이 있는 선생님을 그리워하고 기대한다. 선생님들의 열정에 따라 월급을 달리 줄 수도 없기 때문에 열정을 강요할 수도 없다. 열정은 매우 자발적이고 능동적인 영역이다.

또 하나는 학생에 대한 사랑이다. 교사의 자질 중 가장 중요한 덕목이라고 할 수 있다. 학생 한 사람 한 사람에 대한 관심과 사랑이 없다면 무엇으로 교사가 보람을 얻을 수 있겠는가? 그리고 학생에 대한 큰 사랑이 있다면 어찌 열정이 발휘되지 않을 수 있겠는가? 교육에 대한 열정과 학생에 대한 사랑은 대가나 보상을 바라는 것이 아니다. 국가에서 주는 월급으로 이미 보상을 받았다. 이러한 교육적 신념과 철학으로 학생들을 교육한다면 큰 내적 충만감과 보람을 느낄 수 있을 것이다. 학생에 대한 사랑, 인간에 대한 사랑은 사상적 철학적 영역이 될 수도 있겠지만 교육의 기저에 이것이 없다면 교육은 공허한 몸짓이 될 것이다.

잊을 수 없는 의흥죽해(宜興竹海)의 홍차

우리학교 중국문화 특강은 학생들이 중국의 문화와 역사, 유적을 탐방하며 중국을 알아가는 현장체험학습 프로그램이다. 주로 토요일을 이용해서 신청 학생들을 대상으로 진행하는데 학생들에게 인기가 매우 높다. 이번 프로그램은 의흥죽해와 박물관, 용요(龍窯), 도자기 만들기 체험이 진행된다.

의흥죽해는 말 그대로 대나무의 바다이다. 대나무가 산과 바다를 이룰 만큼 엄청나게 많고 그 규모가 커서 끝이 없다. 전남 담양의 죽녹원에도 가 보았는데 죽녹원은 비교 자체가 되지 않는다. 산 전체가 대나무로 되어 있는데 산 끝이 안 보일 정도다. 조금 과장을 하자면 산이 아니라 산맥일 정도다. 의흥에서 상주까지 이어져 있다고 한다. 죽해를 올라가면 끝이 없을 것 같아서 중간에 돌아서 내려왔다. 죽해 정자에서 중국문화특강 담당인 이지연 선생님이 홍차를 샀다. 죽해 중턱 정자에 앉아서 홍차를 마시니 기분이 좋아지고 시라도 한 수 읊고 싶은 생각이 들 정도였다. 몇 잔 분량의 홍차 한 통이 80원인데 정말 맛이 좋다. 매우기(梅雨期, 장마)가 끝난 6월의 무석은 기온도 높고 습도도 높아 가만히 있어도 땀이 줄줄 흐른다. 이런 날 대나무 숲속에서 홍차 한 잔이 주는 행복이 참 컸다.

도자기 박물관에서 본 자사(紫砂)는 참 특이했다. 자사는 자주색 모래인데 이것을 이용하여 차 주전자를 만든다. 자사 제품의 차 주전자는 가격이 비싸다. 중국인들은 차를 어떤 용기에 보관했는지를 중요하게 생각한다. 보관 용기에 따라 차 맛이 달라진다고 보는 것이다. 또 도자기박물관에서 직접 컵을 만들었다. 체험비가 약 98원인데 학생들이 만든 컵을 가마에 구워서 학교로 다시 보내 준다고 한다. 전시되어 있는 컵을 여러 개 보았는데 정말 정교하게 잘 만들어져 있었다. 마지막으로 흙으로 만든 가마 용요(龍窯)를 보았는데 용이 꿈틀꿈틀 올라가는 모양으로 만들어져서 용요라고 한다.

  중국문화특강은 학생들에게 인기도 높고 도움이 많이 된다. 학교 예산이 들어가기는 하지만 이런 체험 기회를 더 확대하고 싶다. 중국을 체험해야 학생들의 견문이 넓어진다.

[바다처럼 넓은 의흥죽해]

[죽해 안에서 홍차 한잔으로 신선이 된다]

13가지 공사 동시다발 착수

 여름방학 중에 학교 시설 개선 공사를 10건 이상하기로 계획을 하였다. 정확히 헤아려 보니 총 13건이었다. 작년에 학교 건물을 중국 당국으로부터 매입하여 우리학교 건물로 만들었다면 올해는 우리학교를 학생들이 편리하고 만족스럽게 사용하도록 교육환경을 업그레이드하는 것이 필요했다. 다행히 2학기에 30여 명의 학생이 전입을 오고 이월금까지 합하여 2억 8천만 원의 예산이 확보되었다.
 우선 초등컴퓨터실 엑세스 플로어를 새롭게 수리하고 전기배선을 새롭게 하여 접속 불량 문제를 해결하고 컴퓨터 본체를 바꾸었다. 컴퓨터 본체는 거의 10년이 다 되어서 속도가 무척 느리고 작동이 정상적이지 않은 것도 있었다고 한다. 다음은 유치원 화장실인데 화장실 문짝이 덜렁거리는 것도 많고 어두워서 아이들이 무섭다고 울기도 한다고 해서 유치원 화장실을 밝게 하고 타일이나 변기도 교체하여 쓰기 좋은 화장실로 리모델링하였다.
 그리고 무엇보다도 문제가 되는 것은 소방관로 수리였다. 소방관로는 공사 비용이 많이 들지만 물이 새는 것도 막고 화재에도 대비하기 위해 꼭 공사가 필요했다. 최근 수도세가 많이 나와서 원인을 파악하던 중 누수가 계속해서 발생하고 있다는 것을 알았다. 또 각 학급에 책꽂이를 새로 제작하여 배부하고 학급 문고용 책도 추가로 구입하여 비치를 했다. 현재 우리학교 도서관이 좁아서 일정 부분은 학급에서 독서 지도를 할 수 있는 여건을 마련해야 하기 때문이다. 추가로 상담실과 댄스실을 개조하고 화장실 세면대도 교체할 생각이다. 급식실 의자와 식탁도 수리하고 도서관의 대출대와 바닥 온돌도 수리할 예정이다. 이 외에도 전신거울을 구입하여 학생들의 자존감을 향상시키고 의자그네도 구입하여 편의성을 도모할 생각이다.

행정실 직원들이 방학 중인데도 이런 모든 일들이 정교하게 추진되도록 만전을 기하고 있다. 교육부 회계 감사 서류도 준비해야 하고 중국 세무당국 회계 장부도 준비해야 한다. 재외한국학교는 이처럼 두 가지 회계 서류를 갖추어 놓아야 한다. 이런 어려움에도 불구하고 우리학교 행정실 직원들의 일 처리는 정말 최고다.

[화장실 세면대 수리 전]

[유치원 화장실 수리 전]

운동장에 시계를 다는 날

　학생자치회에서 학교 운동장에 야외용 시계를 설치해 달라는 건의를 하였다. 학생자치회 선거 공약이었다 한다. 그래서 학생부에서 시계 설치를 긍정적으로 검토하고 있던 중 코로나가 확산이 되고 원격수업으로 전환이 되면서 중단이 되었던 일이다. 행정실에서 다양한 모델을 검토하고 가격도 비교하면서 시계를 설치하는 장소 후보지까지 물색하여 시계 설치를 제안하였다.

　다시 3개월 만에 논의를 재개하여 운동장에 야외용 전자시계를 하나 달게 되었다. 건물 안쪽에서 전기를 연결하고 시계는 사다리차를 타고 올라가서 건물 외벽에 부착하였다. 사다리차까지 동원이 되어 생각보다 시간이 많이 걸렸다. 야외용 시계를 설치하고 나니 뿌듯한 생각이 들었다. 오랜 숙원 사업을 하나 완성한 것 같았다. 학생들의 반응이 좋았는데 특히 남학생들의 반응이 좋았다. 점심시간에 축구를 하다 보면 시간이 가는 줄을 모르고 시간도 알 수 없어서 수업 시간에 늦는 경우가 많았는데 이제 안심이 되고 편안하다는 것이다.

　이 일을 시작한 지 3개월 만에 완료한 것이다. 생각보다 시간이 많이 걸렸다. 중국에서는 일 추진이 빠르게 되지 않는 경우가 종종 있다. 어느 한 곳에서 병목현상이 생기면 일이 한없이 늦어진다. 누구를 탓할 수도 없고 탓하기도 어렵다. 느긋하게 마음을 먹고 적응해 가는 수밖에 없다. 여기는 중국이고 중국만의 방식과 속도가 있다.

　운동장 시계가 학생들의 호응을 얻고 편리하다는 것을 알고 학생들이 또 다른 건의를 하였다. 농구장에도 시계를 하나 설치해 달라고 하였다. 이왕에 시작한 것인데 못할 것이 없었다. 비용이 조금 들었지만 야외농구장에도 시계를 하나 설치하였다. 다만 야외농구장은 철망으로 울타리가 되어 있어서 철망에 시계를 설치하지 않고 농구장에서 잘 보이는 본관 벽에 야외용 시계를 설치하였다. 농구장 시계도 학생들의 반응이 좋았다. 학생들 입장에서 조금만 생각을 하면 의외로 간단하게 교육환경을 개선할 수 있고 학생들의 만족도를 제고할 수 있다.

[사다리차까지 동원되는 운동장 시계 달기]

초등 에이스(Ace) 초빙

무석한국학교에 초등 에이스(Ace) 두 분이 왔다. 보통 재외한국학교는 2학기 말에 교사 초빙을 하는데 이번에 중간에 개인 사정으로 한국에 귀임하시는 분이 있어서 1학기 말에 별도로 초빙하게 되었다. 유 선생님은 남편이 주재원으로 와서 연태에서 5년간 함께 사시다가 오셨고, 정 선생님은 남편이 주재원으로 와서 완커지역에 살면서 주말한글학교 선생님을 하고 계신 분이다. 물론 두 분 모두 한국에서 초등 정규교사로 학생들을 가르쳤던 분이다.

유 선생님은 연태에 계시면서 가끔 교육 관련 봉사활동을 하셨고 음악에도 관심이 많은 분이다. 차분한 성격에 긍정적인 성격의 소유자이다. 그리고 정 선생님은 밝은 웃음에 활달한 성격이고 자녀가 둘이 있는데 모두 보스톤국제학교에 다니고 있다. 자녀들의 학교 전학을 고민하고 있다고 한다. 정 선생님은 면접을 약 55분간 보았다. 선생님 말로는 그야말로 영혼이 탈탈 털렸다고 한다. 본인의 본모습과 바닥을 드러내지 않을 수 없었다고 한다. 보통 재외한국학교에서 교사 면접은 15분 내외로 한다. 그런데 정 선생님의 면접시간이 이렇게 길어진 것은 한국에서 오기로 했던 선생님이 갑자기 부임할 수 없다고 연락을 했기 때문이다. 그래서 이번에는 면접을 통해 철저히 검증해야겠다고 마음을 먹고 면접했기 때문에 이렇게 면접 시간이 길어졌다.

두 분 선생님이 오시게 되어서 초등 분위기도 더 활력을 찾을 것 같다. 특별히 이 두 분에게 더 기대하는 것은 현임 학교장이 부임하여 처음으로 선발한 선생님이기 때문이다. 교장실에서 만나 차를 한잔 마시고 한 시간 반 동안 학교현안에 대해서도 이야기를 했다. 그리고 학생들과 좋은 관계 맺기, 수업의 중요함에 대해서도 이야기를 했다. 그리고 학생들을 존중하고 사랑하는 선생님이 되자고 하였다. 유 선생님은 휴일인데도 도서 등록으로 바쁜 사서 선생님을 돕기 위해 도서실에 오셨다. 그리고 과학실도 말끔하게 정리를 하셨다. 드러나지 않는 곳에서도 주인된 마음으로 최선을 다하고 계신 것이다. 벌써 두 에이스의 활약이 기대된다.

부임 후 몇 주 후에 유은정 선생님과 정희선 선생님이 수업공개를 하셨다. 두 분 모두 5년 이상 휴직을 하시고 우리학교로 초빙되어 오셨기 때문에 수업공개를 통해 교수학습 능력을 스스로 점검하고 제고하는 기회가 가지게 된다. 한국에서도 2년 이상 휴직을 하신 분은 복직연수를 받아야 하고 학교에 따라 수업공개를 통해 그동안 녹슨 칼을 갈아야 하는 시간과 기회를 부여받게 된다.

특별히 두 분 선생님은 내가 무석한국학교에 부임하여 임용한 선생님이기에 애정과 책임이 남다르다. 두 분이 잘하시면 본인이 칭찬을 받겠지만 부족하다면 임용한 교장이 욕을 먹게 된다. 채용 면접을 통해 두 분의 인성적 측면이나 교사로서의 자질과 역량을 충분히 검증했다. 실제로 두 분은 학교에 부임하여 대인관계나 수업 역량 측면에서 최고로 평가를 받고 있는 무석한국학교의 최고 에이스라고 할 수 있다.

우연히 과학실을 지나가다가 보았는데 유은정 선생님은 학교에 나오셔서 과학실 청소도 하고 실험도구를 점검하도 있었다. 토요일에 행정실 직원과 함께 학교 시설 보수 상태와 전자칠판 설치 상태를 점검하면서 우연히 보게 된 것이다. 또 과학전담으로서 과학 수업도 정말 재미있게 진행하시고 무엇보다도 학생들이 과학 수업을 좋아한다. 학교에 손님이 오셨을 때 수시로 과학수업을 공개하였는데 한결같이 학생들의 참여와 호응이 높은 수업을 진행하였다. 또 학교 홈페이지도 PC, 스마트패드, 휴대폰에서 모두 볼 수 있는 반응형으로 개편하였고 상해 민주평통골든벨 축제에서도 플루트부가 뛰어난 실력을 발휘하였다. 정희선 선생님은 사회 수업을 공개하였는데 지역홍보박람회를 홍보하는 내용이었다. 학생들이 자기가 가 보고 싶은 곳의 자랑거리, 특산물, 관광지 등을 조사하고 또 다른 학생들에게 홍보하는 형태의 수업을 전개하였다. 수업 중 딴짓하는 학생이 한 명도 없었다. 공개 수업을 참관하면서 두 분의 휴직 공백이 전혀 느껴지지 않았다. 정말 좋은 수업을 했다고 볼 수 있다. 초등 선생님들과 가끔 모이면 우리학교 초등교육이 세계 1위라고 농담으로 말하지만 반은 진심을 담아서 하는 말이다. 우리학교 초등교육이 세계 1위의 교육력을 발휘하는 데 두 분이 견인차 역할을 할 것으로 기대가 된다.

[플루트부 멜리플로어스 공연]

시력보호를 위한 교실 조도 조정

교실 수업 장학을 위해 각 교실에 들어가 보니 교실이 좀 어둡다는 생각이 들었다. 요즘 안경을 끼고 다니는 학생이 많은데 여러 가지 요인이 있겠지만 교실 조도가 낮은 것도 무시할 수 없는 요인이다.

코로나 시기에 학교 교육환경 개선을 위한 투자가 이루어지지 않아서 곳곳에 미비한 교육환경이 있었다. 이런 상황 속에서 학교 회계 이월금도 많이 남아 있어서 교육 환경 개선을 위해 투자하기 좋은 여건이 마련되어 있다고 볼 수 있었다.

한국이나 중국, 그리고 일본, 대만 등 동아시아 국가 학생들이 안경을 많이 끼고 있다. 연구에 의하면 과도한 실내 생활과 낮은 실내 조도, 그리고 실외 태양에 노출이 되는 빈도가 낮을 때 시력이 저하되는 경우가 많다고 한다. 물론 책을 너무 가까이서 본다거나 흔들리는 곳에서 책을 보는 등 나쁜 독서 습관도 시력 저하의 원인이 된다.

행정실과 의논을 하여 우선 실내 조도를 정확하게 측정해 보자고 하였다. 학교 교실 조도 개선 공사를 많이 한 업체를 선정하여 조도를 측정하였더니 기준보다 상당히 낮았다. 300룩스가 안되는 곳이 많았다. 교실 칠판 앞은 일반적으로 500~1,000 룩스가 나와야 하고 학생들의 책상 위는 300룩스 이상이 나와야 한다고 한다. 그래서 시공능력이 우수한 업체를 선정하여 교실 조도를 올리는 공사를 하였다. 칠판 앞에는 조명을 일정한 간격으로 3개를 추가 설치하여 조도를 기준치에 도달하도록 높였다. 조도를 재어 보니 870~890룩스가 나왔다. 학생들의 책상위도 430~450룩스가 나왔고 교실 뒤쪽 학생들의 책상도 300룩스 이상이 나왔다. 한 교실에서 9군데 조도를 측정하여 전체적으로 조도 문제가 없는지 꼼꼼하게 점검을 하였다. 그리고 각 실별 측정내용을 모두 기록하였다. 차후에 다시 측정하여 전과 다름이 없는지를 측정 비교할 예정이다. 교실 26개의 조도를 개선하고 나니 흐뭇하였다. 수업장학에 들어가서 교실을 세심하게 살핀 결과 교실 환경을 개선한 내용이다. 교실 조도에 대해서는 이전에 아무도 얘기를 해 주지 않았다.

[학생들의 시력보호를 위한 조도 높이기 작업]

아침 등교맞이(迎接부晨)의 효과

우리 학생들이 등교하는 시간에 매일 아침 등교맞이를 한다. 국내에서도 거의 10년 동안 아침 등교맞이를 했다. 무석한국학교에 와서도 하루도 빠짐없이 아침 등교맞이를 하고 있다. 통학버스에서 내려 현관으로 들어오는 학생들을 맞이하고 있다. 아침에 학생들을 보면 아직 잠이 깨지 않아서 눈을 반쯤 감고 내리는 학생도 있다. 보통 밤늦게까지 학원에서 공부한 학생들이 많기 때문이다. 그러니 잠이 부족하고 아침까지 졸릴 수밖에 없다. 잠이 부족하니 학교 수업시간에도 졸리고 집중도가 떨어진다. 이런 생활이 계속되다 보면 학교 수업에 집중하지 못하는 악순환에 빠질 수 있다.

아침 등교맞이도 계속하다 보면 진화하는 것 같다. 처음에는 가볍고 손을 흔드는 것으로 시작했다. 그리고 학부모가 함께 참여하는 프리 허그로 발전을 했고 이후에는 다양한 손짓과 액션, 그리고 인사말을 다양하게 표현하였다. 안녕하세요? 반갑습니다. 어서 오세요. 오늘 하루도 즐거운 하루가 되세요. 친구들과 행복한 하루! 웃음과 기쁨이 넘치는 하루! 공부가 머리에 쏙쏙 들어오는 하루! 등으로 발전했다. 그리고 최근에는 무석의 보배 무석의 자랑 대한민국의 미래로 변화하였다. 그리고 여기에 학생들이 좋아하는 음악을 틀고 아침인사를 한다. 그리고 우리 학생들을 VIP로 모신다는 의미로 현관에 레드카펫을 깔았다. 일부 남학생들은 특유의 무덤덤함이 있지만 유치원생과 초등학생들은 자기의 마음을 잘 표현한다. 관심과 사랑이 세대의 경계를 넘어선다.

중고등학생들의 반응은 주로 하교시간에 나타난다. 아침 등교시간과는 완전히 다르게 매우 즐겁고 유쾌한 인사를 건넨다. 하교시간에 통학버스를 타는 학생들도 수고했다는 말과 함께 배웅을 한다. 하루 두 번 학생들과 만나는 시간을 갖고 있다. 버스가 학교 교문을 나갈 때까지 손을 흔들어 준다. 새로 부임하신 선생님들은 우리학교 학생들의 인성이 참 좋다고 한다. 아침맞이와 배웅의 효과일까? 단언할 수는 없지만 분명히 효과가 있다. 연말에 교육과정 설문조사를 해 보면 아침맞이에 대해 학생들의 긍정 반응이 매우 높다.

[활기찬 하루를 여는 아침맞이]

수용소 철문을 철거하다

우리학교 1층 출입구는 정문 현관을 제외하고 모두 쇠창살 철문으로 되어 있었다. 전체적인 느낌이 무슨 수용소나 교도소와 같은 느낌을 준다. 학교의 출입문을 왜 이렇게 쇠창살 철문으로 만들어 놓았을까? 외부인으로부터 학생을 안전하게 보호하고 절도를 방지하기 위해 선의로 설치했을 것이다.

좀 더 구체적으로 알아보니 출입문을 설치할 당시 학교 주변 파출소에서 쇠창살 철문을 설치하라고 해서 설치했다고 한다. 또 주변에 40~50년쯤 되어 보이는 저층 아파트나 연립에는 이렇게 쇠창살이 설치되어 있는 경우가 많았다. 무석 시내 고진에서도 가끔 볼 수 있고 절강성 영파에 있는 천일각 입구에도 이런 건물들이 많았다. 창문에 쇠창살이 촘촘하게 설치가 되어 있었다. '과거에 절도범이 많았나?' 이런 생각이 들었다.

무석은 교육국, 위생국, 파출소, 소방서 등에서 학교의 안전 점검을 나오므로 각종 시설물을 학교에서 자의적으로 설치를 하거나 철거를 하면 문제가 된다. 우리가 쇠창살 출입문을 철거하고 강화유리문으로 교체하면 관계 당국에서 점검시 다시 설치하라고 할 수도 있다. 그래서 이 쇠창살 출입문을 철거하기 전에 파출소에 물어보라고 했다. 학교의 출입구 문을 바꾸는 것도 물어보아야 한다고 생각하니 좀 답답한 생각이 들었다. 그러나 어쩌겠는가? 여기는 중국이다. 행정실 직원이 파출소에 문의를 한 결과 의외로 파출소의 대답은 명쾌했다. 학교 출입문 교체는 학교장이 알아서 하는 것이라고 답변했다고 한다. 중국 당국의 방침도 10~20년 전과 똑같은 것이 아니고 시대에 따라 변하는 것이다.

쇠창살 현관 출입문을 바꾸고 싶었는데 갑자기 신이 났다. 이제 저 수용소 같은 문을 없애 버릴 수 있는 것이다. 강화유리문으로 주요 출입구 문을 모두 교체했다. 맘이 개운하고 시원했다. 학생들도 좋다고 한다. 학부모님들도 가끔 오셔서 학교가 좀 깨끗해진 것 같다고 말씀을 하신다. 소소하고 작은 변화가 사람들의 마음을 편안하게 하고 기쁘게 했다.

[수용소와 같은 철문]

[새롭게 단장한 철문]

핼러윈 데이 창의성이 뿜어 나는 행복 교육

 핼러윈 데이는 주로 기독교 문화권의 행사인데 현대에 와서는 종교적인 색채가 약화되고 신문화 축제의 하나로 자리를 잡아 가고 있는 느낌이다. 특히 영어를 공부하는 학생과 영어를 가르치는 선생님들은 핼러윈 데이를 역동적인 영어 교육과정 운영의 핵심으로 여기고 있는 것 같다. 나도 처음에는 한국의 전통 문화와 풍습도 아닌 것을 왜 저렇게 무분별하게 추종하는 것일까 하고 다소 못마땅한 마음으로 바라보았다.
 그러나 최근에 마음을 바꿨다. '학교에서 우리가 교육과정을 운영하면서 학생들의 흥미나 관심을 얼마나 고려하고 있는가?' 하고 자문해 보았다. 교사들이 일방적으로 결정을 하는 경우가 많다. 현대 교육은 학생의 참여와 행복이 중요한데 이런 점이 소홀히 다루어지고 있다고 생각하였다. 하루 종일 딱딱한 의자에 앉아 교사의 설명과 강의를 들으려면 얼마나 답답할까? 지적 호기심이 왕성한 일부 학생을 제외하고 대부분의 학생들은 하루하루가 힘들 것이다. 일반적으로 학교에서는 학생이 즐겁게 참여하고 행복감을 느낄 수 있는 기회가 적은데 핼러윈 데이와 같은 교육활동은 색다른 역동성과 활기를 주는 것 같다.
 핼러윈 데이는 켈트족의 풍습에서 유래되었다고 한다. 초기에는 죽은 자를 달래고 악령을 쫓고 제물을 올리는 풍습이 있었다고 한다. 그리고 자신도 해를 입을까 봐 유령이나 괴물로 분장하고 집집마다 다니면서 사탕이니 초콜릿을 얻는 축제로 변화되었다고 한다. 또 선행과 봉사로 이웃 간 가교 역할을 하는 지역축제로 승화 발전이 되었다고 한다. 핼러윈 데

이는 학생들에게 매우 흥미진진하고 맘을 설레게 하는 날이다. 자기의 상상력을 발휘하여 코스프레를 할 수 있고 선물도 받을 수 있고 공인된 다양한 이벤트에 참여할 수 있다.

평소 교육활동을 하면서 코스프레 데이를 만들면 좋겠다는 생각을 했는데 핼러윈 데이 바로 그날에는 자연스럽게 코스프레를 할 수 있는 것이다. 내 교육철학과 딱 생각이 맞아떨어진 것이다. 이 얼마나 즐겁고 효율적으로 교육과정을 운영할 수 있는 날인가?

2층으로 가니 복도에는 핼러윈 데이 배경막과 반짝반짝 빛나는 전깃불이 설치되어 있었다. 그리고 우리학교 유초등학생 전체가 자기들이 만든 바구니를 가지고 교장실을 방문하였다. 학생들이 "Trick or treat" 이렇게 외치면 미리 준비한 사탕과 젤리를 학생들이 가지고 온 바구니에 넣어 주었다. 학생들이 기뻐하는 모습을 보니 정말 좋았다. 유초등학생 전체가 왔고 각 반별로 사진도 찍었다. 아마 다음 날 위챗 계정에 핼러윈 데이 행사 기사가 뜰 것 같다. 우리학교는 재중한학 중에서 위챗 계정을 제일 잘 활용하는 학교이다. 우리학교가 맨 처음 위챗 계정을 개설하지는 않았지만 가장 활발하게 위챗 계정을 이용하여 학교의 다양한 활동을 학부모와 함께 공유하고 있다.

[책 소풍 가는 날]

[핼러윈 데이 코스프레]

핼러윈 데이 활동을 부정적으로 보는 시각이 있으나 이를 교육적으로 활용하면 정말 좋다. 학생들이 평소에 느끼지 못한 학교 교육의 역동성과 재미를 느낄 수 있다. 즐겁게 참여하는 학생들의 모습을 보면 핼러윈 데이를 활용한 영어 교육활동을 무작정 비난하기 어려울 것이다.

요즘 핼러윈 데이는 젊은이들 사이에서 매우 인기가 있는 문화이벤트 축제이다. 분장 파티를 하는 재미가 커서 전 세계적으로 인기가 높아지고 있다. 우리학교에서도 핼러윈 데이는 학생들 사이에서 매우 인기가 높다. 영어수업시간에도 핼러윈 데이를 잘 활용하고 있다. 또 인근 국제학교에서는 중요한 교내 교육활동의 하나로 선정을 하여 아주 재미있게 운영을 한다. 호박랜턴, 유령이나 괴물 가면, 그리고 거미와 고양이 장식 등을 설치하거나 분장하는 등 흥미진진한 요소가 많다. 또 사탕과 초콜릿을 나누어 주기도 한다.

학교에서는 영어 교육을 위해 핼러윈 데이를 이렇게 잘 활용을 하고 있는데 이태원에서 핼러윈 데이에 참사가 벌어졌다. 모두 159명의 꽃 같은 인생이 하늘나라로 갔다. 한국은 인구밀도가 높은 나라이다. 도시국가를 제외하고 방글라데시, 대만에 이어 세계 3위이다. 특히 수도권에는 약 2,600만 명이 밀집되어 살고 있다. 이러한 상황 속에서 이태원이라는 매우 협소하고 경사가 심한 지역에서 핼러윈 데이 축제를 개최함으로써 참사가 벌어진 것이다. 당일 약 10만 명이 넘는 인파가 몰렸다고 한다. 사고는 예견이 된 것이나 마찬가지였다. 7~8년 전에 서울 불꽃놀이 축제에 갔을 때 압사의 위험을 느끼는 순간이 있었다. 신길역에서 내려서 나가려고 하는데 사람이 너무 많아서 지하철역 입구까지 사람이 꽉 찼다. 그래서 나갈 수가 없었다. 즉 내가 걸어서 이동을 하는 것이 아니고 사람에 밀려서 이동하게 되고 심지어 사람이 더 많이 밀집되어 있는 곳에서는 사람과 사람 사이에 떠서 이동하는 것 같았다. 순간 많이 긴장을 했고 큰일이 나겠다는 생각을 했다. 계단에서 누군가 넘어지거나 미끄러지면 전체가 압사 상황으로 내몰리는 상황이었다. 행사를 주최하는 측에서 일부 지하철역 무정차 통과로 인파 집중을 막아보려 했지만 이미 늦은 상황이었다. 이때의 아찔했던 경험 때문에 서울불꽃축제는 더 이상 구경을 가지 않고 구경 가려고 하는 주변 사람들도 말렸다. 그런데 그 후 7~8년이 지나 이태원 핼러윈 데이 참사가 벌어진 것이다. 서울 불꽃축제도 봄과 가을에 나누어서 한다든지 아니면 토요일, 일요일 이틀간에 걸쳐서 한다든지 하여 인파 집중을 막는 방법을 고려해 보아야 할 것이다. 그리고 당연히 안전관리를 철저히 하여야 할 것이다.

얼마 전 중국 북경 경산공원에 갔을 때이다. 공원 매표소 입구에서 공원에 입장하는 적정 인원을 통제하고 있었다. 만일 천 명이 공원에 입장할 수 있는 적정인원이라고 하면 실시간으로 그 인원이 파악이 되어 천 명 이하가 되어야 새로 도착한 사람이 공원에 입장을 할 수 있었다. 이렇게 하니 공원에 입장을 한 사람은 아주 쾌적한 환경 속에서 공원산책과 관람을 할 수 있다. 중국은 이런 부분이 아주 철저하다. 코로나 확산 차단이라는 측면도 있지만 관람객 안전이라는 측면에서 이런 안전관리 시스템을 쓰고 있는 것 같다.

이태원 참사가 일어났다는 뉴스를 듣고 깜짝 놀라서 서울에 있는 아이들에게 전화를 했다. 그런데 전화를 받지 않아서 별생각이 다 들었다. 다행히 한두 시간 후에 전화가 와서 안심하였지만 하룻밤 사이에 자식을 잃은 부모의 마음은 어떠하겠는가?

중국 CCTV와 주요 매체에서도 한국의 이태원 핼러윈 데이 참사를 보도하고 있다. 한국에서 이런 후진적인 사고가 계속 일어나고 있어서 안타깝다. 성수대교 붕괴, 삼풍백화점 붕괴, 세월호 침몰, 대구지하철 참사 등 대형 인명 피해를 일으키는 사고가 끝없이 일어나고 있다.

해외에 나와 있으면서 우리나라의 나쁜 소식을 들으면 더 안타깝다. 이런 마음이 나만 그렇겠는가? 우리 교민이나 주재원 모두 같은 마음일 것이다. 뒤늦게 정부에서 국가애도기간을 정하고 관공서와 재외공관에 조기를 게양하도록 하여 우리학교도 아침에 조기를 게양하였다. 행정실 직원이 조기를 어떻게 다는 것이냐고 물어서 가르쳐 주었다. 중국에는 조기를 다는 행사나 기념일이 없는 것 같다.

학교에서는 일과 시간을 시작하기 전에 모두 희생자를 애도하는 묵념을 하도록 하였다. 그리고 안전의식을 더 고취할 수 있는 교육을 철저히 하자고 말씀을 드렸다. 소 잃고 외양간 고친다는 말이 있지만 늦게라도 고치지 않으면 외양간에 늑대와 하이에나가 득실거린다.

아침에 출근하여 교장실 문을 열어 놓고 있었는데 흰 국화 한 다발을 든 ISW Eunice kim이 들어왔다. ISW국제학교 한국인 디렉터인데 매우 상냥한 미소와 친절한 태도를 가지고 있는 분이다. ISW에서 한국인 학생 유치와 학부모의 스쿨 투어를 담당하고 있는 분이다. 우리가 ISW국제학교를 방문했을 때도 유치원과 체육관은 물론 본관 1층에서 4층까지 하나하나 친절하게 잘 설명해 주시고 안내를 해 주었다. 패터슨 교장선생님의 심부름을 왔다고 한다. 간밤에 한국에서 큰 사고가 일어나서 너무 놀랍고 안타까워서 조의를 표하러 왔다고 한다. 이번 이태원 참사에 대해 가슴 아파하시면서 한국인들과 슬픔을 함께하고 위로하기 위해 패터슨 교장선생님께서 국화를 보냈다고 말씀하였다. 그리고 손 글씨로 쓴 엽서도 같이 전해 주었다. 정말 감동적이다. 사랑과 은혜라는 ISW의 건학이념을 몸소 실천하고 계셨다. 보내 준 조화를 현관 한쪽 책상 위에 놓고 우리 교직원들과 학생들이 이태원 참사 희생자를 추모하게 하였다. 국가애도기간 동안 희생자를 위해 묵념하는 공간으로 조성하여 학생들이 등교할 때나 하교할 때 애도하는 시간을 가졌다.

ISW국제학교는 한 달 전에 우리학교와 MOU를 맺은 학교이다. ISW은 우리의 진정한 형제요 자매이고 친구다. 어려움과 슬픔을 함께 나누는 것이 진짜 친구다.

ISW은 현재 OCAC 학교로 이전을 준비하고 있다. 현재 학교는 중국의 삼고중(三高中)이 사용하겠다고 통보했다고 한다. 삼고중 학생이 늘어나면서 교실이 부족하기 때문이라고 한다.

OCAC는 우리학교 바로 옆에 있는 학교였는데 학생이 줄고 학생 모집이 잘 안 되어서 폐교하고 현재는 학교 건물이 비어 있다. 현재 ISW보다 학교 규모가 크고 대지가 넓어서 교육적으로 활용할 수 있는 공간이 많다. ISW도 이 학교로 이전을 하고 싶어 하는데 문제는 건물 임대료다. 임대료가 너무 비싸면 학교 재정 운영에 많은 부담을 주기 때문이다. ISW국제학교가 우리학교 옆으로 이전을 하면 우리는 더 좋다. 걸어서 다닐 수 있고 더 많은 교류를 할 수 있기 때문이다. 아무쪼록 임대료 협상이 잘되기를 바란다.

[ISW국제학교와 MOU 협의]

[ISW국제학교에서 보내 준 이태원 참사 조의 국화]

4. 교육과정 및 교육환경 개선 **115**

대극원에서 공작(孔雀) 발레(芭蕾舞)를 보다

중국문화특강팀이 떴다. 이번 활동은 무석 대극원 발레공연 관람이다. 전에는 주로 사찰, 서원, 박물관 등을 갔다면 이번에는 중국문화의 다른 면을 보고자 대극원에서 발레 '공작'을 보기로 하였다. 사찰이나 박물관만 가면 학생들이 식상할 수 있고 진정한 의미에서 중국문화 체험이라는 측면에서 부족한 부분이 있기 때문에 이번 대극원 공연 관람은 색다른 의미가 있다.

중국문화특강 담당 이지연 선생님이 인터넷을 검색하고 학생들의 의견을 듣고 직접 현장에 가서 티켓을 구매하는 등 발 빠르게 움직였다. 이지연 선생님은 마치 물이 오른 육군 장교 중위와 같다. 민첩하게 잘 움직이고 민완하게 일 처리를 한다. 또 대극원에 가는데 학교 차량을 이용하기 어려워 운수회사에 직접 알아보고 저녁에 이용할 수 있는 차량을 섭외 대여하였다. 저녁 6시 30분부터 밤 10시 30분까지 버스를 이용하는데 500원이었다. 비교적 저렴하게 대여하였다. 이런 일을 처리하는 것을 보면 이지연 선생님은 중국 현지인보다 능력이 출중하다.

이번 중국문화특강에 중고등학교 학생 25명이 신청을 하였고 선생님도 몇 분이 함께 동행하기로 하였다. 공연 비용은 학생들도 본인이 절반을 부담하도록 처음부터 안내하여 신청을 받았다. 그리고 선생님들이 공연 관람을 신청할 때는 중국문화특강팀이 아닌 분은 비용을 전액 부담으로 진행하였다. 중국문화특강팀 선생님들은 주말에도 학생들을 데리고 종종 나가야 하기 때문에 일정한 배려가 필요하였다.

원래 난 뮤지컬을 좋아하고 발레는 좋아하지 않지만 중국 공연이어서 더 흥미가 생겼다. 대극원에 입장을 할 때는 핵산검사 결과와 소강마를 보여 주어야 했다. 그리고 가방도 가지고 들어갈 수 없어서 별도의 보관함에 맡겨야 했다. 가방도 별도로 맡겨야 하다니 정말 보안이 까다롭다는 생각이 들었다. 대극원은 정말 규모가 크고 관람좌석도 많았다. 관람료도 꽤 비싼데 관객도 많았다. 중국도 나름 공연문화가 발달되어 가고 있다는 인상을 받았다. 무석에 부자들이 많아서 그런지 이런 공연에도 좌석이 꽉꽉 찼다. 우리는 좌석이 3층인데 390원 주고 입장을 하였다. 1층 앞쪽 자리는 도대체 얼마란 말인가? 이렇게 비싼 공연을 이렇게 많은 사람이 보러 오다니 무석의 문화수준도 꽤 높다는 것을 그때 알게 되었다. 이지연 선생님의 말씀에 따르면 입장권을 사기 위해 사이트에 들어가 보았더니 맨 앞쪽 좌석부터 매진이 되더라고 한다. 정말 발레 공연 마니아들이 이렇게 많다는 것인가? 놀라운 일이다. 그리고 3층 좌석도 간신히 예약하고 입장권을 구입했다고 한다. 바로 매진이 된다고 한다. 무석이 참 대단하다.

'공작'이란 발레는 중국의 유명한 배우 양려평(楊麗苹)이 주연한 것으로 봄 여름 가을 겨울 4계절로 나누어서 남녀 공작새의 사랑과 이별, 그리고 다시 상봉하는 사랑을 그린 발레이다. 극장의 규모가 크고 조명기술이 좋아 졸지 않고 발레를 끝까지 보았다. 이전에 한국에서 발레를 몇 번 보았는데 보다가 조는 경우가 많았다.

발레를 관람하고 나왔는데 학생들이나 선생님들이 대부분 공연에 만족하는 분위기였다. 다음에 기회가 있다면 중국의 뮤지컬을 한번 관람을 하고 싶다. 국제화교육공동체 발표가 끝나고 쉬지도 못하고 바로 공작 공연을 보러 갔지만 의미가 있었고 피곤함도 느낄 수 없었다. 특히 대극원 주변의 야경과 경관이 너무 멋져서 가슴이 조금 들뜨기도 했다. 공작 발레를 보고 나오면서 본 태호 주변 야경의 환상적인 분위기는 잊을 수 없을 것 같다. 밤늦게 혼자 호숫가 데크길을 걸으며 산책해도 좋을 것 같다. 그러면 가슴에서 시 한 수는 자동으로 나올 것이다.

[대극원 공작 공연 포스터]　　　　[공작 공연 장면]

영어 스피치 콘테스트와 한어비새(漢語比賽)

우리학교 중고등학생들이 영어 스피치 콘테스트를 하였다. 주제는 'Social Media의 영향과 K-pop 아이돌이 10대에 미치는 영향'이었다. 체육관 대형 화면에 준비한 PPT 자료를 띄워 가면서 의견을 발표하자 참석한 학생들이 큰 박수와 함성으로 호응하였다.

이번에 새로 부임한 영어부장이 기획하여 진행한 영어부 교육활동이었다. 전에 이런 행사가 없었는데 학생들에게 영어 말하기에 대한 동기부여가 된 것 같다. 영어 스피치 콘테스트여서 나도 인사말을 영어로 하였다. 영어부장이 영어로 인사말을 해 달라고 해서 약 2~3분 준비하여 영어로 말하였다. 그동안 영어공부를 멀리하고 있었기 때문에 좀 부담이 되기도 하였다. 하지만 20~30년 전에 영어회화에 열정을 불살랐던 때가 있었기 때문에 그때 공부한 것을 밑천으로 삼아서 영어로 인사말을 하였다.

이번 영어 행사를 준비한 선생님들께 감사를 표했고, 원어민 심사위원도 소개해 주었다. 학생들의 반응은 폭발적이었다. 교장선생님은 나이가 많아서 영어회화를 못할 줄 알았는데 자기들이 생각한 것 이상으로 영어로 말하니 놀랐을 것이다. 박수를 치고 환호성을 지르고 반응이 뜨거웠다. 그리 대단한 인사말을 한 것은 아니지만 자신 있게 또 약간의 쇼맨십을 발휘해서 인사말을 하니 학생들은 나의 작전에 걸려들 수밖에 없었다.

실제 대회를 진행하는 것을 보니 학생들이 PPT를 이용해서 정말 유창하게 영어로 발표를 하였다. 우리 학생들의 영어실력에 감탄하지 않을 수 없었다. 언제 저렇게 영어 실력을 키웠을까 궁금하기도 하고 대견하기도 하였다.

  다음 주 월요일에는 중국어 말하기 대회가 있다. 그 대회에서는 중국어로 인사말을 해야겠다. 중국어가 서툴기는 하지만 학생들에게 먹히는 수준은 된다. 영어 대회에서는 영어로 말했으니 중국어 대회에서는 중국어로 말하는 것이 당연하다. 이렇게 하는 이유는 학생들을 자극하고 동기유발을 하려고 하는 것이다. 나이 많은 교장도 조금 하니 총명한 너희들은 더 잘할 수 있다고 말하고 싶은 것이다.

[영어 스피치 대회]   [중국어 말하기 대회]

즐거움이 넘친 재중한학교장협의회

중국에서는 매년 여름방학과 겨울방학 때 학교장과 행정실장들이 모여 협의회를 개최한다. 이 협의회를 통해서 학교 간 경영 정보와 노하우를 공유하고 상호 협력체제를 구축하는 것이 중요한 목표다.

이번에는 우리 무석한국학교에서 재중한학교장협의회를 개최하였다. 13개 한국학교 교장과 행정실장, 그리고 북경대사관 교육관님과 상해총영사관 교육영사님이 참석하였다. 그리고 이번에는 중국

[재중한학교장협의회 개최]

화동지역에서 개최하는 만큼 상해총영사관 총영사님과 지역 담당 영사님도 참석하셨다. 참석한 내빈들은 각자의 장점을 부각시켜서 재미있게 소개해 주었다. 우리학교에서는 학교운영위원장님이 참석하셨고 이사장님은 한국에서 CEO 회의가 있어서 참석하지 못하였다. 보통 이사장님께서 참석하시어 재중한국교장선생님들의 노고를 격려하고 식사를 한 끼 대접하는 자리이기도 하다.

이번에는 무석 밀레니엄호텔에서 협의회를 하였다. SK Hynics 직원 가격으로 호텔 숙박을 할 수 있도록 사전 예약을 하였고 회의실도 2,000원에 대여하여 협의회를 진행하였다.

먼저 신임교장과 실장들이 부임 인사를 하였고 학교 교권보호위원회 운영규정을 협의하였다. 그리고 각 학교 경영 우수사례 및 중점사항을 발

표하는 순서로 진행하였다. 특히 교권보호위원회 운영 규정에 대해서는 교육영사님과 학교장들의 의견이 분분하였다. 학교장들이 교권보호위원회 운영 규정에 대해 다양한 의견을 가지고 있는 점이 당초 예상과는 달랐다. 교권보호위원회 운영 규정에 대해 부정적인 의견도 있었고 일부 조항에 대해서는 교사들이 악용할 수 있다고 우려하였다.

그러나 관련 규정을 악용하는 극소수 때문에 다수가 피해를 보는 상황을 방관할 수는 없는 것이다. 그리고 이러한 규정을 만드는 것은 주먹구구식으로 또는 즉흥적으로 교권침해에 대해서 대응하는 것이 아니라 관련 법규와 규정에 따라서 체계적으로 일관성 있게 대응하자는 것이었다. 그리고 이 규정에 의거하여 교권보호위원회가 숙고하여 결정하는 것이다. 학교장 단독으로 결정하는 것이 아니다. 이런 측면에서 이번 협의회에서 나온 의견을 참고하고 운영 규정을 수정 보완하여 다음 이사회에 상정한 다음 의결하여 2024년도에 본격적으로 시행을 할 계획이라고 말씀을 드렸다.

이어서 협의회 중 귀임하시는 교장선생님께 마답비연(馬踏飛燕) 청동마를 선물로 드렸다. 우리 재중교장단의 전통이다. 귀임하시는 교장선생님들이 새로운 기운으로 더 비상하고 승승장구하기를 바라는 마음에서 드린다. 우리학교를 한 번 둘러보셨고 SK Hynics 공장을 견학하였다. 그리고 매원(梅園)과 혜산고진도 둘러보았다. 매원의 황매화가 빗속에서도 향기를 내뿜고 있었다. 황매화의 향기는 정말 대단하다. 5~10m 거리에서도 향기를 느낄 수 있었다. 우중랍매(雨中臘梅)라고 가이드가

[무석 매원]

자기의 위챗 모멘트에 올렸다. 비 오는 날 섣달의 매화라고 말할 수 있겠다. 랍팔절(臘八節)은 섣달 8일이다. 이날은 석가가 성불한 날인데 빗속에서 황매화를 보았다. 랍팔절은 불교에서는 의미 있고 중요한 날이다.

혜산고진은 자세히 보기에는 시간이 부족했다. 기창원만 가이드 안내에 따라 살펴보고 저녁을 먹으러 청학골로 갔다. 이번에 새로 개업한 무석 청학골 2호점이다. 돼지 갈비는 1호점보다 더 맛있었다. 이 식당은 직원들이 고기를 구워 주어서 편하다. 식사를 하면서 대련행정실장님이 뜨개질에 소질이 있다는 것을 알았다. 중국인들이 신년이나 춘절에 대련을 문 앞에 걸어 놓는데 이 대련(對聯)을 종이가 아닌 뜨개질로 된 작품을 붙이면 더 좋겠다는 얘기를 했다. 그리고 뜨개질로 만든 것이 혹시 늘어질지 모르니 액자에 넣어서 문 앞에 걸어 놓으면 더 좋겠다는 얘기를 하며 화기애애한 분위기를 만들었다. 식사를 마치고 무석 방문 기념품을 하나씩 드렸다. 행정실장님이 부임하자마자 애를 쓰셨고 행정실 설화 주임과 송연도 수고를 많이 했다. 이번 행사의 숨은 영웅들이다.

[무석한국학교 협의회 개최]

음색이 고운 아름다운 피아노를 찾아서

 방과후 학교 피아노 레슨을 하는데 피아노가 부족하다고 한다. 현재 3대밖에 없어서 많이 부족하므로 최소 1대는 추가 구입해야 할 상황이었다. 피아노 방과후 수업을 신청한 학생이 6명인데 피아노가 4대가 있다고 해도 2명의 학생은 돌아가면서 피아노를 쳐야 하는 상황이다. 또 교수학습용 그랜드 피아노도 없어서 한 대를 구입하면 좋겠다고 생각하였다.
 원래 그랜드 피아노는 작년부터 구입하려고 했었다. 현관 로비에 두고 학생이 원하면 언제든지 피아노를 칠 수 있는 환경을 만들어 주고 싶었다. 일종의 현관 피아노 버스킹으로 자신이 치고 싶은 곡을 신청곡 게시판에 미리 기록하고 점심시간에 이 곡을 연주하는 형태로 진행을 해 보려고 구상하고 피아노 모델까지 선정해 두었다. 피아노 가격도 약 2,000만 원 내외로 책정하여 모든 준비가 끝났는데 막상 시행하려고 보니 '피아노를 칠 수 있는 학생이 몇 명이나 되겠나?' '현관에 먼지도 많고 관리는 어떻게 하나?' 이런 현실적인 문제들이 있어서 보류하고 있었다.
 그런데 이번에 새로 부임하신 음악선생님께서 피아노 방과후 수업도 진행하시겠다고 하시고 수업용 그랜드 피아노도 하나 있으면 좋겠다고 하여 작년에 예산을 집행하지 못한 부분이 있어서 피아노를 구입하기로 하였다.
 무석에서 피아노를 구입할 수 있는 곳을 알아보니 마침 상해와 상주에서 피아노 가게를 운영하는 조선족 동포가 있다고 하여 그쪽을 먼저 알아보기로 했다. 이분의 피아노 공장이 상주에 있다고 하여 상주에 가 보기로 하였다. 우리가 구입해야 할 피아노의 상태도 확인해야 하고 가격도 대략 협상해야 해서 실물을 보고 의논할 수밖에 없었다. 학교 행정실에서 미리 연락해서 상주의 학미(鶴美)피아노 사장님이 상주역으로 마중을 나왔다. 지하철로 몇 정거장을 이동한 후 사장님 차를 타고 피아노 공장으로 갔다. 그런데 도착한 곳은 피아노 전시장이라기보다는 피아노 창고 같은 느낌을 받았다. 덮개가 덮여 있는 180여 대의 피아노가 있었다. 필요에 따라 덮개를 열고 연주를 해 보고 소리를 점검해 볼 수 있었다. 제품에 따라 기초 정비를 한 것도 있고 추가적으로 세밀한 정비를 해야 할 것도 있었다. 피아노에 대해 기초지식이 부족했는데 이번에 많은 것을 알게 되었다. 피아노 건반은 상아 피아노 건반이 좋다고 한다. 그리고 상아 건반은 100~200년 사용이 가능한데 플라스틱 건반은 10~20년이면 교체해 주어야 한다고 한다. 색깔도 상아는 약간 아이보리색을 띠고 있는데 플라스틱 건반은 흰색이었다. 피아노를 만드는 나무는 주로 자작나무인데 약 20년 자연 건조한 것을 쓴다고 한다. 그리고 조율은 헌 피아노는 3번, 새 피아노는 7번 정도 조율을 해 주어야 판매를 할 수 있다고 한다. 그리고 피아노에는 약 6,000개의 부품이 들어간다고 한다. 생각보다 정말 많은 부품이 쓰여서 내 상상을 초월했다.

중요한 것은 제품에 따라 모두 소리가 다르다는 것이다. 건반의 무거운 정도도 달랐다. 전문가가 아니지만 건반을 눌러 보고 쳐 보면 금방 다름을 알 수 있었다. 모든 제품은 중고가 새것보다 나쁜데 피아노는 꼭 그렇지 않다고 한다. 오래 칠수록 소리가 좋아지고 잘 관리하면 새것보다 오히려 좋기도 하다는 것이다. 가격은 중고 피아노가 더 싸기는 하지만 소위 더 아름다운 소리를 내는 시간의 구역에 들어온 중고 피아노가 더 좋기도 하다는 것이다. 이 부분은 약간 전문적인 영역이어서 섬세한 음악적 감각이 필요한 영역이라고 생각이 되었다. 새 피아노의 경우 아직 좋은 소리를 내는 시간의 구역에 들어와 있지 않기 때문에 소리가 무거울 수 있다고 한다.

우리학교가 한국학교이기 때문에 한국산 피아노를 구입하고 싶었지만 음악선생님이 여러 피아노를 직접 쳐보고 야마하(Yamaha) 그랜드 피아노와 업라이트 피아노를 선택하였다. 모두 야마하 제품이었다. 음색이 정말 곱게 느껴졌다. 소리나 음색은 미묘한 차이가 있기 때문에 개인의 취향이 작용할 수밖에 없는 부분이지만 아름다움을 느끼는 데는 공통적인 감각도 있는 것이다.

중국은 피아노를 판매하는 방식도 다르다. 우리나라는 피아노 가격에 조율비 운반비 등이 모두 포함이 되어 있는데 중국은 별도로 받는다. 조율비와 1년 서비스비 2,500원, 운반비 1,000원을 별도 청구하였다. 처음에는 한국과 똑같은 줄 알았는데 이렇게 비용을 청구하여 좀 당황했다.

학생들이 새로 구입한 피아노로 음악수업을 하고 방과후 수업을 하는 모습을 상상해 보니 기분이 좋아졌다. 학교 예산은 조금 들었지만 좋은 음악수업을 할 수 있는 여건을 만든 것 같아서 마음이 즐거워졌다. 요즘 학생들이 너무나 디지털 음악에 노출되어 있어서 오리지널 아날로그 음악과 소리로 음악적 체험을 할 필요가 있다. 디지털이라는 차갑고 기계적인 소리보다는 따뜻하고 자연스러운 아날로그 연속적 소리 파형이 좋은 감성적 영향을 준다는 것은 모두 알고 있는 사실이다. 특히 청소년 시기에 과도한 디지털 소리가 학생들의 아름다운 음악적 정서와 감각을 형성하는 데 방해하는 요소라고 한다.

또 피아노 사장님과 대화하면서 알게 된 것인데 현재 상주 소재 6개 대학도 학생 수가 줄고 있다고 한다. 중국의 인구가 줄어들기 시작한 것은 몇 년밖에 되지 않았는데 벌써 대학생 수가 줄고 있다니 놀랍다. 유치원이나 초등학생 수부터 줄기 시작하여 대학생 수가 줄어드는 것은 10~20년 후라고 생각하였는데 그렇지 않다. 또 사장님은 일본에 오래 사셨는데 일본인들은 혈액형을 공유하는 경향이 있다고 한다. 이유인즉 혈액형에 따라 서로에게 맞추어 주려고 한다는 것이다. 상대를 배려하는 측면에서는 일본을 좀 따라가기 어려운 부분이 있다. 중국에서도 일본인들을 몇 분을 만나 보았자만 정말 세심하게 상대를 배려하는데 배려 속에 숨겨진 본인의 진짜 속마음을 잘 알 수 없는 게 과제였다.

기차 시간이 조금 남아서 상주의 유명한 보림선사(寶林禪寺)에 갔다. 이 절의 자랑거리는 천수관음전(千手觀音殿)이다. 글자 그대로 부처의 팔이 천 개인데 실제로 하나하나 세어 보지는 않았지만 천 개는 될 것 같다. 천수관음전은 처음이고 모두 금박으로 되어 있어서 그 화려함이 보는 이의 상상력을 압도했다. 배도 출출해져서 상주 대학 앞 연변식당으로 갔는데 조선족 아주머니가 몽고초원에서 자란 소고기를 추천했다. 호기심에 조금 먹어 보았지만 우리나라 한우보다는 맛이 없었다. 한우에 길들여진 입맛 때문일 것이다.

그리고 보름 후 드디어 음악실에 피아노가 들어왔다. 그랜드 피아노 1대, 업라이트 피아노 1대 총 2대가 들어왔다. 그랜드 피아노는 학생 수업용이고 업라이트 피아노는 방과후 수업용이다. 지난번 상주에 가서 고른 것인데 두 개 모두 야마하 제품을 선택했다. 우리학교 음악선생님이 좋아하는 브랜드이고 가장 소리가 맑고 좋다고 해서 고른 것이다. 독일 피아노도 쳐 보았지만 왠지 소리가 맘에 들지 않았다.

학교에 엘리베이터가 없어서 그랜드 피아노를 어떻게 운반해야 할지 걱정이 되기도 하고 궁금하기도 했다. 그런데 350kg이나 되는 그랜드 피아노를 인부 두 사람이 어깨에 메고 계단을 통해 운반하였다. 두 분 모두 체격이 큰 사람이었지만 정말 대단하다는 생각이 들었다. 두 분이 스텝을 맞추고 구령까지 붙여 가면서 운반했다. 혹시 중간에 멈추거나 무슨 문제가 생기면 어떻게 하나 긴장이 되기도 하였다. 그랜드 피아노는 덮개가 있고 열쇠까지 있었다. 방과후에 레슨용으로 사용하는 피아노 의자가 노후되어 피아노 의자도 추가로 4개 구입하였다.

그랜드 피아노 위치를 잘 잡고 학생들을 보면서 잘 가르칠 수 있는 위치를 잡았다. 전에 앞쪽에 작은 교단 높이의 무대가 있었는데 이것을 뜯어버리고 바닥공사를 했기 때문에 피아노 위치를 마음대로 조정할 수 있었다. 피아노를 쳐 보니 그랜드 피아노의 울림이 대단하다. 무슨 곡을 쳐도 큰 감동이 될 것 같다. 탄성이 절로 나왔다. 피아노 반주에 맞추어 이수인의 「별」이나 박태준의 「동무생각」을 한번 불러 보고 싶었다.

그랜드 피아노는 업라이트 피아노와는 울림이나 소리가 차원이 다른 것 같다. 현재 음악실은 악기나 교구가 너무 많아서 수납공간이 부족하다. 그래서 여기저기 흩어져 있는 것을 정리하고 분류하고 일부는 폐기처분하도록 했다. 전자 칠판도 새로 설치했고 스피커도 교체했다. 그리고 학생들의 책걸상과 교사 업무용 책상까지 교체하여 리모델링 수준으로 음악교육 환경을 업그레이드시켰다.

상해 공동교육과정 연수

상해한국학교에서 공동교육과정에 대한 연수가 있었다. 상해, 소주, 무석, 광저우 한국학교가 함께 모여 온라인 공동교육과정 운영 내용을 평가하고 차년도 효율적인 운영 계획을 세우는 자리였다. 화동지역 학교 모두가 참여하여 서로 성장할 수 있는 매우 유익한 연수시간이었다. 특히 상해한국학교에서 공동교육과정을 주도적으로 잘 운영해 주셨고 코로나 상황 속에서 많은 상해한국학교 선생님들이 운영 강사로 참여를 해 주셔서 감사를 드리지 않을 수 없었다. 소주와 무석, 그리고 광저우 학교는 비교적 편안하게 공동교육과정에 참여할 수 있었다. 특히 2025학년도부터는 고교학점제가 본격적으로 시행됨으로 재외한국학교는 온라인 공동교육과정이 중요하다. 각 학교마다 다양한 교육과정을 개설하여 운영할 수 없으므로 온라인 공동교육과정 운영을 통해서 학생의 선택권을 넓혀 주는 효과가 있는 것이다.

연수가 끝나고 외탄(外灘, 와이탄)에 있는 동방명주 회전식 식당에서 식사를 하였다. 거기에 회전식 식당이 있는 줄은 몰랐다. 중국의 대단한 건축기술을 느낄 수 있었다. 이 거대한 건축물 안에 있는 식당이 공중에서 회전을 한다는 것이 정말 대단하다. 가격은 비쌌지만 멋진 야경도 볼 수 있었고 회전식 식당에서 식사하는 색다른 체험을 해 볼 수 있어서 좋았다. 식사 후에는 황포강 유람선도 타고 189억짜리 아파트 앞도 지나갔다. 우후죽순처럼 성장하는 중국 경제의 규모를 실감할 수 있었다. 황포강에는 다리가 없는데 모두 19개 하저터널로 연결이 되어 있다고 한다.

다리가 없으니 야경을 제대로 구경할 수 있고 유람선도 탈 수 있었다. 홍콩도 구룡반도와 홍콩섬을 연결하는 곳에는 다리가 없다. 도시 계획의 주도면밀함을 느낄 수 있었다. 외탄(外灘)의 시원한 바람도 구경하는 사람들의 기분을 좋게 해 주었다. 외탄은 몇 번 와 보았는데 이번이 제일 여유롭게 구경할 수 있었다. 중국 최대 명절 춘절 바로 하루 전이서 사람들이 고향으로 많이 이동했기 때문에 중국인들이 많지는 않았다. 한국사람들이 외탄을 구경하려면 이 시기에 와야 조금 여유 있게 즐길 수 있다. 다른 때는 인산인해여서 구경하는 데 어려운 점이 많다.

중국에서는 춘절이 시작되기 일주일 전부터 고향으로 돌아간다. 특히 동북지방 사람들은 일찍 고향으로 돌아간다고 한다. 그래서 식당이나 공사장이 모두 쉰다. 춘절기간에 쉬는 것이 아니라 춘절 일주일 전부터 쉰다. 다만 남쪽 지방은 상업적 성향이 강하여 주로 춘절 기간에 쉬고 춘절 연휴 기간 후반부에는 가게 문을 모두 연다고 한다. 이처럼 춘절 문화에도 남쪽과 북쪽이 차이가 있다.

과거에 상해는 큰 도시가 아니었다. 북경에서 1,000km가 넘는 거리에 있었기 때문에 유배지였다고 한다. 중국은 기본적으로 북경에서 1,000km가 넘어야 유배지인 것이다. 그래서 중국 남방이나 광저우 쪽에 유배지가 많다. 상해는 아편전쟁 후에 본격적으로 발달하기 시작했다. 현재 상해학교가 있는 곳은 10여 년 전만 해도 상해시에서 좀 외딴 곳이었다. 그러나 지금은 대만학교, 싱가폴학교, 그리고 영국, 미국 등 국제학교들이 많이 건립되어 국제학교 타운이 형성되었다고 볼 수 있다. 또 상해는 중국에서 가장 커피를 많이 마시는 도시가 되었다. 도시의 규모도 크지만 상업이 발달하고 외국인들의 왕래가 많아서 커피 소비가 많아졌다. 중국 대부분의 도시는 차 문화가 아직 주류를 이루고 있으나 상해는 커피가 대세가 되었다. 초대형 스타벅스 리저브 로스터리도 있다. 유명한 차 생산지 운남도 이제는 차나무를 베어 내고 커피나무를 심고 있다고 한다.

상해에서 또 인상적인 곳은 신천지라고 말할 수 있다. 중국 공산당 제1차 당 대회가 있었던 곳이다. 지금도 그 벽돌건물이 보존되어 있고 학생들과 공산당 청년들의 주요 순례지이다. 부근에는 상해임시정부 건물이 있고 김구 선생이 생활을 했던 영경방(永慶坊)도 있다. 지금은 상해임시정부 건물이 재개발 지역으로 지정이 되어 출입구 곳곳에 시멘트로 막아 놓았다. 한국사람들이 상해에 오면 이곳 상해임시정부 유적지를 찾는데 재개발이 되면 어떻게 될 것인지 정부에서 관심을 가지고 외교적 노력을 해야 할 것이다.

오후에는 루신(魯迅)공원으로 갔다. 과거에는 홍커우(紅口) 공원으로 불리었는데 나중에 루신기념관이 들어서고 루신공원으로 이름이 바뀌었다. 루신공원 안에는 윤봉길 의사의 홍커우(虹口) 의거를 기념하는 매헌(梅軒)정도 있다. 여기에는 윤봉길 의사의 의거 기록과 영상, 당시의 신문 기사들이 게시되어 있다. 루신공원은 입장료는 없는데 여기 매헌정에 들어가려면 15원을 내야 한다. 중국인들의 상업적 마인드는 정말 혀를 내두를 지경이다. 2023년 4월 29일 기준으로 한국인 140만 명이 매헌정에 입장을 했다는 기록이 있다.

루신공원 남쪽에는 루신기념관이 있다. 루신의 고향은 소흥인데 거기에도 루신 고거와 기념관이 있다. 루신기념관에는 루신의 사진, 저작물, 영상물 등이 전시되어 있다. 중국 근현대사에서 루신이 차지하는 위상은 꽤 높다.

상해에 왔으니 예원을 가 보지 않을 수 없었다. 외탄 옆에 있는 예원은 1950~60년대에 복원을 한 것이다. 예원은 명나라 때 반윤단(潘允端)이 그의 아버지 반은(潘恩)을 기쁘게 하기 위해 만든 개인정원으로 약 20년에 걸쳐 건축하였다. 예원이 완공되었을 때, 그의 부모는 이 세상 사람이 아니었고 그 자신도 몇 년 살지도 못하고 병으로 죽었다고 한다. 정원은 중국에서 명말 청초에 주로 지어졌다고 한다. 당시에는 정원의 소유 여부와 그 규모가 위세와 권력을 나타내는 상징과도 같았다고 한다. 예전에 패키지 여행을 와서 보았는데 그때는 어디가 어딘지도 모르고 정신이 없었는데 상해 지리를 알고 나서 예원을 찾아보니 감회가 남달랐다.

한국에 관광을 온 중국인들은 경복궁을 빙 돌고 나오면 화를 낸다고 한다. 뭔가 덜 보여 주었다고 생각하기 때문이란다. 가이드가 자기들을 속이고 궁궐을 다 보여 주지 않고 빨리 빠져나왔다고 생각을 한다는 것이다. 중국에 가 본 사람들은 알겠지만 중국의 궁궐은 그 규모가 어마무시하다. 피곤해서 다 둘러볼 수 없을 정도이다. 북경 자금성은 최소 3시간을 둘러보아야 한다. 이런 궁궐을 보다가 한국의 궁궐을 보면 그 규모가 너무 작다. 이러니 중국인들이 뭔가 속은 것 같은 기분이 들어서 항의할 만하다.

상해는 볼거리가 너무 많아서 하루이틀에 모두 볼 수 없다. 올 때마다 주제를 정하여 자주 와서 봐야 하는 세계 최대 상업도시이다.

코로나를 뚫고 졸업식 참석

재외한국학교에 부임하여 유초중고 합동 졸업식에 처음 참석하였다. 졸업식에 참석하지 못할까 봐 노심초사했다. 코로나에 걸렸기 때문에 빨리 회복하지 못하면 졸업식하는 날까지 중국에 들어가지 못하기 때문이다. 다행히 하늘이 도와서 빨리 회복하여 졸업식에 참석할 수 있었다. 물론 한국에 있을 때도 졸업식 준비 관련하여 업무협의는 계속하고 있었다.

12월 중순에는 코로나 상황이 심각해서 학생들만 참여하는 졸업식을 기획하였다. 그러나 코로나 상황이 일단락되고 무석의 방역 상황을 세심하게 분석해 보니 학부모님이 참석해도 무리가 없어 보였다. 전체 졸업생이 140명인데 참석 학부모 인원을 고려해 보니 약 200명이 될 것 같아서 학부님도 참석하는 졸업식으로 전체적인 방향을 바꾸었다.

무석한국학교에 부임하여 처음 하는 졸업식이기 때문에 이전과는 다르게 기획하여 졸업식을 진행하고 싶었지만 상황이 녹록지 않았다. 학교장도 코로나에 걸려 졸업식 며칠 전에 중국에 오게 되었고 선생님들도 코로나 확산으로 인해 원격수업을 하고 있는 상황에서 새로운 기획으로 졸업식을 하기에는 무리가 있었다. 그래서 기존 방식대로 졸업식을 하기로 하였다.

졸업식 때는 학교에서 준비한 꽃다발을 학생 모두에서 주었다. 보통 학부모나 친척이 졸업하는 학생들에게 꽃다발을 주는데 우리학교는 학교에서 학생들에게 꽃다발을 주는 전통이 있었다. 그리고 유치원부터 고등학교까지 모두 학사복을 대여하여 입고서 졸업식을 하였다. 이런 부분도 좀 이채롭다. 그리고 졸업반 선생님들의 자리를 따로 마련하여 앉을 수 있도록 하였고 한국에 귀임하시는 선생님들의 인사 순서까지 졸업식 순서에 넣었다. 대표 인사는 귀임하시면서 퇴임하시는 보건선생님께서 하셨다. 보건선생님께서는 정말 긴 시간 동안 코로나 방역에 정말 애를 많이 쓰셨다. 그리고 특별히 상해총영사관 교육영사님께서 참석하시어 축사를 해 주셨다. 상해 총영사님은 귀국 준비로 바쁘시고 부총영사님은 총영사님을 대신해서 할 역할이 많아서 바쁘시다고 한다. 상해한국학교 교장선생님은 아직도 진단키트로 조사를 하면 양성이 나와서 상해학교로 들어오지 못하고 있다. 내일모레가 상해한국학교 졸업식인데 참석하지 못하는 것이다. 얼마나 안타깝고 아쉬운 마음이 들겠는가? 난 다행히 PCR 검사에서 음성이 나와서 중국으로 들어와 이렇게 졸업식에 참석하였으니 천만다행이었다.

우리학교 졸업식에 참석하여 학교장 회고사도 하고 학부모님도 만나고 학생들도 축하해 줄 수 있어서 정말 좋았다. 학교장으로서 역할을 한 것 같아서 기뻤다. 재외한국학교 학교장 역할을 한다는 것이 만만치 않다. 몸이 건강해야 하고 내공이 있어야 하고 체력이 좋아야 한다.

[졸업생과 학부모]

[졸업식 참석 내빈]

고3 특강 리딩으로 리드하라

고3 학생들을 대상으로 'Reading으로 Lead하는 Leader'란 주제로 특강을 하였다. 재외한국학교의 경우 고3 학생들은 2학기에 비교적 한가하게 생활을 한다. 1학기 6, 7월경에 대학 입학원서를 내기 때문에 그때까지 나름 치열하게 생활해야 한다. 그리고 8월 말과 9월 초에는 대부분의 대학이 합격자를 발표한다. 이때 합격이 된 학생은 2학기가 정말 편안하고 행복한 시간이 된다. 국내 고3 학생들은 수능시험 준비로 정신이 없는 시기인데 재외한국학교 고3 학생들에게는 이때가 대학교 생활보다 더 여유가 있고 즐거운 시간이다. 대학은 학점을 따야 하는 시험이 있고 리포트도 있기 때문이다.

이 시간에는 재외한국학교가 모두 특별프로그램을 운영한다. 학생들의 희망을 받아서 골프나 요리 강습, 바리스타 자격증반을 운영하기도 한다. 또 여행 일본어, 기타 배우기도 하며 문화유적 탐방도 한다. 자기 취미와 기호에 따라 수강 과목을 정하여 즐거운 나날을 보내는 것이다.

이런 참에 고3 학생들을 대상으로 학교장이 특강을 하겠다고 하니 학생들도 귀가 솔깃한 면도 있고 선생님들은 수업시간을 대신할 수 있어서 좋아했다. 진로부장이 연혁실에 노트북을 세팅해 주어서 강의를 시작하였다. 물론 학생들에게 나이차(奶茶)를 하나씩 주문해서 마실 수 있도록 해 주었다. 인류 최초의 책에서부터 중국 현대사의 굴곡까지 약 2시간 동안 강의를 하였다. 『리딩으로 리드하라』는 이지성 작가의 책 제목이다. 이 책 제목을 강의 주제로 활용하였다. 평소 여행을 하면서 가 본 중국의 도서관과 서점을 강의에 적절히 활용하였다. 그리고 시카고 대학의 'The Great Books' 프로그램과 유명인들의 독서에 대한 생각을 소개하였다. 더 나아가 독서를 통한 가문의 부흥과 성장을 말했다. 또 전쟁터에서도 수레에 책을 싣고 다니면서 읽은 나폴레옹과 송나라 조광윤의 일화도 소개했다. 당연히 사마천의 『사기』와 『삼국지』에 대해서도 심도 있는 분석을 하였다. PPT 슬라이드 60장을 준비하니 강의 시간이 두 시간이 걸렸다. 시간이 조금 부족한 느낌이었다.

중간에 약 5분을 쉬면서 빵을 하나씩 주었다. 교장이 고3 학생들을 위해서 간식을 많이 준비한 것이다. 학생들의 얼굴에 화색이 돈다.

계속 강의를 하고 있는데 앞에 앉아 있는 학생 한 명이 조는 것 같아서 강의를 중단했다. 그 학생이 깜짝 놀라서 깼다. 한 학생이 "교장선생님이 강의하는데 졸면 안 되지" 하고 말하자 모두 웃었다. 강의를 다 마치고 고3 담임선생님께 졸고 있었던 학생에 대해 물어보니 요즘 고3 남학생들은 밤새 게임을 하는 학생이 많다고 한다. 그래서 학교에 오면 아침부터 졸고 있는 경우가 많다는 것이다. 밤새 책을 읽으면 좋으련만 아까운 시간이 흘러가고 있다고 생각하였다.

작년에는 중국의 역사를 통해서 본 리더십 즉, '리더와 리더십을 생각하며 리더를 꿈꾸다'란 주제로 중국의 역사 인물을 한 사람 한 사람 불러내었다. 곤(鯀)과 우(禹)의 치수 이야기, 항우(項羽)와 유방(劉邦)의 이야기, 주원장과 마황후까지 많은 중국의 역사 인물을 소환하였다. 또 백락상마(伯樂相馬)와 중국의 4대 미녀 이야기로 PPT 강의를 전개해 나갔다. 그리고 최종적으로는 '우리 학생들이 생각하는 리더의 모습은 무엇인가?' 하고 질문을 던졌다.

강의가 끝나고 고3 담임선생님이 커피를 한잔 가지고 왔다. 강의가 정말 유익했고 멋진 강의였다고 칭찬을 했다. 본인도 학생들과 똑같이 집중해서 강의를 들었다고 한다. 부족한 강의를 끝까지 들어 주어서 고마웠다. '강의 내용이나 수준이 고3 학생보다 일반인들에게 더 적합한 수준이었나?' 이런 생각도 했다. 아무튼 강의 내용과 방법에 대해 피드백을 받을 수 있어서 좋았다.

[Reading으로 Lead하는 Leader 특강]

외국인 학생 중문(中文) 대회

무석 교육방송국에서 주최하는 외국인 학생 중문 대회(中文比賽)가 열렸다. 2년마다 한 번씩 개최되는데 한번 가 보고 싶었다. 우리학교에서는 정해인, 박혜림, 최가람 학생 3명이 참가하였다. 모두 엄마가 중국인인 다문화 가정 학생이다. 어렸을 때부터 자연스럽게 중국인 엄마로부터 중국어를 습득한 학생들이다. 한국에서 태어나 중국어를 배운 학생들은 언어적 재능이 뛰어나다고 하더라도 성조에서 어려움을 겪는다. 성조는 공부를 하는 것이 아니고 자연스럽게 체득하는 것이기 때문이다. 이 세 학생은 한국어와 중국어를 모두 잘한다. 그리고 그중 혜림이는 영어까지도 잘한다. 초등학교 6학년인데 3개 언어에 능통하다. 오늘도 만화를 보면서 성우처럼 이야기를 하는데 놀라울 정도로 순발력을 발휘하여 잘하였다. 최종 결과를 보니 1등을 하였다. 그리고 또 혜림이는 우리학교 사물놀이에서 리더 역할인 꽹과리 상쇠를 맡고 있다. 다방면에 재능이 뛰어난 학생이다.

그리고 고등학생인 해인이는 K-pop 댄스에 일가견이 있다. 지난번에 수학여행을 갔을 때는 혼자서 K-pop 댄스를 추었다. 보통 군무 형태로 5~6명이 같이 춤을 추는데 혼자서 춤을 추었다. 보통 자신감이 아니면 이렇게 할 수 없다. 그리고 이번 대회에서 해인이도 좋은 성적을 거두었다. 최가람 학생은 오늘 처음 알았다. 최가람이 엄마도 오늘 처음 만났는데 한국말도 잘하고 아주 미인이다. 가람이도 재주가 많다. 당 시인 이백의 「장진주(將進酒)」를 하나도 틀리지 않고 읊었다. 꽤 긴 시인데 거침없이 암송을 하다니 대단하다. 방송대 다닐 때 장진주를 처음 접하고 암송해 보고 싶었지만 너무 길어서 포기했다. 중국의 유명한 공원에 가 보면 가끔 이백의 「장진주」를 암송하고 있는 중장년 남자들을 볼 수 있다. 남자들의 로망인 것 같기도 하다. 가람이는 중문대회 3부에서는 거문고를 연주했다. 초등학교 3학년이 거문고를 연주할 수 있다니 대단하다. 중국에 있는 외국인 학생들에게 큰 충격을 주었을 것 같다. 가람이는 아직 어린데 최종적으로 2등을 하였다.

이번 대회는 중문(中文)대회이다. 즉 중국의 문화를 알고 이해하는 대회인 것이다. 바꾸어 말하면 한어(漢語) 대회가 아니다. 중국어 말하기 대회가 아니기 때문에 중국의 문화에 대해 재능을 겨루는 대회이다. 처음 중국어를 배울 때는 중문과 한어가 같은 말인 줄 알았다. 그런데 알고 보니 중문은 중국어와 중국의 문화를 포괄하는 개념이고 한어는 그야말로 중국어 말과 언어를 말하는 것이다.

오늘 중문 대회에 나가 보니 한국인들의 교육열을 느낄 수 있었다. 참가한 학생의 반 이상이 한국인 학생들이었다. 보스톤국제학교, ISW국제학교, 난와이국제학교에도 다른 국적의 외국인 학생들이 꽤 많지만 오늘 출연한 학생들의 상당수는 한국인이었다. 물론 네덜란드, 미국, 스리랑카에서 온 학생 등 다른 나라에서 온 학생들도 참가하고 있었다.

특별히 유(劉) 선생님이 수고를 많이 하였다. 우리학교 중국인 중국어 선생님인데 현재 10년이 넘게 우리학교에서 일하고 있다. 그리고 이번이 4번째 중문대회에 참석하고 있다고 한다. 다섯 살이 된 아들이 있는데 다른 분에게 맡기고 와서 대회가 원활하게 진행이 되도록 학생들을 지원해 주었다. 유 선생님은 중국인인데 서구적 외모를 가지고 있다. 부모나 조부모 중에 국제결혼을 한 분이 있었을 것이다. 일반적인 중국인에 비해

체격도 매우 크다.

특별히 다른 학교 출연자 중에서 인상적이었던 학생이 있었는데 악비 장군의 시를 읊은 고영준 학생이었다. 「만강홍(滿江紅)」이라는 시를 읊었는데 매우 자신감이 넘치고 시적 정서를 잘 표현하였다. 「만강홍」은 중국학생들이 학교에서 모두 배우는 악비장군의 유명한 시이다. 애국심과 우국충정이 어린 시라고 볼 수 있고 전에 장예모 감독이 영화로도 만들었다. 그리고 2부에서는 이 학생이 피아노까지 연주하였다. 5명의 심사위원(評委)들이 심사를 했는데 틀림없이 좋은 평가를 받았을 것이다. 학교에 다른 일이 있어서 마지막까지 자리에 앉아 있지는 못하고 방송국 대회장을 나왔다.

[무석시 외국인 중문(中文) 경연대회]

대학입시 낭보(朗報)

 올해 입시 결과는 대박이었다. 서울대 1명, 연세대 9명, 그리고 약대에 1명(예비)이 합격을 했다. 고3 학생 수가 33명인데 이 정도면 대박이다. 작년에는 소위 SKY에 합격생이 한 명도 없었다. 큰 충격을 받았다. '진학부에서 진로 지도를 어떻게 했다는 말인가?' 이런 의문을 가지지 않을 수 없었다. 교민사회에서 우리학교와 교장을 어떻게 볼 것인지 부담이 되지 않을 수 없었다. 코로나로 꽉 막혀 3월 14일에 학교에 부임하고 6월 중순에 끝나는 재외한학 입시의 특성상 그 짧은 기간에 학교장이 할 수 있는 역할은 많지 않다. 그러나 결과에 대한 책임과 부담은 오로지 학교장 몫이었다.

 어떻게 할까 생각을 하다가 재외한학의 대학입시에 대해 교장이 공부를 먼저 해야겠다고 결심하였다. 대학 입시를 진로부에만 맡겨서는 안 되겠다는 생각이 들었다. 그리고 여러 가지 부진한 요인을 분석하고 대책을 세웠다. 더 나아가 성공적인 입시 결과를 얻는 학교를 여러 루트를 통해 벤치마킹했다. 재외한학에서 입시 성공사례는 일종의 보안사항이기도 해서 이러한 정보는 얻기 어려운 점도 있었다. 그리고 대학에서도 입시전형의 구체적인 내용을 공개하지 않기 때문에 때로는 깜깜이 입시가 되기도 한다.

 일단 신학기 시작 전부터 진로부와 미팅을 하였다. 진로부장, 고3 담임 선생님과 소통을 하였다. 학교에서뿐만 아니라 진로부와는 정기적인 회식 날짜를 잡아서 지속적으로 소통을 하면서 부족한 점과 학교에서 지원해 주어야 할 점을 파악하여 신속하게 처리하였다.

그리고 학생들의 활동증빙서를 새롭게 디자인하고 기획하여 정성을 들여서 쓰고 또 정성을 들였다. 하나를 쓰는 데 3시간이 걸린 것도 있다. 돌이켜 보면 학생들의 활동증빙서가 대입 결과를 올리는 데 크게 기여한 것 같다. 입시 결과가 좋으면 학부모 민원도 줄어들고 입시 결과가 나쁘면 학부모 민원도 증가한다고 한다. 학생들의 대입을 위해 동분서주하고 애쓴 진로부장과 고3 담임들에게 감사하지 않을 수 없다. 올해는 학부모 민원 제로를 기대해 본다.

상해 디즈니랜드 수학여행

6학년 수학여행 일정에 상해 디즈니랜드가 포함되어 있었다. 1박 2일의 빠듯한 일정이었다. 대략 일정을 보니 첫날은 상해 자연사박물관을 관람하고 남경로를 둘러본 다음 저녁에는 외탄 야경을 보는 것이었다. 둘째 날은 하루 종일 상해 디즈니랜드에서 보내는 시간이었다. 뭐니 뭐니 해도 초등학생들에게는 디즈니랜드가 최고의 코스일 것이다. 무석에서 출발하여 상해역 부근 제주식당에서 점심을 먹었다. 이 식당은 한국인 직원도 있었고 중장년들에게 추억의 음료인 밀키스도 주었다.

상해는 서울 면적의 10배로 우리가 생각하는 것보다 훨씬 큰 도시이다. 인구도 2,500~2,600만 명이다. 점심을 먹고 남경로 M&M에 갔다. 여기는 초콜릿을 전문적으로 파는 상점이다. 물론 관련 굿즈도 많이 판매하고 있었다. 각종 초콜릿을 파는데 모양과 색깔, 크기가 모두 달랐다. 그리고 가격도 좀 비싼 편인데 우리 학생들을 제외하고도 손님들이 정말 많았다.

큰 원통에 여러 가지 초콜릿이 담겨 있는데 바를 누르면 초콜릿이 나왔다. 계속 누르고 있으면 너무 많은 초콜릿이 쏟아진다. 금방 가격이 몇 만 원이 된다. 바를 살짝 눌러서 초콜릿이 조금씩 나오도록 해야 한다. 옆에 서서 먼저 하는 사람들을 보고 배웠다. 몇 가지 초콜릿을 사면 모두 봉지에 담아서 무게를 재서 가격을 산정했다. 물론 정량으로 포장이 되어 있는 것도 있었다. 초콜릿 가격은 비쌌지만 각종 굿즈와 다양한 초콜릿 모형에 우리 학생들은 큰 기쁨과 만족을 느끼고 있는 것 같다. 또 가끔 곰 인형 캐릭터가 돌아다니면서 방문한 사람들과 대화도 하고 사진도 찍어 주었다. 초콜릿만 파는 것이 아니라 M&M는 추억도 파는 곳이라는 생각이 들었다.

다음은 LEGO 상점이었다. 남경로에 여러 번 가 보았지만 레고 상점이 있는 줄은 몰랐다. 관심이 없었으니 안 보였을 것이다. 여기에서는 각종 레고를 직접 해 볼 수 있는 코너가 있었다. 아이들의 호기심을 자극하고 레고의 촉감을 느끼게 해 주는 것 같다. 파리 에펠탑 모형, 런던탑 모형이 있었고 크고 작은 로봇 모형 레고가 있었다. 레고도 가격이 무척 비쌌는데 서민들의 지갑으로는 감당이 안 될 수준이었다.

다음은 POP Mart로 갔다. 이런 곳도 처음이라 여기도 무엇을 파는지 몰랐다. 세대차가 느껴지는 순간이었다. 여기는 각종 Figure를 파는 상점이었다. Figure 또한 엄청나게 비쌌다. 비로소 남경로에 이런 상점이 있는 이유를 알았다. 가격이 저렴한 상품은 남경로에서 비싼 임대료를 내면서 장사를 할 수 없는 구조인 것이다. 작은 소품이라도 가격이 비싼 것을 진열해야 하고 고급 제품을 취급해야 한다. 그래야 비싼 임대료를 감당하고 적정 이윤을 확보할 수 있을 것이다. 우리 학생들도 각종 캐릭터나 인형 모양 Figure에 관심이 많았지만 가격 때문인 듯 많이 사지는 않았다.

저녁은 골목길 식당에서 먹었다. 이 식당은 남경로에서 삼성휴대폰을 판매하고 서비스 센터가 있는 건물 7층에 있다. 수학여행을 오기 전에 우리 선생님들이 가이드와 미리 답사를 한 식당이다. 식당 이름부터 '한국식 골목길'이다. 이 식당은 내부 인테리어가 제주 돌담으로 칸막이를 했고 삼겹살을 종업원들이 직접 구워 주었다. 이 식당에서는 삼겹살도 맛이 있었지만 치즈콘과 치즈계란말이의 맛이 정말 좋았다. 계란말이를 더 추가하는 학생들이 많았다. 담임선생님들은 학생들의 저녁 식사를 챙기느라 식사도 제대로 하지 못했다. 앉아서 먹자니 미안하기도 했다. 우리 담임 선생님들의 저 따뜻한 마음을 우리 학부모님들이 잘 알까? 학생들 수학여행을 데리고 오면 담임선생님들은 강행군이다. 새벽부터 밤 11~12시까지 학생들을 돌보느라 힘이 들고 체력이 바닥난다. 그래서 수학여행이 끝나고 나서 병이 나기도 한다.

저녁 일정은 상해 외탄 야경 구경이었다 외탄은 총 길이가 1,500m쯤 되는 강변길이다. 저녁을 먹고 남경로에 나갔더니 사람들이 부쩍 많아졌다. 남경로를 따라 이동하다 보니 각국 인사말이 조형물로 세워져 있었다. 세계 여러 나라에서 상해로 여행을 온 사람들은 자기 인사말이 있는 조형물을 보면 무척 반가울 것이다. 그리고 거기서 사진도 한 장 찍고 싶을 것이다. 다만 인사말만 있어서 다소 썰렁한 느낌도 들었다. 각국 인사말과 함께 그 나라를 대표하는 상징적인 인형을 함께 세워 놓으면 방문객들이 더 좋아할 것이다. 이런 아이디어는 상해 관광의 매력을 더 높일 것이다. 상해의 추억과 행복을 함께 파는 것이다.

외탄으로 이동하는 중에 날이 점점 더 어두워져 학생들의 안전을 더 챙겨야 할 시간이었다. 담임선생님과 가이드는 앞에서 학생들을 인솔하고 우리는 뒤처지는 학생이 없도록 하였다. 하지만 사람이 많아서 우리 학생들의 줄 사이로 중간에 끼어드는 사람들이 있어서 어려움이 있었다. 중간에 다른 사람이 끼어들어 우리 학생들의 줄이 점점 길어져서 앞쪽과 간격이 멀어지면 문제가 된다. 신경을 곤두세울 수밖에 없었다. 대열에서 낙오하지 않도록 학생들의 움직임을 주시하고 재촉하였다. 선두와 간격이 벌어지지 않도록 뒤쪽에서 따라가는 학생들을 더 채근하였다. 밤이 되었고 사람이 많은 곳에서 학생 한두 명을 잃어 버리면 정말 곤란하다. 학생들은 자기가 있는 곳의 위치도 잘 모르고 전화 통화음도 잘 안 들려서 수학여행 일정이 멈추는 사태가 발생할 수도 있기 때문이다.

다행히 외탄에 무사히 도착하여 아름다운 야경을 볼 수 있었다. 황푸강을 오기는 유람선과 외탄 강변에 있는 대형 빌딩의 야간 조명이 환상적인 분위기를 만들었다. 특히 동방명주는 신비한 느낌마저 주었다. 나는 여기에 여러 번 와 보았는데도 올 때마다 약간 흥분이 되기도 한다. 처음 온 학생들의 기분은 어떻겠는가? 수학여행을 오면 원래 기분이 더 들뜨기 때문에 그 마음을 짐작하고도 남았다.

외탄은 영국의 조계지였기 때문에 지금도 영국의 흔적이 많이 남아 있다. 영국의 조계지였을 때에는 중국인들은 여기로 출입하거나 돌아다니지 못했다고 한다. 자국의 땅을 마음대로 돌아다닐 수 없었던 것이다. 중국 근현대사의 아픔이 아닐 수 없다. 2014년에 외탄에서 압사사건이 있었다고 한다. 당시 약 31만 명의 사람들이 몰려들어 황푸강변에서 36명의 사망자가 발생했다고 한다. 우리나라 이태원에서는 159명이 희생되는 참사가 발생했는데 그것에 비하면 적은 인원이다. 여기는 평평한 곳이기 때문에 희생자가 적었을 것이다. 사건 발생 후 중국정부는 희생자에게 1인당 80만 원을 지급했다고 한다. 당시 중국인의 임금 수준을 고려했을 때 상당히 큰 금액이었다.

외탄 부근에는 상해임시정부 유적지가 있다. 멀지 않아 걸어서 갈 수 있다. 상해임정이 있었던 곳은 프랑스 조계지였는데 이곳에는 일본인들이 출입을 할 수 없었기 때문에 이곳에 임시정부를 꾸렸다고 한다. 당시 국민당이 임정을 많이 도와주었다고 하는데 장개석과 김구가 만날 때는 비밀이 탄로 날까 봐 통역을 쓰지 않고 필담으로 의견을 나누기도 했다고 한다.

　외탄 야경은 정말 아름다웠지만 초등학생을 데리고 야간에 오는 것은 무리라는 생각이 들었다. 사람도 많고 주변 소음이 너무 커서 무슨 일이 있어도 휴대폰으로 통화를 하기도 쉽지 않다. 전화가 왔는지도 모른다. 여기저기서 휴대용 확성기로 안내를 하는 가이드와 공안들도 있어서 학생들이 한 명이라도 이탈하면 큰일이겠다는 생각이 들어 긴장하지 않을 수 없었다. 다행히 이탈하거나 뒤처진 학생이 없어 버스가 대기하고 있는 주차장으로 이동할 수 있었다. 다만 이동할 때 한 학생이 배탈이 나서 근처 화장실에서 용변을 보는 동안 모두 기다렸다가 다시 이동하여 버스를 탔다.

　호텔에 돌아와서는 학생들이 장기자랑을 한다고 하였다. 장기자랑이 시작되자 6학년 여학생들의 K-pop 댄스 실력이 불을 뿜었다. 저렇게 잘 출 줄은 정말 몰랐다. 언제 저렇게 연습을 했지? 놀라움과 감탄의 연속이었다. 또 PPT로 사전에 만든 퀴즈를 제시하면서 각종 장기자랑을 하였다. 지난번 11학년 수학여행 때는 반별 장기자랑 대회가 흥미진진하게 진행이 되었는데 초등학생들은 반별 장기자랑을 하지 않고 희망자 위주로 장기자랑을 하였다.

　2일 차에는 상해 디즈니랜드에 갔다. 상해 디즈니랜드는 나도 처음이다. 디즈니랜드가 세계에 6개밖에 없기 때문에 가 볼 기회도 별로 없었다. 상해에서 가 볼 만한 곳은 모두 가 보았기 때문에 디즈니랜드만 가면 거의 다 보는 것 같다. 일단 주차장에서 입구까지도 꽤 멀었다. 입구에 가서 표 검사, 짐 검사를 하고 입장을 하였다. 담임선생님들께서 학생들이 조를 짜서 움직이도록 해 놓았기 때문에 특별히 할 일이 없었다. 담임선생님들은 특별히 도움이 필요한 학생 위주로 지원을 하기로 하였다. 나는 비교적 자유롭게 움직이면서 학생들의 활동 상황을 살펴보기로 하였다. 이동하면서 보니 줄을 서 있는 곳이 많았다. 거의 모든 놀이기구나 체험 활동을 할 수 있는 곳에는 많은 사람들이 줄을 서서 대기하고 있었다. 재미있는 어느 한곳에 집착하다 보면 여러 가지 다양한 활동을 할 수 없겠다는 생각이 들었다. 대기 줄이 짧은 줄 위주로 체험을 해 보는 것도 좋은 방법일 수 있겠다는 생각이 들었다.

우리도 비교적 대기 줄이 짧은 작은 유람선을 타고 수로를 따라가면서 구경하였다. 수로 변에 각종 캐릭터가 있었고 동화나 영화를 모티브로 해서 동상이나 조형물을 만들어 사람들이 볼 수 있도록 배치해 두었다. 뮬란, 미녀와 야수, 그리고 라푼젤이 있었다. 중간에 물이 뿌려지는 곳도 있었고 갑자기 어두운 곳으로 들어가 관람객들을 긴장시키기도 했다. 상해 디즈니랜드는 2016년 개장을 했다고 하는데 그 규모가 장대하고 넓다. 전체적으로는 현대적인 세련미가 조금 부족하게 느껴지지만 미국 디즈니 문화가 중국에 스며들고 있었다. 반미를 외치지만 미국의 문화를 동경하고 선망하는 것은 어쩔 수 없는 것 같다.

다음 놀이기구는 마차였는데 좌우로 움직이면서 옆 마차와 살짝 부딪치기도 하였다. 기본 궤도를 따라 움직이다가 옆 궤도로 옮겨간다. 어떻게 자연스럽게 옮겨갈까 궁금하기도 하지만 연구할 시간은 없었다. 이 놀이기구도 기다리는 데 1시간이 걸렸다. 1시간은 보통이다. 인기 있는 코너는 2~3시간, 심지어 4시간을 기다리는 것도 있다고 한다.

그런데 여기서 심각한 자본주의의 폐해를 느낄 수 있는 시스템이 있었다. 쾌속(快速)이라는 소위 급행표가 있는데 주요 놀이기구 8~10가지 중

별도 입장 코너가 있는 것은 1,355원을 주면 줄을 서지 않고 바로 입장을 할 수 있었다. 한국 돈 약 8만 원을 내고 입장을 하였는데 또 25~26만 원을 내면 급행으로 들어갈 수 있다는 것이다. 몇 시간씩 기다리는 사람들은 무엇인가? 일반적으로 한국이라면 이런 시스템은 큰 저항을 불러일으킬 것 같은데 여기는 중국이다. 아무도 이의를 제기하는 사람이 없다. 돈만 조금 많이 있으면 상해 디즈니랜드를 기다리지 않고 비교적 수월하게 즐길 수 있는 것이다.

이번에는 해적들이 나오는 공연을 보았다. 바로 옆에 해적선이 있어서 직접 탑선하여 해적선 내부를 둘러보았다. 보물지도도 있었고 선장실에 모형 금은보화가 쌓여 있었다. 더 재미있는 것은 커다란 대포가 있는데 심지를 당기면 타는 소리가 나면서 대포가 소리와 함께 발사되었다. 아이들의 지대한 관심과 호기심을 집중시켰고 너도나도 해 보려고 줄을 섰다. 해적선을 보면서 생각해 보았다. 사람들은 해적이 나쁘다고 생각한다. 그런데 왜 이렇게 해적선에는 관심을 보이고 해적이 나오는 공연에 많이 모여들까? 해적은 나쁘고 좋음을 떠나 미지의 세계이고 환상이고 모험인 것 같다. 그래서 아이도 어른도 관심을 가지고 보는 것 같다. 동화책에서 보고 느낀 해적은 실제 해적만큼 나쁘다고 생각을 하지 않는 것이다. 그저 판타지이고 미지이고 모험의 세계인 것이다.

점심은 디즈니랜드 밖으로 나가서 먹었다. 디즈니랜드 안에는 메뉴도 다양하지 않고 너무 비쌌다. 그래서 점심때는 밖으로 나가서 점심을 먹고 입장권만 있으면 재입장이 가능한 시스템이었다. 닭고기와 만두, 빵, 그리고 커피를 마시고 다시 입장을 하였다. 저녁에는 밖으로 나가기 귀찮아서 파인애플 볶음밥을 먹었는데 가격에 비해 질이 형편없었다. 상해 디즈니랜드는 굉장히 넓기 때문에 계속 돌아다니기가 힘들다. 중간중간 쉬어야 한다. 상해 디즈니랜드는 전용 앱이 있기 때문에 이 앱을 깔아서 예약을 하고 표를 구매하고 당일 앱 안에서 볼 수 있는 지도를 이용하면 좋다. 이 앱으로 최적화된 동선을 보면서 놀이기구를 이용하면 편리하다.

저녁이 되자 야간 퍼레이드가 펼쳐졌다. 시간대별로 퍼레이드가 있기 때문에 시간을 미리 알면 퍼레이드가 지나가는 좋은 길목을 먼저 자리를 잡아 구경할 수 있다. 사람이 워낙 많기 때문에 좋은 길목을 잡지 않으면 퍼레이드를 잘 볼 수 없고 사진을 찍기도 어렵다. 몇 년 전에 에버랜드 야간 퍼레이드를 보았는데 상해 디즈니랜드가 그 규모는 크지만 섬세한 부분에서는 에버랜드 퍼레이드가 더 좋았던 것 같다. 한국 특유의 섬세함과 다채로운 볼거리가 퍼레이드에 담겨 있었다. 그렇지만 상해 디즈니랜드 야간 퍼레이드의 규모와 웅장한 소리는 관객들을 흥분시킨다. 퍼레이드가 지나가면 사람들이 그냥 해산을 하는 것이 아니고 퍼레이드를 따라간다. 따라가면서 같이 춤을 추면서 흥겹게 논다. 이런 호응과 박진감 넘치는 율동은 어디서 오는 것일까?

상해 디즈니랜드 핵심은 신데렐라성이다. 세계에서 가장 큰 신데렐라성이라고 한다. 디즈니랜드라는 별도의 테마파크를 만들지 않더라도 도시에 이렇게 큰 신데렐라성을 하나만 만들어도 큰 관광자원이 될 것 같다. 밤이 되면 야간조명이 켜지면서 환상적인 분위기를 연출한다. 여기저기서 사진을 찍느라고 정신이 없다. 각종 무도회 의상을 빌려 입은 여성들이 신데렐라성을 배경으로 사진을 찍는다. 아니 이미 신데렐라가 되었다. 남자친구들은 카메라 기사가 되어 좋은 포토존으로 이동하기 바쁘다. 가끔 요즘 젊은 남자들이 측은하다는 생각이 들기도 한다. 여자친구가 있으면 할 일이 많다. 카메라 기사, 짐꾼, 비서, 현금인출기 등 해야 할 역할이 정말 많다.

더치페이(Dutch Pay)를 하는 커플들도 있다고 하지만 기본적으로 여자친구 유지비가 많이 드는 것은 사실이다. 80년대에 우리는 마초 문화 속에서 많은 것을 누리고 살았던 것 같다. 결혼 전까지 여자친구에게 조금 양보하고 잘해 주면 되었지만 요즘 커플들은 남자들이 결혼해도 아이만 직접 낳지 않을 뿐 거의 모든 것을 한다고 한다. 빨래, 청소, 설거지, 장보기, 육아까지 다 한다고 한다.

듣기로는 중국도 지역에 따라 약간씩 차이가 있지만 남방 남자들은 요즘 한국 젊은 커플처럼 남자들이 거의 모든 가사를 한다고 한다. 여자들은 소파에 앉아서 TV를 보고 있는 경우가 많다고 한다. 중국도 이제 여존남비의 시대가 된 것이다. 이런 문화는 마초 문화가 강한 북방 쪽에서는 좀 덜하고 주로 남방 쪽에서 상당히 일반화되어 있다고 한다. 이런 중국의 사회문화적 변화에 대해 중국인들과 좀 구체적으로 얘기를 해 본 적이 있는데 이런 현상이 상당히 일반화되어 가고 있는 것은 맞지만 돈이 많은 사람이나 지체 높은 가문에서는 여전히 여자들이 가사를 전담하여 돌본다고 한다. 정리하면 남자가 돈이 많으면 여자들이 가사를 담당하고 있고 보통이나 그저 그런 수준이면 남자들이 가사를 담당해야 하는 현실이라고 볼 수 있다.

저녁을 먹다가 상해 디즈니랜드에서 한 장면을 목격했다. 비교적 젊은 커플인 것 같은데 두 사람이 얘기를 하다가 의견이 맞지 않았는지 남자가 나가려고 하자 여자가 소리를 지르면서 남자 옷을 붙잡고 정말 큰소리로 야단을 치고 있었다. 사람들이 그렇게 많은 곳에서 남자는 속수무책으로 여자에게 창피를 다하고 꼼짝도 하지 못하였다. 요즘 중국 젊은 세대의 일면이라고 한다.

신데렐라성 안에서는 신데렐라처럼 예쁘게 차려입은 서양 미녀가 관광객들을 상대로 사진을 찍어 주고 있었다. 중국은 참 상업적 마케팅이 뛰어나다. 같이 사진을 찍으려면 약 1시간을 기다려야 하는데 많은 사람들이 기다리고 있었다. 사진을 찍을 때는 자기 휴대폰으로 사진을 찍을 수도 있고 전문 사진기사로 하여금 사진을 찍게 한 다음 인화번호를 받아서 바로 옆에 있는 카메라 부스에 내면 사진을 받을 수 있다. 물론 돈을 내야 한다. 돈을 버는 시스템이 아주 체계적으로 움직인다. 신데렐라 모델 미녀는 아주 친절하기도 하다. 줄을 서지 못하고 밖에 있는 사람이 포즈를 취해 달라고 하면 흔쾌히 포즈를 취해 주었다. 그리고 특별히 어린 아이들에게는 친절하게 대했으며 함께 사진을 찍을 때도 다양한 포즈와 미소로 인생샷이 될 수 있도록 해 주었다.

많은 사람들, 특히 여성들은 신데렐라가 미모로 왕자의 마음을 사로잡았다고 생각하지만 그녀의 용기와 상냥함을 빼놓고 얘기를 할 수는 없을 것이다. 신데렐라 모델이 유리구두를 신고 있는지는 잘 살펴보지 못했다. 이 모델도 하나의 직업으로 일하고 있는 것이겠지만 한참을 지켜보면서 느낀 것은 마음에서 우러나지 않으면 저렇게 상냥하고 친절하기는 어려울 것 같다는 생각도 하였다.

마지막으로 레이저쇼를 보면 좋았겠지만 학교로 돌아가야 할 시간이 되었다. 학생들은 무척 아쉬워했지만 더 지체하면 무석에 도착시간이 너무 늦어져서 안 되었다. 아쉬워하는 학생들의 등을 떠밀고 재촉하면서 무석으로 돌아왔다. 무석에 도착하니 10시 30분이었다. 1박 2일 일정은 너무 짧다. 상해는 2박 3일을 기본 일정으로 하는 것이 좋을 것 같다.

[상해 디즈니랜드 입구]

[신데렐라성 앞에서]

[신데렐라성에서 사진을 찍어 주는 공주]

웅비하는 무석한국학교

민주평통 상해협의회 통일축제는 이번에 세 번째로 참석을 하였다. 코로나 때도 중단하지 않고 시행을 하였고 작년에 이어 올해까지 세 번째 축제가 열리고 있다. 해마다 운영 방식이나 행사 내용이 조금씩 바뀌지만 통일골든벨이나 사생대회, 글짓기는 빠지지 않고 진행이 되고 있다.

올해는 특별히 학부모님들 약 30여 분이 참석하여 통일골든벨의 열기를 고조시켰다. 학생들이 출연할 때마다 큰소리와 박수로 응원을 해 주었고 사진과 영상을 찍어서 보내 주는 등 이번 행사 취재 기자들처럼 열심히 참여하고 있다. 이번 통일골든벨에서는 우리학교 10학년 김태우 학생이 상해학생들과 숨막히는 열전을 펼친 끝에 마지막 문제까지 풀어 영광스럽게 1등을 하였다. 상해총영사관 방지영 영사도 통일골든벨을 끝까지 지켜보았는데 정말 손에 땀을 쥐게 하는 열전이었다고 한다. 방지영 영사님은 지난겨울에 우리학교에서 재중한국학교 교장협의회를 개최할 당시에 상해총영사님을 모시고 오셔서 밀레니엄 호텔 행사에도 참석하여 만찬까지 함께하셨다. 오후에는 총영사님께서 일이 있어서 방지영 영사님께서 민주평통통일축제의 시상까지 담당을 하셨다. 시상을 하러 무대에 가실 때에는 핸드폰과 백을 내가 지켜야 했다. 누가 가져가지는 않겠지만 대한민국 외교의 새로운 지평을 열어 갈 차세대 리더이기 때문에 지원을 해 주고 성원을 해 주어야 한다.

또 K-Festival에서는 우리학교 난타부가 최우수상을 받았다. 난타부의 격동적인 리듬이 참석자들의 심금을 울린 것 같다. 다른 참여자들도 모두 잘했다고 생각한다. 실력이 종이 한 장 차이라서 우열을 가리기 어려웠다. 그렇지만 이번 상해 민주평통 통일축제에서 우리학교 학생들이 정말 잘했다. 페스티벌에서 난타부가 최우수상을 받았고 통일골든벨에서는 김태우 학생이 골든벨을 울렸기 때문이다. 상해까지 와서 응원을 해준 우리 학부모님들이 있었기 때문에 가능할 일이어서 감사를 드리지 않을 수 없다. 학생들과 학부모님들의 선전과 응원 덕분에 참석하신 내빈들의 축하 인사는 내가 혼자 받았다. 우리학교 학생들이 상해에 오면 무엇이든 잘한다. 운동경기도 잘하고 각종 공연에 참석해서 실력을 마음껏 뽐낸다. 평소 자기 실력보다 더 큰 기량을 발휘하는 것 같다. 이유는 나도 잘 모른다.

특히 플루트(Flute)부의 공연은 압권이었다. 우리학교 3~5학년 여학생 17명으로 구성된 플루트부 멜리플루어스(mellifluous)는 짧은 연습기간에도 불구하고 그 실력이 상상을 초월할 정도로 발전하여 전문 오케스트라 수준까지 올라간 것 같다. 점심시간에도 연습하고 집에서도 아침저녁으로 연습하고 또 주말에도 연습하는 영상을 서로 공유하는 등 실력이 그 한계를 모르고 나날이 성장하였다. 플루트의 아름다운 소리와 격조, 그리고 우아함이 상해 민주평통 통일축제의 품격을 높였다. 유은정 선생님의 열정과 헌신 그리고 탁월한 지도력으로 플루트의 아름다운 화음을 만들어 낼 수 있었다. 이렇게 말하고 싶다. 위대한 무석한국학교 플루트부 멜리플루어스!

또 우리학교는 대학입시에서도 괄목할 만한 성적을 거두고 있다. 우리학교는 입시가 끝나면 멘토-멘티가 만나서 입시 준비 과정과 결과를 공유하는 선후배 간 훈훈한 멘토-멘티 시스템을 운영하고 있다. 이번 입시가 끝난 고등학교 3학년 학생들이 자기의 학습경험과 대입 과정에 대한 노하우를 후배들과 공유한다. 참 아이디어가 좋은 신선한 기획이라고 생각하였다. 고3 학생 본인의 입시 준비과정, 공부 방법, 학과 선택 및 학기 중 멘탈 관리까지 자세하게 설명하면서 이 모든 것을 후배들과 공유한다. 일부 학생은 PPT를 준비하여 설명하고 질문까지도 받았다. 개인별로도 발표를 하고 몇 명이 조를 이루어 발표를 진행하기도 하였다.

 진로 멘토링의 마지막 과정은 멘토와 멘티가 한 달간 직접 만나면서 진로 정보를 공유하는 시간을 갖는다고 한다. 오늘 발표한 것은 대략적인 내용이고 앞으로 지속적으로 만나면서 구체적인 입시 정보를 교류한다고 한다. 멘토 1명과 멘티 1~4명이 한 조를 이루어 활동하게 된다. 그리고 사전에 고1~2학년을 대상으로 신청을 받았다고 한다. 그것을 바탕으로 멘토와 멘티로 짝을 지어 주고 오늘 멘토와 멘티를 발표하였다. 다른 학교도 이런 제도가 있는지는 모르지만 입시가 치열한 세상에서 참으로 훈훈한 우리의 입시 시스템이다. 이러한 체계적이고 노하우를 전수하는 입시 시스템을 통해서 해마다 대학입학 성적을 끌어 올리고 있다.

 중간에 잠깐 자리를 옮겨 상해, 소주 교장선생님과 학교 현안에 대해서도 이야기를 나누었다. 상해 행정실 직원의 직위해제 과정과 문제에 대해서도 이야기를 나누었다. 10년 이상 상해학교 행정실에 근무하면서 부적절하게 회계 처리한 내용과 행정실장이 뽑은 직원들의 일탈과 문제를 적나라하게 알게 되었다. 또 학교장 얘기의 녹음, 고소와 소송 등 이루 말할 수 없는 고초를 겪고 있었는데 같은 학교장으로서 통탄을 금할 길이 없었다. 그간 대략의 상황은 알고 있었지만 막상 구체적인 얘기를 들으니 가슴이 아팠다. 힘내시고 건강을 잘 챙기시라고 진심으로 위로를 해 드리지 않을 수 없었다.

　상해교장선생님은 이런 상황에 대해 한국교육부까지 가서 소명하고 본인의 품위유지 위반에 대한 민원까지 처리를 하셨다. 아니면 말고 식의 학교장 괴롭히기 민원이다. 무석에서도 학교폭력 처리과정에서 이런 일이 있었기 때문에 너무나 잘 안다. 학교 학사운영과 교육행정에 대한 불만을 가진 민원인의 일방적인 얘기만 듣고 봉합식 민원처리에만 급급한 교육행정의 현실을 통탄하지 않을 수 없다. 재외학교에서 수많은 민원을 감당하며 헌신하는 학교장에 대한 배려는 없는 것이다.

　그래서 우리 중국 화동지역 교장들은 서로의 경험과 지혜를 공유하면서 학교경영을 하고 민원에 대응해 나간다. 30년 이상 교육현장에서 열정을 다해 교육하고 연찬을 한 연륜 있는 학교장을 민원인 몇 사람이 감당할 수는 없을 것이다. 나중에 얘기할 기회가 있으면 구체적으로 얘기를 해 보겠지만 화동지역 한국학교에서 발생한 학교 민원 16건을 모두 학교장과 학교가 원만하게 준법처리를 했다고 관계기관으로부터 판단을 받았다.

　또 상해한국학교 이사장님의 말씀을 들으니 북경대사관에서는 영사가 대사실에 들어가 녹음을 했다고 한다. 대사관 규정에 따르면 대사실에 들어갈 때는 휴대폰이나 녹음기를 가지고 들어갈 수 없다고 한다. 그런데 녹음기를 가지고 들어가 주요 내용을 녹음하고 대사가 갑질을 했다고 폭로했다고 한다. 나중에 조사과정에서 녹음을 들어 보니 별 내용도 없었는데 이런 파렴치한 일을 저지른 것이다. 현대사회의 인간성이 말살되어 가는 단면을 보는 것 같아서 씁쓸하다. 가끔은 재외한국학교에서도 이런 일이 일어나고 있다. 외교관이나 교사가 이런 일을 하는데 다른 직군이나 직렬은 말할 것도 없을 것이다.

가끔은 공격이 최선의 방어라는 생각이 든다. 이렇게 무분별하게 민원을 제기하고 고소와 소송을 남발하는 사람들은 무고로 고소하고 맞대응해야 한다. 관용과 포용을 베풀고 인내를 하면 자기들이 무서워서 그런줄 알고 더 날뛴다. 학교변호사를 통해서 이에는 이로 대응하는 것이 훨씬 현명한 대응일 때가 많다. 작년에 학교 민원을 처리하면서 '재외한국학교 학교장이 극한직업이구나!' 이런 생각을 했는데 상해 교장선생님은 3년 내내 이런 일을 겪고 계신다. 비리가 있는 행정실 직원을 이사회에서 의결하여 직위해제를 했는데 엉뚱하게 학교장이 민원의 타깃이 되었다. 정신적으로 정말 강한 사람이 아니면 재외학교장을 하기 힘들다. 상해한국학교 학교장을 선호하지 않는 이유가 있다. 월급을 더 주는 것도 아니고 퇴근 후에도 일하는 경우가 많고 토요일과 일요일에서 각종 교민단체들의 행사에도 참석해야 한다. 그리고 영사관에서 주관하는 행사에 참석하고 학교 차원에서 협력해야 하는 경우도 많다. 오늘도 상해교장선생님은 교민단체에서 출품하고 기획한 행사에 참석해야 한다고 상해 민주평통 통일축제가 끝나자마자 교감선생님과 함께 발걸음을 재촉하여 나가셨다.

내년에는 제13회 민주평통상해협의회 통일축제 행사를 우리 무석한국학교에서 주최하게 된다. 행사 말미에 아예 차기 개최학교를 선포하였다. 그동안 코로나도 있었고 상해한국학교와 민주평통상해협의회가 가까이 있어서 소통이 원활한 측면이 있어서 상해한국학교에서 주로 개최하였다. 그러나 상해학교에 많은 부담을 주는 것도 사실이다. 이번을 계기로 상해, 소주, 무석이 순회 개최하는 것으로 방향을 잡았다.

상해총영사님과 프랑스 교육

주상해총영사님께서 새로 부임하셨다. 부임하신 지 3개월 만에 뵙게 되었다. 부임하시면 너무나 바빠서 뵙기가 어렵고 대략 기본적인 바쁜 일정이 좀 소화가 되고 나서 뵐 수가 있다.

오찬 장소는 상해 함우(馣牛) 식당이다. 글자 그대로 '향기로운 소'인데 소한테는 미안하다. '향기로울 함'이다. 중국의 한자가 뜻글자이기 때문에 상호나 각종 브랜드 이름을 지을 때 나름의 의미를 부여하여 작명을 하는 것 같다.

교육영사님도 함께 오셔서 화동지역 학교의 여러 가지 현안을 공유하고 의논하였다. 화동지역 학교는 학교별로 현안이 많다. 학교장 중심으로 학교 공동체에서 해결할 수 있는 현안도 있지만 총영사관의 도움을 받아야 해결이 가능한 경우도 많다. 그래서 총영사님께서 화동지역 학교의 현안을 이해하고 계시는 것은 각 학교의 입장에서는 상당히 중요한 일이다.

총영사님과 식사하던 중에 학교의 교육방법에 대해 이야기를 하게 되었다. 총영사님께서 프랑스에서 근무할 당시 자녀의 중학교 숙제였던 것으로 기억하는데 숙제 내용이 자기가 기자가 되어 1453년 콘스탄티노플에 있다고 가정하고 관련 기사를 써 보라는 것이 숙제였다고 한다. 1453년은 오스만제국이 콘스탄티노플을 함락하고 동로마제국을 무너뜨린 해이다. 중학생들이 이 사실에 기반하여 기사를 쓴다면 얼마나 다양하고 흥미진진한 기사가 나올까? 내가 선생님이라고 해도 학생들이 써 올 기사에 대한 기대감으로 잠이 오지 않을 것 같다.

이런 방식의 교육이 학생들의 고차원적 사고를 자극하고 자기의 생각을 갖게 하는 교육이 아닐까? 우리나라의 사회와 역사 수업에서도 이런 숙제가 나가는지 궁금하다. 폭넓은 독서와 심오하고 독창적인 철학적 사고가 요구되는 프랑스식 바칼로레아(Baccalauréat) 교육을 생각해 보지 않을 수 없는 시간이었다. 국제학교는 거의 모두 IB 교육과정을 운영하고 있는데 모두 프랑스식 바칼로레아를 기본으로 하고 있다.

[상해총영사님과 화동지역 교장]

소주(蘇州)에 간 중국문화특강

9~11학년 학생들이 이번 소주 중국문화특강에 참여하였다. 프로그램 이름이 중국문화특강인데 실제 내용은 중국문화체험이다. 소주 체험지는 호구(虎丘)와 한산사, 그리고 소주 성벽이다. 전에도 소주에는 여러 번 왔지만 이번에 가게 될 중국문화체험 지역은 가 보지 못한 곳이다.

학생 50여 명이 참석하여 버스 두 대로 나누어 타고 인솔선생님들과 함께 소주로 갔다. 소주는 우리학교에서 약 1시간이면 갈 수 있는 지역이다. 소주 시내에서 위치에 따라 1시간이 넘기도 하고 덜 걸리기도 한다. 작년보다 중국문화체험에 참가하는 학생이 많았다. 그리고 역사선생님께서 오늘 탐방할 지역의 역사적, 문화적 의미와 가치를 자세히 기록한 탐방지도를 주셔서 이 지역을 이해하는 데 큰 도움이 되었다.

먼저 호구(虎丘)에 갔다. 호구는 이름 그대로 호랑이 언덕이다. 부차가 아버지 합려의 장례를 치르자 백호가 와서 울었다고 하여 호구라고 이름을 지었다고 한다. 그리고 이 지역 형세가 호랑이 모양을 닮아서 호구라고 이름을 지었다는 설이 있다. 호구에는 오나라 왕 합려의 무덤이 있고 그 위에 호구탑(8층)을 쌓았다. 중국의 사찰에는 대부분 사찰의 중앙에 상징적으로 목조탑이 있는데 이곳은 벽돌탑이다. 흙으로 구워 낸 벽돌로 쌓은 것이 인상적이고 현재 약 5.5도가 기울어져 있다고 한다. 피사의 사탑에 비하여 그 기울기가 심하지 않지만 붕괴의 위험성이 있어서 하단부에 콘크리트 보강 공사를 했다고 한다. 그리고 전에는 탑으로도 들어갈 수 있었지만 지금은 들어갈 수 없다고 한다.

호구탑으로 올라가는 중간에 시검석이 있다. 오나라 왕 합려가 천하의 명검을 시험해 보기 위해 내려쳐 잘랐다는 바위다. 그리고 더 위로 올라가면 천인석이 있는데 이곳은 부차가 아버지 합려왕의 무덤을 만든 후 그 위치를 비밀로 하기 위해 공사 인부 천 명에게 술을 먹이고 독살했다는 장소다. 합려왕의 무덤이 호구탑 밑에 있는지는 정확히 알 수 없다. 호구탑을 완전히 해체하여 그 밑을 탐사 발굴을 해 보기 전에는 알 수 없다. 유물이나 기록으로 정확하게 이 사실이 뒷받침되는 것 같지는 않다. 호구탑 쪽으로 걸어가면서 손무의 연병장, 서예가 안진경이 쓴 호구검지, 왕희지(王羲之)의 글씨인 검지가 바위가 새겨져 있는 것을 보았다. 중국은 뛰어난 서예가의 글씨를 바위에 새겨 놓은 경우가 많다. 저장성 소홍에는 난정서(蘭亭序)가 있는데 이 난정서에는 왕희지가 쓴 글씨가 바위에 새겨져 있다. 또 중국은 유명한 한시도 바위에 새겨 놓은 경우가 많은데 한산사에도 당나라 시인 장계(張繼)의 풍교야박(楓橋夜泊)이란 시가 새겨져 있다. 이 시는 장계가 과거에 여러 번 낙방하고 고향으로 돌아갈 때 풍교 근처에 묵으면서 울적한 마음을 노래한 시이다.

청나라 황제 강희제가 이 시를 좋아하여 풍교를 찾은 것이 풍교와 한

[풍교야박 시비]

산사를 더 유명해지게 했다고 한다. 그리고 이 시가 중국과 일본 중학교 교과서에 실려 있다고 한다. 그래서 일본 사람들도 이곳 한산사와 풍교야

박 시비를 많이 찾고 친근감을 느낀다고 한다. 일본 교과서에 중국 시인의 시가 실려 있다는 것이 정말 놀랍다. 우리나라 교과서에 외국 시인의 시가 실려 있는가? 궁금하다. 동아시아 문학 더 나아가 세계 문학으로 시야를 확대하여 문학의 저변을 넓혀 가면 좋겠다. 한강 작가의 소설이 중국이나 일본 교과서에 실린다면 우리 문학에 대한 자긍심이 높아지지 않겠는가? 우리가 먼저 열고 포용하며 나아가면 좋겠다.

　소주를 찾는 사람이라면 호구는 꼭 가 보아야 할 곳이다. 주변 경치도 아름답고 산책하듯이 걸어서 올라가면 된다. 역사적으로 볼 때 합려는 오자서와 손무를 등용하여 오나라의 전성기를 이끌었던 왕이지만 월나라 구천에 의해 죽임을 당하였다. 이에 그 아들 부차는 장작더미 위에서 자면서 복수를 꿈꾸었고(와신,臥薪) 그러한 인고의 시간 속에서 월나라를 거의 궤멸 수준까지 몰고 갔다. 그리고 월나라 구천과 범려를 잡아 와 자신의 시중을 들게 했다. 이때 월나라 구천은 부차의 신임을 얻고 의심을 사지 않기 위해 부차의 똥까지 핥은 굴욕을 감내하고 견디고 쓸개를 핥으며(상담, 嘗膽) 복수의 날을 기다렸다. 즉 한신처럼 과하지욕을 감내하며 마침내 월나라로 돌아와 범려의 좋은 책략을 받아들여 부국강병을 꾀한 끝에 오나라를 멸망시켰다. 이에 부차는 치욕을 참지 못하고 자결하였다. 월나라의 정치책략가이자 군사전략가이며 상업무역상인 범려는 정치 군사적인 국사가 일단락되자 논공행상을 마다하고 월나라 미인 서시와 함께 여생을 즐겼다는 이야기가 있다.

　다음은 한산사(寒山寺)로 향했다. 한산사에는 장계의 풍교야박 비석이 있는데 한때 일본이 이 비석을 일본으로 옮겨가려 했으나 이 시비를 옮겨 가는 자는 죽음을 면치 못한다는 풍문이 있어서 지켜졌다고 한다. 한산사는 소주에 있고 소주는 양자강 하류 비옥한 지대에 있는 도시다. 상유천당(上有天堂), 하유소항(下有蘇杭)이란 말이 있다. 하늘 위에는 천당이 있고 하늘 아래에는 소주와 항주가 있다는 말이다. 예부터 비옥한 토지로 각종 산물이 풍요로웠고 아름답고 여유 있는 문화를 만들고 즐겼던 곳이어서 이런 말이 생겼다.

또 오월동주와 와신상담의 고사가 있는 곳이다. 한산사는 가운데에 보명보탑(普明寶塔)이 있고 500명의 나한이 있는 나한당이 있다. 그리고 대웅보전이 연못과 아우러져 멋진 풍경을 연출하고 있다. 뭔가 꽤 고급스럽고 격조가 있는 정원에 와 있다는 느낌이 든다. 흙과 자갈이 대웅보전을 둘러싸고 있는 일반적인 한국의 사찰과는 달리 이곳 한산사는 사찰 주위에 대리석이 깔려 있다. 비가 오는 날도 좀 편하게 관람할 수 있어서 좋은 것 같다.

또 한산사는 한산스님과 습득스님의 이야기로 유명하다. 두 스님의 궁합이 좋아서 민간에서는 화합을 상징하는 신선으로 받아들인다고 한다.

[한산사 입구]   [보명보탑]

혼례 때는 두 분의 상을 걸기도 하고 신혼부부는 한산과 습득스님의 상에 와서 절을 하기도 한다고 한다. 그리고 한산사는 범종이 영험(靈驗)한데 종루에서 종을 3번 치면 속세인에게는 복과 돈, 장수를 가져다준다고 한다. 그리고 스님에게는 지혜가 성장한다는 전설이 있다. 실제 범종 소리를 듣는 곳(廳鐘之處)이 있다. 범종 소리를 통해 평화롭고 정서가 순화되는 고찰의 정취를 느낄 수 있다.

원래 일정은 호구에서 한산사로 가가 전에 점심을 먹는 시간이 있었다. 가이드가 미리 예약해 놓았기 때문에 학생들과 함께 햄버거 가게로 가서 점심을 먹었다. 학생들이 좋아하는 메뉴이기 때문에 햄버거 가게로 정했다고 한다. 하지만 우리 무석한국학교 학생들의 식성은 글로벌 식성이다. 모두 한국식, 중국식, 미국식, 이태리식을 모두 좋아한다. 글로벌 인재가 되기 위해서는 글로벌 식성을 가져야 한다. 햄버거를 싫어하는 학생이 없어서 전 세계 어느 맥도날드 가게에서 파는 햄버거도 맛있게 먹을 수 있다. 맥도날드에서 나와 한산사로 가는 도중에 소주의 가로수를 보게 되었다. 무석의 시목(市木)은 향장나무(香樟)인데 소주의 시목은 잘 모르겠다. 향장나무는 사시사철 푸르고 향도 좋고 잘 썩지 않아서 옛날에 딸을 낳으면 향장나무를 심고 시집을 가게 될 때 그 나무를 베서 서랍장 등 가구를 만들었다고 한다. 대신 아들을 낳으면 대나무를 심었다고 한다. 쭉쭉 성장하고 매듭을 지어 진급 승급하여 승승장구하라는 의미라고 한다.

중국에 와서 느낀 것인데 이 향장나무 가로수는 참 좋다. 사시사철 푸른 나무여서 도시 미관상도 좋고 더운 여름에는 그늘을 제공해 준다. 아마 미세먼지도 흡착해 줄 것이다. 그리고 낙엽이 조금씩 떨어지기 때문에 그때그때 치우면 된다. 가로수 중에 플라타너스는 최악이다. 꽃가루가 날려서 기관지가 좋지 않은 분들은 천식이나 알레르기 질환을 일으키기도 한다. 또 낙엽이 많이 떨어져서 청소하시는 분들에게 너무 많은 부담을 줄 것이다.

이제 소주 성벽을 볼 차례다. 소주성벽은 현재 원형이 남아 있는 것은 반문(盤門)만 남아 있고 나머지는 재건과 중건을 한 것이 대부분이라고 한다. 소주 성벽은 옛 경하대운하 주변에 세워져 있어서 주변 경관을 보기에도 좋았고 시원한 바람까지 불어서 학생들이 환호하며 한가롭게 성벽 위를 걷는 여유를 만끽했다. 그리고 성벽 아래에는 박물관도 있어서 성벽의 옛 모습과 역사를 알 수도 있었다.

특별히 눈에 띄고 관심이 갔던 부분은 성벽을 쌓은 벽돌에 글자가 새겨져 있었다는 점이다. 자세히 살펴보니 성벽을 쌓은 벽돌이 만들어진 곳과 만든 사람의 이름이 새겨져 있었다. 벽돌에 문제가 있어 성벽이 훼손되거나 무너지면 그 벽돌공을 찾아 목을 베었다고 한다. 실제로 남경에 주원장이 남경성벽을 쌓을 때도 소위 벽돌 제작 실명제를 실시했다고 한다. 누가 감히 불량품을 만들 수 있겠는가? 본인뿐만 아니라 삼족의 목이 베어질 수 있다.

소주성벽 위에서 가이드가 간간이 보이는 기와지붕을 보면서 설명을 이어 갔다. 기와지붕 위에 뽀족 나온 날개가 둘이면 그 집은 재산을 아들에게만 물려준다고 한다. 대부분이 그렇게 하고 만약에 기와지붕 중간에 날개가 두 개 더 있으면 그 집은 딸에게도 재산을 물려준다고 한다. 중국도 딸은 출가외인이라는 생각이 강했던 때가 있었던 모양이다. 그래서 기와지붕 위에 날개가 두 개 더 있으면 혼례 시 중매쟁이들이 활발하게 움직였다고 한다. 왜냐하면 딸도 재산을 받을 수 있는 집이기 때문이다. 그러나 일반적인 상황에서는 딸들이 재산을 많이 물려받지 못했다고 한다.

그래서 재산을 물려받은 유력한 외삼촌들이 자기 조카들을 물심양면으로 지원하는 경우가 많았다고 한다.

중국도 한 자녀 정책이 오래 지속된 결과, 대부분이 한 자녀여서 친가와 외가의 재산을 모두 물려받는다. 그러나 누구의 성을 따를 것인지는 문제가 된다고 한다. 친가 쪽 성을 따를 것인지 외가 쪽 성을 따를 것인지가 문제가 된다고 한다. 동북쪽은 주로 남성 위주의 문화가 강하여 주로 남자 쪽 성을 따르나 강남지역은 상황이 다르다고 한다. 아버지 성을 따를지 엄마 성을 따를지 결정해야 한다고 한다. 이때는 주로 재력이 강한 쪽을 따른다고 한다. 또 태어날 때 성을 18세 성인이 될 때 바꿀 수도 있다고 한다. 요즘은 두 자녀를 낳을 수 있기 때문에 첫째는 아빠 성을 따르고 둘째는 엄마 성을 따르는 경우도 있다고 한다. 이때도 자기 쪽 성을 따르는 손자 손녀를 편애하는 경우가 많다고 한다. 똑같은 손자 손녀인데 이런 일이 있다고 한다. '한국은 거의 대부분이 아빠 성을 따르고 있는데 중국은 선택을 한다고 하니 중국의 가정 민주주의가 더 발달된 인권 선진국일까?' 이런 생각이 들었다.

성벽 이야기를 하면서 주원장과 심만산의 이야기를 하지 않을 수 없다. 심만삼(沈萬三, 1330년 ~1379년)은 원나라 말기와 명나라 초기 강남 최고의 대부호였다. 중국 역사상 10대 거부에 손꼽히는 중국 부호의 상징이다. 원나라 말기와 명나라 초기에 중국에서 최고로 유명한 대부호 집안이었던 심만삼(沈萬三) 가문이 소주 주장(周庄)을 건설하고 발전시켰다. 명사(明史)에는 주원장이 명나라를 건국할 때 심만삼의 도움을 받았고 남경 성벽을 쌓을 때도 자신의 재산을 내었다고 한다. 홍무문(洪武門)에서 수서문(水西門)까지 이르는 10km 이상의 성벽을 쌓는 공사를 완성시켰는데 기록에 따르면 전체 공사비 중 3분의 1에 가까운 금액을 심만삼이 부담했다. 그리고 성을 쌓을 때도 심만산이 황제의 백만대군보다 먼저 성을 쌓고 수고한 군사들을 위로하겠다고 하자 황제는 심만산의 행위가 본분을 넘었다고 판단하였다. 그리고 그에 대한 이자 벌칙으로 동전 한 닢을 던져 주고 내일부터 두 배씩 이자로 갚으라고 했다고 한다. 그래서 내일은 두 닢, 다음 날은 네 닢, 그다음 날은 여덟 닢으로 늘어나 한 달이 되자 심만산의 모든 재산을 빼앗고 운남으로 귀양을 보냈다고 한다. 심만산이 권력의 생리를 잘 파악하지 못했던 것이다.

심만산은 마황후(주원장의 부인)의 간청으로 간신히 목숨만 건졌다고 한다. 이후 심만산의 증손과 사위까지 반란사건에 연루되어 몰살을 당했다. 그는 비록 죽음은 면했지만 운남에서 쓸쓸한 여생을 보내다 굶어 죽었고 이후 후손들이 주장으로 이장을 하고 주장에 심청(沈廳)을 지었다고 한다.

마황후는 명나라판 내조의 여왕이다. 근검절약을 실천했고 송나라부터 청말까지 유행하던 전족(纏足)을 하지 않았다. 당시 사대부 여성들은 여성미의 상징으로 모두 전족을 했다. 또 가마를 타고 궁궐 밖으로 외출한 날 바람이 불어 황후의 큰 발이 드러났다. 소위 마각(馬脚)이 드러난 것이다. 이에 사람들은 놀라기도 하고 놀리기도 하는 상황이 벌어져 주원장이 관련자를 모두 처벌하려고 했다. 이때 마황후는 발이 큰 것은 사실이 아니냐 하고 모두 구명해 주었다. 주원장과 마황후는 금슬이 무척 좋았기 때문에 마황후가 죽자 주원장은 마황후를 위해 명효릉을 짓게 된다.

한중 수교 이후 중국의 발전 속도가 정말 빠르다. 소주도 90년대 이후 발전 속도가 천지개벽을 할 정도라고 한다. 한국의 발전 속도가 가장 빨랐을 때보다 더 빠르다고 한다. 중국의 경제가 급속도로 부상하고 있는 것이다.

OECD 선진국에 걸맞은 교육환경

대한민국이 OECD 선진국이 되었다. 몇 년 전에 공식적으로 OECD 선진국에 편입이 되었는데 재외한국의 사정을 보면 열악하다. 학교시설이나 기자재가 시대에 뒤떨어진 것이 많고 낡았다. 신세대 학생들의 요구와 눈높이에 맞추어야 하는데 부족한 점이 많다. 재외한국은 학생들이 내는 학비와 교육부 지원금으로 학교를 운영하는데 학비를 계속해서 올릴 수도 없고 교육부 지원금이 매년 대폭 증가하는 것도 아니다. 이런 학교 재정구조가 오랫동안 쌓이다 보면 열악한 교육환경이 고착화된다.

우리 무석한국학교는 소규모학교보다 그래도 재정적으로 다소 여유가 있는 편이다. 학생 수가 줄어들고 있는 것도 아니고 재작년에 학교를 중국 당국으로부터 매입하여 임대료를 내고 있지 않기 때문에 재정적으로 다소 여유가 있다. 학교 매입을 준비해야 할 때는 매년 일정한 적립금을 쌓아야 했고 임대료도 지급해야 해서 재정적 여유가 많지 않았다. 하지만 이제 학교도 매입하여 임대료도 내지 않고 적립금도 쌓을 필요가 없다. 그래서 상당한 기간 동안 미루어 왔던 학교 교육환경 개선을 본격적으로 해야 할 시기가 되었다.

처음에 부임하여 학교시설을 둘러보니 낡고 노후화된 시설이 많고 시급히 교체해야 할 교구들도 많았다. 전체적인 학교 재정상황을 검토한 다음에 우선순위를 정하여 교육환경 개선에 착수하였다. 우선 화장실과 교실의 출입문 손잡이부터 교체하였다. 손잡이가 스테인레스인데도 녹이 슬고 군데군데 파이고 돌출된 부분이 있었다. 특히 코로나 상황 속에서 위생적으로 많은 문제가 있어 보여 손잡이 56개를 교체하였다. 돈이 그렇게 많이 드는 것도 아니어서 마음만 먹으면 언제든지 할 수 있는 일이었다. 다음은 현관 옆에 있는 녹슨 에어컨 실외기와 녹이 슬어서 덜렁거리는 소방 철문을 교체하였다. 다음은 도서관의 미비한 점을 개선하였다. 서가와 대출대를 교체하고 출입구 앞쪽에 있는 신발장도 새롭게 원목 신발장으로 교체하였다. 의자도 몇 개 구입하여 도서관 밖에서 기다리는 학생들이 앉을 수 있도록 하였고 공기청정기도 2대 구입하여 도서관에 배치하였다. 온전한 리모델링 수준은 아니지만 부분적으로 도서관 환경을 업그레이드하였다. 현재 도서관은 매우 협소하기 때문에 다른 곳으로 옮겨서 리모델링하고 싶지만 학교 공간이 부족하여 옮길 곳이 없다. 향후 신증축을 통해서 새롭게 도서관 환경을 구축할 수밖에 없는 실정이다.

다음은 화장실 세면대 16개를 교체하고 소방관로를 지하실에서 1층으

[현관 로비 환경을 카페형으로 개조]

로 새롭게 설치하였으며 각 교실의 조도를 높이기 위해 전등을 3개씩 추가로 설치하여 기준 조도를 확보하였다. 또 각 교실에 책꽂이와 학급문고를 새롭게 구입하여 학생들이 도서관에 가지 않고도 기본적인 독서활동은 할 수 있도록 하였다. 그리고 초등 컴퓨터실을 리모델링하였다. 초등 컴퓨터실에 인터넷 단자가 접속이 불량한 것이 많아 배선을 다시 하고 본체도 모두 교체하고 서버와 칠판도 새롭게 정비하였다. 그리고 무엇보다도 중등부 책걸상 240조를 새롭게 구입하여 교실에 넣었고 전자칠판도 몇 대 구입하여 과학실과 다목적실에 설치하였다. 또 자기주도적 학습실을 새롭게 리모델링하고 초등학습자료실 출입문도 모두 유리문으로 바꾸었다.

유치원 화장실도 새롭게 리모델링하고 교구도 교체하는 등 많은 학교 시설을 개선하였다. 그리고 쇠창살로 되어 있던 주요 출입구의 문을 모두 스테인리스 강화유리문으로 교체하여 산뜻하고 품격 있는 학교 교육환경을 조성하였다. 자기주도적 학습실에 소파도 설치하고 컴퓨터도 복사기와 연결하여 학습용 자료를 인쇄 복사할 수 있도록 세심하게 신경을 썼다. 진로상담실을 새롭게 신설하였고 현관을 카페형으로 바꾸어서 휴식 공간을 넓히고 여기에 수시로 미술작품을 전시하도록 했다. 체육관 입구에 벽화를 그리고 에어컨을 두 대, 농구대 두 대를 교체하고 대형 LED 화면용 스크린을 설치하고 농구경기전광판도 설치했다. 그리고 교내 곳곳에 그네도 설치하고 전신거울도 비치하여 학생들의 만족도를 제고하기 위한 노력을 끊임없이 하였다. 학교환경에 대한 학생들의 만족도를 제고하기 위해 학생들의 의견도 수시로 반영하였다. 이렇게 해야 학생들의 학교에 대한 애교심과 자긍심도 향상이 되기 때문이다.

광저우 공동교육과정 평가회

재외한국학교는 공동교육과정을 운영한다. 학교가 원거리에 위치해 있고 학생들의 수요에 맞게 학교마다 모든 교과를 개설하여 운영할 수 없어서 공동으로 교육과정을 개설하여 온라인으로 운영한다. 이것이 2022 개정교육과정의 취지에도 맞고 고교학점제의 장점을 살릴 수도 있기 때문이다.

이번에도 중국 화동지역 상해, 소주, 무석과 홍콩한국국제학교, 광저우한국학교가 함께 공동교육과정을 운영하였다. 처음에는 화동지역 3개 학교만 운영했는데 홍콩과 광저우도 함께하게 되었다. 주로 방과후 시간과 주말에 수업을 하게 된다. 공동교육과정 수업은 학생부에 기록이 되므로 학생들에게는 중요하다. 외국에 있는 학생들에게 학생부는 재외국민 특례전형의 중요한 자료가 되므로 관심을 가지고 관리해야 하고 다양한 경험과 활동, 그리고 우수한 성적이 교과세부특기사항에 기록되도록 노력해야 좋은 대학에 입학할 수 있다.

우리학교에서는 AP calculus, 고급 물리, 중국근현대사를 개설하여 운영하였다. 교무부장이 학교 관리교사와 거점학교 운영 주무를 담당하였다. 교감선생님께서도 기본 계획서를 작성하여 거점학교 주요 사항을 조율하는 등 중요한 역할을 하였다. 같은 물리적 공간에 있는 사람과도 소통할 때 어려움이 있는데 비행기로도 몇 시간 가야 하는 거리에 있는 학교 선생님들과 원활하게 소통하는 것은 쉬운 일이 아니고 많은 시간이 필요하다. 이번에 광저우한국학교에서 협의회를 할 때도 우리학교 교감선생님께서 함께 참여하셨으면 더 좋았겠지만 학교 학사운영의 어려움을 고려하여 교무부장님과 함께 가게 되었다.

 무석에서 광저우까지 가는 직항이 있어서 무석공항에서 광저우 백운공항까지 가는 비행기를 탔다. 광저우 백운공항은 T1, T2 공항터미널이 있고 공항 규모가 커서 공항 안에서 이동하는데도 꽤 많은 시간이 걸렸다. 광저우는 2023년에도 갔지만 도시에 대한 전체 인상은 개발시기에 급격하게 개발이 이루어져 좀 난개발이 이루어진 도시라는 느낌이 든다. 구시가지와 신시가지가 혼재되어 있다. 아주 세련된 현대적인 도시는 아니고 좀 촌스러운 나이 든 아저씨와 같은 인상을 준다. 하지만 배흘림 기둥의 야자수가 즐비하고 성탄절 트리도 멋진 도시이다. 천환(天環)광장의 성탄절 트리는 정말 크고 화려하였다. 2층 건물 높이는 되어 보이는 산타할아버지가 있고 곳곳에 성탄절 트리가 있어 흥겨운 분위기를 자아냈다. 천환광장은 관광객이라면 꼭 한 번 가 볼 만한 곳이다.

 광저우한국학교는 백운공항에서 꽤 멀다. 최근에 전철이 개통되었지만 1시간 30분이 소요된다. 이전에는 택시로 2시간이 걸렸다. 우시에서 출발하는 비행기가 좀 이른 시간에 있어서 광저우에 일찍 도착해서 동관에 있는 아편전쟁기념관에 들렀다. 아편전쟁기념관은 청말 시기에 중국에 굴욕을 안겨 준 아편전쟁을 기념하는 기념관이다. 아편이 중국에 대량으로 들어와 수많은 중국인들이 아편에 중독되어 나라가 기울어 가고 있었다. 이때 임칙서라는 중국 관리가 아편을 몰수하고 불태우면서 영국의 아편무역에 저항했다. 영국은 이러한 중국의 대응을 빌미로 하여 아편전쟁을 일으켜 승리하고 남경조약을 맺었다. 남경조약은 중국이 5개 항구를 열게 하고 조계지를 할양하게 하는 등 굴욕적이고 불공정한 조약이었다.

아편전쟁기념관에는 실제 아편이 전시되어 있다. 실물 아편은 태어나서 처음 보았다. 아편에 중독된 중국인들의 모습을 찍은 사진이 전시되어 있다. 굴욕적인 역사의 아픔이겠지만 사실 그대로를 기록하고 보존하여 역사의 교훈으로 삼으려고 하는 것 같다. 중국의 많은 역사 유적지를 가 보아도 이러한 중국 당국의 역사의식과 기조는 분명한 것 같다. 역사를 감추거나 부끄럽다고 지우려 하지 않는 것 같다.

동관에는 아편전쟁기념관뿐만 아니라 해전기념관도 있다. 아편전쟁기념관에서 조금 떨어져 있어서 택시를 타고 이동했다. 해전박물관은 세계의 해전에 대해 알아볼 수 있는 박물관이다. 특히 아편전쟁 당시 호문(虎門) 전투를 그대로 재현한 세트장을 볼 수 있다. 이 전투에 대한 기록을 보면 영국군은 5명 사망, 중국군은 500명 사망이다. 치욕적인 기록이 아닐 수 없다. 그런데 중국은 이 기록과 숫자를 벽면에 크게 전시해 두었다. 이 사실을 부끄러워하지 않고 그대로 기록했다. 후세들이 참패를 기억하라는 것이다. 그리고 미래에 대비하라는 것이다. 그리고 금속으로 새겨진 숫자도 아주 컸다.

저녁에는 일호대원(壹虎大院)이란 해산물 식당에 갔다. 교무부장이 맛

[동관 아편전쟁 박물관]

[해전박물관 내부]

집을 검색했다. 중국에서는 대중점평(大衆点評)이란 어플이 있다. 이 어플을 통해 검색하면 맛집을 제대로 파악할 수 있다. 이 식당에서 조개즙을 넣어 죽을 만들어 주는데 정말 맛이 일품이다. 백합의 맛을 볼 수 있고, 부추전과 꼬막도 맘껏 먹을 수 있다. 심지어 안경을 닦는 물휴지까지 별도로 주었다. 이런 경우는 한국에서도 중국에서도 처음이다. 서비스 정신이 아주 특별했다. 작년에 무석영화관에서 팝콘을 먹는데 비닐장갑을 주어서 놀랐던 것이 기억났다.

호텔에서 1박을 하고 광저우한국학교로 가기 위해 잠시 호텔 앞에 서 있는데 간판이 하나 눈에 들어왔다. AI가 머리를 감아 준다는 가게였다. 안을 들여다보니 머리를 감는 설비가 갖추어져 있었다. AI+ 洗个頭髮이다. 정확히 어떻게 AI가 작동을 하는지는 모르겠지만 이런 광고를 한다는 자체가 놀랍다. AI가 중국 광저우에서 활동을 하고 있는 것이다.

광저우학교에서는 학교의 현안에 대해 이야기를 했다. 현재 학교 건물은 중국에서 임대한 건물이어서 이전을 해야 하고 이전 후보지를 물색하고 있다고 한다. 최근 학교 주변에 아파트가 많이 들어서면서 중국인 학생들의 입학 수요가 많아서 중국에서 이 건물을 사용해야 한다고 한다. 따라서 부근에 임대 후보지는 있지만 확실하게 계약을 한 것이 아니기 때문에 미래가 불안하다고 하였다.

또 교민들이 학교 주변으로 이사를 온 경우가 많아서 학생 수가 증가하고 있고 심지어 1시간 30분 이상 걸리는 동관시에서 통학하는 학생도 있다고 한다. 학교 공간도 부족해지고 있어서 이전에 독립운동기념관처럼 사용한 4개 교실을 지금은 2개 교실만 사용하고 있다고 한다. 그리고 남은 전시물은 복도 등에 게시하고 있었다. 2000년대 초반 북경한국국제학교도 교실이 부족하여 복도를 개조하여 교실로 사용하고 옥상에도 교실을 만들어 사용한 적이 있다. 이것 모두 중국 소방법 위반인데 당시는 궁여지책이었다고 한다.

다음 날은 광저우 도서관으로 갔다. 각 지역의 도서관을 둘러보고 학교 도서관에 벤치마킹할 요소를 찾는 것은 중요한 관심사이기 때문이다. 광저우 도서관의 외관은 디자인이 참 독특하다. 전에 왔을 때 못 가 보았기 때문에 이번에 꼭 가 보고 싶었고 내부도 살펴보고 싶었다. 내부는 짐 검사만 하고 여권 검사 없이 바로 들어갈 수 있었다. 남관과 북관으로 나누어져 있는데 내부에 들어오니 그 규모가 어마무시했다. 중국의 클래스를 느낄 수 있는 건물이다. 건물은 총 8층으로 되어 있는데 8층은 다문화관이고 거기에는 한국학 관련 서적이 많이 있다고 하는데 다문화관은 10시에 개방한다고 해서 직접 보지는 못했다.

광저우 도서관은 지금까지 본 중국의 도서관 중 그 규모가 가장 큰 것 같다. 특히 장서 수가 정말 많다. 사회과학, 인문학, 자연과학 등 그 도서 서가가 끝이 없는 것 같다. 도서의 제본 상태는 좀 투박한 것도 있지만 그 수량은 많다. 상하이 김장호 교장이 우연히 본 책 중에는 『요괴대전』이란

[광저우 도서관 전경]

[광저우 도서관 장서]

책이 있었다. 아주 두꺼운 책이다. 요괴에 대해 저렇게 두껍게 책을 쓸 수 있다니 대단하다. 상하이 교장의 말에 따르면 영파 천일각은 개인이 소장한 책 도서관인데 거기에서 개인이 보관한 장서의 백미를 볼 수 있다고 한다. 그리고 광저우 도서관 1층에서는 공자의 흉상과 파금(巴金)의 흉상도 볼 수 있었는데 파금의 위상을 간접적으로 느낄 수 있었다. 파금은 노벨문학상 후보로도 여러 번 추천이 되었으며 노신에 버금가는 중국의 문학가이다.

도서관을 나와 광동성 박물관으로 갔다. 바로 옆이고 예약해야 갈 수 있는데 무료였다. 중국 박물관 중 유명하거나 사람이 많이 몰리는 곳은 반드시 예약을 해야 한다. 그렇지 않으면 입장을 할 수 없다. 다만 박물관 규모가 작거나 사람들이 몰리는 곳이 아니면 당일 입구에서 QR코드를 스캔하고 입장할 수 있다. 따라서 사전에 예약 가능 여부를 알아보아야 한다.

광동성 박물관은 전시물도 많고 규모도 컸다. 어디서 이렇게 많은 전시물들을 모을 수 있었을까? 입이 쩍 벌어진다. 몇 층 전시실인지 정확하게 기억이 나지는 않지만 보석도 많다. 생전 처음 보는 희귀하고 큰 보석들이다. 보석과 원석이 함께 전시되어 있다. 또 서예의 나라답게 벼루도 많다. 다양한 형태와 문양의 벼루들이 많이 전시되어 있다. 듣기로는 벼루 원석의 종류와 출토 지역에 따라 벼루 가격이 천차만별이라고 한다. 또 바로 옆 전시관에는 아르메니아 특별전이 열리고 있었다. 금속 공예작품뿐만 아니라 아르메니아 알파벳과 전통의상이 전시되어 있었다. 아르메니아 알파벳이 있었다는 것을 이번 관람을 통해 처음 알게 되었다.

다음은 사면도(沙面島)로 갔다. 택시를 타고 가는데 길거리를 보니 베트남 분위기가 물씬 풍겼다. 광저우는 베트남과 지리적으로 가깝기 때문에 서로 영향을 주고받는 것 같다. 사면도는 이전에 열강의 조계지여서 유럽풍 건물이 많이 남아 있는 곳이다. 한국도 일제 강점기 때 한국에 일본인들이 지은 집이 있는데 이 적산가옥이 지금은 근대역사문화거리 주요 관광지가 되었다. 이곳도 서구 열강에 짓밟힐 때는 슬펐지만 지금은 유럽 열강 적산건축물이 즐비하고 여유 있는 관광지가 되었다. 길거리 가운데 있는 노거수가 세월을 말해 주고 있었고 중국의 관광지 중에서 유럽인들을 가장 많이 볼 수 있는 곳이었다.

사면도 중간에 있는 스타벅스에서 커피 한잔을 마시며 옛 성당 건물을 감상하고 웨딩 촬영을 나온 신혼부부의 행복한 모습을 보았다. 길거리 버스킹이 있는 낭만적인 곳이다. 개인적으로 내 취향에 맞는 지역이다. 개인적으로 사면도 같은 곳을 좋아한다. 아침에 호텔에서 출발할 때는 사면도에 대해서 호불호가 있어서 의견이 갈렸는데 단호하게 다른 곳을 가고 싶은 사람은 가라고 했더니 모두 사면도를 가겠다고 하고, 사면도를 구경한 다음에 모두 오기를 잘했다고 이구동성으로 말했다. 중국에 와서 여기저기를 많이 다니다 보니 소위 감이라는 것이 생겼다. 여기를 가면 좋겠다 아니 거기는 별로일 것이라는 감이 생겼다. 첨단과학 시대에 과학으로 살아야 하는데 감으로 세상을 살고 있다.

또 다른 볼거리가 있는 영경방(永慶坊)은 사면도에서 걸어서 20분 거리에 있었다. 한국의 인사동 같은 분위기인데 이곳도 구경할 만하다. 곳곳의 풍취가 좋아서 사진을 찍기도 좋고 특히 종서각이란 작은 서점이 있는데 도서 전시기술이 정말 돋보인다. 도서관 사서라면 이런 곳을 한번 둘러보고 작은 공간에 도서를 어떻게 전시하는지 연구해 보는 것도 의미 있는 일이 될 것이다. 사실 영경방(永慶坊)이란 이름은 상해 신천지 김구 선생 가족의 주거지가 있었던 곳과 이름이 똑같다. 영경방 10호에서 김구 선생 가족이 거주했다고 하는데 한자까지 똑같다. 지금은 이곳이 레스토랑으로 변했다고 한다.

  이제 밥을 먹을 시간이고 광저우도 식후경이다. 대중점평에서 맛집을 검색하여 동호주루를 선택했다. 5명이 들어가서 11가지 광저우 딤섬을 주문하여 배가 터지도록 먹었다. 2시 이전에 계산하면 20% 할인을 해 준다고 해서 미리 계산하고 천천히 나머지 음식을 먹었다. 2시가 넘으면 정상 가격을 내야 한다. 중국은 점심시간도 한창 바쁜 주 시간대에 와서 식사하면 식사 값을 일부 할인해 주고 그 외 시간에는 정상 가격을 받는다. 그리고 또 중간에 종업원들의 휴식시간이 있어서 그 시간에는 음식을 주문하거나 먹을 수 없다. 큰 식당이나 영업이 잘되는 식당일 경우 대부분 이런 방식으로 영업을 한다. 다만 동네 작은 식당은 언제든 가서 간단한 식사를 할 수 있다. 종업원들의 휴식권을 철저히 보장하는 나라가 중국이다.

고3 학생들에게 인격 특강

재외한국학교는 대학입시가 6월 중순에 시작되어 7월 중순이 되면 거의 모두 대학에 원서를 내고 마무리가 된다. 12년 특례학생들은 대학입학 원서와 각종 서류를 온라인으로 제출하기 때문에 바로 입시가 끝난 것이나 마찬가지다. 3년 특례학생들은 대학별로 필기시험이나 면접을 보기 때문에 조금 더 시간이 걸리기도 하지만 7월 중순이 되면 이들도 대학입시가 거의 끝난다. 합격자 발표만 기다리면 되는 것이다.

이처럼 재외한국학교 학생들의 입시는 12학년 7월이면 사실상 끝나고 2학기는 특별 프로그램을 진행하면서 학교생활을 한다. 이 특별 프로그램은 골프, 밴드활동, 음식 만들기, 여행 일본어 등 학생들의 요구를 반영하여 학교에서 개설한다. 자기의 개성과 특기를 신장시킬 수 있고 여유 있는 생활을 할 수 있다. 대학생활보다 더 여유롭다. 대학생들은 리포트를 제출해야 하기에 바쁠 수 있지만 고3 학생들은 리포트도 없다. 그야말로 인생 최고의 황금기라고 볼 수 있다. 다만 이때 특별하게 계획하고 추진하는 일이 없으면 무료할 수 있다.

바로 이러한 때 학교장이 고3 학생들을 대상으로 '인격'이란 주제로 특강을 하게 되었다. 고3 선생님들의 요청도 있었고 나도 학생들에게 유의미한 강의를 하는 것이 학생들에게 도움이 될 것이라는 판단이 섰기 때문에 하게 되었다. 물론 재작년에는 '중국역사에서 본 리더십', 작년에는 '리딩으로 리드하는 리더'란 주제로 강의를 하였다.

학생들에게 나이차도 한 잔씩 사주면서 강의를 시작하였다. 3년특례 학생 1명만 최종합격이 되지 않았고 나머지 학생은 모두 대학에 합격을 하였다. 그런 학생들에게 강의를 시작한 것이다. 이제 대학에 입학하는 학생들에게 '인격'이란 주제는 의미가 있다. 당초 여름방학 동안에 PPT 자료를 모두 만들어 놓으려고 했는데 차일피일 미루다가 최근에 집중하여 모두 완성하였다. 학생들이 인격의 의미를 알고 훌륭한 분의 성공사례에 관심을 가지도록 자료를 구안하였다.

또 좋은 인격을 형성하기 위해 학생들이 어떤 노력을 기울여야 하는지 사무엘 스마일즈의 인격론을 중심으로 PPT 강의를 전개하고 'MANDAL-ART, 만달라트'를 직접 작성하여 자신이 이 계획을 어떻게 추진할 것인가 생각해 보게 하였다.

만다라트 계획표의 장점은 큰 목표에서부터 작은 목표까지 8가지 세부적 요소로 나누어 올바른 방향성, 실천력뿐만 아니라 지속력을 유지시켜 주는 것이다. 시각적으로도 정리가 잘되어 있어 보기에도 편하다. 만약 우리가 원대한 목표 하나만 가지고 무턱대고 길을 나아가게 되면 방향성을 잃거나 세부적인 중간 목표를 망각할 수 있다. 그러나 이 만달라트가 있으면 방향성을 잡고 목표를 향해 나아간다는 점이 정말 매력적인 계획표라고 볼 수 있다. 일본에서 시작이 된 것인데 미국 메이저리그에서 뛰고 있는 일본 야구선수 오타니 쇼헤이가 고교시절에 이 만달라트를 잘 활용하였다고 한다.

12학년 학생들 모두 이 딱딱한 강의를 졸지 않고 경청하였다. 물론 중간중간에 학생들의 이름을 부르며 강의를 진행했기 때문에 졸지 못했을 것이다. 인격 강의가 끝나고 대련교장선생님과 잠깐 얘기를 할 기회가 있어서 통화를 했는데 이 강의 자료를 보내 달라고 한다. 지난번에 「대련의 킨타쿤데」라는 시를 보내 주었을 때보다 반응이 못했지만 좋아하였다. 킨타쿤데라고 이름을 붙인 것은 대련교장선생님의 피부가 약간 갈색이기 때문에 초등학교 때부터 친구들이 킨타쿤데라고 놀렸다고 한다. 그래서 시의 제목을 대련의 킨타쿤데라고 붙여 보았다. 사실 PPT 강의 자료란 것이 남의 것을 가지고 바로 본인이 강의를 할 수 없다. 강의 자료에는 뼈대만 있고 거기에 수많은 작은 살들이 붙어야 강의가 되기 때문이다. 배경지식과 관련 사례는 강의를 한 사람만이 알거나 가지고 있지 기본 PPT 자료만 본 사람은 알 수 없기 때문이다.

그래서 앞의 여러 강의 자료를 달라는 사람이 있으면 줄 수 있지만 강의 내용과 관련된 배경지식이나 예를 들어 설명하고 최근 사례들을 엮어서 설명해 나가는 것은 강의자의 몫이기 때문에 본인이 강의하는 데는 별로 도움이 되지 않는다. 자신이 만든 강의 자료가 가장 설득력이 있고 살아 있는 강의가 될 수 있다.

[고3 학생 대상 인격 특강]

항주 상해 수학여행 인솔

6학년이 이번에 상해와 항주를 둘러보는 2박 3일 코스로 수학여행 일정을 잡았다. 전에는 소주나 상해로 당일치기 여행을 했는데 오가는 시간만 많이 걸리고 제대로 즐길 수 있는 수학여행이 아니라는 의견이 많아서 올해는 2박 3일 일정으로 설계를 하였다. 수학여행 비용이 약 1,600원으로 싸지는 않지만 모든 학부모들이 동의를 하여 추진하게 된 것이다.

출발하는 날은 수학여행을 즐기기에 정말 좋은 전형적인 가을 날씨였다. 우리 학생들이 축복을 받은 것 같다. 48명의 학생들이 2대의 버스에 나누어 타고 출발하였다. 담임 선생님 두 분이 인솔하고, 체육선생님도 보조 인솔자로 동행하였다. 첫날은 날씨가 좋다고 했고, 다음 날은 비가 내린다는 예보가 있었지만 미량이었다. 문제는 셋째 날인데 비가 조금 많이 오는 것으로 예보가 되어 있었다. 하지만 마지막 날은 주로 실내 관람 위주로 일정이 되어 있어서 큰 문제는 없을 것 같았다.

버스를 타고 약 3시간 반을 달려 항주임정기념관에 도착하였다. 항주임정기념관은 당시 사용한 임정 청사 건물을 그대로 기념관으로 사용하는 것이 아니고 부분 개조와 수리를 하여 임정기념관으로 사용하고 있었다. 상해 임시정부가 수립되었을 때 상해 임시정부는 프랑스 조계지에 있었기 때문에 일본의 감시를 피할 수 있었다. 그렇지만 이러한 상황 속에서 안타깝게도 김구 선생은 조계지에서 200~300m 떨어진 곳에서 거주하고 있던 부인의 임종을 보지 못했다고 한다. 프랑스 조계지를 벗어나면 신변의 안전을 보장할 수 없었기 때문이다.

항주 임정기념관에서 인상적이었던 점은 미국인 피치 부부와 중국인 주예보이다. 피치 부부는 일본인들의 감시가 심해지자 김구를 서양인으로 변장시키고 피치 부인은 김구의 부인으로 위장하였다. 그리고 피치는 운전기사가 되어 김구를 탈출시켰다고 한다. 또 중국인 주예보는 김구의 수발을 들고 김구와 고물상 부부로 위장하여 살면서 김구를 도왔다고 한다. 독립운동은 혼자 하는 것이 아니다. 이렇게 음으로 양으로 도와주는 분이 없으면 안 된다. 타국에서 독립운동을 한다는 것은 쉬운 일이 아니다.

항주는 용정차와 천당우산이 유명한 고장이고 서호가 있는 곳이다. 그리고 서호 주변에 두 팔을 벌리고 있는 플라타너스 나무도 인상적이다. 서호는 수학여행을 오기 전에도 몇 번 와 보았던 곳이다. 그리고 이곳은 공기도 깨끗하고 미세먼지도 없다. 과거에 소주나 항주 인근에서 오염물질을 많이 배출하던 한국의 기업들도 많이 철수를 하였다. 일례로 소주 시내에서 염색 공장을 하는 분이 있었는데 소주정부에서 오염 물질을 줄이고자 이 공장을 교외로 이전을 하면 현재 공장 수익금의 30배를 준다고 하자 한국 기업 사장님이 그 보상금을 받고 공장을 교외로 이전을 하지 않고 아예 철수를 했다고 한다. 이런 중국정부의 노력으로 현재 중국은 미세먼지가 많이 줄어들어서 중국 남부 쪽에서는 미세먼지가 거의 없다. 무석도 일년 내내 미세먼지가 없다. 한 번도 미세먼지 경보가 발령이 된 적이 없다. 다만 중국 북부 쪽은 사막의 영향으로 일부 지역에서 미세먼지가 심한 경우가 있다.

항주 임정기념관에서 나오니 바로 서호가 있었다. 서호는 항주를 상징하는 호수로서 전국에 같은 이름이 36개나 된다. 절강성 소흥 출신 월나라 서시(西施)를 기념하여 지은 이름이라고 한다. 그리고 소주 금계호는 서호를 본떠서 만든 것이라고 한다.

　서호는 양산백과 축영대의 러브스토리가 있고 백사(백낭자)와 서생 허선의 사랑이야기가 전해 내려오는 곳이다. 천년 묵은 백사가 사람으로 변해 자신을 구해 준 허선에게 은혜를 갚으려다가 뇌봉탑에 갇혔다는 백사전 이야기다. 이런 스토리가 허구적이라고 냉소적일 필요는 없다. 이런 사랑이야기가 사람들에게 사랑의 불씨가 되고 인과관계의 교훈을 얻게 한다. 그리고 지금은 관광객들을 불러 모으는 무형의 관광자원이 된다. 또 서호에는 중국의 유명한 시인 소동파가 쌓은 소제가 있고 백거이가 쌓은 백제가 있는 곳이기도 하다. 그리고 장교, 단교잔설, 서령교, 뇌봉탑 등 수많은 볼거리가 있다. 그리고 이 볼거리마다 각각에 얽힌 많은 스토리가 있다.

　수학여행의 일정상 우리는 서호의 모든 것을 볼 수는 없었다. 그래서 송성천고정(宋城千古情)에 가서 가무쇼를 보기로 했다. 항주가 남송시대 수도였으므로 남송시대의 유적과 유물이 많다. 특별히 송성천고정은 이런 남송시대를 대표하는 역사와 문화를 가무쇼로 구성한 것이다. 이 가무쇼는 인기가 많아서 하루에 4~8회 공연을 하고 1회 공연에 약 2,000명이 입장을 하여 관람한다고 한다. 이렇게 많은 사람들이 모여 들어가고 나가도 혼잡하지 않다. 모두 안내원들에 의해 질서정연하여 정리가 된다.

　공연장에 들어오기 전에 분수가 있었는데 소리의 크기에 따라 분수의 높이가 달라지는 분수였다. 학생들이 호기심을 가지고 소리를 지르며 분수의 반응을 보았다. 함께 소리를 지르고 혼자 소리를 지르기도 하면서 분수 물줄기의 반응과 높이를 보는데 아주 재미가 있었다. 이런 곳에서는 나이 들었다고 체면을 차릴 필요 없이 한번 해 보는 것이 좋다. 나이와 체면이 밥을 먹여 주는 것이 아니고 호기심이 젊음을 유지해 준다.

송성천고정은 나름 규모가 있는 공연이었으나 중국에서 너무 스펙타클한 공연을 많이 보아서 그런지 크게 놀랄 만한 것은 없었다. 처음 중국 공연을 보는 한국인이라면 당연히 놀랄 것이다. 입장료가 한국 돈으로 약 8만 원 정도 되니까 작은 돈은 아니다. 항주 태양의 서커스가 더 낫다고 말하는 사람도 많다. 물론 서호에는 서호 인상쇼가 있다. 맑은 날보다는 비 내리는 서호가 좋고 비 내리는 서호보다는 밤의 서호가 좋다고 한다. 그리고 이 밤의 서호보다 좋은 것은 '인상 서호'라고 한다. 인상 서호는 남녀의 애달픈 사랑 이야기다. 백사전 전설이 모티브가 된 것으로 공연의 규모와 수준은 감탄 그 자체라고 한다. 아직 보지 못했지만 기회가 되면 꼭 보고 싶다. 서호는 이처럼 수많은 항주의 유무형의 문화유산을 아우르고 있는 보물단지이다.

호텔로 돌아와 상해로 출발했다. 약 3시간을 달려 상해 디즈니랜드 부근에 예약한 호텔로 갔다. 방을 배정하고 남은 시간에 학생들이 장기자랑 시간을 가졌다. 춤을 추고 노래도 부르고 퀴즈도 풀면서 재미있게 놀았다. 우리 학생들이 놀고 있는 모습을 보고 가이드가 말했다. 중국학교는 수학여행이 없다고 한다. 당일 체험학습이 있는데 이 체험학습도 학교에 가서 1교시를 하고 주로 입장료가 없는 학교에서 가까운 곳으로 간다고 한다. 중국은 한국처럼 수학여행이나 체험학습이 활성화되어 있는 교육과정이 아니다. 그저 아침 일찍 학교에 가서 밤늦게까지 공부하고 숙제하고 한시를 암송하는 시스템이라고나 할까? 그리고 학교 규율이 매우 엄격해서 학생들이 학교 규율에 철저히 순종하고 지키는 교육시스템이다. 우리학교와 양해각서를 맺고 교류하고 있는 왕장소학은 한국을 닮아 가는 선진시스템을 가지고 있는 학교다. 우리학교와 교류를 오랫동안 하다 보니 중국 로컬학교이지만 한국학교를 많이 벤치마킹해서 한국학교의 장점을 수용하고 있다.

일반적으로 중국 로컬 학교에 다니다가 우리학교에 전학을 온 한국학생들의 반응은 마치 천국에 온 것 같다고 말한다. '세상에 이렇게 좋은 학교가 있었나?' 이런 반응이다. 과장을 해서 말하는 것이 아니고 진짜 아이들의 진솔한 대답이다. 한국학교는 자유와 관용이 있고 친절한 선생님들이 있기 때문이다.

다음 날은 학생들이 가장 좋아하는 상해 디즈니랜드로 갔다. 작년에도 왔었기에 익숙한 곳이지만 언제 와도 기분이 들뜨는 것은 아이들과 마찬가지이다. 여권 검사와 짐 검사를 하고 디즈니랜드에 입장을 하였다. 학생들은 디즈니랜드의 꽃을 Tron이라고 하지만 어른들의 입장에서는 신데렐라성이다. 신데렐라성이 가장 아름답게 느껴진다. 신데렐라 이야기를 누가 썼는지 모르지만 동화책 속의 상상과 환상이 현실로 구현이 되어 모두를 즐겁게 하고 있다. 특히 우리가 방문한 날은 핼러윈 데이여서 각종 분장과 코스프레 복장을 하고 다니는 사람들이 많았다. 최근 인기를 끌고 있는 디즈니 애니메이션『주토피아』의 토끼 경찰 여우 경찰의 코스프레 복장을 하고 다니는 사람들이 많아서 진짜 경찰로 착각을 하기도 하였다. 상해 디즈니랜드는 상해에서 외국인이 가장 많은 곳이고 디즈니랜드에 오는 중국여자들은 대부분 화장을 하고 있었다. 그리고 인물도 평균 이상이다. 왜 그럴까?

학생들이 조별로 나누어 활동하는 시간에 선생님들은 잠시 소전으로 나왔다. 우리도 배가 고프기 때문에 밥을 먹어야 한다. 디즈니랜드 안에서는 어른들이 먹을 만한 것이 없고 엄청나게 비싸다. 그래서 입구 쪽으로 나오면 식당가가 있어서 거기서 자기 취향대로 음식을 골라서 먹을 수 있었다. 우리는 스파게티, 돈가스면, 오징어튀김 등 몇 가지를 주문하여 맛있게 먹었다. 전체적으로 음식의 맛이 좋았고 특히 Paperstone 빵집의 빵도 맛이 있었고 커피도 다른 곳에 비해 무척 쌌다. 바로 앞 스타벅스는 아메리카노가 30원인데 여기는 8원이다. 상해 디즈니랜드에서 커피가 8원일 줄은 상상도 못했다. 바겐세일 수준이다. 무석이나 소주 등 아무리 싸다고 해도 15원은 주어야 한다. 그런데 상해 디즈니랜드에서 8원은 도저히 상상할 수 없는 가격이었다. 디즈니월드 선물 가게에서 인형을 두 개 샀다. 상해 디즈니랜드 방문 기념으로 소장할 것이다. 조그만 인형이 하나에 한국 돈으로 3만 원이다. 두 개를 샀는데 6만 원을 주었다. 상해 디즈니랜드이니까 샀다. 캐릭터의 크기와 색깔, 디자인을 약간씩 변형하여 수십 종의 캐릭터를 만들었다. 다른 곳이라면 5천 원에도 안 사는데 여기서는 3만 원이어도 기념으로 사게 된다.

  야간 불꽃놀이와 퍼레이드도 화려했지만 에버랜드보다 못한 것 같았다. 다만 신데렐라성에 비추는 레이저 영상이나 불꽃은 그 배경이 주는 환상이 있어 감탄하지 않을 수 없었다. 순간 이런 생각을 해 보았다. 에버랜드에도 신데렐라성을 하나 지어 놓으면 관광객이 두 배로 늘어날 것 같다. 비도 조금 내리고 약속 시간 30분이 넘어도 안 나오는 학생들이 있어서 애가 타기도 했지만 호기심이 왕성한 나이에 시간이 가는 줄도 모르고 빠질 수 있는 아이들의 발달 단계를 고려하면 이해 못할 일도 아니었다.

  마지막 날은 비가 많이 온다는 예보가 있었지만 문제는 다른 곳에서 발생했다. 우리가 타고 온 전세버스의 배터리가 나가서 출발이 한 시간 이상 지체되었다. 다행히 비교적 빠르게 다른 버스로 대체하여 상해 천문관으로 갔다. 비가 오는 날이어서 그런지 주차 안내 요원이 버스를 주차장에 주차하지 말고 천문관 바로 앞에서 학생들을 하차시키고 버스를 빼라고 말해 주었다. 중국에서는 믿기 어려울 정도로 융통성을 발휘하여 친절을 베풀어 주었다.

  2021년 개관한 천문관은 규모도 크고 시설도 첨단이었다. 특히 입체적으로 천문 관련 자료를 전시하여 마치 우주 한복판에서 다른 행성과 지구, 우주를 보고 있는 것 같았다. 천문 우주과학 기술이 발달한 중국의 위상을 엿볼 수 있는 장소였다. 중국의 상아(嫦娥) 4호는 2019년 1월 3일 인류 최초로 달 뒷면에 착륙하여 토양 광물 성분을 분석하고 각종 관측과 탐지를 했다. 그리고 2021년 5월 15일 화성 탐사선 천문(天問) 1호는 화성에 탐사 로봇 축융(祝融)을 착륙시켰다. 천문이란 이름은 춘추전국시대 초나라 굴원(屈原)의 장편 시에서 따온 이름으로 '하늘에 묻는다'란 의미이다.

  상해 천문관은 예약이 무척 어렵다. 사전 답사팀이 온 정신을 집중하고 역량을 총동원하여 가까스로 예약을 했다. 이곳에서 은하계보다 큰 성계단 관련 전시물은 처음 보았다. 한국에서 많은 천문대와 박물관을 가 보았지만 이런 전시물은 보지 못했다. 학생들보다 더 큰 호기심과 과학적 탐구력을 가지고 온몸의 에너지를 집중하여 하나하나 살펴보았다. 동공을 확대하여 전시물을 보았고 온몸의 에너지가 눈으로 집합하게 하였다. 학생들은 건성건성 보기도 했지만 나이 든 학교장은 하나하나 사진도 찍어 가면서 자세히 살펴보았다. 상해 천문관의 경이로움에 도취되어 시간이 가는 줄 모르고 있다가 6학년 담임 선생님이 와서 학교로 돌아갈 시간이 되었다고 말하는 바람에 바로 정신을 차렸다. 중국 천문 기술의 발전은 정말 경이로운 수준이었다.

　천문관에 들어올 때부터 그치지 않고 세차게 내리는 비를 뚫고 무석으로 모두 안전하게 돌아왔다.

[상아(嫦娥) 6호 달 뒷면 착륙
바이두 캡처]

[천문(天問) 1호 화성 탐사선
바이두 캡처]

5.
지역사회와 커뮤니티

행정실장 송별영상 제작

무석한국학교에 부임하여 가장 고맙게 생각하는 분이 행정실장이다. 2022년 1월부터 지금까지 우리학교 현황과 중국에 관한 모든 정보를 상세하게 알려 주었다. 학교와 교직원에 관한 기본 정보부터 학교의 시설과 역사를 모두 알려 주었다. 그리고 무석 교민사회에 대해서도 가감 없이 알려 주어 학교 경영에 필요한 정보를 빠르게 파악할 수 있었다.

행정실 직원과 함께 학교장이 무석에서 거주할 집도 계약을 해 주었다. 집 계약을 할 때는 3곳이나 되는 후보지를 모두 답사하고 살핀 다음 사진과 영상을 찍어서 학교장에게 보내 주고 검토한 다음 선택을 할 수 있도록 배려를 해 주었다. 덕분에 아주 편하고 좋은 집으로 계약을 할 수 있었다. 한국인이 사용했던 집으로 집 안의 인테리어나 가구가 한국사람의 정서에 잘 맞는 집이었다. 기본 전자제품은 물론 제습기와 공기청정기까지 구비되어 있었다.

뿐만 아니라 겨울방학을 이용하여 교장실 바닥공사를 하였다. 전에 습기가 많아서 나무가 부식되고 있었는데 이것을 모두 걷어 내고 바닥공사를 새롭게 하였다. 그리고 시설 개보수와 관련하여 여러 가지 얽힌 이야기도 해 주었다.

그리고 스쿨버스 운행 상황, 급식실 운영 상황도 설명을 해 주었다. 심지어 학생들의 진학과 관련한 사항도 잘 알려 주었다. 실장님께서 이런 모든 사항을 잘 알려 주셔서 학교 현황을 빠르게 파악하고 향후 학교 경영 계획을 세우는 데 많은 도움이 되었다. 무엇보다도 이번에 가족과 함께 한국에 귀임해야 하는데 신임 교장의 안정적인 부임을 위해 무석에 6개월 더 남아서 지원을 해 주시는 것이 고맙게 생각이 되었다. 또 무엇보다도 행정실장님이 하신 가장 큰 일은 학교건물을 무석시 당국으로부터 매입을 한 것이다. 약 80억 원에 매입했는데 바자회를 개최하고 사랑의 벽돌쌓기 기금을 마련하는 등 정말 그 공적이 크다. 무석시로부터 학교를 매입해서 이제 임대료를 내지 않아도 되고 학교 환경을 개선해 가면서 안정적으로 학교를 경영할 수 있는 토대를 마련했다는 점에서 업적이 크다고 할 수 있다.

그런데 우리학교의 보배인 행정실장님이 귀임하신다니 너무나 아쉽다. 행정실장이 6월 하순에 한국으로 귀임이 확정되었다. 12학년의 대입 출정식이 끝나면 바로 딸 경윤이와 함께 귀임하게 된다. 우리 무석한국학교 발전을 위해 3년 반 동안 헌신하셨다. 특히 작년 말에 귀임할 수 있었는데도 새로 부임하는 교장의 원활한 업무를 위해 귀임을 6개월 미루었다가 이제 귀임을 하게 된 것이다.

송별식을 위해 음악선생님이 뮤직비디오를 만든다고 하였다. 뮤직비디오를 만들려면 사진이 필요한데 본인한테 사진을 달라고 할 수도 없어서 이런저런 구실을 만들어서 행정실장의 사진을 찍을 수밖에 없었다. 그래서 무석한국학교를 중국정부로부터 매입하는 데 애를 쓰셨는데 한국에 돌아가면 학교가 많이 생각이 나지 않겠느냐고 말하고 학교 구석구석에서 사진을 한 장씩 찍자고 말했다. 그리고 학교 주요 지역을 함께 다니면서 사진을 찍어 주었다. 그런데 음악선생님도 사진과 영상을 찍으면서 아주 티 나게 동작과 장면 연출을 요구하여 행정실장님이 이상하게 생각하였다. 아마 저런 노골적인 요구에 행정실장이 눈치를 챘을 것이다. 내가 사진을 찍어 줄 때는 눈치를 채지 못했다.

송별 영상 편집은 음악선생님이 맡았다. 장면에 어울리는 음악도 넣고 자기 클라리넷 연주 장면도 넣었다. 교장실에서 부장회의가 끝나면 바로 송별 영상을 빔 프로젝트로 틀고 영상이 끝나자마자 행정실 직원들이 모두 꽃다발을 들고 입장을 하게 계획을 하였다. 꽃다발을 주고 귀임을 축하한 다음 공로패를 전달하기로 하였다. 마지막은 현관 앞에서 기념 사진을 촬영하는 것이었다. 모든 것이 계획대로 진행이 되었다. 송별영상이 상영될 때는 행정실장이 웃기도 하고 눈가에 눈물이 맺히기도 하였다. 행정실장이 울 것으로 생각했는데 울기보다는 더 많이 웃었다. 사진을 찍으면서 너무 노출되어 극적 효과가 좀 떨어졌다. 송별 영상을 보며 무석에서의 3년 반이 떠오르고 만감이 교차하였을 것이다. 그리고 떠나는 날 버스에 오르며 많이 울었다. 다른 사람이 전근을 가고 떠나는데 가슴이 저미는 생소한 감정이 밀려왔다. 코로나가 이 마음을 만들었다.

[행정실장 공로패 전달]

Studentware

Studentware! 아마 처음 듣는 말일 것이다. 학교장의 교육철학이 배어 있는 신조어이다. 우리가 보통 Hardware와 Software란 말은 잘 알고 있지만 Studentware란 단어는 정말 생소할 것이다.

[현관 카페와 미술작품 전시]

Studentware란 말을 풀자면 이렇다. 학교에 있는 학생들을 위한 유형적 무형적 환경이라고 말할 수 있다. 물리적 측면에서 학생들의 교육활동을 촉진하는 공간이나 도구, 기구라면 Studentware라고 할 수 있다. 또 하드웨어가 아니라 학생들의 편의와 즐거움, 행복을 증진시킬 수 있는 무형적 문화, 제도, 시스템 등도 Studentware라고 할 수 있다. 이렇게 조작적으로 명명을 하여 새롭게 이름을 지은 것이다.

이 말은 학생을 위한 학교 환경을 생각하다가 떠오른 말이다. 한국의 학교는 지난 50년 동안 학생들을 위한 교육환경이 거의 변하지 않았다. 물리적 환경도 거의 변한 것이 없다. 아마 이렇게 긴 세월 동안 변화가 적은 조직이나 환경도 없을 것이다.

이제 그 변화를 열고자 한다. 파격적으로 열어 보고자 한다. 학생들을 위한 새로운 Studentware! 도서관, 현관, 정원, 운동장, 교실이 변해야 한다. 혁신하고 또 혁신을 혁신하는 새로운 도전이 학교현장에서 많이 일어났으면 좋겠다.

우리학교 Studentware 첫 단추는 의자그네이다. 중앙 정원에 의자그네를 두 개 설치하였다. 질감이 좋은 나무로 만든 의자그네였다. 현관 정문 앞 향장나무 그늘 밑에 의자그네를 설치하였고 운동장에도 한쪽에 의자그네를 설치하였다. 그리고 유치원 옆 큰 정원수 밑에 하나를 설치하였다. 그네에 앉아서 책을 보아도 좋고 명상을 해도 좋고 친구와 얘기를 나누어도 좋다. 그리고 흔들리는 그네 위에서 동심으로 돌아가도 좋다. 학생과 교직원들의 반응이 좋다. 시간이 나는 대로 서로 앉아 있으려고 한다. 심지어 이웃학교 교장선생님들도 의자그네에 앉아서 함박웃음을 터뜨린다. 왜 진작 이런 것을 학교에 설치하지 않았을까? 이제 Studentware가 시작되었다.

[편안한 의자]

[보기 좋은 화분]

염인순(廉仁淳) 박사 초청 진로특강

은심미(銀芯微) 반도체 회사 염인순 회장님을 초청하여 중고등학생들을 대상으로 진로 특강을 실시하였다. 염인순 회장은 한국 인하대학교에서 공학박사 학위를 취득하시고 중국에 오셔서 반도체 회사를 설립하신 분이다. 반도체 생산은 외주를 주고 반도체 설계를 주로 담당하는 회사를 운영하고 계시는 조선족이다. 주로 차량용 반도체를 설계하고 있다고 한다.

현재 싱가포르 글로벌 파운드리 회사에서 시제품을 만들고 있고 테스트를 거쳐 내년 1월에 양산하게 된다고 한다. 차량용 반도체에 대한 시장의 반응이 좋을 경우 소위 대박이 나고 투자금을 회수함은 물론 많은 돈도 벌 수 있다고 한다. 대학에서는 수학을 전공하셨는데 사업의 열매는 반도체를 통해 맺는 것 같다.

반도체 회사를 창업하는 과정도 말씀해 주고 반도체의 활용 범위도 현장 경험을 통해서 생동감 있게 설명해 주셨다. 그리고 파워포인트 자료도 직접 제작하여 진로 특강 주제에 맞게 논리적이고 체계적으로 전개하였다. 반도체의 미래에 대해서도 상세하게 설명해 주셨고 차량용 반도체 개발 과정의 에피소드도 진솔하게 말씀하셨다. 메모리 반도체와 차량용 반도체에 대해서도 자세히 말씀을 하셨고 최근에 부각되고 있는 HBM 반도체에 대해서도 많은 시간을 할애하여 강의를 하셨다. 일련의 강의를 통해 공학 박사다운 면모를 보여 주었다.

반도체에 대한 학생들의 관심도는 매우 높았다. 강의 후 질문을 하는 학생도 정말 많았는데 특히 여학생들의 질문이 많았다. 이공계는 남학생들의 전유물인 줄 알았는데 여학생들이 적극적으로 질문을 많이 하였다. 이번 진로특강은 기획을 잘하였다. 특강 주제와 강사의 선정이 잘 이루어졌고 현업에 종사하시는 분이어서 더 생동감이 있었다. 교수님이 오셔서 이론적으로 말씀을 많이 하셨으면 학생들의 관심도가 많이 떨어졌을 것이다. 이번 진로특강은 학생들이 자기의 진로를 선택하고 고민하는 데 아주 의미가 있는 특강이었다. 진로부에서 특강 관련 업무도 아주 깔끔하게 잘 처리하였다.

[반도체의 미래에 대한 염 박사 강의]

두려웠지만 인민법원이 두렵지 않았다

무석시 신오구 인민법원에 출석했다. 작년에 우리학교에서 학교폭력이 발생했는데 가해자와 피해자 간 소송이 진행되고 있어서 학교가 사건 전말에 대해서 증언을 해 주고 판사와 조정실에서 질의응답을 했으면 좋겠다는 연락을 받았다. 학교 변호사님이 별도로 연락을 주셨다. 우리학교 변호사는 남경에 거주하는 우리학교 이사회 이사님으로서 이번 소송을 공익소송 차원에서 무료로 지원을 해 주고 계신다. 대형 로펌에서 일하시면서 정말 바쁠 텐데 우리학교 이사님으로도 역할을 해 주시고 이런 일이 있을 때 많은 도움을 주고 계신다. 조선족으로 중국에서 변호사 자격증까지 따시고 활동하는 모습이 너무 자랑스럽기도 하다.

중국 인민법원에 들어갈 때는 예상대로 여권으로 신분을 확인하고 소지품까지 조사한 다음 검색대를 통과해야 입장을 할 수 있었다. 법원에 들어가 보니 법정이 꽤 많았다. 작은 법정도 있었고 대법정도 있었다. 제1법정에서 10법정까지 있었다. 소규모 법정은 규모가 작았고 한국처럼 방청객이 따로 있는 것이 아니고 당사자와 가족만이 참여할 수 있는 구조였다. 대법정이 있었는데 이 법정은 아주 특별한 경우에만 사용할 수 있을 것 같았다.

또 하나 유심히 본 것은 중국의 법정에는 판사의 전용 통로가 없다는 점이다. 재판에 참여하는 사람들이 다니는 1개의 통로로 모두 다니는 것 같다. 판사의 안전에 대한 우려도 있었으나 여기저기 있는 수많은 보안들이 일정한 역할을 하리라고 생각이 되었고 또 판사에 대한 위해나 위협은 중국 사회의 특성상 상상하기 어렵다. 그 뒷감당은 어렵기 때문이다.

우리가 만난 판사는 여성이었다. 중국의 한 자녀 정책으로 공부를 많이 한 여성들이 많다는 것을 의미한다. 우리나라는 2023년 기준으로 여성 법관이 약 35% 내외이고 새로 임명이 되는 신임 법관은 약 50% 정도 되는 것 같다. 미국의 한 학술논문에서 2017년 중국의 여성 법관은 32.7%라는 통계가 있고 계속 증가 추세에 있으며 현재 대학 법학과에 다니는 여성 비율은 60%가 넘는다고 한다.

이번 학교폭력 사건은 중국 법원에 제기한 민사소송이기 때문에 소송 당사자의 증거 확보 여부가 중요한 부분으로 부각이 되었다. 중국은 민사소송인데 원고와 피고가 확보하지 못한 증거를 제3자에게 제출하게 할 수 있었다. 학교가 보관하고 있는 증거를 제출하라고 하였다. 처음에는 학교가 보관하고 있는 증거의 성격에 따라 어느 한쪽이 유리해지기도 하고 불리해지기도 하는 문제가 있어서 증거 제출을 거부했다. 그런데 중국 법원은 민사소송인데도 소위 '조사령'을 발동하여 증거를 강제로 확보할 수 있는 권한이 있었다. 한국에서는 민사사건의 경우 이렇게까지는 할 수 없는 것으로 알고 있는데 중국의 법원은 막강한 권한을 가지고 있었다.

학교의 고민은 이러한 상황에서 '한국법에 위반 소지가 있는 개인정보를 중국 법원에 제출해야 하는가?' 하는 문제였다. 학교폭력 증거 자료에는 민감한 개인정보도 많다. 또 이전에 가해자와 피해자가 정보 제공을 요청하는 경우에도 정보공개심의위원회를 열어서 비공개로 결정하는 경우도 많았다. 그런데 이번 민사사건에서 현재 공개된 정보만으로는 사건의 실체적 진실을 밝히기 어렵다고 학교가 보관한 정보를 공개하라고 하는 것이다.

그래서 고민 끝에 담당변호사와 상의하여 법원에서 학교로 정식 공문을 발송해 주면 공개를 검토하고 설사 공개하더라도 번역이나 공증은 법원에서 비용을 부담하는 것으로 조건을 달았다. 한국법과 소재국의 법이 상충할 때는 소재국 법이 우선이다. 중국법이 우선하기 때문에 중국법을 따르면 된다. 그리고 이번 사건의 경우 가해자와 피해자 모두 학교 보관 증거를 공개해 주기를 원하고 있어서 큰 문제는 없을 것으로 보였다.

법원에서 판사가 일단 소송 자료를 보면서 궁금한 점을 질문하였다. 그래서 최대한 객관적인 입장에서 사실대로 말씀을 드렸다. 약 1시간 동안 사건의 개요와 진행 상황을 말씀드렸고 학교의 입장, 그리고 한국에서 이런 사안에 대한 일반적인 처리 절차도 말씀을 드렸다. 그리고 학교가 이 일은 매우 신중하게 접근하여 관련 절차에 따라 공정하게 처리하였다는 말씀도 드렸다. 중국에 와서 이런 일도 겪으리라고는 상상하지도 못했다.

피아노 반주로 듀엣 연습

　무석 국제청소년축제 때 마지막 순서로 ISW 패터슨 교장선생님과 함께 듀엣을 하기로 하였다. 두 달 전에 한 약속이고 노래는 이태리 나폴리 민요 산타루치아를 부르기로 하였다. 미국 노래도 아니고 한국 노래도 아닌 이탈리아의 노래를 부르기로 했다. 중립적인 국적의 노래를 부르기로 한 것이다. 패터슨 교장선생님은 한국의 가곡이나 K-pop도 괜찮다는 입장이었지만 ISW에 재학하고 있는 학생들의 국적도 다양하기 때문에 제3국의 노래를 부르는 것이 좋을 것 같았다.
　저녁에 조금 한적한 길을 산책하면서 사람이 없는 곳에서 열심히 연습도 했다. 가끔 지나가는 사람들이 저 사람은 무슨 노래를 저렇게 부를까 궁금하기도 했을 것이다. 국제 청소년축제일이 다가오자 ISW에 가서 한 번 노래를 맞추어 보기로 하였다. 그동안 유튜브 반주에만 의존하여 혼자 연습을 했는데 ISW 학교에 가서 패터슨 교장선생님과 한번 맞추어 보는 것이 좋을 것 같았다. Eunice kim이 인쇄해 놓은 악보를 보고 패터슨 교장선생님과 같이 연습을 했다. 연습 도중 느낀 것인데 유튜브 반주를 틀어 놓고 연습을 하면 음이 너무 낮은 것 같았다. 한 키를 높여 부르면 좋을 것 같은데 음이 낮아서 좀 밋밋한 느낌이 들었다. 유튜브 반주로는 무엇인가 부족하다는 생각이 자꾸 들었다.
　그래서 피아노 반주로 연습하면 좋겠다는 생각이 들었다. 반주해 줄 사람을 찾아보니 10학년 박주은 학생이 피아노를 가장 잘 친다고 하였다. 주은이에게 반주가 가능한지 물어보니 흔쾌히 동의해 주었다. 음악실에서 박주은 학생이 해 주는 피아노 반주에 맞춰서 노래를 불렀다. 박주은 학생은 취미로 피아노를 치는데 아주 반주를 잘한다. 평일 점심시간은 물론이고 토요일에도 학교에 나와서 피아노 반주를 해 주었다. 전속 피아노 반주자가 생긴 것이다. 이렇게 착한 마음으로 피아노 반주를 해 주었기 때문에 재능기부 활동확인서를 하나 써 주었다.

그리고 여기에 추가하여 윤룡 음악선생님이 성악의 발성법을 지도해 주셨다. 배에 힘을 주는 법과 호흡에 대하여 주로 말씀을 해 주셨고 마지막 음정을 확실히 하고 부드럽게 부르며 호흡으로 받쳐 주어야 한다고 얘기를 해 주었다. 평소에 성악에 대해 관심이 있었고 집에서 가끔 노래도 불렀기 때문에 기본 성량은 확보하고 있었다.

이렇게 갈고 닦은 실력을 바탕으로 마침내 무석 ISW국제학교에서 행사의 피날레를 패터슨 교장선생님과 듀엣으로 장식했다. 산타루치아를 거의 두 달 동안 연습을 한 것 같다. 저녁 산책을 나가 사람들이 뜸하면 노래를 불렀다. 가사도 외우고 잘 안되는 부분은 집중 연습을 하였다. 처음부터 지도를 받으며 연습을 했으면 더 잘 불렀을 텐데 행사가 임박했을 때부터 지도를 받아서 다소 아쉬운 점은 있었다.

이렇게 많은 사람들 앞에서 노래를 부르다니 정말 기적 같은 일이다. 그지 노래방에서 노래를 부른 것이 전부였는데 거의 500명이 되는 청중 앞에서 노래를 부르다니 아주 커다란 인생 경험이었다. 다른 사람들이 사진을 찍었을까? 아마 두고 두고 기념이 될 것 같다. 이런 무대를 마련해 준 패터슨 교장선생님께 감사를 드리고 싶다. 사실 처음 제안이 들어왔을 때 좀 망설였다. '가수도 아닌 사람이 잘할 수 있을까?' 이런 걱정을 했다.

패터슨 교장선생님은 우리학교를 방문할 때 꽃다발과 카드를 준비해 오신다. 카드에 손수 멋진 그림을 그리고 인사말도 정성스럽게 써서 준다. 2시간 30분 동안 진행이 된 무석 국제 청소년축제였지만 전혀 지루하지 않았다. 그리고 함께 출연한 우리학교 학생들의 댄스팀과 난타팀의 실력도 무대를 압도했다. 특히 난타팀은 듣는 청중들의 심장 소리도 정지시켜 버리는 마력을 가지고 있었다.

또 ISW 밴드부의 Journey in concert도 환상적이었다. 그리고 무석 특수학교 학생들도 출연하여 무용을 하였고 일본인 헤비(Heavy)메탈 그룹도 출연하였다. 학생들이 그린 그림도 약 20여 점 입구에 전시하여 행사장을 찾은 분들에게 볼거리를 제공하였다. 또 학부모들이 바이올린 피아노 2중주로 자리를 빛내 주기도 했다. 물론 대미(大尾)는 당연히 나와 패터슨 교장선생님이 듀엣으로 부른 산타루치아였다.

[청소년 축제 피아노 반주자와 함께]

스승의 날 선물 보따리

　스승의 날을 맞이하여 선생님들께 선물 보따리를 풀었다. 방학 중 근무조도 폐지하였고 맛있는 과일차와 선물(우산, 손풍기 중 택 1)을 드렸다. 그리고 부서별로 일찍 퇴근하여 중국문화 체험을 할 수 있도록 해 드렸다. 뿐만 아니라 「스승을 위한 세레나데」 시를 지어서 영상 시(미술선생님이 비밀리 제작)로 편집한 다음 선생님들께 보내 드렸다. 감동한 선생님들이 감사의 답글을 보내 주셨다. 이렇게 배려를 해 주셔서 눈물이 날 뻔 했다든지, 존경의 눈빛 이모티콘을 보내는 등 반응이 뜨거웠다. '시는 가끔 쓰는 거라서 어렵지 않았는데 미술선생님께서 영상 시로 편집을 해 주셔서 더 감동적이지 않았을까?' 이런 생각을 해 보았다. 지금은 디지털 시대이므로 종이 시집도 좋지만 영상으로 만들어진 시도 읽은 사람에게 큰 감동을 주는 것 같다. 시 한 편을 영상으로 만들어 기념일이나 축하할 일이 있으면 상황에 맞게 활용하면 좋겠다고 생각하였다.

　그리고 스승의 날은 부서별로 좀 일찍 퇴근하여 중국문화 체험을 할 수 있도록 하였더니 의외로 반응이 좋다. '매일 퇴근을 하는데 몇 시간 더 일찍 퇴근한다고 그렇게 좋을까?' 이런 생각도 들었지만 선생님들도 어린 학생들의 감성을 닮았나 보다. 어린아이들처럼 무척 좋아한다. '어디로 가서 무엇을 할까?' '저녁은 무엇을 먹을까?' 등 오고 가는 대화가 행복이 넘친다고 한다. 작은 배려에 큰 감동을 하는 것 같다. 커다란 배려를 기대하는 것이 아니고 작은 관심과 정성에 큰 감동을 하는 것 같다. '작은 것이 아름답다'란 말을 다시 한번 되새겨 보는 시간이었다.

또 방학 중 근무조 폐지는 선생님들이 가장 환호하는 부분이었다. 작년 말에 겨울방학을 앞두고 방학 중 근무조에 대한 의견이 나왔는데 모두 부담스럽다는 취지의 의견이 많았다. 재외의 특성상 한국에 갔다가 하루 근무를 위해서 다시 와야 하는 번거로움과 부담이 있다는 것이다. 비용도 많이 들고 방학 중간에 근무하는 선생님은 다시 한국으로 가기도 그렇고 안 가기도 애매한 상황이 된다. 다만 문제는 방학 중 민원이나 소소한 일처리를 어떻게 누가 해야 하는가 하는 문제였다. 교감, 교무부장, 행정실장과 이 부분을 심도 있게 의논하고 일정 부분 역할 분담을 하고 방학하기 전에 예상되는 일을 사전에 안내하고 역할 분담을 하기로 한 다음 교사들의 방학 중 근무조를 폐지하였다.

이번 스승의 날에는 이렇게 많은 선물을 드렸다. 그리고 다음 주 수요일에는 스승의 날 기념 교직원 체육대회를 하기로 하였다. 교직원들이 모처럼 즐겁고 행복한 시간을 가질 수 있도록 다양한 프로그램과 선물, 간식까지 준비하였다. 오랜만에 체육대회를 하니 선생님들의 호응이 장난이 아니다. 적극적으로 응원도 하고 승부욕이 발동되는 것 같다. 청백으로 나누어 용카 타기, 청백표지 뒤집기, 안대 하고 검도하기 등 참여 열기가 대단했다. 학생들이 운동회를 할 때는 학생들이니까 저렇게 열심히 하지 이렇게 생각하며 구경하였는데 막상 교직원들도 체육대회를 하니 아이들보다 더 열심히 하는 것 같다. 하나라도 더 뒤집으려고 하고 조금이라도 빨리 달리기 위해 호흡을 맞추며 서로를 격려하였다.

첫 게임과 마지막 게임을 청군이 이겨서 최종 승리는 청팀이었다. 흔히 우리는 모든 경기를 할 때 청백으로 나누지만 중국은 그렇지 않고 그때그때 상황에 맞게 이름을 정한다고 한다. 일본은 주로 홍백을 나누고 북한은

청홍으로 나누는 문화가 있다고 한다. 중간에 개인 경기도 적절히 넣어서 상품을 주었다. 안마기, 에어프라이기 등 많은 상품을 주었다. 수학선생님은 안대 하고 검도하기에서 앉아서 좌우로 봉을 휘둘러서 안마기를 받기도 했다. 이마에 땀이 송골송골 맺혔어도 전혀 힘든 기색이 없다. 체육대회가 끝날 때는 간단히 정리 체조를 하고 칫솔과 치약을 전체 교직원들에게 체육대회 참가 기념품으로 드렸다. 그리고 피자와 치킨, 콜라 등 미리 준비한 간식을 먹고 체육대회 피날레를 장식했다. 이로 인해 교직원들의 인화 단결 분위기가 좋아졌다고 모두가 하나같이 말하고 있다. 특히, 영어 원어민과 중국인 중국어 교사들까지 참여하여 서로 유대를 다질 수 있는 좋은 시간이었다. 가끔 교직원 체육대회를 하는 것은 교직원 융화에 참 좋다.

[간식과 함께하는 체육대회 뒤풀이]

원초적 야성이 앞선 유치원 앞 소란

유치원 부장님으로부터 6세 반 원아 엄마가 민원전화를 했다는 보고를 받았다. 민원 내용은 6세 반 여아를 7세 반 남아가 화장실로 끌고 가려 했다고 한다. 그래서 6세 반 여아 엄마가 화가 나서 CCTV를 확인하자고 했고 학교에서도 유치원 선생님들이 6세 반 여아 엄마가 말하는 시간대 CCTV를 확인해 보았다고 한다. 그러나 6세 반 여아 엄마가 주장하는 관련 영상이 없었다고 한다. 여러 번 다시 확인을 해 보았는데 관련 영상은 없었다고 한다.

민원을 제기한 6세 반 여아와 남아의 아빠는 모두 한국인이며 같은 회사에서 근무한다고 한다. 두 엄마는 모두 중국인이어서 한국인의 정서도 잘 모르고 말도 조금 안 통하니 아빠들끼리 잘 얘기를 해서 해결하라고 말을 해 주었다. 유치원 아이들의 장난인데 이렇게 민감하게 반응하는 이유를 모르겠다. '한국인 남편들은 도대체 무엇을 하고 있는가? 같은 회사에 다니면서 이런 문제 하나 해결하지 못하고 있는가?' 이런 생각이 들었다.

그런데 오늘은 이 두 엄마가 유치원에 와서 CCTV를 확인하고 그동안 있었던 일에 대해 옥신각신하면서 언성을 높이고 말로 싸우다가 마침내 서로 머리채를 잡고 싸웠다고 한다. 그래서 유치원 선생님들과 행정실에서 공안에 신고하여 공안이 출동하여 이 두 분을 공안국으로 이송해 갔다고 한다. 유치원에서 머리채를 잡고 싸우다니 정말 화끈한 성격이다. 아직 이런 원초적 야성이 남아 있었다.

작년에 중국 광동성 유치원에서 20대 남성이 유치원에 난입하여 교사 1

명, 학부모 2명, 유치원 원아 3명을 칼로 살해한 일이 발생하였다. 중국 사회가 발칵 뒤집어졌다. 사회적 분노일까? 최근 묻지마 학교살인 사건도 종종 발생하고 있다. 중국 당국은 모방 범죄를 우려하여 관련 영상을 공개하지 못하게 하고 있다.

우리학교는 초등의 경우 약 40%가 다문화이다. 한국인 남편, 중국인 아내로 이루어진 다문화 가족이다. 유치원은 더 많아서 약 60%가 다문화이다. 중국인 아내의 경우 한국말을 잘 모르거나 배우지 않으려고 하는 사람도 많다. 초등 선생님들이 이런 학생들을 가르치느라고 성장판 특별 수업과 방과후 수업을 통해 한글을 깨우쳐 주기 위해 고군분투를 하고 있다. 유치원은 한국어를 전혀 못하는 학생들이 많다. 중국인 엄마와 살다 보니 한국어를 모르는 것이다. 한국인 아버지도 아이들의 교육은 중국인 엄마에게 맡기는 편이라 아이들이 한국어를 잘 모른다. 그리고 직장에 가서 근무하기 때문에 아이들과 접촉하는 시간도 짧다. 이러한 현상은 중국에 살고 있는 다문화 가정의 일반적인 문제라고 볼 수 있다.

며칠 후 공안에서 유치원 학부모 두 분을 훈방해 주었다고 한다. 그래서 소위 피해자 학부모가 학교를 방문해서 잠시 만났다. 그동안 경과를 들어보니 남학생 측 부모님께서 아직 사과를 하지 않은 것 같다. 우선 사과를 해야 서로 화해를 하는데 왜 사과를 하지 않는지 모르겠다. 같은 회사를 다니는 아버지들끼리도 서로 만나지 않았다고 한다. 그리고 듣기에는 이 두 분도 사이가 좋지 않다고 한다. 그래서 서로 만나지 않은 것 같다. 그리고 엄마들끼리 서로 싸우고 상대를 비난하는 글을 유치원 학부모 위챗 모멘트에 올리고 난리를 친 것이다.

듣자 하니 피해 여학생 아버지의 화해 조건은 아주 까다로웠다. 구두로 먼저 사과를 한 다음 위챗 모멘트에 글을 올려 사과하고 정신적 피해도 보상을 해 달라는 것이었다. 그리고 학교는 이런 것을 기록으로 남겨서 관리해 달라는 것이다. 과연 이 요구 조건을 남학생 학부모가 수용할 수 있을까?

유치원 원아들이 싸운 것은 학교폭력이 아니다. 아직 학교폭력으로 취급을 할 수 있는 발달단계에 있다고 보지 않기 때문이다. 당연히 형사처벌도 할 수 없다. 부모님들끼리 서로 화해를 하고 지내면 될 일을 이렇게 키우고 있고 대립하고 있다. 이런 일에 딱히 해법도 없고 시간이 지나 서로의 감정이 누그러지기를 바랄 뿐이다. 다행히 6세 반 여아가 전학을 갔다. 유치원 앞 해프닝은 이렇게 결말을 맺었다.

서예작품으로 본 불멸의 영웅 안중근

　상해 안중근기념사업회 회장이신 박광의 회장님의 역사 특강이 연기되었다. 이유는 상해 거주자가 무석에 들어온 다음 3일간의 핵산검사 결과가 있어야 학교에 들어올 수 있다는 규정 때문이었다. 즉 3일 전에 무석에 들어와서 핵산검사를 받고 이상이 없어야 학교에 올 수 있다는 것이다. 교사들도 주말에 무석을 벗어나기 어렵다. 강소성 이외의 지역에 갔다 오면 학교에 출근할 수 없다.
　이 규정은 현재 상해에 거주하고 있는 안중근기념사업회 박광의 회장에게도 적용이 된다. 학교에 와서 특강을 하려면 3일 전에 무석에 와 있어야 한다. 너무 불합리하다는 생각이 들지만 무석의 방역 지침이니 따르지 않을 수 없다.
　중강당에 서예작품 걸개용 걸이도 설치하고 현수막도 2개를 준비하였다. 그리고 학부모 가정통신문도 배부하고 당일 특강에서 학생들이 참여하는 부분도 미리 준비하였는데 현장 특강이 어려운 상황이 된 것이다. 그래서 할 수 없이 Tencent meeting을 이용한 화상강의로 전환하였다. '서예작품으로 본 불멸의 영웅 안중근'이란 제목으로 특강을 하셨다. 상해에서 23년간 사업을 하면서 16년간 안중근 기념사업회 일을 하셨다고 한다. 아는 것도 정말 많으시고 서예작품 하나하나에 관련된 역사적 사실과 배경을 너무나 유창하게 막힘없이 설명하셨다. 10학년 학생들이 너무나 진지하게 경청하였고 한 학생은 안중근 어머니가 쓴 편지까지 낭독하였다. 모두가 숙연해지지 않을 수 없었고 준비하신 영상자료도 정말 감동적이었다.

또 지난번 안중근 웅변대회에 나간 이승기 학생은 특강 도중 시상도 하였다. 학생들을 위해 사전에 택배로 텀블러와 가방, 기념 메달도 보내 주셔서 정말 감사하게 생각하였다. 중국에 살면서 좀 특이하다고 생각하는 점은 중국인들이 위안부 문제나 남경 학살 등 일제의 만행을 규탄하고 사과를 요구하는 말을 하지 않는다. 남경에 대학살기념관을 지어 놓았고 일반 국민들의 반일 감정은 강하지만 언론이나 중국 지도자가 남경대학살을 언급하거나 자주 들추어내지 않는다. 왜 그럴까? 한국과는 참 다른 중국이다.

[불멸의 영웅 안중근 장군 특강]

교사인가? 교육자인가?

　재외한국학교 학생들은 2학기가 되면 여유가 넘친다. 1학기 6월 하순부터 7월 중순까지 각 대학에 입학서류를 제출하면 할 일이 거의 없다. 여름방학을 여유롭게 보내고 8월 말에 각 대학에서 합격자를 발표한다. 이때 합격하면 2학기는 그야말로 인생 최고의 순간을 맞이한다. 인생 화양연화가 되는 것이다. 학업 부담이 없이 자기의 취미나 진로에 따라 특별 프로그램을 이수하며 시간을 보내게 된다.

　특별히 더 기쁘고 감사한 것은 고3 학생들이 오후에 내려다 주는 커피이다. 유명 커피점에서 마시는 것보다 더 맛이 있다. 그리고 무엇보다도 우리 학생들이 학교장을 어렵게 생각하지 않고 커피 맛을 보라고 하는 것이 고맙다. 향긋한 커피 맛이 너무 좋아서 사람을 행복하게 만든다. 천국이 따로 없다고 생각한다. 학생들이 내려다 준 커피를 마시고 있으면 바로 여기가 천국이란 생각이 든다. 자기 진로를 개척한다고 이것저것 생각할 것도 없다. 커피점 하나 차리면 대박이 날 것 같다. 30여 년 전에 교직에 들어와 교육자로서 삶을 살고 있다고 생각한다. 정말 만족스럽고 행복하다.

　교직에 대한 가치관은 시대에 따라 사람에 따라 다른 것 같다. 과거에는 교직을 성직에 비유하여 교직의 가치와 숭고함을 강조하였고 또 그렇게 살고 처신하도록 권장을 했었고 사회적 압력도 있었던 것 같다. 똑같은 행동을 해도 교직에 있는 사람과 다른 직업에 종사하는 사람에 대한 평가와 사회적 비난은 달랐다. 교직에 있는 사람의 행동은 더 큰 사회적 비난을 받았다. 이러한 사회적 기준과 판단이 한편으로는 부담이 되기도 했지만 자부심과 명예가 되기도 했다.

하지만 최근 교직에 종사하는 사람들의 인식도 크게 변한 것 같다. 성직이라고 생각하는 사람은 거의 없는 것 같고 아니 그 세대는 사라졌다. 간혹 구세대 중에는 교직을 성직으로 여기며 그렇게 산 분들이 있다. 다소 세상 물정을 모르는 융통성이 없는 분으로 치부되기도 했지만 교직을 성직으로 여기며 사는 삶에 대한 존경을 동시에 받기도 했다.

교직에 있는 사람들이 자기의 정체성을 교사에 두느냐 아니면 교육자에 두느냐에 따라서 학생들을 가르치고 대하는 태도와 자세에 많은 차이가 있을 것이다. 교사는 직업으로 분류하는 가치 중립적인 용어이고 교육자는 직업적인 분류보다는 교육에 더 큰 의미와 가치를 부여하고 존경의 의미까지 담고 있는 용어라고 볼 수 있다.

현재 우리 무석한국학교에 근무하는 선생님들이 자신의 정체성을 어디에 두고 있는지 궁금하다. 교사라고 생각하는지 아니면 교육자라고 생각하는지 궁금하다. 자기의 정체성을 어디에 두고 있느냐에 따라 교수 행동과 학생 생활지도에 많은 차이가 있을 것이다. 교장으로서 바라는 것은 모든 선생님들이 교육자로서 정체성을 가지고 있기를 바란다. 경험적으로 볼 때 교육자라는 정체성이 자부심과 긍지의 근간이 되고 더 좋은 교육으로 이어질 수 있다고 생각하기 때문이다. 그리고 그러한 높은 자존감이 교육적 효능감도 높일 수 있기 때문이다.

부녀절(婦女節)에서 여신절(女神節)로

중국에서는 부녀절이 3월 8일이다. 세계 여성의 날을 중국에서는 부녀절로 정하고 여성들을 위한 각종 행사를 개최하기도 한다. 중국 당국에서 정한 공식적인 명칭은 부녀절이고 상업적 마케팅으로 활동하는 쪽에서는 여신절이라고 한다. 상점 앞에 여신절을 홍보하는 광고물과 배너가 넘친다. 아주 창의적으로 여심을 유혹하고 남자들의 지갑을 열게 한다. 여신절은 특별히 젊은 여성들과 연인들을 위해 마케팅을 하는 것 같다. 중국에 처음 갔을 때는 주로 부녀절이라고 했는데 3년 사이에 완전히 여신절로 바뀌었다. 한국에는 여신절을 기념하는 행사나 마케팅이 아직은 없는 것 같다.

언제부터 부녀절을 기념했는지 모르지만 중국의 관공서나 회사에서는 부녀절에 여성들이 오전에만 근무하게 하고 오후에는 퇴근하게 한다. 오전에도 여성들을 위한 각종 행사를 성대하게 준비하여 개최하는 경우가 많다. 여성들이 퇴근하게 되면 남성 직원들은 여성 직원들과 협업해서 일을 하는 경우 자연스럽게 휴식 시간을 갖게 된다고 한다. 그래서 남성들도 여성의 날을 기분 나쁘게 생각하지 않는다고 한다.

우리학교에는 중국인 여성들도 많이 근무를 하고 있다. 행정실에도 중국 여성들이 많이 근무하고 있고 중국어 교사, 그리고 용역직원들도 많다. 그래서 이번 부녀절을 맞아 쿠키와 꽃을 준비하여 한국과 중국 모든 여성 직원들에게 축하하는 글귀와 함께 전달하였다. 쿠키와 꽃 한 송이가 사람을 이렇게 행복하게 할 줄 몰랐다. 여성 직원들의 반응이 폭발적이다. 위챗 단톡방에 감사하다는 글을 올리고 내부 메시지에도 감사의 글을 많이 보냈다. 심지어 교장실에 찾아와서 고맙다고 인사를 하는 분도 있었다. 최근 몇 년 동안 남편이나 남자 친구로부터 꽃다발을 받아 보지 못한 직원들도 많을 것이다. 여성들의 감성을 자극하기에 딱 좋은 이벤트였던 것 같다.

보통 남자들은 이런 이벤트를 해도 반응이 무덤덤하다. 반응이 뜨뜻미지근해서 마음을 알 수 없다. 왜 이렇게 남자들은 마음을 가볍게 표현하지 않을까? 아무튼 女神節快樂!

[3월 8일 여신절 판촉 행사]

상해 한국문화원 임정기록물 전시회

　상해 한국문화원에서 임시정부기록물 전시회를 한다고 해서 시간을 내서 다녀왔다. 상해 한국문화원은 조계북로(漕溪北路) 회지대하(滙智大夏)에 있는데 독립 건물이 아니고 2층과 3층 등 건물 일부를 전세로 사용하고 있는 것 같다. 상해 개발기에 속성으로 지은 콘크리트 건물들이 많이 보였다. 2층에는 도서관과 한국 음식문화를 체험할 수 있는 코너가 설치되어 있었고 3층에는 강당과 기획전시실이 있었다. 음식 문화를 체험할 수 있는 곳에서는 김밥을 만드는 것을 실습할 수 있도록 싱크대와 조리시설이 갖추어져 있었다.

　기념식장에서는 중국어 통역관이 있어서 행사의 주요 내용을 통역하였고 상해 총영사님께서 인사 말씀을 하셨다. 그리고 'RANG KOREA' 개막 공연이 펼쳐졌다. 우리 귀에 익숙한 「넬라환타지아」와 「오 솔레미오」를 연주하고 안중근 의사의 장부가도 불렀다. 바이올린, 첼로 연주에 맞추어 오페라 가수들이 나와서 노래도 불렀다.

　안중근 의사와 최재형 선생의 관계를 설명하던 중 예술감독 주세페 김은 순간 감정이 복받쳐 말을 잊지 못하고 울먹이기까지 했다. 예술감독 주세페 김의 눈물은 순간 기념식장을 숙연하게 만들었다. 남자의 눈물은 위력이 대단하다. 여자의 눈물과 다른 남자의 눈물을 보았다. 남자의 눈물은 새로운 기회를 만든다. 안중근 뮤지컬 「영웅」의 장부가를 5명의 성악가가 나와서 불렀다. 비장미가 느껴졌다. 주세페 김은 한국에서 많은 공연을 기획하여 진행하고 있다고 한다. 주세페 김의 모든 공연이 성공적으로 진행이 되기를 바란다. 그리고 상해총영사관 교육영사님 덕분에 주세페 김의 사인까지 받았는데 사인에는 이렇게 쓰여 있었다.

<blockquote>
혼자서는 발자국을 만들고
백 명이면 길을 만들고
천 명이면 길을 잇는다
- K 문화독립군 주세페 김,
2024.3.26. 안중근 의사 순국일에 -
</blockquote>

2층으로 내려와 다과시간을 가졌다. 상해에서 유학하고 있는 청년공공외교관을 만났다. 대학생이나 대학원생들이 이런 명예 공공외교관 자격을 가지고 활동하는 것 같다. 이분은 기념식장에서 처음 만난 것이 아니고 회지대하 앞에서 거리 구경을 하고 있다가 멀리서부터 오는 모습을 보았다. 중국인은 아닌 것 같아서 한참을 보았다. 오늘 문화

[제시의 일기]

원 행사에 참석하는 분 중 이전에 만났는데 얼굴을 기억하지 못하고 있으면 실례가 될까 봐 더 유심히 보기도 했다. 상해 주요 행사에 참석했다가 잠시 인사만 한 사이면 기억이 나지 않기도 한다.

아무튼 이분도 상해 임정기록물 전시회에 온 한국사람이다. 서로 명함을 교환하고 다과 연회장에서 옆자리에 앉아 즐겁게 얘기를 나누었다. 단

아하고 예쁘게 생긴 이분은 한국에서 예고를 나왔고 부모님은 나이 차가 많은데 아버지는 건물 임대업을 하신다고 한다. 소위 금수저인 것 같다. 그리고 미국인 남자친구가 있는데 엊그제 미국에 다녀왔고 지금 손가락에 끼도 있는 것이 Pre-Engagement Ring이라고 한다. 이 반지는 약혼반지와 같은 것인데 백금으로 만든 것이라고 한다. 자기는 상해 화동사범대에서 경제 비즈니스를 전공했고 지금은 복단대 대학원에서 정치학을 전공하고 있다고 한다. 상해에서 청년 공공외교관으로 활동하고 있기 때문에 주요 행사 취재도 한다고 한다. 얘기를 하는 것이 아주 거침이 없다. 위챗으로 친구 추가하고 상해 한국문화원을 나왔다.

중국인들이 한국문화에 관심이 많다. K-pop에도 당연히 관심이 많지만 최근 지인들의 얘기를 들어보면 한국 드라마를 많이 본다고 한다. 물론 불법 다운로드를 받아서 본다고 한다. 한한령으로 K-문화 콘텐츠가 중국에 제대로 전해지지 않고 있고 저작권도 보호를 받지 못하고 있다. 외교적으로 이 문제를 잘 풀어서 한류가 중국에서 제대로 대접을 받고 국부도 창출하는 시대를 기대해 본다.

[장부가 열창]

[문화원 리셉션 준비]

바순(Bassoon)이 등장한 민주평통자문회의

학교 일로 정말 바쁜 상황인데 상해 민주평통자문회의 출범식에 참석해 달라는 연락을 받았다. 학교가 눈코 뜰 새 없이 바쁜 데 가야 하나 고민이 생겼다. 부장들에게 맡겨서 할 일도 있지만 학교장이 직접 주관을 하고 조율을 해 주어야 할 일도 있어서 생각이 복잡해졌다. 상해 교장선생님께 전화해 보니 사물놀이 학생들이 출연해서 가 보아야 한다고 하셨고 소주 교장선생님은 교내 행사가 있어서 가기 어려울 것 같다고 하셨다.

상해 민주평통관계자들이 간곡히 참석을 요청해서 거절하기도 어려웠다. 그래서 참석하기로 결정했다. 장소는 상해천희해구대주점(上海天禧海鷗大酒店)이었다. 학교에 현안이 있어서 좀 늦게 출발했는데 도착해 보니 상해 총영사님도 와 계셨고 상해, 소주 학교이사장님, 상해 교장님도 와 계셨다. 중국 민주평통회장과 부회장, 북경대사관 통일 사무관도 이미 도착해 있었다. 각종 임명장을 수여한 다음 40대로 보이는 젊은 분이 상해민주평통자문회의 의장으로 선출이 되었다. 들어보니 요즘은 젊은 사람들이 의장을 한다고 한다. 이전에는 주로 나이가 많은 원로급에서 의장을 했는데 최근 상황이 바뀌었다고 한다.

의장을 선출한 다음 실내악 축하공연이 있었다. 바순(Bassoon)이라는 악기를 처음 보았다. 첼로처럼 주로 저음을 담당하는 악기인데 웅장한 느낌을 주었다. 비싼 것은 8천만짜리도 있다고 한다. 상해 민주평통 출범식 연주곡 중에 멘델스존의 「노래의 날개 위에」는 가을밤에 심금을 울리는 곡이었다. 노래 제목은 전에 많이 들어 보았지만 현장 연주로 듣는 것은 처음이다.

식사를 하면서 나온 와인도 맛이 좋았다. 와인이 이렇게 맛있는 걸 처음 느낀 것 같다. 식사 중 계속해서 건배사가 이어졌는데 평화-통일, 우리는-하나다, 가자 북으로-오라 남으로, 왕지환의 「등관작루」에 나오는 갱상일층루, 이백의 「장진주」가 있었다. 교양과 수준이 높은 분들이다. 행사를 마치고 나오는데 기념 우산과 샴푸 세트까지 준비해서 주었다. 우리의 소원은 통일이다. 통일을 이루자.

[상해민주평통 출범식 축하 바순 연주]

무석 한국교민대축제 개최

무석 한국교민대축제를 우리학교에서 무석한상회 주관으로 개최하였다. 무석에는 한국인이 약 4,000명 정도 거주하는 것 같은데 이번에 바자회와 체육대회를 겸해서 무석 한국교민대축제를 진행하였다. 교민대축제 포스터 공모를 시작으로 체육대회와 바자회 준비로 한상회 임원들과 우리학교 선생님, 그리고 학부모님들이 수고를 많이 하였다. 특히 주상하이 총영사관 선거영사님과 교민영사님께서도 참석을 하였고 ISW 닥터 윌리암 교장선생님도 참석하였다.

한상회 회원사들은 대축제를 위해 현금과 각종 물품을 기증하셨고 식당을 운영하는 분들은 쿠폰을 기증하셨다. 그리고 나도 3,000원은 체육대회에 기부를 했고, 3,000원은 바자회에 기부를 했다. 날씨도 매우 좋아 당일 많은 사람들이 참여하였다. 특히 족구가 성인 남성들의 주 관심사였는데 배드민턴동호회팀이 우승하였다. 평소 운동을 정기적으로 하는 사람들이어서 경기 감각이 남달랐고 우승 상금으로 5,000원을 주었다고 한다.

그리고 바자회에서는 게임이 학생들의 인기를 독차지하였다. 여러 가지 재미있는 게임이 학생들을 끌어모았고, 음식 부스보다 재료비도 들지 않고 수입이 짭짤했다. 또 한방병원에서도 참여하여 한방병원을 홍보하였고, 탕후루, 구슬아이스크림이 학생들에게 인기가 있었다. 쿠폰을 미리 판매하였고 쿠폰을 구입한 사람이 쿠폰을 내고 참여하는 구조이기 때문에 상당히 체계적으로 진행이 되었다. 바자회 수입이 얼마나 될지는 모르지만 이번에는 바자회 수입보다 무석 교민들이 한자리에 모여 서로 화합하고 단결하는 데 더 주안점을 두었다. 날씨가 좋은 가운데 성공적으로 무석 한국교민대축제가 마무리된 것 같다.

　바자회 중간에 중국화동한상연합회 회장님도 오셔서 자리를 빛내 주셨다. 그리고 운동장에서 경기를 진행한 우리학교 선생님들도 고생이 많았다. 무엇보다도 경기의 내용과 성격에 맞게 적절한 음악을 선택해서 더 재미있게 경기를 할 수 있었다.

　천막을 설치하고 의자와 탁자를 나른 보안과 용역직원들도 수고가 많았다. 500여 명의 급식을 준비한 급식실 직원들도 애를 많이 썼고 우리학교 방송 스태프와 지원봉사를 한 학생들도 정말 훌륭한 역할을 했다.

　하지만 위기도 있었다. 무석 한국교민대축제 하루 전에 이극강(李克强) 전 총리가 사망하여 조문 분위기가 형성되어 각종 행사나 오락성 행사가 취소되면 어떻게 하나 걱정을 하기도 했다. 체육대회와 바자회를 위해 각

[포스터 공모 작품]

종 물품을 사 놓았기 때문에 1주일이 연기된다거나 하면 큰 문제가 생기기 때문이다.

올해 초 강택민(江澤民) 전 주석이 사망했을 때는 각종 인터넷이나 대사관 홈페이지 등이 흑색으로 바뀌어 조문 분위기를 조성하고 각종 행사가 취소되기도 했다. 다행히 이번에는 그런 애도 분위기가 형성이 되지 않았다. 아마 시진핑 주석의 반대편에서 목소리를 내고 태자당이 아닌 공청단 출신이었기 때문일 것이다.

그날 마침 왕장소학을 방문하고 있었기 때문에 고만춘 교장선생님께 여쭈어보았더니 아직 당국에서 애도 분위기 조성과 관련하여 구체적인 연락이 없다고 한다. 당국의 통지가 있어야 애도 분위기로 전환하고 각종 행사를 취소할 수 있는 것이다.

또 지역에 따라 산발적으로 추모하는 소규모 행사가 있는 것 같은데 관영매체나 인터넷에서는 크게 다루지 않고 오히려 검색어를 삭제하기도 한다는 한국 뉴스 보도가 있었다. 중국은 이런 사회시스템과 분위기가 있다. 중국에서 살아 보지 않으면 알거나 실감할 수 없는 이런 국가운영시스템과 분위기가 있다.

[무석한국교민대축제]

[대축제 참가 내빈]

한국인 커뮤니티, 필요한가?

학교폭력 관련 일을 처리하면서 우리 한국인 커뮤니티의 문제와 심각성을 느꼈다. 한국인들이 해외에 나와 일정한 지역에 모여 살면서 자연스럽게 한국인 커뮤니티가 형성이 된다. 서로 유용한 정보를 주고받으면서 해외생활에 필요한 정보를 취득할 수 있고 어울려 지내면서 돈독한 관계를 유지하기도 한다. 또 타국살이의 어려움도 공유하면서 친척은 아니지만 친척처럼 지내기도 하는 것이 한국인 커뮤니티의 순기능이라고 할 수 있다. 그리고 대부분의 사람들이 이런 순기능 속에서 생활하고 있다고 생각한다.

그런데 이번 학교폭력 관련 일을 처리하면서 앞에서 얘기한 정반대의 역할과 기능을 하고 있다고 생각하게 되었다. 우리학교에서 동급생 간 성 관련 학교폭력이 발생하여 양측이 합의하여 원만하게 처리하였다. 양측이 서로 합의하고 학생도 사과하고 부모님끼리도 서로 용서를 구하고 화해하였다.

그런데 사실관계와도 맞지 않은 이상한 소문을 퍼뜨려서 서로 오해를 사게 하고 심지어 소주한국학교 학부모님들까지 이 일을 알게 되어 학교폭력 처리가 원만하게 이루어지지 못했다. 헛소문이 퍼지면서 전학을 가기로 한 학생을 소주한국학교에서 받지 못하겠다고 하였다. 정확히 말하면 못 받을 것 같다고 한다. 왜냐하면 학교운영위원장과 학부모회장이 학교에 전화하여 학교폭력에 연루된 그런 학생을 받으면 안 된다고 하고 선생님들까지도 받으면 안 된다고 반대하고 있다고 한다. 또 어떤 학부모는 그 학생들을 받지 않겠다는 확인서까지 써 달라고 했다는 것이다.

 참 어이가 없는 일이다. 학생의 전입과 편입은 기본적으로 학교의 전편입심의위원회에서 결정하는 것이지 학부모가 전편입을 결정할 사항이 아니다. 또 이 사실이 상해학교 학부모님들에게까지 알려져 상해에서도 전입을 받지 말아야 한다는 얘기가 돌고 있다고 한다. 중국 화동지역에서 빛의 속도로 소문이 퍼지고 있다.

 중국 화동지역은 지리적으로도 가깝고 많은 교민들이 살고 있는 지역이다. 그래서 서로 왕래가 많고 각종 소식도 빠르게 전해진다. 그리고 지역별로 교민 카톡방이 있어서 여러 유용한 정보를 공유하기도 한다. 그런데 학생들 사이에 이런 어렵고 힘든 일이 있으면 서로 다독거리고 도와주어야 하는데 그렇지 못하고 오히려 헛소문을 퍼뜨리면서 배척하는 데 앞장을 서고 있다.

 어린 학생들이 성장 단계에서 실수도 할 수 있고 잘못도 할 수 있는 것이다. 그러면 이 학생들을 다독여서 잘 키우고 교육하는 것이 학교나 공동체의 몫이지 경원하고 배척해서 문제가 해결되는 것이 아니다. 그리고 자기 자식의 언행이나 인품에 대해 완벽하게 자신할 수 있는 사람이 얼마나 되겠는가?

 외국에 나와 있는 같은 한국인 자녀 사이에 이런 문제가 생겼으면 서로 보듬어 주어야 하는데 한국인 커뮤니티는 그렇지 못하다. 해결책은 이 학생들이 국제학교나 중국인 학교에 가거나 아니면 한국으로 귀국하는 수밖에 없다. 부모님이 여기서 생업을 이어 나가고 있는데 학생이 혼자 귀국할 수도 없다. 또 학교교육과정이 상이한 중국학교에 가서 한국대학 입학을 위한 준비도 제대로 할 수 없는 것이다. 뿐만 아니라 국제학교는 연간 4,000~5,000만 원의 학비를 내야 하므로 웬만한 부모는 학비를 감당할 수가 없다. 그래서 해결책은 인근에 있는 한국학교에 가서 학업을 계속 이어 나가는 것이 최선이다. 그런데 인근 한국학교에서 이 학생들의 전입을 받지 않겠다고 하면 이 학생들은 어디로 가라는 것인가? 재외에서 한국인 사이에 도움과 협력이 한국인 커뮤니티에서 이루어지는 것이 아니라 경원과 배척이 이루어지고 있는 것이다.

이번 일을 처리하면서 감사한 일은 우리학교 인근에 있는 ISW국제학교에서 이 학생들을 다음 학기에 전입받겠다고 하였다. 그리고 일부 학부모의 극성 민원과 헛소문에 대해서는 학교변호사로 하여금 법적 대응을 하겠다고 하였다. ISW 패터슨 교장님의 이런 포용적이고 교육적인 조치에 대해서는 정말 두고두고 감사하게 되었고 한국인 커뮤니티를 부끄럽게 만들었다. 한국인 커뮤니티는 학생의 장래와 교육을 위해 서로의 고통을 줄이고 포용할 수 있는 방안을 생각하지 않았다. 어린 학생들을 마치 조두순과 같은 흉악범으로 취급하고 있다. 이런 한국인 커뮤니티는 없는 것이 오히려 더 낫겠다는 생각도 들었다. 불필요한 소문을 전달하고 논란만 낳기 때문이다. 한때의 잘못과 실수에 대해 어린 학생들에게까지 주홍글씨로 낙인을 찍는 이런 커뮤니티는 불필요하다는 생각이 들었다. 이런 상황에서 배척하고 경원하면 일시적으로 이익이 되는 것 같지만 자기 자신에게도 부메랑이 된다. 왜냐하면 자기 자식도 완벽하지 않기 때문이다.

미국의 각 지역 한인사회에서도 한인들 간에 수많은 갈등이 있고 서로 배척하는 등 지긋지긋하고 오만 정이 다 떨어져 심지어 한국으로 역이민을 오는 사람도 있다고 한다.

성경에도 '누가 저 사마리아 여인에게 돌을 던질 것인가?'라는 구절이

나온다. 죄 없는 사람이 사마리아 여인에게 돌을 던질 수 있다. 티끌만 한 죄도 없는 깨끗한 사람이 있는가? 아무도 자신 있게 말할 수 없을 것이다.

  이런 식이면 누구든 조그만 잘못이라도 하면 공동체에서 배척을 당하고 갈 곳이 없을 것이다. 그리고 온갖 확인되지도 않는 소문이 침소봉대되어 인격적 살인을 할 것이기 때문이다. 서로 용서하고 협력하고 화해하여 정말 서로에게 도움이 되는 한국인 커뮤니티가 되었으면 좋겠다.

  참고로 해당 학생들은 국제학교로 전학을 가서 거기서 학업을 계속하고 있다. 피아노는 흰 건반과 검은 건반이 어우러져야 아름다운 화음을 이룬다고 한다. 흰 건반만으로는 한계가 있다. 아름다운 세상을 위해 서로를 따뜻하게 포용하는 한국인 커뮤니티를 꿈꾸어 본다.

Change Makers와 함께 그린 우리학교 벽화

SK Hynics와 함께하는 Change Makers 학생들이 우리학교에 벽화를 그렸다. 체육관 입구에 벽화를 하나 그리고 나중에는 맞은편에 우리학교 학생이 디자인한 것을 그리게 될 것이다.

작년에는 우리학교 Change Makers 학생들이 중국 장애인 학교를 방문하여 벽화를 그려 주고 봉사활동도 하였다. 우리학교 벽면은 벽화를 그릴 곳이 많고 학생들의 창의성을 자극할 수 있는 공간이다. 이런 공간을 효율적으로 활용하면 학교 전체가 하나의 문화예술공간으로 변할 수 있다. 학교의 모든 벽면에 벽화를 그리지 않고 일부 공간만 이용해서 벽화를 그리더라도 학생들의 호기심과 창작의욕을 북돋을 수 있다.

특별히 미대에 지원하고자 하는 학생들의 알찬 포트폴리오를 위해 더 계획적으로 지원을 하였다. 벽화 그리기는 대입전형 시 중요한 활동중빙자료로 쓰일 수 있다. 그래서 더 관심을 가지고 유의미한 교육적 활동이 되도록 세심하게 지원을 하였다. 벽화 작업은 처음부터 끝까지 학생들의 힘만으로 하기에는 어려운 점이 있다. 기초 드로잉은 전문가가 맡아서 해야 하고 시간이 많이 걸린다. 소수가 해야 하는 일이고 다수의 학생들은 전문가의 드로잉 작업 이후에 다 함께 참여해서 벽화를 완성해야 한다. 페인트 색깔 선택이나 붓의 사용은 전문가의 도움을 받아야 한다. 그리고 벽화의 최종 완성은 전문가의 마지막 붓질이 필요하다. 미비하거나 부족한 부분을 가다듬는 화룡점정이 필요한 것이다.

벽화작업을 하는 것을 옆에서 지켜보았는데 학생들이 정말 진지하게 참여하였다. 우리학교의 벽화를 자기 손으로 그린다는 자부심과 사명감이 강했다. 열정과 정성을 쏟고 있었다. 특히 미대 진학을 희망하고 있는 고3 학생 홍아라는 그 집중력과 열정이 타의 추종을 불허했다. 벽화를 그리기 위해 갖춰 입은 페인트 작업용 옷과 벽화 그리기에 임하는 자세가 남달랐다. 나는 벽화를 그리는 중간중간 사진을 찍으며 작품이 완성되어 가는 과정을 사진에 담았다. 또 당일에는 통역도 있었는데 중국 드로잉 전문가와 벽화에 대해서도 많은 이야기를 나누었다. 그리고 미디어 커뮤니케이션학과와 건축학으로 진로를 정한 학생들과도 벽화를 그리면서 진로에 대해 이야기를 많이 나누었다. 한 사람 한 사람 모두 자신의 진로에 대해 진지하게 생각하고 있었고 현재 그리고 있는 벽화와 자신의 진로에 대해서도 연관을 지어 이야기를 하였다.

  다음 날 우리 초등학교 학생들이 이 벽화를 보고 깜짝 놀라고 감탄할 것을 생각하니 벌써 기분이 좋아지고 웃음이 나온다. 나중에 대학 입학 결과가 나왔는데 벽화에 주도적으로 참여한 학생은 홍대 미대로 진학했고 건축학 이야기를 한 학생은 서울대 건축학과, 미디어에 대해 이야기한 학생은 연세대 미디어커뮤니케이션과로 진학을 하였다.

[Change makers 봉사]

[체육관 앞 벽화]

문학시선 작가협회 방문

 문학시선 작가협회와 함께하는 가을 문학대잔치를 열었다. 문학시선 작가협회에서 협회장님을 비롯하여 작가와 시인 다섯 분이 중국무석에 오셔서 함께 행사를 진행하였다.
 가을 문학대잔치를 하게 된 것은 연변한국국제학교를 방문하였다가 복도 벽에 걸려 있는 멋진 서각과 시를 보고 감탄하여 우리학교에도 이런 멋진 시와 서각작품을 게시해 두면 좋겠다는 생각에서 출발하였다. 이런 서각 작품은 중국에서 구할 수 없기 때문에 한국에서 구입해야 하고, 국제운송으로 들여와야 한다. 그래서 한국전문업체를 알아보던 중 문학시선 작가협회를 알게 되었고, 학교에 문학 관련 행사를 공동 개최하면 서각작품들을 기증받을 수 있다는 제안을 받았다. 서각작품을 구입할 수 있는 학교예산은 충분하기 때문에 서각작품만 구입을 해도 되지만, 문학관련 행사를 문인들과 함께하는 것도 학생들에게 교육적 의미에서 좋겠다는 생각이 들어 문학행사를 공동으로 개최하게 된 것이다.
 사실 말이 공동행사이지 문학시선 작가협회 작가분들이 주도적으로 행사를 진행하였다. 박정용 협회장님께서 총괄하여 준비해 주셨고, 박윤규 시인님이 한글의 아름다움과 우수성에 대하여 강의를 해 주셨다. 특히 박윤규 시인은 아름다운 캘리그라피 서체인 바람체를 개발하신 분이다. 나에게는 '소리에 놀라지 않는 사자처럼 그물에 걸리지 않는 바람처럼'이란 글귀를 써주었다. 아름다운 글을 종이에 써서 교직원과 5학년 학생 전체에게 써 주었다. 시간이 많이 걸리는 일인데 흔쾌히 해 주셨고, 교직원들을 위해서는 캘리그라피 서체로 쓴 머플러 70여 개를 기증해 주셨다.

뿐만 아니라 커다란 먹물 천에 「홀로 아리랑」 퍼포먼스를 시연하셨다. 학생들의 관심이 지대하였다. 커다란 먹물 천에 한 치의 오차도 없이 글을 완성하였다. 학교 현관에 게시할 예정이다. 또 김영희 시인은 시 두 편을 낭송하였고, 신현진 시인은 '6도 멸종'이란 환경보호강의를 직접 하셨다, 또 멀리 전남 목포에서 오신 이방헌 시인도 행사를 도와주셨다. 그리고 학생들의 문예작품에 대한 시상을 함께 하여 학생들의 문학에 대한 관심을 높이는 계기가 되었다.

무엇보다도 이번에 한강 작가가 노벨문학상을 수상하여 더없이 기쁜 시기에 해외에서 이런 의미 있는 문학행사를 공동으로 개최하게 된 것이 더 의미 있다고 할 수 있다. 또 박정용 협회장은 행정고시 출신에 중앙정부 차관까지 했고 지금은 공연기획 연출을 하는 등 하루하루 바쁘게 생활하시는 분인데 중국까지 오셔서 이런 의미 있는 행사를 함께 진행해 주셔서 정말 감사를 드리지 않을 수 없다.

저녁 만찬을 함께하면서 소설가가 노벨문학상을 받았으니 이제 한국 시인이 노벨문학상을 수상하면 좋겠다고 이야기꽃을 피웠다. 상해에 호텔을 예약했기 때문에 바쁘게 이동해야 해서 시간이 많지는 않았다. 아쉬움이 많은 저녁 시간이었다. K-문학, K-문화가 나날이 세계로 뻗어 나가는 기쁨을 함께하는 시간이었다.

가을 문학대잔치 학교준비 책임은 문보윤 선생님이 맡았다. 행사를 진행한 경험이 많지 않아서 힘들었을 텐데 짧은 시간에 열심히 준비해 주셔서 성공적으로 행사를 마칠 수 있었던 것 같다. 그리고 캘리그라피 작품을 쓸 수 있는 시간이 부족해서 5학년 학생들에게만 써 주었지만 6학년 학생들이 너무 서운해할 것 같아서 6학년에게도 써 주면 좋겠다고 작가님들에게 말씀드렸더니, 한국에서 써서 직접 국제 택배로 부쳐 주겠다고 하셨다. 학생들의 명단을 보내 주면 캘리그라피로 학생들의 이름을 써서 보내 주겠다고 해서서 정말 고마운 생각이 들었다.

[입상 작품 시상]

[기증 작품 전시]　　　　　[독도아리랑 퍼포먼스]

도서관 증축 기금 마련 바자회

도서관 증축 기금 마련을 위한 바자회를 개최하였다. 작년에 이어 2번째 바자회인데 이번에는 총 36개 부스를 설치했다.

학부모회에서 몇 개월간 학교를 오가면서 의논하고 준비위원 회의도 여러 차례 하면서 준비해 바자회가 성공적으로 진행이 되었다. 학부모회에서 학교 건물을 매입할 때도 바자회를 7번이나 개최한 경험이 있어서 그동안 노하우가 많이 쌓여 있다. 체육관에 설치하는 부스, 식당에 설치하는 부스, 운동장에 설치하는 부스 등 종류별로 요소요소에 배치가 이루어졌다.

학생들은 바자회에 재미있게 참여할 뿐만 아니라 학생들이 자체적으로 부스도 운영하였다. 또 mellifluous 플루트부, 사물놀이부, 중등 난타부 등

[학생작품 바자회 포스터]

이 바자회 중간중간에 등장하여 공연을 하였고, 바자회가 끝나 갈 무렵에는 경품 추첨까지 하여 행사 중간에 집에 가는 분이 없이 모두 마지막까지 참여하도록 유도하였다.

보스턴 국제학교 jane은 싱가포르 출장을 가서 오지 못했으나 마케팅부에서 세 분이 오셔서 커피도 사 드리고 쿠폰도 사 드려서 바자회를 즐길 수 있도록 배려하였다. 또 중국문화원에서 학생들이 중국문화를 체험할 수 있도록 부스를 설치하여 바자회 체험거리를 늘렸고 한상회 회원사에서 경품을 풍성하게 제공하여 참여한 사람들이 선물을 하나씩 받아 가는 행운을 누리기도 하였다.

바자회 기금이 얼마나 조성되었는지는 내일모레 파악이 되겠지만 금액을 떠나 학생과 학부모 교민이 하나가 되는 축제의 장이 된 것 같아서 기뻤다.

내년이면 3회 바자회가 되는데 이때는 교육부와 SK하이닉스의 도움을 받아 도서관을 증축할 수 있는 기금을 확보하여 학생들에게 쾌적한 독서 환경을 제공할 수 있는 도서관이 건축되었으면 좋겠다. 바자회를 위해 수고하신 고민철 부장, 학부모 회장님 및 회원들 그리고 행정실 직원들과 선생님들께 감사를 드린다.

[바자회 부스]

교사들이 부임하는 과정

교사 11명이 한국에서 중국 무석한국학교로 부임하였다. 작년 10월부터 채용 선발에 들어가 무려 5개월 만에 부임한 것이다. 한국에 가서 면접을 보면서 선생님들의 면면을 확인할 수 있었다. 재외한국학교는 한국에서 면접을 통해 선발한 선생님들과 고용 계약을 맺는다. 보통 한국에서 선생님들은 시도교육청에 고용휴직을 신청한 다음에 재외한국학교와 계약을 맺고 근무하게 된다. 우리학교는 2년 계약을 기본 계약으로 하고 그 후에는 1년이나 2년씩 계약을 연장하고 있다. 물론 중간에 계약 사항을 위반했을 때는 관련 규정에 의거 신분상의 불이익을 받을 수 있다.

코로나 이전에는 지원자가 좀 많았으나 코로나가 유행하던 시기는 중국의 방역 정책이 강화되어 지원자가 줄었다. 특히 중국의 경우 방역정책이 엄격하여 중국 안에서 생활하는 사람들도 어려움이 많았고 외국인들은 입국하기가 더 어려웠다. 코로나 이후에는 재중한국학교를 지원하는 교사가 늘어날 것이고 그때는 교사 선발이 더 용이해질 것이다. 90년대 중반에 북경한국국제학교 초등교사를 선발할 때는 경쟁률이 거의 50 대 1이었다고 한다. 그야말로 바늘구멍이고 최고 중의 최고인 교사가 선발되어 중국으로 왔다. 최근에도 초등교사의 경우 경쟁률이 높은 편이나 중등교사는 경쟁률이 낮다. 중등의 경우 과목별 편차가 심해서 지원자가 1명이거나 미달이어서 몇 차례 추가 공고를 하여 기간제 교사를 뽑는 경우도 있다.

원어민 영어교사의 경우 코로나 시기에는 정말 선발하기 어려웠다. 본국으로 돌아가는 사람이 많았고 추가로 입국하는 원어민이 적어서 국제학교에서 원어민 교사를 선발하면 재외한국학교에서 선발할 자원이 없었다. 국제학교에서 원어민 교사의 보수를 올려서 선발했기 때문에 원어민 교사들의 임금도 많이 인상되었다. 최소 연봉 30만 원 이상을 지급해야 했다. 학교 재정 여력이 많지 않은 학교는 재정 압박을 받을 수밖에 없는 것이다. 그러나 이번에는 다행히 새 학기가 시작되기 전에 교사 채용이 모두 완료되고 완전체로 부임을 하게 되어 기쁘다.

재외한국학교에 교사들이 부임하는 과정을 자세히 살펴보자. 학교에서 면접을 통해 교사를 선발하면 한국에 있는 교사는 여러 가지 서류를 준비하여 중국에 입국하게 된다. 재직 학교에는 먼저 2년 고용휴직을 신청하여 허가를 받아야 한다. 시도별로 고용휴직 기간이 다르니 고용휴직 가능 경력과 기간도 확인해야 한다. 그리고 교사자격증, 졸업증명서, 경력증명서 등을 준비하고 이런 서류들의 공증을 받아야 한다. 공증을 받는 비용은 비싼 편이고 빠르게 하려면 소위 급행료를 주어야 한다. 공증을 해 주는 업체도 많고 수수료도 차이도 커서 잘 비교해 보고 공증업체를 선택해야 한다. 공증을 받은 서류를 학교로 보내고 학교는 이 서류를 바탕으로 중국 당국에 취업허가증을 신청한다. 이 기간이 보통 3주가 소용된다.

학교가 소재한 각 지역에서 중국 업무 담당자는 온라인으로 서류를 검토하고 상급자는 복사본으로 된 서류를 검토하여 취업허가증 발급 여부를 결정한다. 취업허가증이 나오면 이것을 다시 한국에 계신 선생님께 보내고 선생님은 이것을 근거로 비자를 신청하게 된다. 취업비자를 신청하려면 중국 비자센터에 가서 신청해야 하고 필요에 따라 인터뷰도 해야 할 수도 있다. 비자도 빠르게 하려면 급행료를 주면 빠르게 된다고 한다. 서류준비와 심사 등 모든 단계를 순서대로 진행해야 하므로 모든 단계를 가급적 신속하게 진행해야 한다. 그리고 비자가 나오면 항공기 티켓을 예매해야 한다. 비행기 표는 비자가 나올 것으로 예상하고 미리 티케팅을 해야 한다. 코로나가 한창일 때는 PCR검사도 두 번이나 받아야 하고 휴대폰에 녹색 건강코드를 받아야 입국을 할 수 있었다.

또 중국에 도착하면 먼저 중국 휴대폰을 개통하고 신체검사를 받고 취업증을 신청한다. 이전에 한국에서 받은 것은 취업허가증이고 중국에 와서는 취업증을 신청해야 하는 것이다. 정말 복잡하다. 이 취업증도 약 2주일의 시간이 걸린다. 그리고 계약을 한 집에 입주하면서 주숙등기를 해야 한다. 주숙등기에 대해서는 나중에 설명을 해 보도록 하겠다. 마지막으로 취업증이 나오면 공안에 가서 거류증을 신청한다. 이렇게 하면 중국에 거주할 수 있고 학생들을 가르칠 수 있는 공식적인 자격을 모두 갖춘 것이다.

더 나아가 중국에서 만든 통장의 계좌카드와 지부보(支付寶)를 연결시켜야 현금 없이 편하게 물품을 구입할 수 있다. 이렇게 해야 진짜 중국 생활이 시작되는 것이다.

또 매년 취업 기간을 연장을 하고 거류 기간을 연장해야 한다. 남의 나라에서 사는 것이 쉽지 않다. 취업 기간 연장은 만기 3개월 전부터 할 수 있고 만기 1개월 전까지 해야 한다. 그렇지 않으면 취업증이 취소될 수 있다. 또 거류 기간을 연장해야 한다. 거류 기간을 연장하려면 여권을 약 2주 동안 공안에 맡겨야 한다. 이때는 여권을 공안에 맡겼다는 확인증을 발급받아서 여행할 수 있다. 외국인이 중국 여행을 하려면 반드시 여권이 있어야 한다. 그래서 여권을 맡겼다는 확인증을 가지고 다녀야 여행을 할 수 있다.

그리고 중국에서 숙박할 때는 주숙등기를 해야 한다. 주숙등기는 일종의 숙박신고를 하는 것이다. 도시는 24시간, 산간 지역은 72시간 안에 해야 하며 하지 않으면 벌금을 물게 되고 출입국에도 문제가 생길 수 있다. 왜 이런 것을 하는가 하는 의구심을 가질 수 있는데 아마도 추측해 보면 외국인의 이동 실태를 파악하고 통제하는 의미가 있는 것으로 보인다. 보통 3성급 이상의 호텔에서는 호텔에서 여권을 주면 주숙등기를 해 준다. 그러나 그 이하의 호텔이나 여인숙은 본인이 직접 주숙등기를 해야 한다. 보통 번거로운 일이 아니다. 좋은 호텔에서 숙박하면 아무 문제가 없는데 저렴한 호텔이면 외국인 숙박이 가능한지 미리 숙박업소에 문의해서 확인해야 한다. 트립닷컴(trip.com)을 통해 예약하면 모두 확인이 가능하다.

주숙등기는 보통 파출소를 방문하여 하면 되는데 파출소를 방문하는 것이 번거롭고 시간이 걸리므로 인터넷에서 하는 경우도 많다고 한다. 한 번 해 보았는데 인적사항을 넣는 것도 그렇고 핸드폰에 따라서 입력할 때 다음 단계로 잘 넘어가지 않는 등 어려움도 있다. 불편하면 좋은 호텔에 가서 숙박하면 된다. 그러나 친척들이 중국에 방문하여 우리 집에서 잔다고 해도 주숙등기는 해야 한다. 편한 것도 많지만 이런 점은 중국이 불편하다.

억지로 교양을 쌓는 것도 좋다

부장단 워크숍을 진행했다. 학교에서 주요 현안에 대한 협의회를 진행하고 문화 체험과 저녁식사는 좋은 장소를 섭외하여 진행하기로 하였다. 중국에 있는 한국학교에 와서 근무하는 선생님들의 성향을 보면 천차만별이다. 한국에 있는 선생님들도 그렇겠지만 중국에서는 또 다른 측면을 본다. 무슨 뜻이냐 하면 중국에 오신 선생님들이 새로운 문화체험이나 여행을 모두 좋아할 것으로 생각하기 쉽다. 그러나 의외로 여행이나 문화체험을 별로 탐탁지 않게 생각하고 집안에서 주로 생활을 하는 선생님들도 많다. '그러면 왜 중국에 오셔서 근무하고 계실까?' 이런 근본적인 질문을 하게 된다. 물론 중국에 오시기 전에 한국에서 생각한 중국과 중국에서 살면서 보고 느낀 중국이 다를 수 있다. 또 처음부터 여행을 좋아하기 때문에 중국에 온 것이 아닐 수도 있다. 본인 성향이 어찌 되었든 부장단 워크숍과 같은 행사에는 참여할 수밖에 없다. 참여하여 함께해야 워크숍이 되기 때문이다.

우리는 먼저 무석 난창지에 미술관으로 갔다. 미술작품을 감상하는 것을 좋아하는 사람도 있겠지만 좋아하지 않는 사람도 있을 것이다. 그러나 오늘은 억지로라도 보아야 한다. 함께 입장하여 걸어가며 작품을 감상하는 시간을 가져야 한다. 미술관 안에는 중국 작가의 작품도 전시되어 있고 모네의 작품도 영상으로 제작되어 영상쇼를 진행하고 있었다. 이러한 영상쇼는 지난번 제주도에 고등학생들과 수학여행을 갔을 때 아르떼 뮤지엄에서 보았던 것과 비슷하다. 다만 제주도 아르떼 뮤지엄의 규모가 더 컸다. 중국의 거의 모든 것이 한국보다 더 큰데 이 영상쇼는 제주도 아르떼 뮤지엄이 더 컸다.

하지만 이 영상쇼는 앉아서도 볼 수 있었다. 수시로 바뀌는 영상이 재미가 있어서 눈을 뗄 수가 없었다. 미술관 안에 앉아서 영상쇼를 보면서 이런 영상을 상영하는 커피숍을 만들어도 손님들의 반응이 좋을 것 같다는 생각이 들었다. 영상이나 문화예술을 사랑하는 취향의 사람들은 이런 종류의 이색적인 미술작품 영상쇼를 좋아할 것 같다. 모네의 작품은 우리가 미술 교과서에서도 보았던 것 같다. 몇몇 작품은 눈에 익은 것이 나왔다. 억지로라도 이런 작품을 보니 교양이 높아지는 것 같다. 2층으로 올라가서도 여러 작품을 보았고 작품을 배경으로 사진을 찍을 수 있는 곳도 있어서 기념사진도 찍었다. 사진과 인물이 하나가 되어 마치 그림 속에 있는 것 같았다. 표정과 고개, 손동작 하나까지 신경을 써 가면서 그림과 똑같이 되려고 했다. 교무부장이 먼저 찍으니 다른 부장들도 하나둘 사진을 찍기 시작했다. 사진을 찍은 다음 현장에서 확인해 보고 마음에 들지 않거나 동작이 어색한 부분은 다시 수정하여 찍었다. 행복한 시간이 흘러가며 수다가 이어지고 포즈에 대해 진심 어린 조언들이 여기저기 나온다. 단합이 되고 있고 워크숍의 진짜 목적들이 달성되고 있었다.

미술관에서 이런 효과를 거두리라고는 생각하지 못했다. 재미도 없고 관심도 없는 미술관에는 왜 가는 거야? 이렇게 생각했던 분들도 이제는 완전히 미술관에 푹 빠진 것 같다. 미술관을 나오면서 모네 그림 포스터에서 단체 사진을 찍었다. 자신이 표현할 수 있는 최고의 표정과 재미있는 자세로 사진을 찍었다.

[모네 작품 포스터 앞 멋진 포즈]

억지로 교양을 좀 쌓았으니 이제 식사를 하러 갈 시간이다. 저녁은 이탈리안 식당으로 예약했고 이제 스파게티, 샐러드, 그리고 와인으로 즐거운 시간을 보내면 된다. 무석에 이렇게 멋진 이탈리안 식당이 있다니 정말 감동적이다. 특히 러시아산 와인을 한 병 준비해 갔는데 모두 마시고 부족해서 한 병 더 주문해서 마셨다. 스탈린이 좋아했다는 조지아산 포도주였는데 분위기가 오르니 한 병으로는 많이 부족했다.

법원에서 학교폭력사건 증언

작년 4월에 발생한 학교폭력 사건의 민사재판이 중국법원에서 진행이 되고 있다. 1년 반이란 시간이 지났지만 지금도 재판이 진행되고 있다. 물론 민사재판의 특성상 더디게 진행이 되고 있다. 한국에서 민사재판은 3~5년이 걸린다고 하는데 중국에서는 이렇게 많은 시간이 소요되지는 않는다. 한국은 3심제인데 중국은 기본적으로 2심 종심제이다.

그런데 아직 1심도 끝나지 않았다. 여러 가지 이유가 있지만 중국도 요즘 많은 사건이 접수되어 재판이 지연되고 있다는 것이 하나의 이유이고 한국인 사건이므로 우선 순위에서 다소 밀리는 경향이 있고 번역과 공증에 시간이 많이 걸리는 것이 이유일 것이다. 한국에서는 여학생 측에서 경찰서에 신고하여 사건 조사가 진행 중이기도 하다. 한국과 중국 양쪽에서 재판과 조사가 진행되고 있는 것이다. 이처럼 학교폭력은 승자가 없다. 모두가 패자가 되는 것이다. 학교도 패자가 된다. 참 안타까운 일이다.

작년에도 한번 법원에 가서 중국 판사를 만나 사건 경위를 설명한 적이 있다. 묻는 말에 모두 객관적인 입장에서 소상히 얘기를 했는데 이번에 다시 한번 법원에 와서 증언해 주면 좋겠다고 하여 법원에 가게 되었다. 또 이제 한국으로 귀임하는 입장이라 다시 중국 법원에 갈 일도 없고 나만큼 이 사건에 대해 정확하게 아는 사람도 없어서 사건이 빨리 해결되도록 증언을 해 줄 수밖에 없었다. 감기에 걸려 몸이 다소 불편하기도 하였지만 이제 마지막이라는 마음으로 법원에 갔다.

짐 검사와 신분증 검사를 하고 법원에 들어갔다. 막 검색대를 통과했는데 핸드폰을 가지고 오지 않았다는 것을 알았다. 핸드폰에 당시 가해자 피해자 학부모들과 주고받은 수많은 문자들이 있기 때문에 핸드폰이 없으면 증언하는 데 문제가 생길 것 같았다. 단순 기억에만 의존하여 말하면 안 되기 때문이다. 그래서 다시 차를 타고 학교에 가서 핸드폰을 가지고 재입장하였다. 그런데 법정에 들어가니 이미 참고인 진술이 시작되고 재판이 진행되고 있었는데, 재판 중에는 재입장이 불가해 나갈 수밖에 없었다. 그래서 할 수 없이 법정 밖에서 기다리는 수밖에 없었다.

우두커니 서 있는 것도 무료하여 옆쪽에 빈 중국의 법정을 보고 싶었다. 다행히 문이 열려 있어서 법정 안을 자세히 볼 수 있었다. 재판이 진행되는 법정에 약 40분 후에 들어갔기 때문에 중국 법정을 자세히 볼 수 있었다. 큰 법정도 있다는 것을 나중에 알았지만 내가 본 법정은 그 규모가 작았다. 판사와 원고 피고가 매우 가깝게 앉아 있을 수 있었고 재판장이 앉아 있는 좌석도 높지 않았다.

또 더 중요한 것은 판사와 재판관계자들이 출입하는 통로가 따로 없었고 참고인석과도 매우 가까웠다. '서로 이해 관계가 다른 사람이 재판을 하는데 이렇게 보안이 허술해서 되겠는가?' 이런 생각이 들었다. 그래서 우리학교 이사이고 중국변호사인 주경희 변호사님께 여쭈어보았더니 형사재판을 할 때는 경찰이 상주하고 있고 그리고 규모가 매우 큰 법정도 있다고 한다. 아무튼 한국은 판사와 원고 피고의 출입구가 따로 있는 것으로 아는데 중국 판사들의 안전이 걱정되기도 했다. 중국 민사재판은 무슨 사랑방 좌담회 같기도 하였다.

이제 증언을 할 차례가 되었다. 학교폭력 합의를 할 때 서약서가 있었는데 그 서약서에 대하여 집중적으로 물어보았다. 서약서는 합의를 하고 난

후 남학생들이 또 악의적으로 어떤 소문을 퍼뜨릴까 걱정이 되어 추가적으로 남학생들이 그런 일을 하지 않겠다는 다짐 같은 것이다. 여학생 학부모가 요구하여 당시 남학생 학부모와 서약서 양식과 내용을 조율하여 학교폭력 합의를 할 때 본인이 자필로 써서 내도록 하였다. 그런데 그 후에 동아일보에 학교폭력에 대한 기사가 나오고 양측의 합의가 파기되었다. 누가 먼저라고 할 것이 없이 파기되었다.

이후 남학생 학부모가 여학생 학부모에게 이 서약서를 돌려 달라고 했으나 여학생 학부모가 절대 돌려줄 수 없다고 하여 돌려받지 못했다. 그리고 학교폭력대책자치위원회가 열리고 난 다음 남학생 측 학부모 한 분이 학교에 찾아와서 이 서약서가 무효라고 하는 문서에 확인해 달라고 여러 번 사정하여 사인을 해 주었다. 이미 합의가 파기되었기 때문에 무효라고 사인을 하는 것이 아무 의미가 없는데 이것이라도 있어야 잠을 잘 수 있고 마음이 편해질 것 같다고 하여 사인을 해 주었는데 나중에 법원에 증거 자료로 제출하였다.

아무도 모르게 평생 자기만 간직하고 다른 남학생 학부모에게도 말을 하지 않고 비밀을 지키겠다고 약속까지 했다. 그런데 오늘 이것이 법원에 증거로 나왔다. 어이가 없는 일이고 본인은 나 보기가 민망했는지 법원에 나오지 않고 남편만 나왔다. 나를 볼 면목이 없을 것이다.

자기에게 좀 유리하다 싶으면 약속도 무효이고 신의도 헌신짝처럼 버린다. 그분의 행동에 배신감이 들었고 그때 너무 가여운 마음이 들어서 잠시 마음이 흔들린 것이 후회되었다. 냉철한 판단이 필요한 부분에서 거짓 약속을 믿고 서명을 해 주었다. 다른 남학생 학부모는 배신감이 들끓어 올랐을 것이다. 일시적으로 자기들에게 좀 유리하지 않을까 싶어서 참고 있겠지만 자기는 쏙 빼고 혼자 교장실에 찾아가서 자기만 이런 문서를 받아서 챙긴 이기적인 배신을 보고 화가 치밀어 올랐을 것이다. 세련된 가식으로 눈앞에서는 진짜 속마음을 감추고 있었던 것이다.

법원은 냉정한 이해만 있다. 실제로 중국 민사법원을 보니 경찰도 없고 원고와 피고의 위치도 가깝고 참고인과도 매우 가깝게 앉아 있다. 마치 사랑방 좌담회 같다. 그래도 서로 이해가 다른 사람이 우호적으로 해결하지 못하고 재판까지 하게 되었는데 너무 보안이 허술한 것 같다. 법정 진술이 끝나 갈 무렵 판사와 원고 피고에게 말했다. 이제 한국으로 돌아가야 하니 더 물어볼 것이 있으면 물어보라고 했다. 사실에 입각하여 객관적으로 대답을 해 주겠다고 했더니 양쪽 모두 더 이상 물어볼 사항이 없다고 하였다.

약 1시간 30분의 법정 진술을 마치고 법원을 나왔다. 홀가분해졌다고 표현하는 것이 맞을 것 같다. 이제 더 이상 법원에 올 일도 없고 한국으로 돌아가면 된다. 학교폭력 사건은 이제 마무리된 것이나 마찬가지다. 학교에서 할 일은 이제 정말로 하나도 없다. 법원에서 모든 것을 판단하면 끝난다. 누가 재판에서 이길지 모르지만 우리의 역할은 끝났다.

6.

중국교육과 지역사회

왕장(旺庄)실험소학 방문

왕장실험소학을 방문했다. 학교에 도착을 하니 벌써 교문 앞에 교감선생님과 교무부장이 기다리고 있었다. 조금 있으니 신오구 교육국 국장님도 오셨다. 모두 활기차고 명랑한 분위기 속에서 우리를 맞아 주었다. 우리학교에서는 행정실장과 행정실 직원 1명, 그리고 5학년 2반 학생들이 참석을 하였다.

중국은 학교 교육에 참 많은 투자를 하고 있다. 국민소득에 비해 학교에 투자하는 금액이 참 많다고 느꼈다. 학교의 규모도 크고 시설이나 환경도 잘 정리되어 있고 깨끗하다. 한국학교에 비해 상당히 넓은 운동장과 부대시설을 확보하고 있었다. 한국학교와 단순 비교를 하면 한국학교가 좀 부끄러울 수준이다. 왕장소학이 이 지역 명문소학이다. 우수한 학생들이 많이 다니고 있고 전입하는 학생들도 상당히 많다. 1학년이 11반이고 3학년은 7반이다. 이것만 보아도 학생들이 점점 증가하고 있다는 것을 알 수 있다. 각종 대회나 운동에 참가하는 학생들의 표정이 밝고 적극적이며 손님들을 잘 환대해 주었다. 자기들이 만든 부채나 전통매듭도 자랑스럽게 주었다. 중국학생들의 태도가 매우 자신이 있어 보이고 적극적이다. 소학교 학생들은 모두 목에 홍령건(紅領巾)이라는 붉은 색 목도리를 두르고 있었다. 붉은색은 중국공산당을 상징하는 색이다.

중국은 학부모가 학교교육에 관여하는 것이 제한적이고 운동회나 학예회 등을 할 때 학교에 오지 못한다. 모든 일은 학교에서 알아서 하는 형국이다. 그리고 당의 지침이나 시책이 학교 교육과정에 반영이 된다. 학교가 자율적으로 운영을 할 수 있는 영역이 있고 이 영역도 제한적이다. 교장선생님께서 학교 경영 전반에 대해 설명하시면서 중국교육의 현실을 말씀하셨다.

운동회 겸 동아리 운영 발표를 하는 것 같은데 학생들이 무더운 날씨인데도 한 사람도 짜증을 내지 않고 열심히 참여하였다. 한국의 투호와 같은 경기도 있었는데 참석한 우리학교 학생들도 중국학생들과 함께 경기를 하였다. 그리고 교실에서는 아동절 잔치를 하고 있었는데 중국의 아동절은 6월 1일이다. 그리고 우리의 스승의 날 격인 교사절은 9월 10일이다. 우리나라와 기념일 날짜가 다른 것이다. 또 9월에 새 학년 신학기를 시작한다.

그런데 놀랍게도 교실에 에어컨이 없었다. 무석이 무척 더운 곳인데 교실에 에어컨이 없어서 놀랐다. 다만 헬리콥터 프로펠러 모양의 선풍기가 있었다. 교실에서 4대가 돌아가고 있었는데 학생들은 40~50명이나 되고 선생님들이 고생을 할 것 같았다. 학교의 다른 환경이나 시설은 좋은데 교실에 에어컨이 아직 설치가 되어 있지 않다는 것이 의아스럽다. 시험을 보는데 너무 더운 날은 학생들 책상 사이에 얼음을 올려 놓고 시험을 본

[왕장소학 방문 기념 사진]

[투호를 즐기는 한중 어린이]

다고 한다. 아마 중국도 서서히 학교에 에어컨을 설치할 것이다. 중국이 원자력발전소를 많이 짓고 있어서 전기료는 비교적 저렴하기 때문이다.

이런 어려운 여건 속에서도 각 부스에서 설명하는 중국학생들의 똘망똘망한 모습, 당찬 모습이 눈에 선하다. 그리고 부스에서 우리에게 각 활동을 직접 해 보라고 적극적으로 권하는 모습도 인상적이었다. 중국교육이 부상하고 있다는 것을 느낄 수 있는 시간이었다. 지금은 우리가 조금 앞서 있지만 중국의 추격이 거세다.

중국학교는 일반적으로 운동장에 인조잔디가 깔려 있고 트랙은 우레탄 트랙을 설치해 놓았다. 보통 400m 트랙 2개 크기 운동장이 기본이다. 교무실과 행정실도 살펴보았는데 중국은 아직 행정실 개념이 없고 선생님들이 일을 나누어서 하는 것 같다. 그리고 자리 배치는 상급자가 하급자의 컴퓨터를 모두 볼 수 있도록 배치가 되어 있었다. 자동적으로 감시가 될 수 있는 자리 배치였다. 파티션도 없고 서로 완전히 노출되어 있다. 또 학교장은 모두 공산당 간부이고 공산당 지부 사무실이 교장실 바로 옆에 있었다.

왕장소학은 전에도 한국의 여러 학교와 교류를 하고 있었는데 이 점을 매우 자랑스럽게 생각하고 있었다. 중국은 중학교까지 의무교육인데 고등학교 진학을 한 다음에는 모두 대학에 입학하기를 원한다고 한다. 교육열은 한국과 비슷하고 부모들은 자녀들이 모두 대학을 졸업하여 사무실에서 일하기는 바란다고 한다. 또 유치원도 등급이 있어서 최고 등급 실험 유치원이 있고 주로 공무원 자녀들이 다니는 기관 유치원, 기타 일반 유치원이 있다고 한다.

중국유치원 시설이 더 좋아요

"중국유치원 시설이 더 좋아요." 천진에서 살 때 중국유치원에서 근무를 했던 유치원부장님이 하신 말씀이다. 충격적이다. 우리학교의 유치원 시설이 중국유치원보다 못하다는 것이다. 나도 처음에 부임을 했을 때 유치원 화장실이나 교구가 좀 낡아서 교체해야겠다고 생각은 하고 있었지만 막상 이런 얘기를 들으니 충격적이고 빠른 시일 내에 유치원 교육환경을 개선해야겠다는 생각이 들었다.

얘기를 들어보니 유치원 화장실이 낡아서 사용하기 불편하고 심지어 무섭다고 우는 아이도 있다고 한다. 이번 여름방학에 유치원 화장실 리모델링 공사를 해야 한다. 바닥도 미끄럽지 않게 하고 깨끗한 현대식 화장실로 리모델링하고 유치원 교구도 교체하고 유치원 영어실도 새롭게 환경개선을 해야겠다고 생각하였다.

중국학교를 방문하고 놀라는 것은 중국학교의 교육시설이나 환경이 꽤 좋다는 것이다. 중국의 국민소득이 현재 한국의 약 1/3 수준인데 교육환경이나 시설에 대한 투자는 정말 많이 하는 것 같다. 각종 특별실도 잘 갖추어져 있고 운동장도 트랙과 잔디가 잘 정비되어 있다. 농구장도 굉장히 많고 운동시설도 잘되어 있다. 또 대규모 시청각실이 있어서 다양한 교육활동에 활용할 수 있다. 특히 대형 LED 전광판이 단상에 설치되어 있어서 행사의 교육적 효과와 품격을 높이고 있었다. 또 교직원들이 근무하는 공간은 소파나 휴게시설도 여유로운 편이다.

중국도 한국 못지않게 교육열이 높기 때문에 국가에서 교육에 많은 돈을 투자하는 것 같다. 그리고 교육의 디지털화가 급격하게 진행이 되고 있다는 것을 여러 학교를 방문하면서 느끼고 알게 되었다. 대부분의 학교가 교실 칠판을 전자칠판으로 교체를 하였다. 더 중요한 것은 중국학생들의 학습열기와 열정이 정말 높다는 것이다. 수업시간에 집중을 하고 있는 것을 보면 놀라울 정도이다. 수업 시간에 잠을 잔다는 것은 상상을 할 수 없고 손을 들고 발표를 열심히 하는 모습에 감탄을 금할 수 없다.

[리모델링한 유치원 화장실]

[각급 교실에 설치된 전자칠판]

중국에 대해 아는가? 무석에 대해 아는가?

중국에 몇 년을 살면 친구나 지인들이 중국에 대해서 잘 알겠다고 말하고 실제로 종종 그런 얘기를 듣기도 한다. 그러나 조금 깊이 생각을 해 보면 내가 중국에 대해서 잘 알고 있는가? 아니면 현재 살고 있는 지역에 대해서 조금 알고 있는가? 고민을 하게 되는데 무석에 대해 조금 안다고 말하는 것이 정확할 것 같다.

현재 살고 있는 중국의 도시와 그 주변에 대해서 조금 안다고 말하는 것이 정확할 것이다. 무석에 살고 있으면 무석에 대해 조금 안다고 말하고 남경에 살면 남경에 대해서 조금 안다고 말하는 것이 맞을 것이다. 중국은 정말 넓은 나라이고 각 지역마다 성마다 다른 역사적 문화적 배경을 가지고 있다. 그리고 아직 한 번도 가 보지 않은 곳도 많다. 그런데 어떻게 중국에 대해서 안다고 말할 수 있겠는가? 그래서 정확한 대답은 중국의 어느 특정 지역에 대해서 조금 안다고 말하는 것이 정확할 것이다.

한국은 국토의 면적도 좁고 인구도 많지 않아서 마음먹고 몇 달을 돌아다니면 안 가 본 곳이 없이 거의 다 가 볼 수 있다. 이렇게 두루 돌아본 다음 한국에 대해서 조금 안다고 말할 수 있을 것이다. 그러나 중국은 다르다. 중국은 22개 성, 4개 직할시, 5개 자치구, 2개 특별행정구가 있다. 중국의 22개 성 중 10개 성은 대한민국보다 인구가 많으며 5개 성과 4개의 자치구는 한반도보다 면적이 넓다. 그리고 중국을 나누는 가장 큰 단위의 행정구역은 성급행정구(省級行政区)인데 경제력에서도 거의 국가급이다. 광동성과 강소성은 대한민국보다 경제규모가 크다. 이런 상황이니 중국에 몇 년 살았거나 특정 지역에 거주하였다고 해서 중국에 대해서 안다고 말하는 것은 그 한계가 있다. 또 여행을 몇 번 갔다고 해서 그 지역을 안다고 말하는 것도 한계가 있다. 중국은 지역에 따라 사람들의 생활 모습, 음식문화, 가치관이 다르다. 또 자연환경이나 인종, 종교에 따라서도 다른 정체성을 가지고 있다. 중국은 계속 역동적으로 변하고 있어서 중국에 대해서 안다고 말하기보다는 본인이 사는 특정 지역에 대해서 조금 안다고 말하는 것이 정확한 표현일 것이다.

[학교 중앙 정원에 그려진 거대한 중국 지도]

한중(韓中) 교육열 어디가 높은가?

중국의 초등학교 6학년 학생들은 졸업하면서 진로를 선택해야 한다. 일차적으로 사립학교로 진학할지 공립학교로 진학할지 선택해야 한다. 보통 사립학교는 지역별로 명문학교가 정해서 있어서 학비가 굉장히 비싸고 기숙사에 들어가기도 한다. 학비가 비싼 곳은 6만 원이고 싸다고 해도 3만 원은 내야 한다. 반면 공립 중학교는 의무교육이고 학비가 무료이다.

초등학교를 졸업할 때 가정이 경제적으로 어려운데 공부를 잘하면 공립학교를 선택하여 공립학교 우수반에 들어갈 수 있다. 공립학교에서도 학생들의 학력 수준에 따라 우수반과 보통반으로 나누어서 학생들을 가르친다. 우수한 학생들은 여러 가지 특별대우를 하면서 공부를 가르친다. 다만 아주 특별히 우수한 학생은 가정 형편이 어려워도 사립학교에서 스카우트해 가고 등록금을 면제해 주기도 한다고 한다. 사립학교는 상급학교 입학 성적이 학교의 명성을 좌우하므로 아주 우수한 학생을 일찌감치 스카우트하는 것이다.

따라서 초등학교 6학년 학생들은 가정의 경제적 형편과 자신의 학업 성적을 고려하여 공립학교와 사립학교 중 하나를 선택해야 한다. 그리고 중국은 호구(戶口)에 따라 진학도 제한을 받는다. 호구는 출생과 동시에 부여되는 일종의 신분 등록제인데 1958년 이후 농민공들이 도시로 무분별하게 밀고 들어오는 것을 막기 위해 도입이 되어 지금은 하나의 신분이 되었다. 호구는 사람의 거주지뿐 아니라 교육, 의료, 부동산 구매, 취업, 결혼, 사회보장까지 모두 이 호구에 따라 달라진다. 상해, 북경에서 10년을 살아도 호구가 없으면 교육, 의료보험, 공공주택 등의 혜택은 제한이 된다. 북경에서 나고 자랐지만 '북경 사람이 아닌' 이중성이 존재한다. 그것은 바로 '사는 곳'과 '소속된 곳'이 다른 호구제도 때문이다. 중국에서는 출산 후 엄마의 신분증과 호구 정보를 기준으로 등록이 시작된다. 또 대학 입시(高考)조차 호구에 따라 지역별 정원 할당이 있고, 이는 호구가 있는 지역 기준으로 정해진다. 북경대와 칭화대 등 인기지역 호구를 얻기 위해 엄청난 노력과 희생을 감수하기도 한다.

중국이 교육열은 한국을 능가한다. 한 자녀 정책으로 인해 자녀를 잘 키우겠다는 욕심이 교육으로 나타나는 것 같다. 최근에는 다자녀 정책으로 전환했지만 지금 학령기 학생들은 모두 한 자녀 정책이 시행되던 시기에 태어난 아이들이다. 모두가 소황제이고 황녀이고 귀한 왕자이고 예쁜 공주로 대접을 받고 성장을 하였다.

중국에서는 일반적으로 집회와 시위를 엄격하게 통제하고 있다. 특히 정치적 목적의 시위는 초기 단계부터 감시하고 통제한다. 소위 초전박살 전략으로 시위를 진압하고 처리하고 있다. 정치적 목적의 시위는 거의 불가능하다고 보아야 한다.

그런데 오는 신오구 왕장소학 앞에서 저녁 8시가 넘었는데 학부모들이 교문 앞에 모여서 시위를 하고 있었다. 이유는 현재 3~4학년을 5~6km 떨어진 학교에 배정하여 그 학교로 다니게 한다는 신오구 교육국의 조치 때문이다. 신오구 왕장소학은 소위 명문학교로서 학부모님들의 선호도가 매우 높은 학교이다. 특히 시골에서 올라 온 농민공들이 앞다투어 이 학교로 자녀들을 보내고 싶어 하는 학교이다. 따라서 이 학교의 인기가 높아져서 학생 수가 급격히 증가하는 문제가 발생한 것이다. 그래서 교육국에서는 현재의 학교 건물로는 이 많은 학생들을 다 수용을 할 수가 없었다. 그래서 조금 떨어진 학교로 3~4학년 학생들을 배정하려고 하는데 학부모의 반발이 크게 일어난 것이다.

현재 거주지에서 약 5~6km 떨어져 있기 때문에 통학하는 데도 어려움이 발생하는 것이다. 경찰도 정치 목적의 시위는 엄격하게 통제를 하지만 이런 시위는 약간 보호를 하면서 지켜보는 형국이다. 폭력적인 사태로 옮겨가지 않으면 일단 교육국과 학부모의 대화나 협상을 지켜보는 것이다. 중국이라고 해서 무조건 시위를 경찰의 물리력과 폭력으로 진압을 하지는 않는다.

중국은 초등학교도 명문을 나와야 명문 중학교로 진학하는 시스템이어서 초등학교에서부터 입시에 민감하게 대응하고 과외를 한다. 과외도 법적으로는 금지가 되어 있지만 모두 음성적으로 과외를 한다. 그리고 국민소득에 비해서 꽤 높은 수준으로 과외비 부담이 클 것이다. 특히 예체능 과외비는 정말 비싸다. 중국 보통 사람들의 월급으로는 감당하기 어려운 수준이다. 계층 간 위화감을 해소하기 위해서 과외를 법적으로 금지하고 있지만 각종 편법으로 과외를 하고 있다. 한국도 1980년 중반에 과외를 금지했지만 알다시피 할 사람은 다 했다. 눈 가리고 아웅식이다. 평소에는 알고 있지만 모른 척하고 있다가 문제가 되면 조사해서 위법행위의 책임을 묻는 방식이다. 중국의 전형적인 사회문제와 여론에 대응하는 방식이다.

중학교에서 고등학교에 진학할 때도 중고(中考)를 치르는데 여기도 경쟁률과 학부모들의 관심이 대단하다. 일단 중국에서는 중학교에서 고등학교로 진학할 때 약 절반은 고등학교로 진학하지 못한다. 고등학교에 진학하지 못하는 학생은 취업하거나 직업학교로 간다. 여기서 일차적으로 학생의 진로가 확연히 갈린다. 고등학교로 진학한 학생은 대학 진학시험(高考)을 목표로 공부하는 것은 당연하다. 중국의 대학 진학률은 1990년대 약 20%에서 계속 상승하여 최근에는 약 70~80%까지 상승하였다고 한다. 그리고 대학을 졸업한 학생의 약 절반이 대학원에 진학하고 있다. 대학원 진학은 일정 부분 최근 취업난도 반영하고 있다고 볼 수 있다. 하지만 한국보다 대학원 진학률이 더 높고 세계적인 수준이다. 수나라에서 과거제도를 시행한 이후 입신양명을 위한 중국의 교육열은 낮아진 적이 없었다고 보는 것이 맞을 것이다.

최근에 왕장소학에 초청을 받아서 수업과 동아리 활동을 참관하고 돌아왔다. 수업에 집중하는 학생들의 열정과 의욕이 대단하다는 것을 느꼈다. 에너지와 힘이 느껴졌다. 이러한 교육열 덕분에 중국이 경제, 산업, 문화 등 모든 분야에서 급속히 부상하고 있다. 머잖아 중국이 세계 패권을 차지하는 날이 올 것이다.

[중국 교실의 학습 열기]

당안(檔案)으로 관리하는 신상

중국학생들에게 성적은 매우 중요하다. 한국도 성적을 중요하게 생각하지 않는 것은 아니지만 중국학생들에게 성적은 성적 이상의 의미를 갖는다. 중국학교는 보통 중간고사와 기말고사를 본다. 이것은 한국과 유사한 부분이다. 한국은 기말평가 후에도 일정 기간 학교에 다니고 방학에 들어간다. 그러나 중국학교는 기말고사를 본 다음에 약 3~5일 동안 학교에 가지 않는다. 방학처럼 그냥 집에서 쉰다. 그리고 학교에서 오라고 하는 날 학교에 가서 성적표를 받고 방학에 들어간다. 학교에서 오라고 하는 날은 평일만 가능한 것이 아니라 토요일, 일요일도 학교에 오라고 할 수 있다. 이날 성적표를 받고 상장을 받고 방학계획서를 받는다.

기말고사 후 약 3~5일 동안 교사들은 성적처리도 하고 당안(檔案)도 작성한다. 그리고 상장과 방학계획서를 인쇄하여 방학하는 날에 학생들에게 배부하는 것 같다. 유초중고 구별 없이 대부분의 중국학교가 이런 식으로 운영이 된다고 한다.

기말고사 후 며칠 동안 성적 열람 기간을 주고 닫아 버린다고 한다. 과거에는 점수와 순위까지 기록하여 공개했다고 한다. 그러나 최근에 학원 수강 금지 조치를 발표하면서 우수는 별 5개, 양호는 별 4개 등으로 공개한다고 한다. 탈락 수준의 성적은 별 1개라고 한다. 학생들의 개인적인 점수를 알고 싶으면 학부모가 선생님께 문의하여 알 수 있다고 한다.

중국에는 당안(檔案)이라는 것이 있는데 학생들의 개인 신상카드와 같은 것이다. 여기에 학생의 교과 성적과 품행은 물론 학생의 발전과 성취 내용, 동료와 교사의 평가가 기록된다고 한다. 당안은 상급학교 진학이나 국영기업 취직, 승진 시 중요한 자료로 활용이 되며 공무원이 되려고 하는 사람에게는 더 특별히 중요하다고 한다. 그리고 중도 퇴학하거나 졸업 후에는 이 당안을 보관하는 당안관(檔案館)도 있다고 한다. 보통은 봉인한 후 학교, 관공서 등에 비밀로 분류되어 보관되는데 이 당안을 학력 세탁을 하려고 하는 사람에게 파는 관리도 있다고 한다. 또 다른 세상의 요지경(瑤池鏡)이다.

무석 연운기창(連云寄暢) 소학

무석시 초등학교 중 전자칠판을 설치하여 잘 사용하고 있는 학교를 알아보던 중 연운기창 소학이 선도적으로 잘하고 있다는 소식을 듣고 가 보게 되었다. 전에는 교의중학교를 가 보았고 이번에는 소학을 가 보고 싶었다. 교의중학교에서 대략적인 상황을 파악하였기 때문에 또 가 볼 필요는 없었지만 미리 약속이 잡혀서 가 보기로 했다.

교문 입구에서부터 핵산검사 결과를 제시하라고 하고 소강마를 검사하는 등 코로나 방역을 위한 여러 가지 검사가 철저하게 진행이 되고 있었다. 외국인은 이런 검사에서 어플 연결이 가끔 안되어서 불편하기도 하고 중국인보다 더 까다로운 것 같다. 어찌 되었든 핵산검사 결과와 소강마, 행정가를 보여 주고 학교로 들어갔는데 현재 신설 중이어서 아직은 학생들이 1학년밖에 없었다. 학교 주변에 많은 아파트가 건설되고 있었다. 아파트 입주민 수를 고려하여 학교 규모를 정했을 것이다.

한국과 차이점을 말하라고 하면 아파트를 짓고 있는데 학교는 이미 완성이 되어 있었다. 한국은 아파트 입주보다 일반적으로 학교 건축이 좀 늦는데 여기는 학교의 건축이 이미 끝났고 교내 조경까지 완성되어 있었다. 학교 건축을 완전히 끝내고 모든 것을 다 갖추어 학생을 맞이할 준비를 완벽하게 해 놓는 중국교육행정의 신속성과 완벽성을 느낄 수 있었다. 심지어 교내에 심어진 화초와 나무는 이미 뿌리를 내리고 있어 상당히 오래전에 이미 식재가 되었다는 것을 알 수 있었다. 운동장도 천연잔디가 깔려 있었고 조회대는 물론 체육기구까지 모두 배치가 되어 있었다. 중국

교육행정의 신속성과 정교함을 느낄 수 있었다. 다만 운동장 조회대의 높이가 정말 높다. '이렇게 높일 필요가 있을까?' 이런 생각을 해 보지만 중국은 체육관 단상도 매우 높다. 중국은 윗사람의 위세가 강하므로 이런 조회대나 단상도 높게 만드는 것 같다.

하나 특이한 점은 이 학교가 분교이다. 분교인데 학급 규모가 50학급이 넘게 설계가 되어 있다. 이 정도면 별도로 학교 이름을 지어야 할 텐데 분교라고 한다. 이유를 알아보니 중국은 유명한 학교가 있으며 그 학교의 이름을 따서 분교를 짓는다고 한다. 이렇게 되면 분교가 본교보다 크다. 본교의 위상과 유명세를 분교가 그대로 이어 간다는 의미가 큰 것이다. 우리나라는 분교라고 하면 학급수가 보통 2~3학급이고 학생수도 20~30명 이하인 학교를 말하는데 중국의 분교는 그 개념이 한국과 다르다. 분교가 본교보다 훨씬 큰 학교도 많다고 한다.

전자칠판 설치 상황을 살펴보았는데 SEEWO 제품이고 양쪽에 보조 스피커까지 설치가 되어 있어서 수업을 하기에 좋을 것 같았다. 실물화상기 기능까지 된다고 하고 모든 교실에 전자칠판이 설치되어 있다고 한다. 아직 학생들이 없는 텅텅 빈 교실에 전자칠판이 모두 설치되어 있었다. 학생들을 맞이하기 위한 완벽한 준비가 되어 있는 것이다. 다만 전자칠판의 LCD 판넬과 칠판 구조물 사이에 약간의 유격이 있어서 정교하게 시공이 되지 않은 것 같다. 시공업체가 이런 점을 소홀히 한 것으로 보였다.

전자칠판을 모두 보고 나니 실제로 중국학생들이 공부하고 있는 모습이 궁금했다. 1학년 교실인데 학생들이 모두 진지하게 수학공부를 하고 있었다. 책상 줄도 잘 맞추고 떠들거나 집중하지 않는 학생이 없었다. 정말 대단하다. 우리가 방문한다고 사전에 알려 주지 않아서 손님이 온다는 것도 아이들이나 선생님은 모른다. 즉 사전에 준비하여 보여 주는 수업이 아니다. 들자 하니 중국의 선생님들은 매우 엄격하다고 한다. 그리고 학생들도 선생님의 말씀을 잘 듣고 순종적이라고 한다. 중국은 윗사람이 말에 순종하는 문화가 있다. 영도의 말에는 절대 복종하는 것이다.

또 하나 특이한 점은 안보건조(眼保建操) 시간이다. 방송에서 나오는 멘트와 안내에 따라 오전 오후 두 번 눈건강 체조를 한다. 학생들의 시력을 보호하기 위한 중국교육당국의 노력이 엿보이는 점이다. 중학교에서도 예외 없이 눈 건강 체조를 한다. 그리고 눈 건강에 야외활동이 좋다고 하여 야외활동도 자주 하는 것 같다. 시간표에 이런 것이 반영되어 있었다. 또 학급 안내판 밑에 삼자경(三字經)이 있다. 1학년이어서 그런지 약 60~70개의 삼자경이 있다. 아마 1학년 학생들이 삼자경을 모두 외우도록 할 것 같다.

초등학교 1학년은 보통 오후 3시 20분이 되면 학교 수업이 끝나는데 이때는 할머니와 할아버지가 데리러 오거나 부모님이 자동차나 전동을 타고 데리러 온다. 그리고 극소수의 학생은 한국처럼 학원 차가 와서 바로 데리고 가는 경우도 있다고 한다. 중국도 교육열이 매우 높아서 아침, 저녁으로 학교에 데려다주고 데려가는데 이 일도 보통 수고스러운 일이 아닐 것이다. 중국학교는 규모가 크기 때문에 통학 거리가 비교적 멀다. 이렇게 많은 부모들과 조부모가 시간에 얽매이고 수고를 하기 때문에 작은 학교를 많이 지어서 집에서 가까운 곳에서 도보로 다녀도 좋으련만 중국은 이런 체제를 선택하지 않고 대규모 학교를 이용한 교육방식을 채택하고 있다.

그리고 새롭게 들은 얘기인데 최근 중국에서 아파트 분양이 잘되지 않자 아파트 주변에 신설학교를 매우 호화롭게 짓는다고 한다. 그리고 아파트를 분양받으면 그 학교에 배정받을 수 있다고 홍보를 한다고 한다. 당연히 학교 시설이나 교구도 기존학교보다 초현대식으로 건축하고 구비하여 학부모와 입주자들의 마음을 움직인다고 한다. 이렇게 하면 교육열이 높은 중국에서 당연히 아파트 분양이 잘된다고 한다.

 선생님들이 근무하는 교무실에는 공간을 구분하는 칸막이 파티션이 없었고 교무실 책상이 아주 좁게 붙어 있었다. 중국이 다른 것은 모두 넓고 큰데 사무실에 책상과 의자를 배치해 놓은 것을 보면 따닥따닥 붙어 있다. 공간의 효율적인 활용이라기보다는 업무 집중과 통제라는 것에 방점이 찍혀 있는 느낌을 받는다. 심지어 상급자가 하급자의 컴퓨터 화면을 모두 볼 수 있도록 자리가 배치되어 있는 곳도 있었다. 업무시간에 딴짓을 할 수 없는 통제 구조가 자연스럽게 정착이 되어 있는 것 같은 느낌을 받았다.

[1,200명이 동시 식사가 가능한 급식실]

공개 수업에 대한 한중(韓中)교사 인식 차이

이번에 국제화 교육공동체 발표를 우리학교에서 하게 되었다. 국제화 교육공동체는 무석에 있는 국제학교가 교육활동을 공유하고 정보를 교환하여 교육력을 제고하자는 취지에서 운영이 되는 교육활동이다. 전에도 매년 개최가 되었고 이번에 우리학교에서 개최하게 된 것이다.

국제화 교육공동체에서 발표하는 내용은 학교의 장점이나 특성을 살려서 발표하면 된다. 규범적으로 정해진 방법이나 규칙은 없어서 학교의 여러 가지 사정을 고려하여 전체적인 발표 내용을 확정하였다. 전체적인 공개 발표 내용은 우선 학교 현황에 대해 PPT로 보고하고, 한국학교의 상징성과 대표성을 나타내는 공연 발표, 그리고 초등의 수업 공개와 중등의 동아리 발표로 계획하였다. 중간에 준비 상황을 보고 받으니 학교홍보 영상을 제작할 만한 사람도 없는 것 같고 수업공개는 이런저런 이유로 꺼리는 것 같았을 뿐만 아니라 동아리 발표 준비도 미흡한 것 같았다. 더군다나 동아리 발표는 교육경력이 1년도 안되는 분이 실무를 맡고 있었다.

영상 제작이나 동아리 발표는 이렇게 저렇게 추진하면 되지만 수업공개가 문제였다. 지원자가 있으면 좋은데 없다면 의무적으로 배당해야 하는 상황이다. 초등에서 회의한 결과를 가져왔는데 두 분이 수업공개를 하는 것이 가장 적절한데 희망자가 없어서 모든 선생님이 수업공개를 하기로 했다고 한다. 순간 멍해졌다. 선배와 후배가 서로 배려하고 존중하는 문화가 없어진 것 같다. 우리가 교사로 일할 때는 "선배님 제가 할게요" 이렇게 말하면 선배가 "아니야 경력이 일 년이라도 많은 내가 할게" 이런 문화가 있었다. 그래서 조금 눈치를 보기는 했지만 수업공개자가 빨리 정해졌고 다른 분들은 수업 공개하는 반을 적극 지원하는 모드로 바뀌었다.

그런데 지금은 과거의 그런 교직 문화가 사라진 것이다. 포스트모더니즘의 영향일까? 우리학교는 수업공개하는 선생님을 선정하는 데 어려움을 겪었다. 모두가 우수한 선생님들인데 이렇게 지원자가 없다니 실망스러웠다.

시간이 좀 지나 체육 전담선생님 한 분이 지원하셨는데 체육 수업은 11월 하순에 운동장 공개 수업으로 하는 것은 무리였다. 당일 날씨가 어떻게 될지도 모른다. 부장님들도 이때는 소위 총대를 메는 일에 앞장서지 않고 있다. 적극적으로 생각을 하면 중국교사들 앞에서 수업을 공개할 수 있는 천금 같은 기회가 온 것이다. 일생에 한 번 있을까 말까 한 기회이다.

결국 수업은 모든 선생님이 공개하는 것으로 결정이 났다. 한편으로 정말 잘되었다는 생각도 들었다. 모두 함께 수업공개를 하면 학교에 오신 분들이 한국 선생님들의 다양한 수업 방법에 대해서 참관을 할 수 있고 배울 수 있는 시간도 가질 수 있기 때문이다. 우리학교를 방문한 분들에게 더 유익한 시간이 되기도 할 것이다.

지난번 연운기창소학에 갔을 때 1학년 복도를 우연히 지나가게 되었다. 1학년 수업이 궁금해서 복도 창 너머로 잠시 보고 있었더니 담임 선생님이 복도로 나오시더니 교실로 들어와서 수업을 참관하라고 한다. 중국선생님들은 대단하다. 어디서 이런 자신감이 나오는 것일까? 원래 중국선생님들이 수업에 이렇게 개방적인 문화를 가지고 있는 것일까? 이런 생각도 해 보았다. 1학년인데도 이 학생들은 자세도 바르고 수업에 집중을 하면서 발표도 잘하였다. 우리가 온다고 미리 예고를 하고 온 것도 아니고 수업을 참관한다고 얘기도 하지 않았는데 이렇게 수업을 공개한다. 교실로 들어와서 얼마든지 보라고 하는데 놀라지 않을 수 없었다. 한중교사 간에 왜 이런 차이가 있을까? 정말 궁금하다.

    2010년 G20 서울정상회의 폐막식에서 오바마 대통령이 한국 기자들에게 질문을 할 시간을 주었는데 한국기자들이 아무도 질문을 하지 않았다. 중국기자들은 질문을 할 기회를 달라고 요구하고 있었고 재차 오바마 대통령이 한국기자에게 질문을 할 기회를 준다고 했는데 한국기자들은 질문을 하지 않았다. 결국 질문할 기회는 중국기자에게 돌아갔다. 아무리 기자라고 할지라도 미국 대통령에게 직접 질문을 할 기회는 많지 않다. 질문할 기회를 직접 주었는데 질문을 하지 않았다. 질문을 할 내용이 없었을까? 왜 그랬을까?

이호(二胡) 명인과 함께하는 로비 음악회

매리고진 이호문화원 전건평(錢建平) 씨가 우리학교에 와서 이호 연주를 하였다. 지난번 매리고진에 갔을 때 만나 약속한 것인데 본인이 우리학교를 방문하여 이호(중국발음 얼후, èrhú) 연주를 하겠다고 흔쾌히 승낙하였고 이번에 행정실 주관으로 로비 음악회를 개최하게 되었다.

아마 세계 최초로 학교 행정실에서 주관하는 음악회일 것이다. 음악회나 학교 행사는 주로 교사들이 주관해서 하고 일부는 학생이나 학부모가 협조하는 형식이 대부분이다. 그러나 이번에는 행정실에서 주관하여 로비 음악회를 열었다. 이렇게 할 수 있는 것은 우리학교 행정실에 우수한 인적자원이 있고 열정이 넘치는 분들이 많이 있기 때문이다.

이번에 이호로 연주하는 곡은 무석경(無錫景), 태호미(太湖美), 이천영월(二泉映月) 등 이호 명곡들이다. 엽서 초대장까지 만들어 우리 교직원들과 학생들을 초대하였고 행운권 추첨까지 있어서 행사가 끝날 때까지 즐거움과 설렘을 갖게 하였다. 초대장은 500매를 인쇄하여 등교하는 학생들에게 나누어 주었다. 현수막도 제작하여 벽면에 붙이고 무대도 새로 만들었다. 마이크는 방송부에서 준비를 하고 음악회 사회는 행정실 직원 송연이 보았다. 그리고 행사 총괄은 행정실장이 하였다.

음악회 당일 일찍 오셔서 우리학교 식당에서 한국음식으로 식사를 하였다. 전건평 씨와 나는 몇 번 만나면서 형제처럼 친하게 지내는 사이가 되었다. 급식실에서 식사하면서 알게 되었는데 전건평 씨의 손녀딸이 상해 재경대학에 다니는데 이호 특기생으로 입학을 했고 CCTV에도 이호 연주자로 출연했다고 한다. CCTV에 출연했을 당시 영상을 보여주는데 이호를 연주하는데 손이 보이지 않을 정도로 빠르고 그 테크닉이 신의 경지에 이른 것 같다. 난이도와 예술성이 높은 곡을 훌륭하게 연주하였다. 이호의 음색이나 음량이 연주자의 역량에 따라 천차만별이고 구현하는 음악적 세계가 차원이 다르다는 것을 알았다. 전건평 씨는 자기 손녀에 대한 자부심이 대단한 것 같았다. 아주 자랑을 하면서 입가에 웃음이 떠나지 않았다.

이번 로비음악회를 위해서 무대를 꾸미는 일과 방송 장비를 설치하는 일도 모두가 협력하여 일사불란하게 이루어졌다. 모든 준비가 끝나자 전건평 씨의 이호 연주가 시작되었다. 우리학교 현관은 순식간에 인산인해가 되었다. 점심시간을 이용하여 전교생이 로비로 몰려든 것 같았다. 선생님들은 물론 중국용역 직원들까지 모두 참석하였다. 초등학생들에게는 행운권 추첨이 초미의 관심사였다. 현관 바닥에 아주 조밀하게 앉아서 이호 연주를 지켜보고 행운권 추첨도 기다렸다.

특별히 이번 연주에는 전건평씨의 손자도 함께 참석하였다. 아직 7살밖에 되지 않았는데 이호를 잘 연주하고 의젓하기까지 했다. 이분은 손자 손녀가 모두 대단하다. 우리학교 학생들은 자기들보다 어린아이가 이호를 연주하자 환호성을 지르고 숨을 죽여 가면서 연주를 지켜보았다. 그리고 큰 박수를 보내 주었다.

이번 행정실에서 주관한 로비 음악회는 대성공이었다. 행정실 직원들도 뿌듯해하는 것 같았다. 처음에는 반신반의하면서 추진했는데 중간에 행정실 직원들이 직접 아이디어를 내면서 추진 동력이 배가 되었다. 평소 학교에 있으면서 주로 회계 업무만을 했는데 이런 행사를 치밀하게 기획하여 멋지게 성공적으로 마치게 된 것을 무척 기쁘게 생각하는 것 같았다. 우리학교 행정실 직원들에게 정말 큰 감사와 박수를 보내고 싶다. 이런 멋진 분들과 함께 근무를 했다는 것 자체가 내 인생의 큰 행운이다.

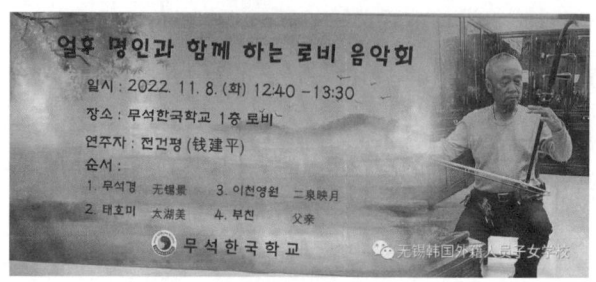

[로비음악회 현수막]

[로비음악회 이호 연주 실제 모습]

CCTV 출연한 얼후(二胡) 명인 연주 직관

 행정실 주임으로부터 밤늦게 전화가 왔다. 신오구 상무국에서 신년 춘절에 매리고진(梅里古鎭)에서 외국인 초청 행사를 한다고 하는데 춘절 당일 참석이 가능하냐는 것이었다. 잠시 생각했다. 제석(除夕)에 남경을 갔다가 늦은 시간에 돌아오는데 그다음 날 춘절 아침에 바로 행사에 참석할 수 있을지 생각해야 했다. 그런데 우리학교를 많이 도와주시는 조선족 상무국 현 국장님께서 말씀을 하셨다고 한다. 그래서 바로 참석하겠다고 했다. 현 국장님은 때때로 무석시 간부들을 소개해 주시고 학교가 대외 협력을 잘할 수 있도록 여러 가지 도움을 주시고 계신다. 재작년에는 우리 학교에 막대한 증치세가 부과되었을 때도 중국 당국에 다각도로 접촉하여 해결해 주셨다. 당시 증치세가 한국 돈으로 거의 10억이 부과되었다고 한다.
 이렇게 중대하고 어려운 문제를 해결해 준 것이다. 이런 상황인데 이분이 외국인 초청 춘절행사에 참석을 요청했다면 남경을 갔다 오면 좀 피곤하지만 그런 정도의 피곤은 둘째의 문제이고 무조건 참석해야 하는 것이다. 또 당일 아침에는 상무국직원이 차를 가지고 아파트 앞까지 왔다. 고마운 일이다. 이분이 오늘 통역과 안내를 담당한다고 한다.
 매리고진은 이전에도 2~3번 가 본 곳인데 옛 오나라의 제1도시 무석의 출발점이다. 무석은 3천 년의 유구한 역사를 자랑하는 옛 도시이다. 기원전 11세기 상(商)나라 후반에 주태왕(周太王)의 장남 태백(泰伯)이 왕위 계승권을 포기하고 동생 중옹(仲雍)을 데리고 강남으로 내려왔다. 그들은 무석의 매리(梅里)에 구오국(勾吳國)을 세우고 '태백성(泰伯城)'을 축성했다. 주(周)가 상(商)을 멸한 후 주무왕(周武王)이 중옹의 5세 손인 손주장(孫周章)을 오(吳)의 군주로 봉해 오나라를 건국하게 했다. 매리가 태백부터 춘추전국시대 합려(闔閭)에 이르기까지 24대의 군주에 걸쳐 600여 년 동안 줄곧 오나라의 도성 소재지였다.

매리고진은 집에서 승용차로 약 25분이 걸리는 거리다. 차를 타고 행사장에 도착해 보니 무석시 상무국 행사 담당자들이 미리 와서 준비를 하고 있었고 외국인들이 많이 눈에 띄었다. 특히 보스톤국제학교 담당자들이 많이 참여하였고 쿠바 출신 카를로스도 와 있었다. 특별히 오늘 행사에는 공안들이 많이 와 있었다. 춘절 연휴임에도 불구하고 외국인들이 많이 오기 때문에 경비와 안전을 위해 더 많은 공안들이 출동한 것 같다.

본 행사를 시작하기 전에 붉은 목도리를 하나씩 나누어 주었다. 중국인들 행사에 가면 이렇게 붉은 목도리를 하나씩 나누어 주는데 정확한 의미는 잘 모르겠다. 하지만 이 붉은 색은 중국 공산당을 상징한다. 초등학생들이 홍건(紅巾)을 매는 것처럼 공산주의식 일체감을 조성하는 것일 것이다. 그리고 '복(福)' 자가 들어간 춘련(春聯)을 하나씩 주었다. 몇 달 전부터 저런 춘련이 하나 있었으면 좋겠다고 생각하고 있었는데 여기서 받게 될 줄은 몰랐다. 크기도 두툼하게 제작이 되어 있는데 가격이 비쌀 것 같다. 그리고 미국인들에게는 통역을 따로 배정해 주었다. 미중 대립이 날로 격화되어 가고 있는데 여기에서는 미국인들을 특별 대접을 하고 있는 것 같다. 중국에도 은근히 영어 사대주의가 있는지 모르겠다. 일본인과 한국인에게는 따로 통역이 배정되지 않았다. 물론 나는 조선족 상무국직원이 동행하고 있기 때문에 통역이 따로 필요하지는 않았다.

식전 행사는 용춤이었다. 두 사람이 추는 용춤도 있었고 10여 명이 함께 추는 용춤도 있었다. 두 사람이 함께 추는 용춤은 뒤에 있는 사람이 힘들 것 같았다. 주로 허리를 굽히고 계속 움직이면서 춤을 추는데 정말 힘이 들 것이다. 앞에 있는 사람은 주로 서서 춤을 추는 힘이 덜 들 것이다. 10여 명이 함께 추는 용춤은 주로 나이가 많은 여자들이 담당했다. 젊은이들이 담당할 만한데 젊은이들이 없다. 중국의 전통문화도 나이가 든 사람들이 주로 참여하고 있고 젊은이들은 참여도가 떨어진다. 한국도 중국도 전통문화에 대한 젊은이들의 관심도는 점점 낮아지고 있다.

다음에 관람한 것은 무석의 석극(錫劇)이다. 매리고진 한쪽에 무대를 마련하고 공연을 하였다. 옛날에 아주 부자들은 집 안에 이런 공연장을 만들었다고 한다. 본시 중국은 북경의 경극이 유명한데 각 지방마다 특색 있는 극을 발전시켜 왔다, 무석에는 석극이 있고, 소주에는 곤극(昆劇)이 있고, 양주에는 양주극(揚州劇), 영파에는 월극(月劇)이 있다. 이번에 공연한 석극은 이전에도 보았기 때문에 그리 임팩트는 없었다. 하지만 재미있는 것은 이 전통극의 결말이 관객들의 요청에 따라 결말이 바뀌기도 한다고 한다. 양주극이 대표적인 것인데 비극이 희극으로 바뀐다는 것이다. 상당히 재미있는 문화다.

이번에는 무석의 대표적인 악기 이호(二胡, 중국 발음 얼후) 연주를 감상하는 시간도 준비되어 있었다. 매리고진에는 이호를 직접 제작하기도 하고 판매점을 운영하기도 하는 이호 명인 전건평 씨가 있다. 이분은 전에 우리학교 현관 로비에서 7살 된 손자와 함께 이호를 연주하기도 하였다. 전건평 씨와 반갑게 포옹도 하였다. 남자들끼리 포옹을 하는 것이 좀 어색하기도 하지만 우리의 우정이 깊어서 전혀 어색하지 않았다.

특별히 이번 행사에는 그 유명한 손녀가 직접 연주하러 나왔다. 중국 CCTV에서도 얼후를 연주한 바 있는 얼후 명인이다. 전건평 씨가 매우 아끼고 사랑하는 손녀딸이다. 늘씬한 몸매에 예쁜 얼굴, 좋은 인상까지 가진 손녀딸이다. 모든 것을 다 가진 여자 같았다. 전에도 CCTV에서 방송한 영상을 나에게 보내 주어서 얼굴을 익히 알고 있고 CCTV 연주 영상을 보았을 때도 연주하는 손이 거의 안 보일 정도로 빨랐다. 이호의 현 위에서 손이 날아다니는 수준이었다. 이 연주를 오늘 현장 직관을 한다고 생각하니 조금 떨렸다. 일생에 다시 없을 기회였다. 이호를 연주하는 동안 휴대폰을 꺼내서 연주 영상을 찍었다. 영상을 찍지 않을 수 없었다. 연주가 끝나고는 전건평 씨와 그 아들, 손자, 손녀와 함께 사진을 찍었다. 특별히 나에게 더 우호적 눈길을 보내 주었다. 진정으로 이호를 사랑하는 3대 가족이다.

다음에는 춘련(春聯) 쓰기를 했다. 중국은 문 앞에 복과 재물, 건강을 기원하는 글귀를 많이 붙여 놓은데 이것을 대련(對聯)이라고 한다. 특별히 춘절에 붙여 놓은 것을 춘련이라고 한다. 주로 신춘쾌락(新春快樂), 복(福), 수(壽) 등을 써 놓는다. 이전에 서예학원을 좀 다니면서 서예를 배웠기에 춘(春)을 붉은 종이에 써 보았다. 잘 쓰지는 못하지만 흉내 내는 수준은 된다. 이걸 보고 중국인들이 감탄하고 칭찬하였다. 춘련을 쓰는 곳에서는 배경음악도 깔아 준다. 얼후 명인이 와서 한쪽에서 계속해서 얼후를 연주하였다. 멋진 풍류와 운치라는 측면에서 고상한 형식은 다 갖추고 즐기는 중국을 볼 수 있었다. 일반적으로 중국에서 서예를 한다는 사람들의 실력은 보통이 아니다. 하나같이 명필인 것 같다. 어릴 적부터 서예를 하는 사람도 많아서 각종 전시회에 가 보면 감탄하지 않을 수 없다. 간단히 서예를 하고 나서 이번에는 태극권(太極拳) 시범을 보았다. 태극권(太

極拳)은 중국 남파(南派)에서 발전한 무술 유파로 소림권(少林拳)과 함께 중국의 양대 권법을 이루고 있다. 중국에서 가장 많은 수련 인구를 보유하고 있고 소림권이 근육과 힘에 의존하는 외가권이라면 태극권은 내공을 중시하는 내가권이다. 태극권 시범단의 동작에 따라서 태극권의 맛을 보는 시간인 것 같다. 중국의 전통문화를 한 장소에서 여러 가지 재미있게 체험할 수 있는 기회가 주어졌다.

마지막으로 점심 시간이 되어서 석용기(錫龍記)에 갔다. 무석의 소용포(小龍包)를 맛보는 시간이었다. 가벼운 점심을 기대하고 있었는데 아주 풍성한 점심을 대접받았다. 춘절 기념 선물까지도 주고 상무국에서 이번 춘절 행사를 세심하게 준비하고 배려한 것 같다.

행사를 마치고 상무국직원과 이런저런 얘기를 했다. 한국학교가 외국인들을 초청하여 한국문화를 알리는 기회를 만들면 좋겠다는 이야기를 나누었다. 한류가 세계 문화의 주류로 등장하고 있고 최근 넷플리스에 원천 소스를 공급하는 등 공급자 역할을 하고 있다. 그리고 이제 한류는 한국이 만들어 수출하는 문화상품을 넘어 세계가 함께 만들어 가는 한국 기반 글로벌 문화라는 새로운 패러다임으로 진화하고 있다. 더 나아가 문화생산 핵심 네트워크의 허브가 되었다는 한예종 이승무 교수의 말을 새길 필요가 있다. 자심감과 긍지를 가지고 우리 문화를 중국인들에게 소개할 필요가 있다. 예산이 조금 들겠지만 상해 한국문화원과 협의하여 진행하면 좋겠다는 방안까지 얘기하였다.

중국에서 맞이한 설날인데 떡국을 먹지 못하고 지내는 것이 아쉬웠다. 그런데 소주 한상회에서는 교민 떡국 나누기 행사를 한다고 한다. 외국에 있으면서 교민들끼리 떡국을 나누어 먹으면 맛있을 것 같다.

[춘절 맞이 용춤]

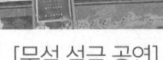
[무석 석극 공연]

[행운과 복을 비는 대련 쓰기]

[명인의 얼후 연주]

상해 사범대 위안부 역사박물관

　몇 달 전에 상해 사범대에 가서 위안부 역사박물관을 보려고 했는데 보지 못해 아쉬운 점이 많았다. 그래서 이번에는 상해 임정 105주년 기념식에 참석한 다음 다시 방문해 보려고 준비를 했다. 먼저 임정 기념식에 참석하였다. 작년과 마찬가지로 The Langham 호텔에서 진행하였다. 특별히 상해총영사관 김영준 총영사님께 기고하신 '상해에서 본 한중관계' 기사가 화제가 되었다. 한중 간 상호존중과 선린우호를 통한 호혜적 협력이 중요함을 강조하는 내용이었다.
　기념식에서 김영준 상해총영사는 상해 임정 사적지를 중국정부가 원형 보존을 해 주겠다고 약속했다고 말씀을 하셨다. 이 점이 매우 중요한데 현재 상해 신천지가 재개발이 추진되고 있어서 상해 임정의 원형 보존 여부가 초미의 관심사였다. 상해 황푸구 정부에서 호혜적 협력 차원에서 원형 보존을 약속했다고 한다. 상해 신천지는 금싸라기 땅이어서 상해 임정 유적지 원형 보존은 중국정부에서 큰 외교적 결단을 내린 것이라고 볼 수 있다. 신천지는 1990년대 후반 홍콩의 개발업체가 상해 임정 부근 지역을 새롭게 단장하면서 상해에서 가장 유명한 상업지구 중 하나가 되었다. 전통적인 석고문(石庫門) 스타일을 유지하면서도 현대적 감각의 레스토랑, 카페, 명품 브랜드가 입점해 상해에 오는 관광객들이 방문해야 하는 핫플레이스가 되었다.
　기념식에서 인상적인 것은 유학생 대표 김도연 학생이 낭송한 심훈의 「그날이 오면」이란 시였다. 김도연 학생은 지난번에 국회의원 선거를 하기 위해 상해총영사관에 갔을 때 한번 만난 적이 있었기 때문에 얼굴을 기억하고 있었다. 이 시는 일제강점기 광복에 대한 염원을 노래한 시인데 비장한 느낌이 든다. 그리고 한국대학로에서 유명했던 「제시의 일기」란 뮤지컬을 배우들이 나와서 약 20분간 공연하였다. 「제시의 일기」는 젊은 청춘들이 만나 아이를 낳고 기르면서 8년 동안 독립운동을 한 내용을 담고 있다. 뮤지컬 배우 중에는 「낭만닥터 김사부」에 출연한 배우도 있어서 낯이 익었다. 영사님께서 배우들의 사인을 받자고 해서 살짝 민망해서 기다리고 있었는데 김도연 학생이 대표로 가서 배우 4명의 사인을 받아서 우리들에게 주었다.

상해 임정 105주년 기념식이 끝나고 상해 다솜주말학교 교장선생님과 만나게 되었다. 상해에서 25년째 살고 계시고 백범스카우트와 흥사단 관련 일도 하신다고 한다. 석고문(石庫門)이나 농당(弄堂), 홍루몽의 상해대관원 등에 대해서도 알고 계시는 것으로 보아 역사와 문학에 대한 이해가 상당히 깊은 것 같다. 신천지에 있는 상해 임시정부도 석고문 양식으로 지어졌다. 석고문은 붉은 벽돌과 검은 돌이 어우러진 독특한 건축물로 골목길을 따라 들어가면 작은 안뜰이 나타나고 주거단지와 연결이 된다. 서양식 벽돌과 중국식 내부 구조가 조화를 이루는데 이것이 바로 석고문(石庫門) 건축이다. 석고문이 있는 대표 지역은 상해 신천지와 장원(張園)인데 석고문은 시간이 지나면서 단순한 주거공간을 넘어 문화와 커뮤니티 공간으로 새롭게 변했다.

장원(張園)은 신천지보다 더 오래된 석고문 구역으로 과거 상하이의 상류층이 살던 곳이다. 상하이의 부유한 사업가 장숙화(張叔和)가 이곳을 사들여 개인 정원으로 꾸미면서 장원의 역사가 시작되었다. 장숙화가 세상을 떠나면서 장원은 해체되었고, 이후 석고문 주택들이 들어서면서 점차 일반 주거 공간으로 변화하였다고 한다.

농당(弄堂)은 이러한 석고문 주택이 건축되면서 자연스럽게 형성된 골목 문화라고 볼 수 있다. 농당은 근대 상하이 도시 문화의 특징을 대표하며, 각양각색의 독특한 골목 문화가 생겼다. 골목길의 다양한 행동과 골목길의 감성이 상하이 도시의 화려한 배경색이 되었고 여기에 여가 및 오락, 거래 등의 활동 장소로 사용되면서 독특한 농당 골목문화가 생겼다고 볼 수 있다.

임정 기념식에 참석하였지만 가장 중요한 것은 상해사범대 역사학과 교수 스미랑(步平) 교수를 만나는 것이다. 교수님께서 오늘 기념식에 참석하신다고 연락을 받았다. 장창관 독도대장님이 소개를 해 주셨고 우리가 차를 가져와서 스미랑 교수님과 함께 상해 사범대에 가기로 하였다. 스미랑 교수님께서 길을 직접 안내해 주셔서 사범대로 갔다. 문원루(文苑樓)라는 건물에 위안부 역사 박물관이 있었다. 스미랑 교수가 주도하여 직접 만든 박물관이다. 스미랑 교수는 성품이 인자하시고 친절하였다. 그리고 내 서툰 중국어도 바로바로 이해하셨다. 이 박물관에는 중국어 안내책자뿐만 아니라 한국어 버전 안내 책자도 있었다. 스미랑 교수가 간단히 전체적인 개요를 설명해 주셔서 이해를 쉽게 할 수 있었고 교수님은 별도의 회의가 있어서 기념 사진을 한 장 찍은 다음 먼저 가시라고 하고 우리는 천천히 둘러보겠다고 하였다.

남경 이제강 위안부 박물관에도 많은 위안부 관련 전시물이 있었는데 이곳 상해사범대 위안부 박물관에는 주로 중국 관련 전시물이 많았다. 특별히 전 세계 위안부 관련 지도가 있었는데 이 지도는 여기서만 볼 수 있는 특별한 것이었다. 관람하는 데 많은 시간이 걸리는 것은 아니었다. 이미 이제강 위안부기념관에서 전체적인 내용을 살펴보았기 때문에 시간이 많이 걸리지 않았다. 그리고 중국어, 한국어, 영어, 일본어로 전시물을 설명해 주고 있어서 이해하는 데도 어려움이 없었다. 위안부 박물관을 나오면서 인문사범대 도서관을 잠시 들러 보았는데 중국대학생들이 숨소리도 내지 않고 열심히 공부를 하고 있었다. 그 많은 학생들이 집중하여 공부하고 있었다. 한 사람도 자는 사람이 없었다. 중국대학생은 정말 대단하다.

문원루 밖으로 나오니 바로 앞에 소녀상이 있었다. 왼쪽은 한국소녀 오른쪽은 중국소녀가 나란히 앉아 있다. 그리고 그 옆에는 빈 의자가 하나 있다. 이러한 소녀상은 세계 유일의 소녀상이다. 빈 의자는 먼저 세상을 떠난 위안부 할머니들의 의자이고 또 다른 의미는 할머니의 시선으로 아픔을 공감해 보라는 의미라고 한다. 소녀상 앞에서 교감선생님과 함께 기념사진을 찍었다.

교문을 나오는데 맞은편에 상해사범대 건물들이 또 있었다. 큰길을 사이에 두고 두 개의 캠퍼스가 있는 것이다. 사범대 교내는 조경이 잘 되어 있고 전통과 역사를 자랑하는 건물들이 많이 있었다.

정창관 독도 대장님과 스미랑 교수님 덕분에 상해사범대 중국 위안부 역사박물관을 잘 관람하였다. 여기는 박물관 이름에 나타나 있듯이 중국 위안부 중심의 역사박물관이어서 중국의 위안부 역사와 상황을 이해하는 데 큰 도움이 되었다.

학교 박물관이 있는 호택(戶宅)중심소학

호택중심소학에서 우리학교로 오나라 문화 유학(遊學)을 요청하는 공문을 보냈는데 문서 담당자가 대수롭게 여기지 않고 편철을 하였다. 학교장에서 알려 주지 않은 것이다. 나중에 공문을 읽어 보니 매우 정중하게 초청하는 내용이어서 이런 초청에 응하지 않는 것은 실례가 될 것 같았다. 그래서 행정실 직원으로 하여금 호택중심소학에 연락하여 방문 날짜를 잡고 양교가 우호친선 차원에서 서로 교류할 수 있는 방안을 찾아보자고 하였다.

호택중심소학은 무석 홍산에 있는 중국 초등학교이다. 무석 홍산은 과거에 오나라의 문화 중심이었지만 지금은 무석의 외곽 좀 후미진 곳에 위치해 있다. 홍산을 찾아서 호택중심소학을 가 보니 학생이 2천 명이나 되는 큰 학교였다. 중국에서는 이 정도 규모의 학교가 보통이다. 학교에 도착하니 학생들이 질서정연하게 줄을 맞추어 운동장으로 나오고 있었다. 중간체조를 하기 위해서 운동장으로 나오고 있다고 하였다. 운동장에 줄을 서 있는 학생들을 보니 마치 군인들이 줄을 맞추어 서 있는 것 같았다. 어린 초등학생들이 이렇게 줄을 잘 맞추어서 줄을 서 있다니 정말 대단하다.

교장선생님을 만나서 차를 한잔 마시고 학교를 둘러보는데 학교 중앙 정원에는 공자와 시인 이백 동상이 있었다. 그리고 중국의 역사를 돌에 새겨서 긴 띠처럼 진열해 놓았다. 발걸음을 옮겨 가면 중국의 역사를 한눈에 파악할 수 있었다. 또 중간에 송대의 여류 시인 이청조(李淸照) 시인상을 볼 수 있었다. 방송대 중어중문학과를 다닐 때 이분의 시를 배운 적이 있다.

대표 작품으로「여몽령(如夢令)」이 있었던 것 같다. 그리고 당시 시대를 비판하고 기개가 부족한 신하들을 나무라고 했던 작품도 있었던 것 같다. 이 시인을 초등학교 정원에서 만나다니 정말로 감회가 남달랐다.

복도 쪽으로 올라가니 전지(剪紙) 작품들이 많이 전시되어 있었다. 전지는 보면 볼수록 불가사의한 작품이다. 어떻게 가위로 종이를 잘라서 저런 작품을 만들 수 있는지 잘 상상이 되지 않는다. 그리고 복도 벽면에는 삼자경(三字經), 제자규(弟子規) 등이 게시판에 새겨져 있었다. 전에 연운기창소학(連云寄暢小學)에 갔을 때도 교실 앞에 삼자경이 붙어 있었다. 삼자경은 한두 개가 아니다. 몇 백 개는 되는 것 같다. 중국학생들은 이것을 외울 정도로 학습을 한다. 또 제자규도 마찬가지인데 엄청나게 많다. '학생들이 저것을 어떻게 다 지킬 수 있을까?' 이런 의문을 갖게 된다. 한 번 읽어 보고 잠시 마음에 새기면 될 것 같다.

호택중심소학은 역사가 매우 깊은 학교인데 최근에 리모델링을 한 것 같다. 부교장실이 따로 있고 복도에 학생의 작품들이 많이 전시되어 있었다. 소수민족의 공예작품도 전시가 되어 있다. 그리고 운동장에는 농구대가 12개나 설치되어 있었다. 초등학교 때부터 농구를 즐기는 것이다. 그리고 방문자를 위한 학교 소개 자료를 영상으로 만들어 놓았다. 터치 스크린에 저장이 되어 있어서 손으로 터치하면서 조작할 수 있었다. 아마 방문자들이 많은 것 같다. 터치하면 큰 화면에서 학교 소개 영상이 방영되었다.

이번에는 학교 역사박물관에 갔다. 단위 학교에 역사박물관이 있다니 놀랍다. 학교 연혁부터 자랑스러운 졸업생까지 사진으로 전시가 되어 있었고 역대 교장들의 저서까지 전시되어 있었다. 호택중심소학은 비교적 역사가 깊은 학교이다. 그래서 역대 교장선생님들도 많은데 여기서 더 나아가 중국 유명학교 교장들은 저서도 가지고 있는 것이다. 클래스가 다르다는 느낌을 받았다.

이 학교의 교훈은 양정(養正)이다. 단순 명쾌하다. 교문 안쪽에 있는 커다란 돌에도 새겨져 있었다. 교장선생님은 이전에 한국을 3번이나 방문을 한 적이 있고 한국학교와의 교류에도 적극적이다. 또 위챗 모멘트에 학교 교육소식도 자주 올리는 아주 부지런한 분이다. 봄과 가을 1년에 두 번 교류하자고 약속하였다. 구체적으로 김장 담그기, 김밥 만들기, 공동 현장체험학습 등을 추진하면 좋겠다고 의견을 나누었다. 그리고 위챗 연락처도 서로 나누고 학교를 나오는데 교장선생님께서 전지 작품과 학교 땅에서 가꾸어서 수확한 쌀도 선물로 주었다. 정말 정이 많으신 분이다.

[질서 있는 호택중심소학 학생]   [성현과 일대일로 소개]

왕장실험(旺庄實驗)소학 축구 교류전

왕장실험소학과 정기 축구 교류전을 하였다. 늦가을 오후 날씨라서 축구경기를 하기에 딱 좋았다. 총괄 교장선생님은 출장을 가시고 부교장선생님이 나오셔서 우리를 맞이하였다.

우리가 도착했을 때 왕장소학 축구선수들이 미리 나와서 몸을 풀고 있었다. 그리고 1~2개 학급이 나와서 응원 준비를 하고 있었다. 부교장선생님이 조회대에 의자를 10개 준비해 주셔서 편하게 앉아서 축구경기를 볼 수 있었다. 이 축구경기가 친선경기이고 정기 교류전이지만 한중 초등학생 국가대표 경기이기도 하다. 우리학교 학생들도 몸을 풀고 우리가 준비해 간 현수막을 조회대에 건 다음 함께 기념사진을 찍었다. 그리고 친선

[왕장 소학 정기교류전 기념 사진]

경기 기념으로 축구공 2개를 왕장실험소학에 기증하였다. 친선경기를 할 때는 항상 이렇게 해 왔다. 그리고 우리학교에서 경기할 때는 상대축구팀 간식과 음료수까지 준비해서 준다. 상대팀에 대한 한국식 배려라고 할 수 있다.

  몇 년 전에는 우리학교가 친선경기를 하면 5 대 0 또는 10 대 0으로 이겼다고 한다. 그런데 최근 2년 전부터 왕장소학에서 축구전임코치 2명을 고용하여 집중적으로 연습을 하고 있다고 한다. 그래서 선수들의 발놀림이 좋고 실력이 부쩍 좋아졌다고 한다. 8인제 축구경기를 했는데 결과는 우리가 2 대 0으로 졌다. 이 경기 패배 후 우리학교 학생들은 매일 점심시간에 축구경기를 하고 있다. 자존심이 상해서 복수전을 벼르고 있는 것이다.

상해도서관 동관에 반하다

　상해도서관 동관은 포동(浦東)에 있는데 2022년에 개관한 신축도서관이다. 규모도 크다고 들었지만 신축도서관인 만큼 여러 가지 현대적 시설이 궁금하기도 하였다. 상해역으로 가서 4호선을 타고 다시 2호선으로 바꾸어 타면 35분 안에 도착할 수 있는 거리다. 무석에서 너무 이른 시간에 출발하여 상해도서관 동관에 도착했는데 아직 도서관이 문을 열지 않았다. 8시 40분에 도착을 한 것이다. 상해 거주자 몇 명이 도서관 입구에서 문이 열리기를 기다리며 줄을 서 있었다. 사전 조사를 하고 미리 관람 예약을 했기 때문에 QR 스캔을 하면 바로 도서관으로 들어갈 수 있는 시스템이었다.
　미리 도착했기에 주변 조경을 살펴보기도 하고 정원을 돌아다니던 중 신기한 것을 발견했다. 소위 drive-thru 반납(천사환서, 穿梭還書)이다. 차 안에서 책을 반납할 수 있도록 되어 있었다. 정말 대단하다는 생각을 했다. 맥도날드 매장에서 drive-thru 주문을 할 수 있다는 얘기를 들었지만 책을 차에서 바로 도서관에 반납하는 시스템이 있다는 것은 처음이다. 중국이 급속하게 발전하고 있다는 생각을 하였다. 9시가 되자 문이 열려서 짐 검사를 하고 들어갔다. 여권도 있어야 하지만 비자 연장 신청을 위해서 여권을 공안에 맡겨 놓았기 때문에 여권 확인서를 한 장 가지고 다녔다. 여권과 똑같은 신분 증명이 된다. 우선 1층 로비가 너무 넓었다. 이렇게 넓어도 되나 싶을 정도로 넓었다. 한쪽에는 책 반납 키오스크가 있었고 굿즈 매장도 있었다. 그리고 커피숍이 있었고 나머지는 거의 텅 빈 공간이라고 할 정도로 넓었다. 상상할 수 없을 정도로 넓었고 이렇게 넓은 공간을 활용하지 않는 것이 이해가 안 되었고 부럽기도 했다.

대형 에스컬레이터가 바로 3층으로 연결되어 있었다. 3층에 가니 대형 조형물이 있고 『사기』, 『논어』, 『주역』 등 중국 고전이 배너로 소개가 되어 있었고 대나무 책도 있었다. 후한 채륜이 AD 105년에 종이를 발명하기 까지는 비단이나 천, 대나무에 글씨를 써서 책을 만들었는데 그때 사용한 대나무가 전시되어 있었다.

4층에는 2층 높이의 공간에 해당하는 층고의 공간이 나왔다. 인터넷에서 보았던 사진이다. 책에서 나온 글자들이 위로 딸려 올라가는 모양을 본 떠서 만든 조형물인데 보아도 보아도 신기하고 멋진 작품이다. 재미있게 창의적으로 꾸민 공간이다. 사람들이 이 공간에 배치된 책상에서 책을 읽고 있다. 어떻게 저런 상상을 했을까? 감탄이 절로 나온다. 이것을 내가 놓칠 수 없어서 인터넷에 나온 사진보다 더 멋지게 사진을 찍어 보려고 여러 각도와 높이에서 많은 사진을 찍었다. 실내 계단으로 이어진 높은 곳에서도 사진을 찍었다. 이렇게 멋진 곳에 오다니 흥분되어 가슴이 두근거렸다.

그리고 정신을 차려 주변을 살펴보니 상해도서관 동관의 진짜 특징을 알 수 있었다. 벽과 문이 없이 모든 공간이 트여 있었다. 완전히 디자인 혁신이다. 완전한 개방감을 느낄 수 있고 문과 벽이 없이 모든 공간이 연결되어 있었다. 이런 도서관은 처음 본다. 문을 열고 닫을 필요가 없고 모든 것이 한눈에 보인다. 도서관 안에서 포동 주변 공원과 건물들을 볼 수 있었다. 특히 7층에서 보는 경치는 정말 환상적이고 안락의자까지도 설치가 되어 있었다. 공원의 사계절 변화를 감상할 수 있었다. 소지품을 가지고 온 이용객이 가방을 옆에 놓을 수 있도록 긴 의자도 설치가 되어 있었다. 여기서 본 이런 긴 의자를 우리학교 현관에도 설치하였다. 좋은 것을 보면 바로 예산에 큰 무리가 없는 범위 내에서 학교 환경에 바로 반영을 하고 싶었다.

　포동의 아름다운 공원을 도서관에서 내려다보면서 공부를 하면 얼마나 공부가 잘될까? 부러운 생각이 들었다. 우리나라에는 이런 도서관이 없다. 또 도서관 열람실 중간에는 간단히 전화 통화를 하도록 방음이 된 전화부스가 설치되어 있었다. 전화 통화를 하기 위해 멀리 나갈 필요가 없는 것이다. 화장실도 호텔을 능가하는 청결과 화려한 인테리어로 꾸며져 있었다. 다만 도서관 중간중간에 관리인이 부동자세로 서 있다. '얼마나 힘들까? 편한 자세로 일을 보면 될 텐데' 이런 생각을 하였다. 중국이 많이 발전하고 있지만 이런 권위주의적이고 경직된 문화가 사회 곳곳에 자리 잡고 있기도 하다.

[벽과 문이 없는 상하이 동관 도서관]

중국의 여름방학과 겨울방학

　중국 동북 삼성(요녕성, 흑룡강성, 길림성)은 한국과 거의 같은 시기에 방학을 한다. 여름방학은 매우 짧은 편인데 7월 말에 방학을 시작하여 9월 1일에 개학을 하는 학사일정을 운영한다.

　겨울방학은 12월 말에 시작하여 이듬해 3월 1일에 개학한다. 겨울방학이 매우 길다. 동북 삼성의 겨울방학이 긴 이유는 기온이 낮기 때문이다. 반대로 여름방학이 짧은 이유는 여름이 그다지 덥지 않고 시원해서 이때에 집중적으로 공부를 할 수 있기 때문이다. 실제로 연변의 경우 한여름 낮 기온이 26~27도 정도 된다. 그래서 큰 더위를 느끼지 않고 생활할 수가 있다. 남방이 40도 이상이 되는 폭염이 계속되는 날에도 연변이나 하얼빈은 26~27도의 날씨가 지속되는 것이다. 그래서 여름방학을 짧게 하고 반대로 겨울은 추워서 겨울방학을 길게 하는 것이다.

　반대로 남방 쪽은 6월 하순 기말시험을 보고 일주일 쉰 다음 마지막 날 나와서 성적표를 받고 6월 말에 바로 여름방학을 시작한다. 여름방학이 7월, 8월 두 달 동안 이어진다고 보면 맞다. 여름이 길고 더워서 여름방학을 빨리 시작하고 날씨가 조금 시원해지는 9월 초에 개학을 한다. 그래서 여름방학이 매우 길다. 반면 겨울방학 기간은 매우 짧다. 주로 1월 하순에 기말시험을 보고 성적표를 받은 다음 일반적으로 2월 1일에 겨울방학에 들어가서 2월 말에 개학하는 학사 일정을 운영한다. 참고로 중국은 9월에 신학기를 시작하는 학사일정을 운영하고 있다.

　또 중국은 국무원에서 차년도 휴일을 매년 확정하여 발표한다. 보통 국경절 이후 10월 중순경에 확정해서 발표한다. 다음 해 달력도 만들어야 해서 이 시기에 차년도 휴일을 정해서 발표하는 것 같다. 휴일과 함께 반(班)이라고 해서 출근을 하는 날도 미리 정한다. 반(班)으로 정해진 날에는 학생들도 주말이라도 등교하여 수업을 한다. 이 모든 것을 국무원에서 매년 10월 중순경에 결정하여 발표를 한다. 주요 연휴 계획표 성격의 방가안배시간표(放暇安排時間表)를 따르게 된다. 나름 합리적이기도 한다.

국제 올림픽 개막식과 같은 체육대회

신오구 체육대회 입장식에 국제학교가 참여하여 대회를 빛내 주었으면 좋겠다는 연락을 받았다. 우리가 체육대회 주요 종목에 참여하여 겨루는 것이 아니고 입장식에만 참여하여 함께해 주면 좋겠다는 것이다. 그리고 입장식 후에는 개막식 행사가 있으며 그 행사를 관람하면 된다는 것이다. 나는 중국이 체육대회를 어떻게 하는지 궁금하였다. 하지만 교직원들은 왜 우리가 남의 체육대회 입장식에 참여하여 들러리가 되어야 하는가 하는 불만을 얘기할 것 같았고 그것도 토요일 하루만 가는 것이 아니고 일요일에도 참석해야 한다고 한다. 토요일은 연습이고 일요일은 본 체육대회가 진행된다고 했다.

조금 망설여지고 곤란한 상황이다. 체육대회 행사에 협조해 주지 않으면 안 될 상황이기도 하다. 우호협회로부터 우리가 너무나 많은 도움을 받고 있기 때문이다. 토요일 입장 연습은 보스톤국제학교에 가서 보스톤국제학교 교직원들과 함께했다. 학교별로 참여 인원도 정해져 있고 역할도 부여되어 있었다. 그리고 본 대회는 무석과기학원에서 진행하였다.

토요일에 보스톤 국제학교에서 연습할 때는 다들 투덜거렸는데 체육대회 당일에는 교직원들의 기분이 좋은 것 같았다. 보스톤국제학교 남자들은 수다쟁이가 많은 것 같고 개막식에 참석한 것이 기쁜 것 같다. 개막식 입장 대기석에서 보스톤 교직원들과 재미있게 얘기를 했다. 기수인 카를로스는 쿠바 출신으로 자기 자신과 가족을 재미있게 소개해 주었다. 데이비드는 보스톤 학교의 대표로서 대머리인데 유머 감각이 보통이 아니다.

그리고 턱수염이 멋있는 조나단은 한국어 학습에 정말 열심이었다. 보스턴국제학교에도 한국학생들이 상당히 많이 재학하고 있기 때문에 이분들이 한국 정서와 문화를 잘 이해하고 있었다. 조나단은 장난으로 "얘들아, 난 간다~" 이런 말을 한다. 참 재미있다. 그리고 조나단이 말하기를 이태리어와 일본어의 사운드가 비슷하다고 한다. 처음 듣는 이야기인데 언어학습에 일가견이 있는 조나단의 말이니 믿을 수밖에 없다. 또 유치원 선생님 엘리사도 보았다. 밝은 웃음에 사교성이 좋아 금방 친구가 된 것 같다. 다음에 보스톤에 가면 유치원에 꼭 가 보고 싶었다.

개막식에 입장을 할 때는 "One World One Dream I Love Wuxi"

이렇게 외치면서 입장을 하였다. 살짝 유치한 느낌이 들지만 자꾸 외치다 보면 재미가 있다. 막 웃음이 나온다. 사실 유치한 것이 재미있다. 너무 근엄하고 고상한 것은 재미가 없고 딱딱하다. 연습할 때보다 줄을 잘 맞추고 본부석을 향해 미소를 지으며 구호를 외쳤다. 이제 중국인이 다 된 것 같다. 이런 것도 하라면 하고 있었다.

"喊口號吧 排好隊" 줄을 잘 맞추고 구호를 외쳐라

모두가 입장을 하고 나니 개막식 축하공연이 펼쳐졌다. 개막식 축하공연을 보면서 난 입이 쩍 벌어졌다. 일단 축하공연 참여 인원이 어마무시했다. 나중에 알고 보니 개막식 축하공연에 참가한 사람이 5,200명이라고 한다. 체육대회에 입장을 한 사람 수가 아니라 개막 축하공연에 참여한 사람의 숫자가 그렇다는 것이다.

부채춤, 우슈, 리본 춤 등 참여하는 사람이 정말 많았고 공연과 공연이 끊임없이 잘 이어지도록 계획되어 빈틈 없이 진행되었다. 이 공연을 안 보았으면 큰 후회를 했을 것이다. 중국의 행사 진행을 보면서 자주 느끼는 것이지만 한 치의 오차도 없이 물 흐르듯이 진행이 된다. 일사불란하게 각종 공연이 이루어져 우리나라 88년 서울 올림픽 개막식을 보는 것 같았다.

또 기술은 진보했다. 드론을 띄워서 행사의 주요 내용을 촬영하고 거대한 이동식 카메라가 움직이면서 최고의 장면을 포착하고 있었다. 나도 연신 카메라가 쉬지 못하게 계속 사진을 찍고 영상을 담았다. 한편으로는 중국이 촌스럽게 이런 것을 한다고 투덜거렸는데 개막 공연을 보면서 올림픽 개막을 이렇게 해도 손색이 없겠다는 생각을 했다.

내년에는 문화교류 예산을 대폭 증액하여 체육대회 참가자는 모두 유니폼을 맞춰 입도록 해야겠다. 단체복이 일체감도 주는 것 같고 보기에도 좋다. 무엇보다 보스톤국제학교는 유니폼을 입고 참가하고 있었다. 우리가 좀 궁색하게 참석을 한 것 같아서 이 부분에서는 우리의 위상이 쪼그라들었다.

[개막식 깃발 체조]

[단체 제조와 대기석]

SK Hynics를 방문하고 나서

강소성에 투자한 최대 외자기업은 한국의 SK Hynics이다. 무석시에서도 SK Hynics에 대한 대접은 남다르다. 각종 행사 시 의전 서열이 높고 무석시 홍보자료나 영상에서도 SK Hynics는 빠지지 않고 등장한다. 우리학교가 설립이 된 것도 무석시 당국에서 SK Hynics를 유치하기 위해서 우리학교 건물을 지어 준 것이다. 건물을 지어서 초기에는 무상으로 임대하다가 몇 년 전부터 임대료를 받았다. 그리고 마침내 2021년에는 교육부에서 중국 투자집단으로부터 학교를 매입하였다. 총 매입 금액은 80억 원인데 교육부에서 40억 원을 지원해 주고 SK Hynics에서 20억 원, 나머지는 기타 기업과 교민, 학생들의 성금, 바자회 수익금을 모두 합쳐서 매입하였다.

무석한국학교에 부임을 하자마자 SK Hynics를 방문하고 싶었지만 학교 일도 바쁘고 서로 일정이 맞지 않아 방문할 수 없었다. 그런데 이번에 진로의 날을 맞이하여 10학년, 11학년 학생들이 SK Hynics를 방문한다고 하여 함께 가게 되었다. 이사장님께 연락을 드렸더니 이사장님은 북경 출장이라고 하셨다. 그래서 홍보팀 담당 직원들의 안내를 받아 SK Hynics 이곳저곳을 살펴보았다.

특별히 우리학교 학생들을 위해 VIP 이동 경로로 참관을 할 수 있도록 배려해 주었다. 우리학교는 SK Hynics에게 고마운 점이 많다. 학교 건물을 매입할 때도 20억 원을 지원해 주었고 이렇게 학생들의 현장체험을 지원해 준다. 또 Change Makers 활동도 지원을 해 주고 있어서 여러 가지로 많은 도움을 받고 있다. 사실 SK 최태원 회장의 인스타그램를 팔로우하면서 회장님께서 게시물을 올리면 우리 무석한국학교를 지원해 주셔서 감사하다는 댓글을 여러 번 단 적도 있다. 그만큼 SK Hynics가 우리학교 입장에서는 감사하고 소중한 존재이다.

  SK Hynics 무석공장 방문을 통해서 반도체의 현황과 미래, 그리고 SK Hynics의 비전을 알 수 있었다. 중국의 시진핑 주석도 몇 년 전에 이 반도체 공장을 방문하였다. 커다란 방문 기념 사진이 게시되어 있었다. 이번 방문에서는 무엇보다도 반도체 공장의 내부를 직접 볼 수 있어서 감회가 남달랐다. TV 뉴스 화면에서만 보던 반도체 공장 내부를 직접 눈으로 볼 수 있었다. 공장의 내부는 생각보다 거대한 규모였다. 그리고 공장의 천장에는 로봇이 레일을 따라 쉴 새 없이 반도체 관련 장비와 제품을 날랐다. 굉장히 속도가 빠른데 이 로봇들이 서로 부딪치는 일은 없다고 한다. 공장 안에는 이런 작은 로봇이 1,500대가 넘게 움직이고 있다고 한다. 이 로봇 하나의 가격이 고급 자동차보다 더 비싸다고 한다.

  그리고 반도체 공장 안에는 반도체 장비들이 빽빽이 보관되어 있었고 장비 하나하나의 크기가 정말 컸다. 그 용도를 잘 모르지만 각 공정에서 중요한 역할을 하는 것은 분명해 보였다. 보통 반도체 공장을 하나 짓는 데는 수십조 원이 든다고 한다. 무석에는 2004년 제1공장을 지었고 2019년 제2공장을 지었다고 한다. 현재 공장이 두 개 가동 중인데 중국직원이 4,200명이고 한국직원도 약 200여 명이 일하고 있다고 한다.

  한국기업이 세계 메모리 반도체 시장의 70%를 차지하고 있다. 삼성과 SK가 시장을 양분하고 있다. 다른 나라가 넘볼 수 없는 아성을 구축했다고 볼 수 있다. 최근에는 외부 설계를 넘겨받아 반도체를 위탁 생산하는 파운드리(foundry), 고대역 메모리 반도체 HBM까지 영역을 넓혀가고 있으며 Dram Maker에서 Dream Maker로 변신하고 있다고 한다.

　우리학교 학생들은 자기도 반도체 회사에 취직하여 일하고 싶다고 한다. 최근 SK Hynics는 AI 산업의 발달에 따라 HBM 반도체 경기가 초호황이어서 직원들에게 1,500% 성과급을 주었다고 한다. 꿈의 기업이라고 볼 수 있다.

[방문자에게 SK 반도체 소개]

[SK Hynics 공장 앞에서 기념 사진]

고랑(高浪)소학 바자회

무석 고랑소학은 우리학교와 자매결연을 맺은 학교이다. 매년 친선축구경기를 하고 있고 올해도 어김없이 우리학교에 와서 축구 경기를 하였다. 한국은 5월 5일이 어린이날인데 중국은 6월 1일이 아동절(兒童節)이다. 이번 아동절을 맞이하여 고랑소학에서 초청하였기 때문에 고랑소학에 가 보았다. 학교에서 바자회도 하고 학생들이 과자파티도 하면서 즐거운 시간을 보내고 있었다. 아동절이라서 평소보다 특별히 더 즐거운 시간을 보내는 것 같다. 오랜만에 수업에서 해방이 되어 만화영화도 보면서 자유로운 시간을 보내는 것 같다. 방문한 우리를 위해서 이렇게 특별한 시간을 갖는 것은 아니었다.

방문한 김에 중국 소학교의 교실과 교육환경을 살펴보고 싶었다. 그래서 교장선생님과 안내를 담당한 선생님께 말씀을 드렸더니 혼쾌히 허락해 주시고 안내를 담당한 선생님이 각 교실을 하나하나 설명해 주었다. 깜짝 놀란 것은 모든 교실에 전자칠판이 설치되어 있었다. 우리학교도 최근 몇 대를 설치했는데 여기는 각 교실마다 전자칠판이 모두 설치가 되어 있었다. 중국 전자칠판을 사용해 본 우리학교 선생님들은 소프트웨어의 성능이 매우 좋다고 한다. 중국 전자칠판의 소프트웨어가 매우 정교하게 발달되어 있어서 기능도 매우 다양하고 에러 없이 작동되고 매우 안정적이라고 한다.

다만 에어컨은 선생님들이 계시는 교무실에만 설치되어 있고 학생들 교실은 프로펠러형 선풍기가 돌아가고 있었다. 그리고 교실에는 플라스틱으로 만든 파란색 책상이 있었는데 디자인이나 위생적인 면이 좋아 보이지는 않았다. 책상 상판이 좁아서 책을 많이 올려놓기도 어렵다. 상판이 좁다 보니 책상다리의 폭도 좁아서 밀면 바로 넘어진다. 다행인 것은 한 교실에 약 45명 내외의 학생이 앉아서 공부를 하기 때문에 책상이 넘어질 공간이 없었다. 그리고 책상 옆에 책을 차례차례 끼워 넣을 수 있는 보조가방이 있어서 1교시부터 6교시까지 책을 순서대로 꽂아 놓으면 쉽게 책을 뺄 수 있었다. 우리는 학교 다닐 때 가방에서 책을 꺼내 책상 속에 한꺼번에 책을 넣어 놓거나 가방에 그대로 두었는데 이처럼 수업시간 순서대로 책을 꽂아 놓으면 편리하겠다는 생각을 하였다.

교실 뒷면에는 게시판이 있었는데 여기는 한 달에 한 번 정도 게시물을 교체한다고 한다. 공산당 관련 홍보성 글귀가 눈에 많이 띄었다. 급식실에도 가 보았는데 스테인리스로 만든 철제 식탁에 6~8명의 학생이 앉아서 식사할 수 있도록 식탁이 배치되어 있었다. 그리고 학생 수가 많아서 한꺼번에 급식실에서 식사할 수 없어서 교실 급식도 병행한다고 하였다.

또 하나 우리와 다른 점은 중국학교는 일반적으로 실내화를 사용하지 않는다. 집에서 신고 온 신발을 그대로 신고 교실로 들어간다. 한국과 일본학교는 실내화 사용을 철저하게 하는 편인데 중국학교는 그렇지 않다. 심지어 일본학교는 학교 현관에 전체 학생의 실내화가 비치되어 있어 현관에서 신발을 갈아신고 교실로 들어간다. 한국은 실내화를 학생이 가지고 다니는 방식이어서 학생들의 부담이 제일 크다고 볼 수 있다. 실내화가 위생 청결과 관련이 깊은데 일반적으로 아시아나 아랍권에서는 실내에서 신발을 벗고 그 외 지역은 나라에 따라 차이가 있는 것 같다. 이렇게 서로 다른 실내화 문화는 학교에서도 서로 다른 실내화 관리 방식을 보여 준다.

이번에는 운동장과 교사 주변으로 나와서 바자회를 둘러보았다. 바자회 진행 형식이나 방법은 한국과 비슷한 것 같았다. 바자회에 참여하여 중국 책 1권을 5원에 구입하였다. 300자 작문 책인데 읽어 보면 재미있게 중국어 작문을 할 수 있을 것 같았다.

바자회를 시작하기 전에 식전행사가 교문 앞에서 간단히 열렸는데 보스톤국제학교 교장선생님께서 간단히 인사 말씀을 하셨고 대나무를 기념 식수하였다. 바자회를 하면서 기념 식수를 하는 것은 처음 보았다. 나도 기념으로 대나무를 두 그루 심었다. 행사에 참여한 내빈, 중국학생들과 함께 심었는데 참 재미가 있었다. 기념 식수 후에는 사진도 찍고 중국 고유의 죽간무(竹竿舞)를 보았다. 죽간무를 하는 학생들의 호흡이 척척 맞았다. 단순한 리듬에 따라 대나무 사이에 발을 넣었다고 다시 빼며 건너가는 것이었다. 대나무를 리듬에 맞게 움직이는 사람과 건너가는 사람의 호흡이 잘 맞아야 한다. 이런 죽간무는 필리핀에 여행 갔을 때도 보았는데 어디가 원조인지는 모르지만 대나무가 많이 자라는 곳이면 약간씩 버전이 다른 이런 놀이가 있는 것 같다.

마지막으로 대외협력부 선생님께서 학교의 구석구석을 안내해 주시고 바자회 부스마다 돌아다니면서 설명을 해 주셨다. 이분은 전에 우리학교랑 축구할 때도 오셨던 분이다. 기억을 더듬어 보니 생각이 났다. 그리고 장(張) 교장선생님께서는 우리가 떠날 때 배웅해 주셨다. 이분은 중국여자로서는 드물게 화장을 했다. 보통 나이가 많은 중국여자들은 거의 화장을 하지 않는다. 조금 귀한 손님이라고 생각하면 중국은 항상 배웅을 해주는 것 같다. 많은 학교를 방문했지만 나를 배웅해 주지 않는 학교나 교장은 없었던 것 같다. 일반적인 중국학교나 중국학교 교장선생님은 한국학교와 함께하는 교류와 우호 협력을 매우 중요하게 생각하고 있고 기회가 되면 확대하고 싶어 한다.

[바자회 기념 식수]

[고랑소학 축구 교류전]

[고랑소학 바자회 참여]

화동 조선족주말한글학교 교사연수회

매년 화동조선족주말한글학교 선생님들이 모여서 연수를 한다. 중국 화동지역은 상해와 소주, 절강성, 강소성, 안휘성 일대를 말한다. 이 지역을 소위 중국 화동지역이라고 한다. 현재 화동지역에는 조선족 주말한글학교가 분교를 포함해서 모두 19개가 있다. 그리고 화동 조선족주말한글학교는 박창근 교장이 총괄하여 이끌고 있다. 이분은 연변 출신으로 길림대를 졸업하고 복단대에서 석사학위를 받고 복단대에서 강의하다가 정년퇴임을 하신 분이다. 또 대우학술총서를 집필하는 분으로 총 10여 권의 책을 쓰셨다고 한다. 당시 대우학술총서 원고료는 상해 집 한 채 가격과 같았다고 한다. 그리고 작은형님은 북경대를 졸업한 석학 집안이다.

주말한글학교 만찬 자리에 함께 앉아서 이런저런 얘기를 들려주셨다. 과거에 소수민족은 북경대에 입학하기 어려웠다고 한다. 작은형님은 조선족 전체에서 몇 명밖에 입학할 수 없는 시기에 북경대에 들어간 수재였다고 한다. 그 당시에는 중국어로 시험을 치렀기 때문에 소수민족들이 북경대에 입학하는 것은 하늘의 별 따기만큼이나 어려웠다고 한다.

그 후 개방개혁 정책이 시행되면서 조선족어로 북경대 입학시험을 볼 수 있어서 이때는 조선족에서 상당수가 북경대에 입학할 수 있었다고 한다. 조선족은 교육력이 높아서 인구 1만 명당 석박사 수가 한족이나 다른 소수민족보다 2배 이상 높았다고 한다. 가령 한족이 인구 1만 명당 석박사 수가 8명이라면 조선족은 17명이었다고 한다. 이분은 이런 통계자료도 모두 머릿속에 있었다. 그래서 중국사회에서 조선족의 위상이 매우 높았는데 반대로 한국에서는 조선족이 심하게 차별을 받았다고 한다.

최근에는 중국정부의 소수민족 동화정책에 따라 소수민족의 우대 정책이 줄어들어 중국 명문대에 소수민족의 합격생이 줄어들고 있다고 한다. 시험을 다시 중국어로 보게 하고 있고 소수민족들도 중국 어문을 배우게 하고 있다고 한다. 다만 일반 고등학교에서 소수민족이 배우는 중국 어문과 한족 학생들이 배우는 중국 어문은 상당한 수준 차이가 있다고 한다. 이런 실정이니 소수민족 학생들이 명문대에 합격하지 못하는 것은 어쩌면 당연한 결과라는 것이다.

또 중국의 과학원이나 사회과학원, 그리고 공정원 원사(院士)들에 대해서도 말씀하셨다. 원사는 과학기술계의 최고의 명예이자 칭호이며 공정원 원사와 과학원 원사가 있다고 한다. 이 원사들은 중국에 약 3,000명 정도 되는데 교수들보다 수준이 높고 대우도 좋다고 한다. 거의 부성장급 대우라고 한다. 원사가 되기 위해서는 원사 6명의 추천이 있어야 한다고 한다. 본인의 능력뿐만 아니라 인간관계 역량까지도 함께 본다는 것이다. 중국이 관계(關係)사회인데 이런 부분에서 커다란 진입 장벽이 될 수도 있겠다는 생각이 들었다.

물론 교수가 되는 것도 쉬운 것은 아니다. 유력 학술지에 논문을 발표하거나 본인의 저술이 있어야 한다고 한다. 한국도 이런 스펙이 있으면 유리하겠지만 중국에서는 이런 스펙이 필요하다는 것이다. 한국보다 더 엄격한 기준인 것 같다.

이분이 초대장 인사말을 쓰셨는데 초대장을 읽으면서 '이분이 시인이 아닐까?' 이런 생각을 했다. 현 상황에 대한 감성을 잘 담아서 초대장을 보내 주셨다. 많은 책을 저술하신 분이니 이런 초대장 인사말을 쓰는 것은 식은 죽 먹기일 것이다.

또 1990년대와 2000년대에는 복단대에 온 한국인 유학생이 1,500명 정도 되었다고 한다. 상당히 많은 유학생들이 복단대를 다녔다고 한다. 그리고 상해 학생들은 북경대나 칭화대보다는 복단대와 상해교통대로 진학하는 것을 선호한다고 한다. 이유는 4년 동안 북경에 가 있으면 상해 인맥이 많이 단절되어 상해에 계속 머무르면서 학업을 하려고 한다는 것이다. 내 생각에는 무조건 북경대나 칭화대로 진학하려고 할 것 같은데 그렇지 않다는 것이다.

또 남경항공항천대 교수님의 말씀에 따르면 중국은 대학 순위를 중국정부에서 순위를 매겨서 발표한다고 한다. 그분의 말씀에 따르면 남경항공항천대는 32위이고 상해 재경대는 60위라고 한다. 일반인들에게는 상해 재경대가 더 알려져 있는데 항천대는 이공계이고 재경대는 문과 위주여서 순위가 더 낮다고 한다. 그리고 교수들의 보수도 이공계 대학이 높다고 한다. 항천대의 경우 월 3만 원 정도를 받는데 무석 강남대는 만 팔천 원을 받는다고 한다. 이공계 우대가 뚜렷한 구조다.

그리고 중국에서 외국인 교수는 3년마다 계약을 갱신해야 한다고 한다. 과거에는 연구 실적이 좋으면 중국인 교수와 마찬가지로 정년이 보장되었다고 한다. 그런데 베이징 올림픽 당시 외국인 교수들이 중국의 인권상황에 대해 문제를 제기하여 중국정부를 당황스럽게 했다고 한다. 그리하여 그 이후에는 3년마다 계약을 갱신하는 것으로 바뀌었다고 한다. 중국은 일반교수는 정년이 60세이고 정교수는 65세이다.

반면 미국도 중국 주요 20개 대학에 대하여 블랙리스트를 작성하여 주요 20개 대학 교수들은 미국에 입국할 수 없다고 한다. 특히 국방부 소속 7개

대학 교수들은 당연히 입국이 금지된다고 한다. 미국과 중국은 무역전쟁만 하고 있는 것이 아니다. 군사부문에서도 경쟁이 치열하며 이렇게 대학 교수들의 학술교류까지도 차단하고 있는 것이다. 그러나 중국은 기술 패권을 위해 프린스턴대나 하버드대 교수진이나 연구진을 파격적인 조건에 영입하고 있어서 미중(美中) 간 기술격차가 줄어들고 있다고 한다.

중국에서도 교수는 월급으로 사는 것이 아니라 각종 연구프로젝트를 수임하여 사는데 최근 미국 관련 용역은 줄어들었고 국내 연구프로젝트도 시정부 관계자의 인사 발령이나 정부의 기조에 따라 부침이 심하다고 한다. 순수 연구도 중요하지만 정부의 입김에 맞은 프로젝트 결과를 내야 한다는 것이다. 그렇지 않으면 다음에 연구 용역을 주지 않는다고 한다. 엄밀히 말하면 연구 용역을 주는 것이 아니라 결과 용역을 주는 것이다.

얘기를 하다 보니 식사를 모두 마치고 치울 시간이 되었다. 우리 화동조선족주말한글학교 선생님들이야말로 진정한 한민족의 보루이다. 약간의 수고비를 받고 조선족의 후예들을 위해 헌신하고 봉사하고 있는 것이다. 이분들을 통해 한민족의 얼과 혼이 중국 땅에서 죽지 않고 살아 있을 것이다.

중국 로컬학교를 다닌 학생의 경험담

중국유치원부터 시작해서 중국 로컬학교 고1까지 다니다가 우리학교로 전학을 온 고3 학생이 있다. 이 학생이 중국어 신문기자여서 점심시간에 두세 번 이야기할 시간이 있었다. 이 학생에게 중국의 학교생활에 대해서 물어보았다. 이걸 바탕으로 중국학생들의 학교생활에 대해 적어 보고자 한다.

중국학교는 아침에 조습(早쩝)이 있다고 한다. 한국식으로 말하면 아침자습이다. 보통 중국 고등학교는 아침 7시 이전에 등교하여 7시 30분까지 아침 자습을 한다고 한다. 그리고 7시 30분에 1교시 수업을 시작한다. 우리나라 경기도는 아침 9시에 학생들이 등교를 하는데 등교 시간이 중국 고등학생들보다 2시간 늦다. 중국학교는 시험이 자주 있고 주로 지필평가를 본다고 한다. 반면 한국학교는 지필평가는 적은데 주로 수행평가가 많은 편이다.

중국학교에서는 시험을 보면 성적을 교실 대형모니터에 띄워 놓고 공개한다고 한다. 이전에는 교실 뒷면에 붙여 놓았는데 지금은 화면에 띄운다고 한다. 좋은 성적을 받기 위해 중국학생들의 노력은 대단히 치열하고 또 그것을 공개까지 하여 자극한다고 한다. 전에 중국학교에서는 체벌이 있었는데 최근에는 좀 자제하는 것 같다고 말한다. 그리고 외국학생은 체벌을 하지 않는다고 한다. 이 말은 듣는 순간 웃음이 나왔지만 아마 중국교육당국에서 외국인 학생은 체벌하지 말라는 지시가 있었을 것이다. 중국도 인터넷이나 언론에서 문제가 되는 것은 극도로 꺼리는 분위기가 있다.

또 초등학생은 야간 자율학습이 없지만 중학생은 야간 자율학습이 있다고 한다. 야간 자율학습은 보통 9시까지 이루어진다고 한다. 초등학생들은 4시 전후로 학교가 끝나면 하교하여 보통 학원을 간다고 한다. 시진핑 주석이 학원수강을 금지했지만 몰래몰래 갖가지 방법으로 학원을 다닌다고 한다. 학교에서 급식은 주는데 별로 맛이 없고 교육당국이 정해주는 업체의 식재료를 받아서 조리해야 한다고 한다. 아침에 아빠와 엄마는 출근 준비로 바빠서 주로 할아버지 할머니가 손주들의 등교를 담당하는 경우가 대부분이라고 한다. 아침에 전동(電動)을 이용하여 등교하는 경우가 많다고 한다.

중학교에서는 중고(中考)을 통해 반 이상이 고등학교로 가지 못하고 고등학교에 진학하지 못하는 학생은 취업하거나 직업학교로 간다고 한다. 중국의 입시경쟁은 매우 치열하다. 초등학교부터 명문이 있을 정도이고 보통반과 특별반이 구별되어 입시를 준비한다. 명문학교를 들어가기 위

[중국 학생들의 눈 건강체조 모습]

한 경쟁, 특별반에 들어가기 위한 경쟁이 치열하다. 정규 고등학교를 들어가지 못하고 직업학교를 가는 학생들 중에는 학습도 병행하는 경우가 있어서 그중에서 일부 학생은 대학에 입학하기도 한다고 한다.

또 중국학교에는 일반적으로 오수시간이 있다. 점심식사를 하고 잠을 자는 시간을 주는 것이다. 아침 일찍 등교한 학생들이 식곤증으로 졸릴 시간이다. 보통 30~40분을 주는데 반드시 오수시간을 운영하는 것은 아니고 운영하지 않는 학교도 있고 시험 기간에만 운영하는 학교도 있다고 한다.

또 홍건(紅巾)이라는 것이 있는데 초등학생들이 목에 매고 다니는 작은 스카프 같은 것인데 이걸 매고 공산당 선서를 하기도 한다고 한다. 일반적으로 중국도 반장, 부반장 제도가 있지만 회장이나 부회장은 없다고 한다. 외국인 학생도 아이들이 반장으로 뽑아 주기도 한다고 한다. 중국 로컬학교에 다니다가 우리학교로 전학을 온 학생들도 중국 로컬학교에서 반장과 부반장을 해 보았다고 한다. 특이한 점 하나는 전체 조회인데 거의 매일 운동장에서 전체 조회를 하고 체조나 달리기도 한다고 한다. 교장선생님은 가끔 훈화를 하신다고 한다. 국기에 대한 경례를 할 때는 손을 가슴에 대는 것이 아니라 옆으로 올리는데 우리가 하는 경례도 아니고 독일식 하이 히틀러도 아닌 중간 수준으로 손을 올린다고 한다.

수학여행이란 것은 없고 당일치기 소풍은 가는데 이것도 아침 공부를 하고 가고 학교에서 가까운 곳으로 간다고 한다. 눈체조(眼保健操)는 TV 화면에서 나오는 동작과 음악에 맞춰서 전체 학교가 하고 음악이 4절까지 있다고 한다. 학생들의 눈 피로를 회복하고 특정 혈자리를 눌러 마시지를 한다. 근시 예방에 도움이 되는지는 명확하지 않고 눈의 피로를 푸는 데는 확실히 도움이 될 것이다.

초등학교 6년 담임제는 약인가? 독인가?

중국은 초등학교 1학년부터 6학년 졸업을 할 때까지 6년간 한 선생님이 담임을 한다고 한다. 즉 학생이 입학할 때부터 졸업할 때까지 선생님 한 분이 담임하는 경우가 꽤 많았다고 한다. 그렇지만 최근에는 출산이나 육아휴직, 전근 등으로 2~3년 동안 담임을 하는 경우가 늘고 있다고 한다. 또 중학교나 고등학교의 경우 3년이기 때문에 대부분 같은 선생님이 담임하고 있다고 한다. 이러한 체제는 학교가 방침을 정하여 밀어붙이는 것이 아니고 대부분의 학부모도 이것을 원하고 있다고 한다. 한국은 1년에 한 번씩 담임을 교체하는데 중국은 색다른 교육문화를 가지고 있다.

초등학교의 경우 대부분 어문선생님이 담임을 한다고 한다. 그런데 우리나라처럼 담임 선생님이 대부분의 과목을 가르치지 않고 과목별로 다른 선생님이 수업을 진행한다고 한다. 수학, 과학, 음악, 체육 등은 다른 선생님이 가르치고 담임선생님은 주로 어문을 가르친다고 보면 된다.

중국 초등학교는 우리나라 중학교처럼 교과별로 다른 선생님이 학생들을 가르치는 것이다. 우리나라 초등도 고학년에 가면 교과전담 선생님이 각 교과를 가르치기도 하지만 전담교사가 가르치는 교과나 시간은 상당히 제한적이다. 이런 면에서 중국의 초등학교에서는 한국보다 교과전담 선생님의 수업이 더 많다고 보면 된다. 이런 이유로 중국의 초등학교 담임선생님은 우리나라 초등학교 담임선생님처럼 자기 반 학생들의 수업과 생활지도를 완전히 장악하고 있다고 보기는 어렵다. 다만 6년간 담임을 하기 때문에 긴 시간과 경험이 주는 통찰력이 있을 것이다.

초등학교는 1년 담임제가 좋은가? 아니면 중국처럼 6년 담임제가 좋은가? 우리나라도 한때 초등학교에서 담임 연임제를 의논하고 잠시 시범적으로 실시한 적이 있었다. 여러 가지 장단점이 있었겠지만 일시적으로 시행을 하다가 흐지부지되고 말았다. 한국에서는 여러 가지 요인으로 담임 연임제가 적합하지 않다고 교육공동체가 결론을 내린 것 같다.

중국의 교사 등급

중국교사에 대해 궁금한 점이 많아서 신오구 고만춘(顧萬春)교육국장님에게 여쭈어보았다. 고만춘 국장은 국제교육 담당이기 때문에 학기 초, 학기 말에는 우리학교를 방문하여 학교의 현안에 대해 학교장과 간담회를 한다. 입학식인데 방문을 해 주셔서 평소 궁금했던 중국의 교사들에 대해서 여쭈어보았다.

우선 중국은 교사를 직급으로 구분했을 때 2급 교사, 1급 교사, 고급 교사가 있다고 한다. 물론 신수(新修) 교사, 즉 신규 교사는 당연히 2급이다. 일정한 연수와 평가를 거쳐서 1급 교사가 된다고 한다. 단순히 경력만 쌓여서 되는 것이 아니고 수업도 개방하여 컨설팅을 받아야 하고 업적도 쌓아야 하며 엄정한 평가를 거쳐서 1급 교사가 된다고 한다. 당연히 1급 교사도 고급 교사가 되려면 평가에서 좋은 성적을 거둬야 하고 업적도 쌓아야 한다. 특히 수업 개방을 통해 점수를 획득해야 하므로 중국 교사들은 한국교사들처럼 수업 개방에 부담을 느끼지 않고 개방적이고 적극적이라고 한다. 중국학교 수업 참관을 추진하고 있는 나로서는 매우 희소식이다.

중국학교 교사들이 수업 개방에 적극적이라니 매우 고무적인 일이다. 더구나 외국학교 학교장과 선생님들에게 수업 개방을 하면 더 좋은 평가를 받을 수도 있기 때문이다. 중국 중학교 수업 참관을 추진하면서 마음에 걸렸던 것은 상호성의 원칙에 따라 중국학교 선생님들이 한국학교 선생님들의 수업을 참관하고 싶어 하면 어떻게 할 것인가 하는 문제였다. 한국교사들은 수업 공개에 많은 부담을 느끼고 일반적으로 수업 공개를 꺼린다. 아무도 수업 공개를 하지 않겠다고 하면 중국학교 교장과 선생님들에게 면목이 서지 않을 것이다. 교장의 입장에서는 정말 난처한 상황이 되는 것이다. 그런데 고 국장의 얘기를 들으니 중국학교에서 한국학교 선생님들의 수업 개방을 적극적으로 요청하지는 않을 것 같았다.

하지만 이런 측면을 고려하여 이번 교사 채용 선발 시 '중국학교와 상호 교류하면서 교사들의 수업 공개를 요청하면 수업을 공개할 수 있는가?' 이런 질문을 모든 지원자 선생님들에게 여쭈어보았고 긍정적인 답변을 받아 두었다. 그래서 큰 걱정은 하지 않고 있었지만 돌다리도 두들겨서 건넌다는 심정으로 여쭈어보았다.

또 중국에서는 고급 교사와 진고급(眞高級) 교사 등 명예로운 직책이 있으며 수당 등에서 약간의 차이를 둔다고 한다. 그리고 이 외에 성(省) 정부에서 매우 특별한 교사에게 주는 특급 교사가 있다고 한다. 특급교사는 교사 1,000명 중에서 2~3명이 선발이 될 정도로 매우 경쟁이 심하고 영예가 대단하다고 한다. 고 국장님도 교사를 할 때 특급 교사였다고 한다. 젊은 시절에 특급 교사가 되었으며 이후 승진도 하여 교육국에서 오랫동안 국제교육을 담당하고 있고 신오구 왕장소학 교장을 겸임하고 있기도 하다.

또 다른 특급 교사는 해력사소학(海力士小學) 과향홍(戈向紅) 부교장이다. 해력사 소학은 SK Hynics 반도체가 투자하여 세운 학교이다. 이 학교의 부교장님이 특급교사 출신이다. 지금도 위챗 모멘트에 영어 수업 관련 자료를 끝없이 올리고 있고 각종 세미나와 연구회를 이끌며 활발하게 활동하고 있다. 원래 소주에서 거주하시는데 해력사 소학에 스카우트되어 부교장으로 근무하고 있다.

또 한 가지 신오구 교육국 우수교육발전공동체 학술발표가 있었다. 무석시 교육국 고위층과 교장들이 함께 참여했는데 교육국 고위층은 맨 앞자리에 앉아 뚜껑이 덮인 찻잔에 수시로 따뜻한 차를 제공받았다. 그리고 의자도 좀 부드러운 의자였다. 그런데 뒤쪽에 앉은 교장들에게는 차 서비스도 없고 딱딱한 의자에 앉게 하였다. 중국의 수많은 행사에 참석해서 이제 적응이 될 만하기도 하지만 여전히 이런 점은 눈에 거슬리고 불편하게 느껴진다. 인민의 나라인데 대놓고 차별을 하다니 좀 씁쓸하다. 이 차별에 중국인들은 모두 당연하다는 듯이 불평이 없다. 그리고 귀빈을 소개할 때마다 크게 박수를 쳤다. 귀빈들은 자신이 소개될 때 손을 흔들거나 가벼운 목례를 하는 정도다. 한국처럼 고개를 많이 숙여서 인사를 하지 않는다. 한국과 중국은 대인 인사법이 이렇게 달랐다.

[특급교사 출신 왕장소학 고만춘 교장]

협화쌍어(双語)학교 다문화 축제

중국에는 쌍어학교라는 것이 있다. 글자 그대로 두 개의 언어를 사용하거나 배우는 중국 로컬 사립학교다. 무석에는 협화(協和)쌍어학교가 유명하다. 교육과정은 영미권 교육과정을 절반 정도 편성을 하고 절반은 중국 로컬 교육과정을 편성하여 운영하는 학교다. 그래서 국제과정은 영어로 수업을 진행하고 로컬과정은 중국어로 수업을 진행한다. 국제반은 외국 국적의 학생이 입학이 가능하나 로컬과정은 중국인만 입학할 수 있다. 우리학교 선생님의 자녀들도 일부가 쌍어학교에 다니고 있다. 영어와 중국어를 동시에 배울 수 있는 장점이 있는 학교다. 쌍어학교에 다니면 당연히 영미권 교육과정을 배울 수 있고 중국 로컬교육과정도 배울 수 있는 장점이 있지만 한국학생의 경우 한국어 실력이 부족해지는 문제가 있다. 그래서 주말한글학교에 다니면서 한글 실력을 보충하기도 한다.

쌍어학교는 국제학교보다 학비가 저렴하기 때문에 영미권 해외유학을 준비하는 중국학생들이 주로 다니고 있다. 신오구 정부에서는 다문화 학생의 문화활동을 협화쌍어학교에서 개최하였는데 우리학교에서도 중국에 새로 오신 선생님들을 중심으로 많은 교직원이 참여하였다. 처음에는 참여자가 부족할 것 같아서 행정실에도 참여를 독려하고 부모님들도 많이 참여해 달라고 권유를 하였다. 다행히 생각보다 많은 교직원이 참여해서 학교에서 간식도 준비하여 버스를 타고 갔다.

협화학교 운동장에는 인조잔디를 깔아 놓았는데 운동장 규모가 정말 컸다. 학생 수가 많기도 하지만 전체적으로 운동장이 크다. 또 주요 부스에 갔더니 우리학교 정희선 선생님과 장성문 선생님이 떡볶이를 만들어 팔고 있었다. 두 선생님의 자녀들도 협화학교에 다닌다. 대형 태극기를 지붕에 덮어 놓고 떡볶이를 팔고 있었다. 떡볶이 코너는 최고의 인기 메뉴였고 없어서 못 팔 지경이었다. 또 ISW 패터슨 교장선생님과 몇몇 선생님들께서도 함께 참여하고 계셨다. 별도로 마련된 무대에서는 각국의 다양한 춤 공연과 밴드 공연이 있었고, 운동장 가운데서는 각국의 음식과 공예품을 판매하고 있었다. 특히 오카리나 코너에서는 무석 강남대 학생들을 만났는데 "안녕하세요? 미안합니다. 감사합니다" 등 간단한 한국어를 드라마를 통해서 배웠다고 서툴게 말하였다. 행사에 참여하게 된 경위를 간단하게 얘기했는데 대학 전공은 영어라고 한다. 다문화 행사에 참여

[다문화 축제 인기스타]

한 것을 보니 세계의 문물에 관심이 많은 것 같다. 위챗 친구를 추가하고 다음에 만나서 얘기를 하면 중국어 실력도 늘고 좋았을 텐데 좀 아쉽다. 주 무대에서 진행하는 행사에서는 두 명의 사회자가 중국어와 영어를 번갈아 사용하면서 사회를 보았다.

이번 행사에서는 점심을 주지 않았다. 학교에서 출발할 때는 점심을 주는 것으로 알고 있었는데 현장에 가니 점심을 주지 않고 세계의 음식을 체험하며 사 먹으라고 한다. 처음 섭외가 들어왔을 때와는 차이가 있었다. 시간이 되면 협화쌍어학교의 교실 환경을 둘러보고 싶었는데 점심도 먹어야 해서 서둘러 학교로 돌아왔다. 남경항공항천대 손한기 교수님 부부와 자녀도 함께 참여했는데 점심도 드리지 못해서 아쉽다. 커뮤니케이션은 한국이나 중국이나 모두 중요하다. 다른 나라 말을 이해하지 못해서가 아니라 관계자들이 정확하게 소통을 하지 않은 것이다.

난 당일 한복도 빌려 입었다. 행정실 우기가 자기 남편이 결혼식을 할 때 입었던 한복을 빌려주었다. 원래 상하이에서 대여하려고 했는데 택배가 오가는 시간이 많이 걸릴 것 같아서 망설이고 있었는데 우기가 자기 남편 한복을 빌려준 것이다. 당일 한복은 인기가 많았다. 한복을 입은 나와 서로 사진을 찍자고 요청했다. ISW 패터슨 교장선생님과도 사진을 찍었다. 그리고 보스톤국제학교의 제인 교장선생님도 아들을 행사에 데리고 왔다. 아직 어린 아들이 있어서 제인의 아들에게 빵과 음료수를 사 주었다. 일종의 친근감의 표시였다. 그런데 이것이 나중에 우리학교에 커다란 선물로 돌아올 줄은 꿈에도 몰랐다. 보스톤에서 우리학교 학생들의 AP 시험 응시장소를 제공해 주고 교류협력 MOU를 체결하였다. 선한 마음으로 친교를 하니 하늘이 돕는다는 것을 알았다. 내가 입고 간 한복은 다문화 행사에서 각국에서 온 어린 학생들에게 정말 인기가 많았다. 한나절 동안 잠시 인기 있는 연예인이 되어 있었다.

[야외 축제 현장]　　　　　　　[젬베 공연 준비]

중국대학 강의실 상황

중국의 대학 강의실은 어떨까? 한국의 대학 강의실과 같을까? 중국에서 대학교수를 하고 있는 지인의 말을 들어 보면 다음과 같다.

중국의 경우 박사 학위를 받으면 약 10% 정도가 대학교수가 된다고 한다. 30~40%는 연구원으로 가고 그 외는 이렇다 할 직업을 찾지 못한다고 한다. 물론 이것은 출신 대학, 지역, 학과에 따라 다소 차이가 있음을 감안하고 판단해야 한다.

시진핑 정부가 들어서면서 대학교수에 대한 통제와 감시도 강화되었다고 한다. 중국의 대외정책에 대해 비판한 어떤 교수는 대학에서 쫓겨나고 심지어 형사처벌까지 받았다고 한다. 한국도 유신 독재정권 때는 이런 일이 있었다. 또 교수들도 시진핑 주석의 사상을 공부해야 한다. 영상자료를 꼭 시청해야 하고 그것을 점검한다고 한다. 그리고 교수들도 우수학생을 유치하기 위해 고등학교를 방문하여 대학을 홍보해야 하는데 이런 면은 지금 한국대학도 거의 같은 실정이다. 또 대학 강의실에 CCTV가 6~7대가 설치되어 있어 교수의 강의를 모니터하고 교재도 교수가 마음대로 선택하는 것이 아니라 당국에서 정해 준다고 한다. 한마디로 학문의 자유가 없다.

그러나 이러함에도 불구하고 중국대학의 연구역량은 매우 높다. 최근 네이처지가 발표한 세계 대학의 연구역량을 보면 하버드를 제외하고 상위권은 모두 중국대학이다. 중국대학이 비약적으로 발전을 하고 있는 것이다. 머지않아 중국대학에서 모든 신기술이 출현하고 특허도 독점할 것 같다.

이런 얘기만 하면 숨이 막힐 것 같으니 조금 편하게 이야기를 해 보자. 중국의 일부 도시에서는 초등학교도 나름 명문이라고 하는 학교는 학비를 수천만 원을 낸다. 심지어 어떤 초등학교는 입학금이 8억 원인데 자리가 없어서 못 들어간다고 한다. 이런 학교를 들어가려고 하는 것은 인맥을 쌓으려는 목적이 강하다고 한다. 중국이 관시사회이기 때문이다.

이 얘기는 더 답답한가? 그러면 정말 편한 이야기를 해 보자. 무석남장가(南長街)는 저녁이 되면 수로 변에 조명이 들어오고 분위기가 들뜨게 된다. 어두워지자 수로와 가까운 쪽 약 60~70cm 부근에서 황색 조명이 들어오고 시간이 지나면 흰색으로 바뀐다. 그리고 식당 주인이 식탁에 홍등을 가져다주며 분위기를 돋우어 준다. 유람선을 타고 다니는 사람은 수로 변의 사람들에게 손을 흔들어 주고 도자기 술잔에 담긴 오량액(五粮液)을 마시면서 털게를 먹으면 신선이 부럽지 않게 된다. 한번 경험해 보고 싶은 분은 무석으로 가서 이런 호사를 누려 보면 된다. 한국 돈으로 50만 원이면 될 것 같다.

대학교수님과 술잔을 기울이며 이야기를 계속해 나갔다. 남장가 바로 앞에 일본 호텔이 있는데 일본 호텔 체인이어서 숙박비가 비싸고 최근 강제 징용 배상과 관련하여 일본 측의 태도가 맘에 들지 않아서 이용하지 않는다고 한다. 그리고 남경에는 남경대패당이라는 식당이 있는데 거기는 음식만 파는 것이 아니라 친절과 서비스, 그리고 품격 있는 중국의 음식문화를 전파하는 곳이라고 한다. 대패당 식당은 나도 여러 번 가 보았던 곳이라 잘 안다. 또 중국은 범법자가 30년 이상의 형을 선고받을 정도가 되면 거의 사형을 선고한다고 한다. 범죄자를 관리 교정하는 비용이 많이 들어 사형으로 정리를 한다고 한다.

그리고 최근에 강음에서 40대 한국 주재원이 혼자 집에서 사망을 했는데 이틀 후에 발견이 되어 상하이총영사관 사건 영사와 강음 교민 몇 분이 함께 장례를 치러 주었다고 한다. 시체를 항공기에 싣고 가려면 비용이 약 6~7천만 원이 든다고 한다. 그래서 화장을 하고 가족들에게 인계했다고 한다. 동포애를 발휘한 일이라고 감격하며 말을 계속 이어 나갔다.

주중대사관에는 무관부 준장이 1명이 있으면 육해공 대령이 각 1명씩 있다고 한다. 최근에 싱하이밍(邢海明) 주한 중국대사의 발언은 매우 전략적인 발언이며 한국 측에서 과민반응을 하고 있다고도 말씀을 하셨다. 처음 듣는 이야기도 많고 잘 모르는 영역인데 다방면에 아시는 것도 참 많다.

또 법대 제자들이 변호사 시험에 합격을 한 학생이 많고 중국 생활이 이제 지루하기도 하여 한국으로 돌아가고 싶어 한국대학 교수 면접을 보는데 40명 이상이 와서 포기했다고도 한다. 한국도 면접만 보면 안 되고 1주일 전부터 인사도 드리고 술도 한잔 사고, 케이크도 드려야 된다고 지인들이 얘기를 했다고 한다. 그리고 중국여자와 결혼하여 바쁘게 돌아다니다 보니 아들이 한국어도 잘 못하여 한국학교에 입학시켜서 교육하고 있다고 말씀을 하셨다.

좋은 술과 좋은 음식을 먹으면서 좋은 곳에서 좋은 사람과 격의 없이 얘기를 하니 시간이 가는 줄을 몰랐다. 나도 잠시나마 남장가 수로 변에서 신선이 되어 있었다.

뜨거운 중국의 교육 열기

중국의 교육열은 한국보다 높다. 한국도 교육열이 높은 나라인데 한국보다 더 높은 것 같다. 중고등학생들은 6시 30분에서 7시 사이에 모두 학교에 등교한다. 심지어 어떤 학생들은 6시 이전에 학교에 오기도 한다고 한다. 학교에 등교하여 한시를 암송하고 하루 학습을 준비한다. 초등학생들도 대부분 7시 30분 이전에는 등교를 한다. 한국은 경기도를 중심으로 9시 등교를 추진하였고 9시 등교가 추진되기 전에는 보통 8시 30분을 전후로 해서 등교를 하였다.

학생이 있는 집은 부모나 학생 모두가 새벽에 일어나는 것이다. 이렇게 일찍 학교에 오기 때문에 대부분의 중국학교는 점심식사 후에 30분에서 40분가량의 오수시간이 있다. 오수시간이 없다면 체력적으로 문제가 될 수도 있다. 그러면 '좀 늦게 등교하고 오수시간을 없애면 될 것이 아닌가?' 이렇게 생각할 수 있다. 여기에는 중국인들의 아침 새벽 학습에 대한 철학이 반영되어 있다고 볼 수 있다. 이른 아침 시간에 인간의 두뇌가 활성화되어 학습효과가 높다는 생각이 일반적으로 받아들여지고 있는 것 같다. 이른 아침 학습효과에 이의를 제기하는 사람이 없는 것이다.

이렇게 학습열기가 높기 때문에 좋은 유치원과 초등학교, 중학교, 고등학교에 보내려고 엄청난 학비를 감내한다. 좋은 유치원을 보내는 것이 좋은 초등학교에 보낼 수 있고 좋은 초등학교를 나와서 중학교, 고등학교도 잘 갈 수 있다고 믿기 때문이다. 일반적으로 중국에서는 어떤 고등학교를 나오느냐에 따라 거의 대학이 결정된다고 보면 된다. ○○고등학교의 ○

O%에 들어가면 중국 유명대학 어디 어디에 입학이 가능하다는 식이다. 즉 고등학교의 수준에 따라갈 수 있는 대학이 결정되기 때문에 좋은 고등학교에 보내려고 사활을 건다. 고등학교에서는 최종 단계에서 과외로 고고(高考, 중국 수능)를 준비한다. 한국으로 말하면 대학수능시험인데 이것을 과외로 최종 마무리를 하는 것이다. 명문대생의 과외비는 상상을 초월하는데 시간당 천 원을 넘는데 학부모들이 경쟁적으로 이 돈을 부담한다고 한다. 웬만한 월급쟁이는 과외비를 감당할 수 없지만 마지막 베팅으로 생각하고 기꺼이 지불하는 사람이 많다고 한다. 몇 년 전 중국 당국에서 공동부유란 슬로건을 내걸고 과외를 금지했지만 과외할 사람은 모두 하는 것이 중국의 현실이다. 그리고 예체능 계열의 과외비는 한국보다도 더 비싸다. 중국인들의 소득수준에 비해 예체능 계열의 과외비는 정말 비싸다. 중국에 거주하는 우리학교 지인들의 얘기를 들어 봐도 이것은 사실로 확인이 된다.

　이렇게 치열한 입시를 거쳐 대학에 들어갔지만 최근에는 입사 전쟁이 벌어지고 있다고 한다. 중국경제의 고속 성장기가 끝나고 성숙기에 접어들면서 경제성장률이 낮아지고 있다. 경기도 침체되어 대학 졸업자의 취업률이 낮아지고 있어서 사회적 문제가 생길 것을 우려하여 중국 당국에서 취업률을 공개하지 않고 있다. 심각한 취업대란이 일어나고 있는 것이다. 또 취업이 되지 않아서 대학 졸업자가 이전에 중학교 졸업자가 하던 일을 하고 있다는 기사가 심심치 않게 기사화된다. 그렇지만 이런 기사도 당국의 검열이나 사회적 파장이 우려되면 삭제되기도 한다.

　중국의 교사들은 조금 고압적이다. 교사의 권한이 강하고 학생들을 엄격하게 통제하고 다루기 때문에 학생들의 질서의식은 매우 높다. 학부모들도 학교에 민원을 제기하여 따지는 일이 거의 없고 학생교육에 대해서 학교와 교사가 거의 전권을 가지고 있다.

[집중하는 교실 수업]   [질서 정연한 체육대회 개막식]

　중국은 한국식 수학여행이 없고 대신 상급학교에 진학하게 되면 군사훈련(軍訓)을 받는다. 대상 학년에 따라 훈련 날짜와 내용은 당연히 다르다. 중국학생들은 대부분 교실에서 공부를 하고 있고 도서관에서 따로 공부를 하는 시스템이 아니다. 도서관은 책을 대출하는 공간으로 주로 이용이 된다. 도서관 교육이 활성화되어 있지 않다. 중국교육당국자도 한국 드라마「스카이캐슬」을 보고 있다고 한다. 한국 콘텐츠를 막고 있으나 다운을 받을 수 있는 사이트와 앱이 많다고 한다. 막으면 다시 깔고 폐쇄하면 다시 여는 식으로 숨바꼭질을 한다고 한다. 즉 보는 사람은 다 본다고 한다. 교육당국자도 중국교육의 문제점은 알고 있으나 체제와 관련이 있기 때문에 변화가 쉽지 않다고 말한다. 한국도 입시 위주의 교육이 많은 문제가 있다고 이구동성으로 말하지만 제대로 바꾸지 못하고 있는 것과 같다.

왕장실험소학 송별 인사

2025년 1월 왕장실험소학을 다시 찾았다. 중국에 와서 우리학교와 가장 많은 교류와 협력을 한 학교가 왕장실험소학이다. 중국에서 실험이란 낱말이 들어가면 좋은 학교이다. 개발도상국에서 실험적으로 무엇인가를 한다는 것은 자원을 투입하고 역량을 집중한다는 의미이다. 우리나라에서도 전에 교대부속이나 사범대부속학교를 선호하던 시절이 있었다. 또 연구시범학교를 좋아하던 때도 있었다. 소위 시범학교는 정부와 교육청의 자원이 많이 투입되기 때문에 학생들에게 이로운 교육을 할 것이라는 믿음이 있기 때문이다. 한국시범학교는 짧게는 1년이고 길게 해도 몇 년이지만 중국은 바뀌지 않는다. 계속 실험학교를 유지하는 것이다.

그래서 학교명에 실험이란 글자가 들어가면 그 지역 명문학교가 되는 것이다. 당연히 왕장실험소학은 무석 신오구 명문학교이고 고만춘(顧萬春) 교장이 근무하는 학교이기도 하다. 고만춘 교장선생님은 무석에 부임할 때 중국에 대해 모든 것을 친절하게 알려 주셨고 교육국 국제교육도 담당하고 있어서 우리와는 불가분의 관계를 가진 분이다. 한국으로 귀임하게 되어 인사차 들렀다. 또 지난번 왕장소학 행복교육 20주년 기념식에는 부장단 워크숍이 있어서 참석하지 못했기 때문에 겸사겸사 방문하여 송별 인사를 하였다.

학교에 갔을 때 채명각(蔡明珏) 선생님과 교감선생님께서 나와 계셨다. 채명각 선생님은 왕장소학 춘계발표회 때부터 학교의 전체적인 발표 내용을 소개해 주셨고 학교의 주요 시설까지도 안내해 준 분이셔서 이전부터 잘 알고 있었다. 교감선생님께서는 잠시 다른 곳에 파견을 가셨다가 복귀를 하셨다고 한다. 이번에 가서 깜짝 놀란 것은 이전에 우리가 학교에 몇 번 방문했을 때 찍은 사진으로 영상을 만들어서 우리의 만남과 교류를 추억하고 송별의 아쉬움을 대신하는 이벤트였다. 학교 회의실에 영상 자료를 준비해 두었다가 우리가 도착하니 영상을 볼 수 있도록 해 주셨다. 참 대단한 일이다. 어떻게 이렇게까지 해 주실 수 있을까? 난 외국인이고 몇 번 방문했던 사람인데 이렇게까지 정성을 다해 응접해 주니 뭐라 드릴 말씀이 없었다. 이런 것을 감동이라고 말하는 것 같다. 지난 3년간의 사진 자료를 모아서 하나하나 추억을 되새길 수 있도록 해 주었다. 다른 학교 교장선생님을 위해 이렇게 해 줄 수 있는 사람이 몇 명이나 될까? 채명각 선생님은 사람을 감동시키는 재주가 있는 것 같다. 전에 중국 소학에 참관갔을 때도 중국 음료를 먹어 보고 맛있다고 하니 40도를 오르내리는 더운 날 자기 차에 가서 맛있다는 그 음료를 가지고 온 분이다. 그 때도 이분에게 감동을 했고 예사롭지 않은 분이라고 생각을 했는데 송별하는 이 시점에 또 감동을 준다. 감사하다는 말을 여러 번 하고 싶었다.

교감선생님은 자주 뵙지는 못했는데 무용을 전공해서 그런지 아주 단아하게 몸매를 잘 단련하셨고 서글서글한 웃음이 넘치는 분이었다. 음악과 무용 예술이 몸에 밴 분이다. 당찬 느낌을 받았다.

우리학교에서는 이번에 방문하면서 도종환 시인의 작품 「담쟁이」가 쓰인 목판시를 송별선물로 드렸다. 문학시선작가협회와 가을 문학 대잔치를 하면서 받은 목판시인데 이번 송별 기념 선물로 왕장실험소학교에 드렸다. 우리학교와 MOU를 맺고 있는 학교이고 한국어로 된 한국시를 선물로 드리는 것은 의미가 있을 것으로 생각되었다. 예상대로 정말 기뻐하셨다. 학교 연혁실에 걸어 놓겠다고 말씀을 하셨다. 또 한 가지 우리학교 마스코트 백호인형도 기념선물로 드렸다. 한국을 상징하는 백두산 호랑이를 형상화한 백호 인형인데 학생들과 교직원들에게 인기가 높다. 한 쌍을 선물로 드렸다. 백호인형을 받는 분들은 모두 좋아하고 깜짝 놀란다. 맘에 든다고 더 달라고 하는 분도 많다.

　이런 선물 또한 중국학교에서는 받은 적이 없을 것이다. 중국은 판다외교를 한다고 하는데 우리학교는 백호외교를 하고 있다고 볼 수 있다. 중국학교는 일반적으로 한국학교보다 규모가 커서 중후장대하지만 한국학교나 선생님들의 세심함이나 배려, 그리고 소위 퀄리티라는 측면에서는 부족한 점이 많다. 여러 학교를 방문하고 중국선생님들과 교류하면서 느낀 점이다. 고만춘 교장선생님은 송별 선물로 부채를 주셨다. 본인이 직접 부채에 산수화를 그려서 만든 부채다. 아주 귀한 선물이다. 덧붙여 설명하자면 중국의 명사들이나 고위직 관료들은 한자에 당연히 능통하여 한시를 쓴다거나 간단한 산수화를 그리는 것도 잘하는 분이 꽤 많다. 고만춘 교장선생님도 이런 것을 잘하시는 분이다. 미리 송별선물을 준비해 두셨던 것이다. 정말 감사한 일이다. 세계에서 하나뿐인 귀한 것이라서 한국에 와서 여름에 부채를 부치면 더 시원할 것 같다. 귀임을 앞두고 이렇게 그동안 좋은 인연을 맺었던 분들과 이별하려고 하니 마음이 무겁다. 한편으론 중국에서 행복했다는 증거이기도 하다.

[왕장소학 송별 사진]

[고만춘 교장께 송별 기념품 전달]

7. 국제학교 교육

벤치마킹 당하는 보스톤국제학교

보스톤국제학교와 고등학생들 친선 축구경기, 농구경기를 하러 갔다. 우리학교의 3~4배나 되는 운동장에서 축구경기를 하였다. 축구장, 농구장, 테니스장이 있었고 육상 트랙도 잘 갖추어져 있었다. 인조잔디 축구장에서 경기를 했는데 1 대 1로 비겼다. 190cm가 넘는 키가 큰 흑인 선수도 몇 명이 있어서 다소 불리한 상황이었지만 우리학교 선수들이 선전을 한 것 같았다.

이번 보스톤국제학교 방문은 스쿨 투어가 주된 목적이었고 축구, 농구 경기는 이벤트 성격으로 진행했다. 스쿨투어는 한국인 매니저가 친절하게 안내해 주었다. 유치원부터 둘러보았는데 유치원은 담임선생님과 부담임, 그리고 보조선생님이 한 팀을 이루어 학생들을 지도하였다. 유치원 교실과 복도에 다양한 놀이 활동 자료가 있었다. 그리고 복도에는 학생들의 작품이 게시되어 있는 것이 인상적이었다. 한국사람 입장에서 보면 좀 정리가 안된 산만한 상태로 게시가 되어 있었다. 놀이터도 유치원 전용 놀이터가 있었고 울타리가 설치되어 있어서 다른 학생이나 외부인이 들어올 수 없게 되어 있었다. 보통 국제학교의 일반적인 유치원 형태라고 볼 수 있다.

유치원은 시설 측면에서 본다면 일반적으로 초중등보다 보안을 강화한다. 놀이터에 작은 모래장이 있었고 옆쪽 인조잔디를 깔아 놓은 곳에는 여러 가지 놀이 시설이 많이 있었다. 국제학교는 이처럼 놀이 중심으로 유치원 교육과정을 운영한다. 하지만 중국유치원의 경우 뜻도 모르는 한

시를 암송하는 경우도 있고 초등학교 1학년이 되면 한시를 정식 교육과정에서 배운다고 한다. 그래서 중국학교에 가면 학생들이 한시를 암송하는 장면을 자주 볼 수 있다.

바로 옆에는 유치원과는 별도로 초등학교 단독 건물이 있었다. 초등학교 시설물 중에서 눈에 띄는 것은 교실에 모두 전자칠판이 설치되어 있었다. 나는 한국에 있을 때 초등학교 1~2학년 교실에는 전자칠판을 설치하지 않았다. 시력이 아직 안정되지 않은 나이에 과도하게 전자 화면에 학생들을 노출시키는 것이 안구 건강에는 좋지 않을 것 같았기 때문이다. 초등학교 1학년과 2학년은 담임과 부담임이 있었고 3학년부터는 담임이 1명이라고 한다.

교실 뒷면은 바닥부터 천정이 닿는 곳까지 모두 게시물을 부착할 수 있도록 구성이 되어 있었다. 교장연수 때 가 보았던 시애틀 미국학교와 벤쿠버 캐나다 학교도 이런 형태로 구성이 되어 있었다. 학생들은 개인용 책상이 아니라 보통 4인용 책상으로 붙였다가 떼었다 하면서 모듬활동을 자유롭게 할 수 있는 구조였다. 그리고 학생들이 학습 자료를 프린트할 수 있는 인쇄실이 따로 있었다. 학생들이 필요에 따라 발급받은 프린트카드로 학습자료를 인쇄할 수 있었다. 우리학교도 학생들의 인쇄실이 없었는데 이곳을 벤치마킹하여 컴퓨터와 복합기를 연결하여 인쇄할 수 있도록 학습지원실을 만들었다. 그리고 여기서 학생들이 잠시 휴식도 할 수 있도록 소파도 구비하였다.

보스톤국제학교는 미국학교로서 모든 수업이 영어로 진행이 되었고 한국학생들을 위한 방과후 한국어 수업이 있다고 한다. 보스톤국제학교는 전교생이 약 450명인데 그중에서 한국인 학생이 150여 명이다. 그래서 스쿨투어 한국인 코디가 3명이나 근무하고 있었다. 인근 ISW에도 약 100명, 난와이국제학교에는 90명, 그리고 쌍어학교나 중국 로컬에도 약 50명의 한국학생이 다니는 것으로 추정이 된다. 우리 무석한국학교 재학생이 470명이니 무석에 약 900명에 육박하는 한국학생이 있는 셈이다.

　수영장이 별도로 있고 체육관은 우리학교 체육관의 두 배는 되어 보였다. 그리고 체육관 아래에는 카페테리아 식당도 있어서 학생들의 개인 취향에 따라서 음식을 골라 담아 식사할 수 있었다. 학생들은 8시 30분에 수업을 시작해서 오후 3시 30분경에 수업이 끝나고 방과후 수업은 1시간 정도 한다고 하였다. 우리학교는 한 때 정규 수업이 끝나고 방과후 수업을 4시간이나 했다. 학생들이 너무나 힘든 것 같아서 두 시간 줄여서 지금은 두 시간만 한다. 방과후 수업과 스쿨버스 운행이 관계가 깊어서 정규수업 시간이 끝났을 때 스쿨버스를 한 번 운행하고 방과후 수업을 끝났을 때 스쿨 버스를 한 번 더 운행한다. 그리고 방과후 수업이 끝난 학생은 저녁을 학교에서 먹고 집에 가게 된다.

　보스톤국제학교는 고교생들이 자치활동을 매우 활발히 하고 있고 빵 굽기 등을 통해 모아진 수익금으로 자선사업도 한다고 한다. 기숙사도 있어서 입사를 희망하는 학생들은 기숙사 생활을 한다고 한다. 학생 수는 우리학교 학생 수와 비슷한 450여 명인데 교사 수가 약 20명이 더 많았다.

　학비는 유치원이 10~11만 원, 초중고는 15~16만 원 수준이라고 한다. 인근 ISW국제학교보다는 저렴하다. ISW은 20~21만 원을 낸다고 한다. ISW이 학교 규모는 더 작지만 도서관 시설이 잘되어 있고 교내 곳곳의 교육적 환경이나 시설은 섬세한 배려가 엿보이는 환경이었다. 다만 SK소학은 교내 곳곳에 화분이 많이 있는데 보스톤국제학교는 화분이 거의 없었다. 수업을 진행할 때 초1~2학년은 학교 스마트패드, 초3~6학년은 개인 스마트패드를 사용하고 중고등학생은 자기 노트북을 사용해서 학습한다고 한다. 반면 ISW은 노트북을 대여해 주는 방법으로 학교 수업을 진행하였다. 넓은 캠퍼스와 여유 있는 교실 공간이 부러웠다. 그리고 학생 라운지가 별도로 있어서 학생들이 보드게임이니 휴식을 할 수 있었다. 이것도 여유공간이나 교실이 있기 때문에 가능한 일이었다.

학교는 총괄교장이 1명이 있고 초등과 중등 부문 교장이 따로 있어서 3인 교장체제였다. 주로 외국인 교사는 미국, 영국, 캐나다, 남아공 출신인데 흑인도 꽤 많았다. 학부모 공개수업은 1년에 1~2회 정도 하는데 수업공개가 적은 편이다. SK소학은 학부모에게 수업이 매일 개방되어 있다. 학부모가 수업을 보고 싶으면 언제든지 와서 볼 수 있다. 또 특별히 보스톤국제학교는 International day라고 해서 각국의 문화와 풍습을 체험해 볼 수 있는 기회를 갖는다. 우리도 다문화의 날이나 중국의 문화를 체험해 볼 수 있는 교육과정을 운영하는데 이곳은 그 규모를 전 세계적으로 넓혔다.

보스톤국제학교에 다니는 학생들의 국적이 약 25개국이니 그 규모나 범위를 크게 할 수밖에 없을 것이다. '각 건물이 독립적으로 떨어져 있어서 학교 전체의 연대감이나 정체성에 문제가 있지 않을까?' 이런 생각도 해 보았는데 비를 막아 주는 회랑을 통해 이동할 수 있게 배치가 되어 있어서 편리하였다.

학부모가 그린 벽화가 체육관 입구 쪽에 3면이나 그려져 있었다. 그림의 크기도 크고 색채도 화려하여 한눈에 띄었다. 전문가의 솜씨로 체육관 여유 공간을 잘 활용하였다고 생각하지만 한편으론 학생들이 협동하여 그린 그림이라면 더 좋았을 것 같기도 하였다. 그리고 학교 가운데에 있는 정원에서 아이들이 스케이트보드를 타고 있었다. 늦가을 정취를 느끼면서 한가롭게 시간을 보내는 아이들이 행복하게 보였다. 우리학교 농구장에서도 스케이트보드를 탈 수 있게 정비를 해 보면 좋겠다는 생각을 했다.

고등학교 3학년 학생들이 친선 농구경기를 하였다. 보스톤은 용병 다국적군이라고 쉽지 않다고 생각했는데 우리학교가 32 대 27로 이겼다. 막상막하의 경기를 했고 우리학교 학생들도 승리의 열망이 높았다. 우리학교 고등학생들은 중학생들에 비해 슛의 정확도가 떨어진다. 그리고 속공으로 연결하는 속도가 느리고 대인마크나 지역마크를 하는 전술에 대한 이해도 떨어지지만 승리하였다.

몇 달 전 중학생 경기에서도 우리학교 중학생들이 58 대 26으로 보스톤을 이겼다. 우리학교 중학생들의 농구 실력은 월등하다. 시간이 갈수록 실력이 향상되고 있고 고등학생들을 이긴다. 슈팅 감각이 우수한 학생도 많아서 넘사벽 수준이다. 골밑슛과 레이업슛은 정확도가 굉장히 높다. 마치 프로선수들 같다. 특별히 농구를 잘하는 학생들이 많이 몰려 있는 것 같은데 중3이 고2까지는 가볍게 이기고 고3과도 거의 대등한 경기를 펼친다.

보스톤국제학교는 농구 경기에서 연거푸 졌기 때문에 자존심이 많이 상했다. 그래서 이번에는 고등부 축구경기를 하자고 한 것이다. 축구를 통해서라도 한번 복수전을 펼치고 싶은 것이다. 학교장들은 조금 과열이 되는 것을 좋아하지 않는데 젊은 체육선생님들은 자존심을 회복하고 싶은 것이다. 충분히 이런 마음을 이해한다.

방문을 허락해 주고 친선 축구경기도 함께하게 된 것을 감사하게 생각해 인사를 드렸다. 스쿨 투어를 마치고 나오는데 유심히 보니 보스톤국제학교 방문자용 목걸이 명찰이 참 멋져 보였다. 우리학교도 새롭게 디자인하여 학교의 품격을 높여야겠다고 생각하였다.

[보스톤국제학교 정문]　　　　[고등부 친선 농구 경기]

[도서관 내부]

국제화 교육공동체 활동 발표로 높아진 위상

무석에서는 국제학교 간 서로 교육활동을 공유하고 상생 발전을 꾀하는 교육행사가 있다. 일명 국제화 교육공동체 활동 발표이다. 교육국에서 1학기에 우리학교에서 개최하는 것을 제안했는데 코로나 상황 속에서 많은 교육활동이 중단되었고 학교현황 파악이 정확히 되지 않은 상태에서 대외 발표 활동을 약속하기는 어려웠다. 그리고 특별히 공유할 만한 내용도 없어서 2학기에 발표하는 것으로 연기를 하였다.

학교 동아리 발표 일정과 겹쳐서 진행해 보면 좋겠다는 생각을 가지고 있었다. 그렇게 하면 특별히 준비할 내용도 적고 수업공개를 할 선생님만 몇 분을 정하면 될 것 같았다. 11월 25일에 공개 발표를 하기로 교육국과 협의를 하였는데 갑자기 교육국에 일이 생겨서 날짜를 변경하였다. 발표 기일을 연기하는 것이 조금은 불편하고 짜증이 나는 일이었지만 발표 준비가 부족한 동아리 활동과 수업을 보완할 수 있는 기회가 되기도 하였다.

발표회 날 교육국에서는 고만춘 국장님과 담당 선생님이 오셨고 무석 시내 각급 학교에서 약 30여 명, 인근 ISW 패터슨 교장선생님, 보스톤국제학교 중국 담당 교장 제인, SK소학 과향홍(戈向紅) 부교장이 오셨다. 그리고 호택(戶宅)소학과 왕장소학에서도 부교장님이 오셨다. 또 왕장소학 교무부장님도 오셨는데 왕장소학에 갔을 때도 너무 친절하게 안내를 잘 해 주시고 더운 날 맛있는 차를 손수 갖다주신 분이다. 자기 차에 가서 차를 가져다가 주었다. 정말 고마웠고 저분은 빨리 승진하겠다는 생각을 하였다. 상황에 따라 빠르게 대처하고 상사의 마음을 읽고 거기에 맞게 준비하는데 싫어할 상사가 어디 있겠는가? 이번 행사에 참석하신 분들 중에는 이미 만나 본 분들이 상당히 많고 나와도 우호적인 관계를 맺고 있는 분들이 많았다. 그리고 무석 시내 다른 학교 선생님들은 주로 교무부장이나 연구부장이 오셨다.

교육국장님의 인사말과 함께 행사를 시작하였고 나는 준비한 PPT를 활용하여 인사말을 하고 학교 소개를 하였다. 인사말을 할 때는 중국의 여류시인 이청조의「여몽령(如夢令)」을 넣었다. 학생들의 동아리 활동이 주는 다양성과 다원성, 그리고 창의성을 설명해 나가면서 이청조 시인의「여몽령」을 PPT에 넣어서 설명해 나갔다. 방송대 중어중문학과에 다닐 때 교수님들이 중국의 엘리트들과 교류할 때는 한시를 활용하라는 말씀을 하셨다. 그 기억이 나서 이번에 한시를 PPT로 제시하였다. 중국사람들 입장에서는 한국학교 교장이 중국 한시를 이용하여 프레젠테이션하는 것을 보고 대단하다고 생각을 했을 것이다. '저 사람이 한시를 어디까지 배웠지?' 이런 생각도 했을 것이다.

우리학교 행정실 주임한테 들은 얘기인데 중국학교에서는 초등학교 1학년부터 중국 한시를 배운다고 한다. 심지어 유치원 원아들도 뜻도 모르고 한시를 외우기도 한다고 한다. 초등학교 1학년은 삼자경을 비롯하여 기본적인 한시를 외운다고 한다. 사실 이청조(李淸照) 시인의 시는 방송대 다닐 때도 배웠지만 호택소학에 갔을 때 학교 정원에 이청조 시인의 동상이 있어서 깜짝 놀랐다. 정원에는 두보, 이태백의 동상이 있었는데 거기에 이청조 시인의 동상도 있었다. '이청조가 두보, 이태백과 동급인가?' 이런 생각이 들었다. 그리고 혹시 이청조 시인의 고향이 무석 홍산인가 하고 궁금한 생각이 들어서 찾아보았더니 이청조 시인은 산동성에서 태어났다. 중국 역사에서 여류시인 많지 않기 때문에 더 특별한 대접을 하고 있다는 생각이 들었다.

그리고 보니 행사를 시작할 때 인사말은 중국어로 했다. 행사에 참석한 손님들 대부분이 중국인이기 때문이다. 성조가 조금 어색했겠지만 알아들을 정도는 되었을 것이다. 개인적으로 중국인들과 얘기를 한 적은 많지만 공식석상에서 중국어로 청중들에게 얘기를 한 것은 처음인 것 같다. 당연히 중국인들의 반응은 좋았다.

인사말을 한 다음 학교 소개를 하였다. 소개 자료는 중국어로 제작하였다. 주로 PPT로 제작하였는데 행정실 주임이 먼저 검토를 하고 다른 중국인 직원 2명이 중국인 입장에서 어색한 표현이나 문장이 없는지를 또다시 살펴보았다. 발표 당일에는 내가 한국어로 우리학교 교육의 방향과 철학에 대해 설명을 한 다음에 행정실 직원 송연이 중국어로 통역을 하였다. 그리고 남궁 혁 선생님이 제작한 학교 홍보 영상도 상영하였다.

그 이후에는 우리학교 고등부 난타팀의 난타와 K-pop 댄스를 보여 드렸다. 난타의 패기와 에너지에 큰 박수를 보내 주었고 댄스는 두 팀이 공연을 하였는데 과감하게 배꼽티까지 입고 출연하여 참석한 선생님들의 반응이 뜨거웠다. 학기 말에는 소주한국학교와 K-pop 댄스 배틀도 하기로 했는데 기대가 된다.

사실 이번 국제화교육공동체 발표 행사를 하면서 많은 일들을 했다. 여러 가지 측면에서 학교 교육환경을 개선하였다. 현관에 신발털기 매트 설치, 레드카펫 깔기, 현관에 대형 화분 배치 및 작은 소파 설치까지 학교 분위기를 바꾸기 위해 노력하였다. 이렇게 소소한 것부터 시작하여 여름방학 중에는 13가지 학교 공사를 진행하였다. 유치원 앞 대기의자도 교체하고 화장실까지 리모델링을 하였다. 학생들이 학교의 교육환경에 자긍심을 갖고 작은 행복을 느낄 수 있도록 학교 환경을 개선하였다. 좋은 교육환경은 학생들의 정서적 측면에서도 좋은 영향을 미친다. 학교의 교육환경 개선에 대해서는 나중에 얘기할 기회가 있으면 자세히 얘기를 하겠지만 ISW Eunice kim은 내가 부임한 이후 한국학교가 엄청나게 발전하고 있다고 말하고 있다. 실제로 국내 초임 교장 발령지에서도 교무실 실무사가 자기가 이 학교에 12년 동안 근무했지만 교장선생님이 부임하여 2년 반 동안 이룬 발전이 12년 동안의 변화와 발전보다 더 크다고 말씀을 하셨다. 과찬의 말씀이라고 생각하였다.

  우리학교 도서관 시설과 환경을 살펴보아도 부족한 점이 많았다. 그래서 장서도 더 구입하고 도서관 앞 신발장도 원목으로 교체하고 대기의자도 좀 더 안락한 것으로 배치하였다. 바닥 보일러 공사도 하여 겨울에도 따뜻하게 책을 읽을 수 있도록 하였다. 그리고 대출대도 새로 바꾸어 모두가 만족하는 도서관이 되도록 노력하였다.

  이번 행사에 참석하신 분들은 교직에 계신 분이어서 수업에 관심이 많았다. 5학년과 2학년 영어 수업이 인상적이었고 여러 가지 사물을 이용하여 음악을 연주하는 과학수업도 반응이 좋았다. 학생들의 높은 수업 참여도와 활발하고 명랑한 수업 분위기를 높이 평가를 하는 것 같았다. 그리고 영어, 중국어, 한국어를 모두 사용하면서 진행하는 수업과 학생들의 발표에 중국인 교사들이 큰 충격을 받은 것 같았다. 한국학교 학생들이 이렇게 우수한가 하고 감탄했을 것이다. 실제로 중국인 교사들이 3학년 영어 수업 참관하러 왔을 때 학생들이 영어를 쓰다가 중국인 교사가 질문을 하니까 중국어로 대답을 너무 잘해 주니까 중국인 교사들이 충격 아닌 충격을 받았을 것이다. 초등학교 3학년이 영어, 중국어, 한국어를 막 자유롭게 말하고 있는 것이다.

오후 3시가 넘어서 체육관에서 동아리 발표를 하였다. 정규동아리 23개, 자율동아리 12개로 총 35개 동아리가 활동하고 있다. 컴퓨터 게임을 만드는 동아리부터 손 글씨 쓰기, 인공호흡, 난타부, 밴드부 등 다양한 영역의 동아리가 있다. 학생들이 자기의 소질과 재능을 찾고 만족감이 높은 활동이 동아리 활동이다. 앞으로 계속해서 확대 발전을 시켜 나가야 할 교육활동이라고 볼 수 있다.

이번 행사를 시작하기 며칠 전부터 영하를 오가던 날씨가 행사 당일에는 포근했다. 참관하러 오시는 분이나 동아리 활동을 하는 학생들 모두가 좋은 날씨 환경에서 활동할 수 있었다. 또 보안들이 사전에 손님용 주차장을 확보하였고 스쿨버스 기사님들은 스쿨버스를 학교 밖으로 주차하여 넉넉한 주차 공간을 확보하였다. 중강당에서 주요 행사의 원활한 진행을 위해 마이크의 음질도 정확히 체크하여 필요한 장비도 교체하였다. 행사 당일에는 만일의 경우에 대비하여 컴퓨터 수리 기사가 행사장에 대기를 하고 있었다. 그리고 행사장 의자와 책장도 행사 성격에 맞게 잘 준비하였고 행정실에서는 내빈용 기념품도 잘 준비해 주었다. 한국 전통매듭과 USB, 에코백과 수건, 볼펜, 학교 프로파일, 과자 세트까지 세심하게 준비하여 참석자들을 감동시켰다. 물론 각종 차와 커피, 그리고 컵과일과 빵은 별도로 준비하였다. 우리학교 행정실은 정말 손발이 척척 맞아 이런 것을 잘한다.

초등부에는 8명의 선생님이 수업을 공개하였고, 행사 안내 팻말도 손수 제작하여 찾아오는 분들이 혼동하지 않게 하였다. 우리학교 모두가 하나의 팀으로 움직인 행사였다. 한국교사의 우수성을 알리고 한국학교 교육과정의 탁월성을 알리는 기회가 되었다.

이번 행사를 기획하여 시작할 때는 수업공개와 관련하여 초등부와 중등부 간에 다소 갈등도 생겼지만 무석한국학교라는 이름으로 우리가 하나가 되어야 하고 각자 역할 분담을 하여야 함을 강조하였다. 이런 큰 행사를 치르다 보면 도움을 알아서 주는 사람, 방관하는 사람으로 나뉜다. 이럴 때 그분의 진짜 인성을 알게 된다. 그리고 이런 행사를 통해 교사와 학생도 성장하는 것이다. 학교에 아무런 행사나 큰 대외적 교육활동이 없는 것이 일시적으로 편할 수는 있으나 조직이 침체되고 역동성을 상실하게 된다.

또 하나 이번 국제화교육공동체 발표 행사를 통해 알게 된 것은 공식적인 행사나 의식을 주관할 때 중국식 의식(Ritual)이 있다는 것이다. 처음에 이 행사를 준비할 때 이번 행사는 한국학교에서 발표를 하니까 모든 것을 우리가 알아서 하면 되겠다고 생각하였다. 소위 한국식으로 준비하면 큰 무리가 없을 것으로 생각하였다. 그런데 행사를 준비하면서 중국교육국과 얘기를 하다 보니까 중국식 인사말이 있어야 했다. 우아하고 고급스러우

[국제화 공동체 치사]

[국제화 공동체 축하 공연]

며 또 문학적이고 예술적이며 품격이 있는 인사말이 필요하다는 것을 알게 되었다. 이런 것을 보면 중국의 문화적 품격을 느낄 수 있다. 비판적인 시각으로 보면 좀 허세라고 볼 수도 있으나 우리에게는 이런 허세도 없었던 것이 사실이다. 그만큼 우리 민족의 역사와 삶이 어려웠던 것이다.

이번 행사의 주판(主辦)은 교육국임을 분명히 해야 했다. 승판(承辦)이 한국학교라는 걸 명시하고 PPT에 기재를 해야 했다. 다소 저항감이 느껴지는 일이었지만 수용했다. 교육국장과의 인간관계도 중요한 일이고 중국의 관행도 존중해야 했기 때문이다. 그리고 또 하나는 주제와 컨셉이 분명해야 한다는 것이었는데 이것은 국내에서도 마찬가지여서 큰 문제는 아니었다.

학교의 큰 행사도 잘 마치었는데 다음 날 새벽에 한국이 포르투갈을 2대 1로 물리치고 월드컵 16강에 올랐다. 황희찬 선수가 추가시간 1분 만에 손흥민 선수의 패스를 받아서 논스톱으로 차 넣었다. 기쁨 마음으로 아침에 학교로 출근하였다. 정말 홀가분하다.

[중등 동아리 발표]

ISW국제학교 진정한 보석들

ISW은 우리학교 인근에 있는 미국계 국제학교이다. 학교의 정식 명칭은 International school of wuxi(ISW)이다. 미국계 학교로서 기독교 재단에서 운영하고 있다. 천진과 연태 등 이 학교 재단에서 운영하는 학교가 중국에 6개가 있다고 한다. 사실 진짜 방문 목적은 우리학교 고2 학생들이 AP시험을 볼 수 있도록 AP 시험장을 우리학교 학생들에게도 개방해 달라는 것이었다. 전체적인 교류협력은 스포츠, 문화교류, Spelling bee 등을 함께 하는 것이었지만 우리학교 입장에서는 AP 시험을 보는 것이 핵심적인 목표였다.

Dr. Angela Patterson 교장은 인상이 참 좋았다. 중국 내에 있는 6개 학교의 교육감 역할을 하시다가 학교 건물 임대가 끝나 감에 따라 학교 이전 문제가 있어서 교장으로 부임하여 일을 하고 계신다고 하였다. 우선 학교 간 여러 가지 교류에 대하여 긍정적인 입장을 표명하셨다. 이전에도 간헐적인 교류가 있었으나 코로나로 인해 모두 중단이 되었다. 이제 새롭게 양쪽 학교 교장이 부임을 하였고 코로나도 상당히 안정적으로 상황이 관리됨에 따라 교류를 확대하고 학교 교육에 새로운 활력을 불어넣자고 의견의 일치를 이루었다.

특별히 패터슨 교장선생님은 Spelling bee에 관심이 많고 12월에 개최하는 것으로 계획을 짰다고 한다. 우리학교 학생들도 참여가 가능하고 초중등 모두 가능하다고 말씀을 하셨다. 교내 예선을 거쳐서 참여하면 좋을 것 같았다.

한국인 매니저의 안내에 따라 학교를 둘러보았다. 우선 유치원을 둘러보았는데 약 50여 명의 유치원 원아들이 있었고 아주 친절한 원어민 선생님들이 계셨다. 인상적인 것은 원아들이 낮잠을 잘 수 있는 침대가 하나씩 갖추어져 있었다. 유치원은 실내 놀이터도 가지고 있었고 상당히 넓은 학교 공간을 사용하고 있었다. 더 나아가 교직원도 출입용 카드가 있어야 유치원에 들어갈 수 있었다. 일반적으로 국제학교는 유치원에 외부인의 출입을 엄격하게 통제하고 있고 교직원의 출입도 제한한다. 유치원 원아들의 안전을 위해 초중등학교보다 더 많은 관심을 가지고 있었다.

2~3층으로 올라가니 학생들이 그린 그림을 복도 벽화로 그려 놓은 것이 많았다. 학부모 지원실 PTA(Parent Teacher Association)도 따로 있었는데 소파와 다양한 편의시설이 있었다. 학교가 학부모를 상당히 배려하고 교육의 파트너로서 인정하고 지원하며 협력하고 있다는 것을 알 수 있었다. 패터슨 교장선생님은 경험상 학생, 학부모가 같이 학교 교육에 참여할 때 가장 효과가 좋았다고 말씀을 하시고 그런 교육철학을 가지고 계셨다.

한국에서는 선생님들이 학부모의 교육 참여를 부담스럽게 생각하는 경향이 있다. 교육파트너로서 학부모의 역할을 인정하려 하지 않는 것 같다. 가급적 학부모를 멀리하고 학부모 상담 기간도 부담스럽게 여기고 회피하려는 경향이 있다. 심지어 평상시 상담을 하는데 왜 상담 기간을 잡아서 운영하느냐고 불편하게 생각하는 교사도 있다. 일반적으로 학교에서 상담기간을 운영하는 것은 평상시 상담이 잘 이루어지지 않고 학부모도 선생님과 상담 일정을 별도로 잡으려고 하면 상당히 부담스러워하기 때문에 학교 상담기간을 잡아서 운영한다. 상담기간에라도 서로 부담 없이 상담할 수 있는 기회를 주고자 하는 교육적 의도가 있는 것이다.

무석 SK소학처럼 학부모에게 상시 수업을 공개하는 학교가 있는가 하면 사전에 수업 공개를 요청하면 날짜를 잡아서 공개하는 학교도 있다. 또 학교 전체가 연간 계획에 의거 수업공개를 하는 학교도 있다. 중국에 파견되어 있는 동안 많은 중국학교를 방문하였다. 일반적으로 중국교사들은 수업공개에 적극적이다. 중국교사들의 적극적인 수업 공개는 한국 교사문화에도 여러 가지 시사하는 바가 많다. 한국에서는 교대 졸업 후 임용시험에 합격하여 3~4년 경력이 쌓이면 1정 교사 연수를 받고 1정 교사가 된다. 거의 자동적으로 1정 교사가 된다. 그러나 중국은 일정한 수업 공개와 연구, 그리고 평가를 거쳐서 한 단계 올라간다고 한다. 이런 측면에서 중국의 교사 진급 시스템이 더 합리적인 것 같다.

ISW 유치원은 간식이 있었는데 다른 학년은 간식이 없다고 한다. 우리 학교는 유치원부터 고3 학생까지 모두 간식이 있다. 하루 8시간씩 공부하는 성장기 학생들을 위해 학교가 간식은 제공해야 하지 않을까?

도서실도 꽤 넓었고 낮은 서가가 학생들 키 높이에 맞게 배치되어 있었다. 학생들이 편하게 책을 읽거나 태블릿 PC를 사용할 수 있도록 편의시설이 갖추어져 있었다. 학생 한 사람 한 사람을 배려하는 도서관 운영 철학이 배어 있었다. 각종 식물화분도 많이 있어서 자연 친화적인 환경이 조성되어 있었다. 각 교실을 둘러보는데 고학년들은 락커를 사용하고 있었고 교실에서 노트북을 사용하여 공부를 하고 있었다. 초등학교들은 태블릿 PC를 사용하고 고등학생들에게는 노트북을 대여하여 사용하게 한다고 한다. 그리고 교육과정은 여느 국제학교와 마찬가지로 IB교육과정을 운영하고 있었다. IB교육과정은 한국에서 제주도와 대구, 충북, 경기도를 중심으로 확산되고 있는 교육과정이다. 그리고 학교 정보인프라 측면에서 우리학교는 아직 와이파이가 완전히 구축되어 있지 않아 불편한 점이 있는데 시급히 구축해야 할 것 같다. 내년 초 와이파이 구축을 완료하고 교실에서 태블릿 PC를 사용하도록 할 예정인데 일정을 앞당겨야겠다.

교실 탁자는 토론 중심의 2인용 탁자로 이루어져 있고 수업은 모두 영어로 진행한다고 한다. 다만 한국학생들이 많아서(176명 중 104명) 한국어를 사용할 경우 패널티를 준다고 한다. 자연스럽게 영어회화 환경을 조성하고 있다는 것을 알 수 있었다.

체육관으로 이동해 보니 눈에 띄는 것은 대형 LED 전광판이다. 체육관 규모도 커서 2~3반이 동시에 수업할 수 있고 전광판을 수업에 잘 활용한다고 한다. 체육관 2층에는 관현악실이 있었는데 학생들의 연주 수준이 높고 정기적으로 공연을 하기도 한다고 한다. 그리고 학교에서는 이동 시 반드시 교사의 안내에 따라 이동하고 화장실도 교사와 학생용이 분리되어 있어 학생들의 프라이버시를 보호한다고 한다.

그리고 학년별로 다른 티셔츠를 입기도 하여 학년의 정체성과 단결력을 고양하고 더 나아가 자신들이 티셔츠의 디자인도 스스로 해서 입도록 권장하고 있다고 한다. 다만 중국의 특성상 기독교 학교인데 성경 공부는 못 하지만 성경적 봉사활동은 꾸준히 한다고 한다. 이웃돕기, 봉사활동 등 성경에 부합하는 활동을 주로 한다고 한다. 기독교 학교인데 성경 공부를 못 한다는 것은 정말 아쉽다. 그리고 고교생 기준으로 학비는 연간 21만 원을 낸다고 한다.

화장실과 교실이 무척 깨끗했는데 층별 담당자를 두어서 책임을 지고 관리하고 있다고 한다. 학생 수에 비해 층별로 상당히 여유 공간이 많아서 공간을 다양하게 활용하고 있었다. 공간이 좁은 우리학교 입장에서는 상당히 부러운 교육환경이었다. 또 교직원은 180일간에 걸쳐 채용하며 8개의 추천서가 있어야 한다고 한다. 이 학교는 교직원의 보수는 높지 않은데 모두 기독교 미션 마인드로 뭉친 사람들이다. 모두 착하고 선하게 생긴 사람들이 많다. 학교에 처음 들어갔을 때부터 그 분위기를 느낄 수 있었다. 교육환경이나 시설은 공사를 하고 교구를 구입하면 되지만 이런 교직원의 품성이나 인격은 돈으로 살 수 없는 것이다. 그리고 그런 사람들이 모여서 만들어 내는 상호 존중하고 배려하는 문화는 고귀한 것이다. 흉내 내기 어려운 것이다. 우리학교도 많은 장점이 있지만 이 부분은 쉽게 따라가기 어려운 부분이라고 보았다.

바쁜 시간을 내서 학교 투어를 시켜 주시고 AP 시험장까지 공유하는 데 긍정적으로 검토하신다고 하니 정말 고마웠다. ISW 학교 관계자들의 헌신적인 노력이 좋은 교육적 열매를 맺을 것이라는 확신이 들었다. 그리고 ISW국제학교의 장점을 벤치마킹하고 교류협력을 통해 우리학교를 더 발전시켜 나가야겠다는 결심을 새롭게 하게 되었다.

과향홍(戈向紅) SK 행복소학 부교장

과향홍 SK 행복소학 부교장은 아주 예쁘고 자신감과 열정이 넘치는 분이다. 전에 방문했을 때는 안 계셨는데 이번에 새로 스카우트해 오신 분이다. 소주 공립학교에서 영어를 가르치던 분인데 영어수업을 잘하셔서 스카우트된 특급교사다. 특급교사는 각 성에 몇 분이 있을 정도로 그 실력이 검증된 분이고 성 안에서는 유명한 분이다. 이런 분을 SK소학에서 특별히 초빙한 것이다. 그것도 부교장으로 초빙하였다.

중국에서 특급교사의 위상은 대단히 높다. 각 성 안에 몇 분이 안 계실 정도로 자격 조건이 까다롭다. 교사로서는 최고의 영예라고 볼 수 있다. SK소학에서 검증에 검증을 거쳐서 특별히 선발하였을 것이다. SK소학에 근무하시는 분은 당연히 높은 연봉을 받는다. 중국 일반 교사에 비해 몇 배는 될 것이다.

과향홍은 위챗 모멘트에 수업과 관련된 자료를 자주 올린다. 모멘트에 올려진 게시물을 볼 때마다 정말 열심히 하고 있다는 것을 알게 되고 수업이나 자료 하나하나가 새롭고 귀한 것들이다. 과향홍 부교장과 위챗을 연결하여 모멘트를 보고 응원을 하고 있다.

영어 교육에 관심이 많은 분이어서 우리학교 영어 교육활동도 모멘트를 통해 공유해 드렸다. 이런 상호 교류를 통해 중국학교에서 영어 교육을 실제로 어떻게 하는지 현실을 파악하는 데 도움이 될 것 같다. 한국학교의 영어 교육 모습을 공유하고 중국 현지학교에서 영어를 어떻게 가르치고 있는지 알게 되면 영어 교육 정보 교환이란 측면에서 우리에게 이득이 많이 있을 것 같다.

과향홍 부교장은 우리가 학교를 방문했을 때 도서관과 수영장, 클라이밍 암벽 등을 모두 안내해 주었다. 클라이밍 암벽은 SK소학만 가지고 있는 아주 특별한 시설이다. 높이가 10m도 넘어 보였는데 국제규격이라고 한다. 그리고 각 교실의 수업도 바로 볼 수 있도록 교실 수업을 개방해 주었다. 과향홍의 이런 모습은 손님을 응대하는 면도 있지만 SK소학이 펼쳐가고 있는 교육에 대한 나름 자신감의 표현으로도 볼 수 있었다.

[학교를 안내하는 과향홍 부교장]

[특급교사로서 수업하는 과향홍 영어교사]

스펠링 비(Spelling bee) 도전하기

ISW국제학교가 우리학교와 맺은 MOU 사업의 하나로 스펠링 비 대회를 주관하였다. 우리학교에서는 3~4학년 5명, 5~6학년 5명이 참가를 하였다. 원래 대회는 1~4학년이 한 그룹이고 5~8학년이 한 그룹이지만 우리학교는 7~8학년이 참가하지 않고 5~6학년 학생만 참가하였다. 스펠링 비 대회 결과는 1~4학년 대회에서는 우리학교 학생들이 1, 2, 3위를 모두 차지하였고 5~8학년 대회에선 모두 탈락하였다.

스펠링 비 대회는 말만 들었지 어떻게 진행하는지 몰라서 궁금하였다. 영어부장과 함께 ISW 체육관으로 갔는데 이미 대회 준비가 완벽하게 되어 있었다. 대회에 참가하는 학생 15명이 체육관 중간에 놓인 단상에 가슴에 번호를 달고 앉아 있었다. 1~4학년 그룹으로 ISW, 보스톤국제학교, 그리고 우리학교 학생들이 각각 5명씩 출전하였다. 스펠링 비 대회는 ISW 패터슨 교장선생님께서 진행을 하셨고 심사를 맡은 4분 선생님이 계셨다. 심사위원 4분은 학생들의 대답의 정확성을 판단하였다. 빨간색 카드와 노란색 카드를 들고 있었는데 빨간색을 들면 오답이고 노란색을 들면 정답이다.

패터슨 교장선생님은 스펠링 비 진행 경험이 많으신 것 같다. 매우 노련하게 진행을 하셨다. 패터슨 교장선생님께서 문제를 내면 학생 한 사람씩 앞으로 나와서 그 단어의 스펠링을 맞추면 된다. 다시 말해 달라고 할 수 있고 그 단어의 의미와 뜻을 설명해 달라고 할 수 있다. 1라운드에서 맞추지 못하면 무대에서 내려와야 하는데 우리학교 학생들은 대부분 잘 맞추었다. 문제가 순차적으로 제시되니까 같은 레벨의 문제라도 난이도에 약간의 차이가 있을 수밖에 없다. 즉 약간의 행운이 작용하는 것이다. 그러나 기본적으로 우수한 어휘력이 있어야 하는 것은 두말할 필요가 없다.

스펠링 비 대회는 8라운드까지 갔는데 우리학교 학생들만 남았다. 9라운드에는 공교롭게 모두 틀렸다. 마지막 10라운드를 진행했는데 우리학교 선생님 아들이 맞추어서 우승하고 남은 두 학생은 한 라운드를 더 하여 한 학생은 맞추고 한 학생은 맞추지 못해서 대회가 종료되었다. 매우 긴장이 되고 박진감이 넘치는 대회였지만 1라운드에서 떨어진 학생은 어떻게 하나 이런 생각도 들었다. 스펠링 비 대회를 교내에서 한다면 처음에는 모두 맞출 수 있는 쉬운 단어로 시작하고 점점 수준을 높여서 변별력을 갖도록 진행해야 할 것 같다.

우리학교 학생 3명이 트로피도 받고 참가상도 받았다. 5~8학년 부문에서는 우리학교 학생들이 모두 탈락하고 보스톤국제학교 학생들이 1, 2, 3위를 하였다. 우리학교 학생들은 5~6학년이라서 7~8년 학생들에 비해 어휘력이 당연히 부족하다.

ISW에서 정말 스펠링 비 대회를 열심히 준비했는데 ISW국제학교에서는 아무도 상을 받지 못해서 정말 아쉽다. 학부모들을 위해 스펠링 비 대회를 원격으로 중계까지 하고 있었다. ISW은 우리학교와 MOU를 맺은 학교로 서로 돕고 상생하는 동반자 관계를 만들고 가도 있다. 토요일인데도 ISW 직원 10여 명이 출근하여 스펠링 비 대회를 지원하고 도와주었다. ISW은 기본적으로 우리학교와 보스톤국제학교에 비해 학생 수가 적기 때문에 상대적으로 학교 대항으로 가면 불리하다. 그런데 이 사실을 잘 모르고 ISW 학생들은 영어 실력이 부족하다. 이렇게 평가를 해서는 안 된다. ISW국제학교는 좋은 교육과정을 운영하고 있고 훌륭한 선생님들이 많아서 학생들이 행복하고 즐겁게 학교 생활을 하고 있다. Eunice kim은 내가 부임한 이후로 무석한국학교가 엄청나게 발전을 했다고 칭찬을 해준다. 물론 약간은 발전은 이루어졌다고 생각한다. 가시적인 부분과 교육과정 운영 측면에서 발전이 이루어졌다고 생각한다.

[스펠링 비 대회장]   [자랑스러운 입상자]

ISW Java & Jazz 페스티벌

ISW과 우리 무석한국학교가 MOU를 맺은 이후 두 학교는 급격히 가까워졌다. 패터슨 교장선생님과도 인간적 유대를 맺게 되었고 양교가 교류를 확대하면서 각종 정보를 공유하고 교육활동을 함께 하고 있다. 서로의 강점을 벤치마킹할 수 있는 좋은 기회가 되고 있다. 이번에는 Java & Jazz 페스티벌을 한다고 하여 행정실장, 영어부장과 함께 일과 중에 가서 잠시 참관하였다.

당초 계획은 저녁에 멋진 조명 아래서 학부모님들과 함께 즐거운 시간을 보내는 것으로 기획하였으나 중국교육당국에서 코로나 확산을 우려하여 일과 중 행사로 바꾸었다고 한다. 인상적인 것은 학생들이 직접 Java & Jazz 페스티벌 티셔츠도 디자인했다고 한다. 난 전문가가 디자인을 한 줄

[Java & Jazz ISW 교사와 함께]

알았다. 티셔츠를 하나 선물로 주어서 기쁜 마음으로 받아서 가지고 왔다. 이번 페스티벌은 피크닉 콘셉트로 중앙 정원에 돗자리를 깔고 앉아서 음악과 커피, 음식을 즐기는 것이었다. 7~12학년 학생들의 합창, 락 밴드 공연, 관현악 공연 순으로 이어졌다.

이번 행사에 참석하여 처음 알았다. Java는 커피를 의미하였다. 즉 Java 커피를 마시면서 Jazz 음악을 듣고 편안하게 피크닉 하듯이 즐겁게 보내는 것이다. 그리고 여기에 곁들여 티셔츠를 팔아서 심장병 환우를 돕는 기금을 마련하는 것이었다. Jazz 음악은 조금 졸리는 듯한 기분을 주지만 평화로움과 여유로움도 주었다. Jazz의 매력인 것 같았다. 그렇지만 '한국 학생들에게는 Rock 음악이나 헤비메탈 음악이 더 어울리지 않을까?' 이런 생각을 해 보았다.

[ISW 중앙정원에 설치된 Java & Jazz 공연 무대]

ISW 학교의 장점은 교직원의 온화하고 따뜻한 미소와 친절이다. 우리학교가 단시간에 따라잡기 어려운 영역이다. 그렇다고 해서 우리학교 교직원이 불친절하다는 얘기는 아니다. ISW은 이런 면이 하나의 학교문화로 자리를 잡고 있었다. 기독교 학교로서 교직원의 인성과 덕성이 돋보이는 부분이다. 그리고 패터슨 교장선생님의 나이가 40대 초반이라고 한다. 난 60세 근접한 것으로 보았는데 놀랍다. 서양 여자들은 피부나 외관상 모습으로 나이를 가늠하기가 어렵다.

모스크바와 연결하다

　모스크바 한국학교 장은미 교장선생님과 화상으로 만났다. 이번에 모스크바 한국학교에 지원하신 우리학교 선생님에 대해서 궁금한 점을 여쭈어보고 싶은 것 같았다. 재외한국학교에서 다른 재외한학으로 옮기는 분들도 평판조회를 하고 국내에서 재중한국학교로 지원하시는 분의 평판조회도 보통 학교장끼리 한다.
　모스크바한국학교는 유초등만 있는 작은 학교이고 대사관에 소속이 되어 있으며 이사장을 총영사님이 맡고 계시다고 한다. 중국에 있는 모든 한국학교와 달리 본국과 더 긴밀하게 소통하고 있고 소속감이 깊을 것으로 생각이 되었다. 전에는 모든 교사가 파견교사였지만 최근에 모두 초빙으로 바뀌었다고 한다. 이번에 모스크바한국학교를 지원한 선생님도 우리학교에 6년간 계시다가 큰 결단을 내려 모스크바로 지원하게 되었다. 러시아가 우크라이나와 전쟁 중임을 고려하면 대단한 용단이라고 볼 수 있다.
　장은미 교장선생님과 통화를 해 보니 러시아 안에서는 전쟁 분위기를 전혀 느낄 수 없다고 한다. 매우 안전하고 치안도 잘되어 있다고 한다. 그리고 24시간 영업을 하는 곳도 많아서 아주 편리하다고 한다. 뿐만 아니라 서울과 모스크바가 자매 도시를 맺어서 모스크바시가 서울의 대중교통 시스템을 벤치마킹하여 우리나라처럼 버스 정류장에서 다음에 도착하는 버스와 도착시간을 실시간으로 알려 준다고 한다. 우리나라에만 이런 시스템이 되어 있는 줄 알았는데 모스크바에도 되어 있다니 정말 놀랍다.

그리고 2~3년 전에 장기 파견교사의 근무 연장과 관련하여 내부 갈등이 있었다고 한다. 이분들 몇몇이 재외국민교육기관 카페나 청와대 등에 민원성 글도 올리는 등 갈등기가 있었다고 한다. 일부 장기파견교사들이 터줏대감 노릇을 하고 있었다는 것이다. 그러나 현재는 이러한 문제가 모두 정리가 되었다고 한다. 모스크바는 주택비를 제외한 모든 물가가 싸다고 한다. 그래서 생활비가 적게 들고 성악, 관현악, 발레 등 고급스러운 공연을 아주 저렴하게 즐길 수 있다고 한다.

또 모스크바는 한국사람들이 생각하는 만큼 그렇게 춥지 않으며 기온도 비교적 따뜻하고 푸틴 대통령도 한국에 대해 매우 우호적이라고 한다. 한때 푸틴 대통령의 둘째 딸이 모스크바 삼성전자 법인에 다니던 한국사람과 사귀기도 했다. 최근 한국이 폴란드와 많은 방산무기 계약을 하면서 다소 불편한 심기를 표현했지만 한국이 우크라이나에 대량 살상무기를 제공하지 않음으로써 더 큰 외교적 파장은 없을 것으로 보인다.

이번에 모스크바로 지원하신 우리학교 강태호 선생님은 6학년 38명을 맡고 있었다. 다른 학년의 거의 두 배를 맡고 있는 셈이다. 재외한국학교는 학생들이 학비를 내므로 학교 재정에 엄청난 기여를 하고 있는 것이다. 물론 상당히 힘이 들었을 것이다. 보통 유학생 1명이 내는 학비와 관련 비용이 현지 학생 3명이 재학하는 비용에 버금가는 경제적 효과를 준다고 하는데 이분도 다른 선생님의 두 배에 상당하는 수준으로 학교 재정에 기여했다. 또 학교 간 교류활동, 학교신문 발간, 수업 공개 등 그 활동이 두드러진 분이다. 학교평가보고서도 잘 써서 전임 교장선생님께서 좋은 성과급 등급을 받기도 했다고 한다. 다른 교직원들과의 관계도 원만하여 모스크바에 가면 조금 어수선했던 모스크바 학교 분위기를 일신하고 새로운 분위기를 만들어 낼 것으로 기대가 된다.

  장은미 교장선생님께서 화상으로 만나자고 한 것은 지원한 분에 대한 평판 조회를 하고자 했던 것이다. 그래서 모스크바 한국학교에 지원한 강태호 선생님과 1년간 무석한국학교에서 함께 근무하면서 그동안 보고 경험하고 느낀 것을 사실에 입각하여 긍정적으로 말씀을 드렸다.

[모스크바한국국제학교 전경]

[개교 30주년 기념 행사 모습]

보스톤국제학교 크리스마스 바자회

보스톤국제학교 제인 교장선생님의 위챗 모멘트를 보고 크리스마스 바자회가 있다는 것을 미리 알고 있었다. 가끔 위챗 모멘트에 중요한 행사 소식을 올려 주는데 특별히 중국교장 제인은 감사하게도 다른 교장선생님보다 소식을 더 자주 올려 준다.

보스톤국제학교 바자회장 입구에서 제인을 만났다. 제인이 행사의 주요 내용을 소개해 주었고 지금은 학교설명회가 대강당에서 진행되고 있으니 그리 가 보라고 하였다. 강당(시청각실)에는 미국 총괄교장이 학부모들을 상대로 학교현황에 대하여 설명하고 있었다. 400여 명을 수용할 수 있는 대강당의 대형 화면에는 PPT 화면이 제시되고 교장선생님이 영어로 설명하면 화면 하단에는 중국어 자막이 제시되었다.

우리학교는 도서관이 좁아서 어떻게 확장을 해 볼까 구상 중인데 이런

[보스톤국제학교 총괄교장]

대형 강당은 꿈도 꾸지 못하고 있다. 밖으로 나와 바자회에 참석하였는데 떡볶이와 오뎅을 주는 한국 코너가 있었고 간단한 간식을 무료로 주는 베이커리 코너도 있었다. 그리고 HSBC은행에서는 QR코드를 스캔하고 간단한 개인정보를 입력하면 인형과 기념품을 자기 맘대로 골라서 갈 수 있도록 해 주었다. 나는 코끼리 인형을 골랐는데 작은 다이어리(diary)까지도 무료로 주었다. 크리스마스를 맞아서 공짜로 주는 코너가 늘었다. 봄에 갔을 때는 쿠폰을 산 다음 구입하는 것이 많았다. 여기저기 코너에서 크리스마스 포토존을 만드는 등 성탄 분위기를 고조시키고 있었다. 함께 간 우리학교 학생들이 능수능란하게 통역해 주어서 아무런 불편 없이 성탄 바자회를 즐길 수 있었다. 고3인 수빈이는 생명공학을 혜연이는 화학공학 계열로 진학하는 것을 목표로 삼고 있다.

바자회날 아침은 영하 6도였다. 5년 만에 무석에 눈이 내렸다고 한다. 무석에 온 이후 가장 추운 날씨이기도 하다. 우리 주말한글학교 학생들은 1교시에 기말고사를 보고 크리스마스 바자회에 참석한다고 한다. 우리 귀염둥이들도 바쁘다.

[학생들의 커피숍 버스킹]

[크리스마스 바자회 국가 소개와 전시 물품]

ISW 인터내셔널 데이

ISW에서 International day를 한다고 초청했다. 패터슨 교장선생님께서 초청하고 싶어 하신다고 Eunice Kim이 위챗으로 문자를 보냈다. ISW과 우리는 친형제자매 학교처럼 지내고 있다. 각종 행사에 양쪽 학교 관계자를 초청하고 있고 올해 4월부터는 우리학교 선생님이 ISW국제학교 방과후 학교 한국어 강좌에 참여하게 된다. ISW에서 한국어 교육에 대한 수요가 꽤 있다고 한다. ISW에 한국학생들도 많을 뿐만 아니라 국제학교에 다니면서 한국어 실력이 부족하여 방과후 시간에 한국어를 보충하고자 하는 학생들의 수요가 꽤 있다고 들었다. 우리학교에서 출강하시는 선생님의 역량에 따라 수강하는 학생들이 대폭 증가할 수도 있다.

ISW International day는 세계 여러 나라들을 선정하여 그 나라의 풍습과 음식, 놀이를 수업장면에 도입하여 실제 생활처럼 구현하는 것이다. 일종의 역할놀이인데 대상이 세계의 여러 나라이다. 올해의 주제는 섬나라의 생활이라고 한다. 올해 선정된 나라는 피지, 마다카스카르, 인도네시아 등이었다.

유치원부터 고등학생까지 모두 참여하는 행사다. 피지의 전통의상을 입고 피지의 음식을 만들어 팔기도 하고 놀이도 함께 하는 형식으로 진행이 된다. 재미있는 점은 유치원이 주도하는데 고등학생이 참여하기도 하고 고등학생이 주도하는 활동에 유치원이 참여하기도 한다는 점이다. 항상 고학년 학생들이 활동을 주도하는 것이 아니다. 여러 가지 역할의 주도자가 바뀌는 상호 역동성이 있는 수업활동이다. ISW에 가서 항상 느끼는 것이지만 학생들의 표정이 밝고 행복해 보인다는 점이다. 또 교직원들도 온화하고 따뜻한 미소로 학생들을 지도하고 각종 활동에 참여하는 것이 인상적이다. 학교는 이래야 한다는 것을 자주 느낀다. 이런 문화는 1~2년 또는 한두 사람으로 인해서 학교문화로 정착이 될 수 있는 것이 아니다. 우리학교 학생들이 외부인의 눈으로 보았을 때 ISW 학생들만큼 학교생활이 즐겁고 행복할까? 이 부분은 조금 자신이 없다.

패터슨 교장선생님은 우리를 안내해 주고 순회하시면서도 늘 학생들과 소통을 하신다. 인사도 주고받고 학생들을 격려하며 활동에 참여도 하신다. 이러한 모습이 학생들의 학교 생활과 수업에 재미를 주기도 하고 역동성을 부여하는 것 같다. 나도 이런 부분에 관심을 가지고 열심히 하려고 하는데 나보다 훨씬 앞서 있고 자연스럽다.

오는 8월에는 패터슨 교장선생님께서 청도로 가신다고 한다. 중국의 주

[ISW 인터내셔널 데이 안내판]

요 지역에 ISW과 같은 재단학교의 교육장 역할을 하신다고 한다. 무석에 오기 전에도 이 역할을 하셨는데 무석 ISW 후임 교장선생님도 정해졌기 때문에 이제 청도로 돌아가서 본래의 역할을 하실 거라고 한다. 정말 아쉽다. 그동안 오고 가면서 정도 많이 들었고 우리학교와 우호협력한 것이 참으로 많다. 우리학교가 도움을 받은 일이 굉장히 많다. 우리학교 학생들이 AP시험과 SAT시험을 볼 수 있도록 MOU도 맺었고 국제농구교류전에 우리학교를 초대하는 등 우리학교의 위상을 높이는 데 많은 도움을 주었다. 또 패터슨 교장선생님은 아이디어가 참 많은 분이다. 우리학교와 난와이국제학교, ISW이 함께 학교 홍보영상을 만들자고 제안하셨다. 홍보팀에서 콘셉트를 잡으면 함께 아이디어 회의를 하면서 멋진 영상을 만들어 보자고 하였다.

한편 ISW 학교는 특이한 문화가 있는데 이 학교는 부부가 함께 근무하는 것을 권장한다고 한다. 현재도 4쌍이 함께 근무하고 있다고 한다. 한국과는 완전히 다른 문화다. 한국에서는 부부는 물론이고 친척도 일정 촌수 이상은 동일교 근무를 하지 못하게 하고 비정기 전보를 통해 다른 학교로 보낸다. 실제로 ISW은 부부 동일교 근무의 장점을 극대화하기 위해서 이런 근무형태를 권장하는데 한국학교의 경우 교직원들의 정서는 다른 것 같다. 대부분 불편하다고 말한다. 여러 가지 다른 상황이나 조건이 있겠지만 한국은 다른 정서적 문화를 가지고 있는 것 같다.

ISW국제학교는 건물을 임대하여 학교를 운영하고 있다. 그런데 작년에 삼고중(三考中)으로부터 건물을 비워 달라는 통보를 받았다고 한다. 그래서 학교에서는 여러 가지 방안을 검토하고 있고 임대하여 사용할 만한 건물을 알아보고 있었는데 몇 달 전에 엎친 데 덮친 격으로 건물 명도 날짜까지 통보를 받았다고 한다.

하지만 최근에 기류가 바뀌었다고 한다. 삼고중이 교실이 부족해서 바로 옆에 있는 ISW 건물을 사용하려고 하는 줄 알았는데 사실은 무석시 당국에서 국제학교를 폐쇄하거나 이전을 시키고 중국식 국제교육을 해 보겠다는 생각을 하고 있었다는 것이다. 그래서 이런저런 일을 추진하고 있던 차에 ISW과 한국학교의 밀접한 교류 상황을 알게 되었다고 한다. 그리고 무석시는 무석한국학교와 SK Hynics가 상호 긴밀하게 협력하고 있는 상황을 잘 알고 있으므로 ISW국제학교의 존속으로 방향을 선회했다고 한다. 즉 ISW과 무석한국학교가 상호 협력하고 있는 상황에서 ISW국제학교를 폐쇄하면 문제가 생길 것이라고 판단을 했다는 것이다. 무석한국학교와의 긴밀한 교류가 ISW 존속에 결정적인 역할을 했다는 것이다. 우리는 모르고 있었는데 Eunice Kim이 설명을 해 주었다. 그리고 너무 감사하고 고맙다고 말씀을 하였다. 우리가 그동안 ISW과 교류하면서 도움이 받은 것이 정말 많은데 무슨 말씀을 하시냐고 반대로 감사의 말씀을 드렸다.

일이 되려고 하니 줄기 하나 잡아당겼는데 호박이 넝쿨째 굴러들어 오는 상황이 된 것이다. 고맙게도 모든 일이 술술 풀리고 있다.

[섬나라 탐험하기]

[섬나라 놀이체험 활동]

보스톤국제학교 인터내셔널 데이

　보스톤국제학교 인터내셔널 데이에 참석하였다. 보스톤교장선생님께서 초대장을 보내 주셨다. 보스톤 인터내셔널 데이에 참석하기 위해 우선 통역을 할 학생들 선발하였다. 중국어와 영어가 모두 가능한 학생 두 명을 고등학교 고학년 위주로 선발하였다. 전에는 영어는 영어선생님이 통역을 하셨고 중국어는 행정실 중국인들이 지원을 해 주었다. 요즘은 우리 학생들이 영어와 중국어를 잘하고 이런 활동을 하면 대입 전형서류에서도 활동증빙서를 작성할 수 있으므로 여러모로 유용한 면이 있다. 그래서 고등학교 학생들을 선발하여 통역으로 활용하려고 계획하였다.

　보통 재외한국학교에서 12년 동안 학교를 다니는 학생 중에 언어학습 능력이 우수한 학생들은 영어와 중국어를 모두 잘할 수 있게 된다. 일주일에 영어는 10시간을 배우고 중국어는 4~5시간을 배운다. 재외한국학교에는 영어 원어민도 많고 중국인 중국어 교사도 많아서 자연스럽게 영어와 중국어를 습득할 수 있다. 국내에서 한국의 일반적인 교육과정을 이수하는 학생들보다 더 자연스럽게 외국어를 습득할 수 있는 환경이라고 보면 맞다.

　이 행사가 토요일에 열려서 학교 차를 타고 보스톤으로 갔다. 이미 많은 사람들이 와서 인터내셔널 데이를 준비하고 있었고 보안이나 학교 관계자들이 차량 주차를 안내하고 학교 방문하시는 분들을 안내하였다. 교문 앞에 있는데 학교 이름이 새겨진 분수대에서 물이 힘차게 뿜어 나오고 있어서 행사에 기운을 불어넣고 있었다.

조금 더 들어가니 행사의 주 무대가 보였고 쿠폰을 파는 코너가 있었다. 부스를 이용하기 위해서는 쿠폰을 사야 한다. 50원, 100원 쿠폰이 있었는데 일단 100원 쿠폰을 두 개 샀다. 쿠폰이 남으면 돈을 돌려받기도 불편하고 쿠폰이 부족하면 더 구입하면 되기 때문이다. 인터내셔널 데이는 세계 여러 나라의 부스를 돌아다니면서 음식과 문화를 체험하는 것이다. 이때 쿠폰을 사용하기 때문에 쿠폰을 미리 사야 한다. 쿠폰은 주로 5원 단위로 사용하도록 각종 체험활동이나 음식 값이 책정이 되어 있었다. 부스체험 스탬프도 있어서 여러 부스를 체험하고 이용할 때마다 스탬프 도장을 받고 나중에 추첨하여 상품을 받는 시스템도 운영하고 있었다.

우리는 일본 부스에 가서 일본의 간식거리를 구입하고 15원짜리 음료수를 구입하였다. 또 브라질 부스에 가서 구경을 하고 이분들과 사진도 찍었다. 그리고 스위스 부스에 가서 빵과 초콜릿을 구입하였다. 인도의 전통의상을 입고 있는 인도 부스에 가서 체험도 하고 고기를 굽고 있는 미국 부스를 흥미있게 바라보며 미국식 고기 굽는 방법도 눈으로 익혔다. 또 한국인들이 가장 좋아하는 떡볶이 코너에 가서 떡볶이도 15원어치 사 먹었다. 떡볶이 코너는 한국인뿐만 아니라 외국인에게도 정말 인기가 많았다. 떡볶이는 약간 매콤하여 중독성이 있는 음식이어서 계속 먹게 된다. 감자전이나 김치전도 인기가 높아서 만들어 놓기도 전에 모두 팔렸다. 이 외에는 한국 코너에서는 식혜와 태극기 부채도 같이 판매를 하였다.

보스톤국제학교에는 한국학생이 약 120~150명 정도 재학하고 있다고 한다. 일본 학생도 30여 명 재학하고 있다고 한다. 일본인들은 소주에 있는 일본인 학교에 학생들을 많이 보낸다. 보스톤국제학교에서 단일 국가 학생으로는 한국학생이 가장 많다. 그래서 한국학부모들의 참여도가 높고 한복을 입고 다니는 학생들도 꽤 많다. 인터내셔널 데이에 한복을 입고 한국의 전통과 문화를 자랑해 볼 수 있는 시간이다.

부스를 이동하면서 체험을 하는데 인사를 하는 학생들이 꽤 많았다. 누구인지 물어보니 우리학교 주말한글학교에 다니는 학생들이라고 한다. 평상시에는 보스톤국제학교를 다니고 주말에는 한글을 보충하기 위해 우리학교 주말한글학교를 다니는 것이다. 토요일 아침마다 무석한국학교 주말한글학교에서 만나는 학생들이다. 토요일 날 스쿨버스에서 내릴 때는 그저 귀엽다는 생각을 많이 했는데 여기서 보니 의젓한 느낌이 든다.

이곳저곳 부스 체험을 하는데 우리학교 10학년 학생이 자기의 여자친구라고 보스톤국제학교 학생을 소개해 주었다. 세상이 참 많이 변했다. 10학년 학생이 자기의 여자친구라고 교장에게 소개도 해 준다. 그리고 우리학교 선생님도 자기의 독일인 친구를 소개해 주었다. 미국인과 결혼한 독일인인데 자기 옆집에서 산다고 한다. 그래서 친구가 되었다고 한다. 몇 년 전에 독일에 갔을 때 드레스덴 엘베강 브륄의 테라스에서 맥주 한 잔을 하면서 행복한 시간을 많이 가졌던 기억이 났다. 그런데 이분이 드레스덴 근처가 고향이라고 한다. 그래서 더 친근한 느낌이 들었다. 물론 독일에서는 하이델베르크나 뉘른베르크에서도 좋았던 기억이 있다.

축제는 부스 체험만 있는 것이 아니라 오케스트라 단원들이 나와서 흥겨운 음악도 연주를 하였다. 특히 「Funky Town」을 연주할 때는 지휘자마저도 춤을 추었다. 오케스트라 연주는 학교 행사의 꽃이다. 학교 행사의 품격을 높여 준다. 한꺼번에 연주를 끝내는 것이 아니고 중간중간 연주를 하였다. 그리고 무대에서는 학생들의 노래와 무용이 이어진다. 학부모들은 자녀가 나올 때마다 카메라 셔터를 누르기 바쁘다. 대회에 참가하여 순위를 가리는 것이 아니고 음악과 예술을 즐기는 것이다. 이런 문화가 참 좋다. 또 각국 국기를 앞세우고 전통의상을 입고 퍼레이드를 하는 프로그램도 있었다. 하나같이 흥겹게 참여하고 있었고 옛날에 학교 운동회 때 하던 가장행렬이 생각이 났다. 행렬이 지나갈 때마다 환호와 박수와 웃음이 터진다. 세계 각국의 행복 행렬이고 웃음 행렬이었다.

부스를 이동하다가 중국인 교장 제인을 만났다. 이번 행사를 준비하시느라 수고가 많으셨고 또 초대해 주셔서 감사하다고 말씀을 드렸다. 제인은 이번 행사의 의미와 콘셉트를 설명해 주었다. 이어서 중국 전통무술 쿵푸(功夫) 시범단의 시범이 펼쳐졌다. 지금 참가한 학생들은 1~2년 수련을 한 학생들이라고 한다. 학생들의 눈빛이 반짝반짝 빛났다. 인터내셔널 데이는 오후 2시까지 진행이 되지만 우리는 통역학생들이 다음 주에 시험이 있어서 12시경에 돌아왔다.

그리고 며칠 후 중국문화를 체험하고 배우는 기회가 있다고 하여 4학년 학생들과 함께 다시 보스톤국제학교에 갔다. 이번에는 고등학생들이 수업하는 평일이어서 행정실 통역과 함께 갔다.

처음에는 무용(舞龍)을 보았다. 무용은 용춤이다. 매우 긴 황금색 용 모양의 기구에 들어가서 춤을 추는 것이다. 한두 사람이 하는 것이 아니고 9~10명의 사람이 들어가 다양하게 용의 움직임을 표현하는 춤이다. 쉴 새 없이 움직이기 때문에 용춤을 추려면 체력이 필요하다. 중간이나 뒤에 있는 사람은 허리를 굽히고 계속 움직여야 한다. 그러니 이분들의 이마와 등에 땀이 비 오듯이 쏟아질 수밖에 없다. 그런데 재미있는 현상이 벌어졌다. 우리학교 4학년 학생들이 중간중간에 끼어서 함께 용춤을 추었다.

제대로 된 중국문화체험이다. 이렇게 재미있게 참여할 줄은 몰랐다. 함께 추는 용춤이 무척 흥거운 것 같았다.

그리고 바로 옆에서는 우리나라 굴렁쇠 모양의 놀이기구를 가지고 노는 아이들이 보였다. 이름을 물어보니 곤철환(滾鐵環) 이었다. 우리가 어렸을 때 굴렸던 굴렁쇠와 똑같다. 또 하나는 팽이치기다. 팽이도 우리가 어렸을 때 가지고 놀았던 팽이와 똑같다. 어떻게 한국과 중국의 놀이기구가 같을 수 있을까? 팽이는 중국어로 타타라(打陀螺)인데 내가 궁금한 점이 있어 물어보려고 하는데 막상 정확한 말이 떠오르지 않아서 잠깐 머뭇거리고 있었다. 그 순간 우리학교 4학년 학생이 나에게 다가와 "교장선생님, 제가 도와드릴까요?" 이렇게 얘기를 하였다. 다문화 가정의 학생이라서 중국어에 능통하다. 참 센스가 돋보이는 순간이었다. 그래서 그 학생의 도움을 받아서 궁금한 것을 여쭈어보았다. 팽이가 균형이 잘 맞아서 잘 돌았다. 어렸을 때 소나무를 잘라서 밑부분을 낫으로 깎아서 팽이를 만든 경험이 있기 때문에 팽이에 대해서는 잘 알고 있었다. 또 하나 학생들의 흥미를 끌었던 것은 채고교(踩高蹺)였다. 이것은 높은 나무다리를 만들어 그 위에 올라서 춤을 추거나 걷는 것이다. 갑자기 키가 커져서 재미가 있다. 학생들이 너도나도 해 보고 싶어 했다.

이런 놀이기구들을 보면서 한국과 중국의 놀이기구가 굉장히 비슷하다는 것을 느꼈다. 이런 놀이기구를 가지고도 원조 논쟁이 벌어질 수 있겠다는 생각이 든다. 최근에 김치와 한복도 원조 논쟁이 벌어지고 있다.

또 중국에는 투호(投壺)가 있다. 이 투호도 한국의 민속놀이 중에서 중요한 부분인데 중국에서도 투호를 하고 있다. 두 나라 중 어느 나라가 먼저 했는가? 고증이라는 측면에서 생각해 보면 쉽지 않은 부분이 될 것이다. 이웃 나라이다 보니 교류가 있었을 것이고 이런저런 것들이 서로 모 방하기도 하고 흉내 내기도 하면서 발전을 해 나갔을 것이다. 과도한 원조 싸움은 문화교류라는 측면에서는 소모적이라고 생각한다.

그리고 중국의 놀이 중에 공죽(空竹)이라는 것이 있다. 작은 장구 모양의 기구를 실을 이용하여 돌리면서 올리기도 하고 내리기도 하고 여러 신체 동작을 혼합하여 다양한 묘기까지 연출이 되는 놀이가 있다. 일정한 수준에 오르기 위해서는 상당한 연습시간이 필요해 보이는데 이 놀이도 꽤 재미있다. 보통 1개월 정도 배우면 조금 할 수 있고 A, B, C 등급이 있다고 한다. 1년 정도 열심히 하면 잘한다는 소리를 듣게 된다고 한다. 이 외에도 수파인화(手帕印花)라는 것이 있는데 이것은 하얀 천에 용이나 꽃 모양 도장을 잉크에 묻혀 스템프로 찍어 내는 것이다. 용과 꽃 모양이 굉장히 정교해서 기념이 될 것 같다.

특별히 언교소학(堰橋小學) 학생들이 전통놀이 시범도 많이 보였다. 홍산맥병(鴻山麥餠)이 있었는데 이것을 일종의 엿 그림 케이크로 뜨거운 프라이팬에 엿으로 그림을 그리면서 굳으면 엿 그림 케이크가 되는 것이다. 따뜻한 것을 떼어서 먹으면 엿을 먹는 것과 같다. 그림을 그리는 속도와 불의 온도, 그리고 엿의 두께가 잘 조화를 이루어야 된다. 보스톤국제학교는 미국학교인데 중국의 전통문화를 이렇게 비중 있게 체험할 수 있도록 하고 있다. 학생들이 더 재미있는 학교생활을 하고 중국문화를 체험하게 하려면 이번에 체험한 중국문화 중에서 몇 가지를 우리학교 교육과정에 도입해서 학생들이 즐길 수 있도록 해야겠다고 생각하였다.

[인터내셔널 데이]

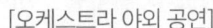
[오케스트라 야외 공연]

[각국 바자회 부스 운영]

[중국 쿵푸시범단]

덕위영국학교(Dulwich)의 철학

Dulwich(덜위치) 소주에서 Open School을 한다고 하기에 주말학교 교감선생님께 말씀을 드려서 School Tour 가이드를 연결시켜 달라고 부탁하였다. 우리 주말학교 교감선생님은 무석에서 약 20년간 사셨기 때문에 무척 발이 넓다. 주말학교 교감선생님께서 담당자 위챗 카드를 보내 주셨다. 위챗 카드가 있으면 연락을 할 수 있다. 담당자에게 연락하고 위챗 친구 추가를 한 다음 방문 날짜를 잡아서 Dulwich로 갔다.

Dulwich 소주는 영국학교이다. 상해에도 포동과 포서에 학교가 각각 하나씩 있고 한국 서울 반포에도 Dulwich가 있다. 영국학교에 간 것은 처음이다. 무석 난와이국왕학교도 영국학교로 시작하였지만 최근에 중국 당국으로 학교 운영권이 넘어갔다. 그래서 영국학교의 색깔이 많이 지워지고 중국학교의 색깔이 입혀졌다.

Dulwich 소주는 유치원, 초등, 중고등학교까지 모두 운영하고 있는 College 학교다. 주로 영국교사 자격증이 있어야 교사가 될 수 있다. 이 학교는 아시아 각 나라 전통악기를 음악시간에 활용하고 있었는데 일본의 전통 북 태고(太鼓), 중국의 가야금인 고쟁(古箏)도 음악실에 있었다. 그리고 아프리카 젬베도 있었고 기타와 바이올린도 많았다. 특이한 점은 컴퓨터 자판에 키보드가 연결되어 있어서 컴퓨터에서 바로 작곡이나 편곡을 할 수 있는 시스템이 갖추어져 있었다. 다른 국제학교 음악실도 많이 가 보았는데 이런 시스템이 갖추어진 곳은 Dulwich가 처음이다.

유치원은 원아들의 취침실을 비롯하여 화장실, 물놀이 시설이 잘 구비되어 있었다. 원아들이 물장구를 치면서 놀 수 있는 공간이 독립적인 공간으로 구축이 되어 있었다. 또 유치원 운동장이나 놀이터도 초등학교나 중고등학교와 분리되어 독립적인 공간에서 놀 수 있도록 구획이 되어 있었다. 이것은 같은 Dulwich 학생이라 할지라도 유치원에 함부로 들어올 수 없다는 것을 의미한다.

초등학교 건물은 유치원 바로 옆에 있었다. 초등학생들은 교복을 입고 다니는 것을 매우 좋아한다고 한다. 그리고 교복 디자인이 멋져서 입고 싶을 것도 같았다. 운동장에서 뛰어노는 학생들이 매우 행복해 보인다. 보통 초등학생들이 운동장에서 자유롭게 뛰어놀 때는 모두 행복해 보이는데 Dulwich 초등학생들은 유난히 행복해 보인다. 학생들에게 제시되는 과제는 주말에 과목당 15~30분 이내에 할 수 있는 분량만 제시되는 것이 원칙이라고 한다. 더 이상 부과하면 안 된다고 한다. 학생들이 행복해 보이는 이유가 있었던 것이다.

그리고 ADHD, 발달장애, 정서불안 등 특수아 지도를 위해 전문상담사와 치료사가 배치되어 이들을 돌보고 있다고 한다. 치료와 돌봄의 공간도 별도로 마련되어 있어 학생들의 요구에 부합하는 교육을 하고 있었다. 또 학생들의 스트레스 관리를 위해 주기적으로 설문조사를 하여 학생들의 의견을 반영하고 웰빙(Well-being)의 삶이 되도록 각종 선택적 교육활동을 조정한다고 한다. 학교의 교육시스템이나 환경에 학생들을 적응시키는 것이 아니라 학생들의 삶이 행복해지도록 학생들의 욕구에 맞게 학교 교육과정이나 환경을 조정하고 변경하는 매우 적극적인 교육방법이다.

또 고2, 고3 학생들은 휴대폰을 사용할 수 있도록 허용한다고 한다. 예비 어른인 만큼 스스로 책임감을 가지고 자율적으로 관리를 하도록 한다고 한다. 고1까지는 휴대폰을 지정된 장소에 놓고 보관해야 한다. 그리고 교육과정은 중국에 있는 대부분의 국제학교가 IB 교육과정을 운영하고 있듯이 IB 교육과정을 운영하고 있었다.

수영장도 아홉 레인이나 있어서 정규수업 시간에 활용하고 있고 미술실 복도나 벽면은 학생들의 작품으로 채워져 있었다. 그리고 미술실에는 학생 개인별로 독립적인 작업 공간도 있어서 미술도구를 불필요하게 자주 치우거나 정리하지 않고 계속 작업을 이어 나갈 수 있게 한다고 한다. 미술선생님께 미술실을 좀 구경하자고 하니 웃으며 "No Problem"이라고 한다. 얼마든지 구경하라고 한다. 이런 자신감과 개방성이 국제학교의 장점이기도 하다. Dulwich는 유초등교장과 중등교장이 별도로 있고 총괄교장이 따로 있다. 유초등 교장선생님만 만나 보았는데 큰 키에 영국 악센트가 강한 여성이었다. 미소에 자신감이 넘친 아름다운 분이었다. 유초교장실에는 교장 비서 격인 여성 두 명이 근무하고 있었다. Dulwich 소주는 학생의 45% 정도가 한국학생들이고 그 다음은 중국, 대만, 홍콩 등지에서 온 학생들이다. 그리고 나머지는 미국, 영국, 호주에서 온 학생들이다. 전체 학생이 약 800명인데 중고등학생들은 주로 한국학교로 전학을 가는 경우가 많고 고3 학생들은 주로 IB를 통해 대학에 진학한다고 한다. 이 학교에는 SK Hynics 주재원 자녀들이 약 100명쯤 재학하고 있다고 한다. 그리고 인근에 덕위서원(德威書院)이라는 학교가 있는데 이 학교는 주로 중국학생들을 받아서 영국의 A Level를 운영한다고 한다. 현재 실질적인 교류는 거의 없다고 한다. 다만 외부인들은 이 학교와 Dulwich 소주를 같은 학교로 착각하고 있는 경우가 많다고 한다.

카페테리아는 학생들이 이용할 수 있는데 휴대폰을 따로 보관하므로 학생증에 돈을 충전하여 사용한다고 한다. 카페테리아는 학교에서 운영하는 것이 아니고 위탁업체에서 운영한다고 한다. 우리학교에서는 학생들이 매점을 개설해 달라고 계속 요구하는데 여러 가지 고려해야 할 점이 많다. '학교에서 급식을 하고 간식까지 제공하는데 굳이 매점이 필요할까?' 이렇게도 생각을 해 보지만 학생들이 계속 요청하니 고민이 된다. 매점을 개설하면 학생들이 급식을 먹지 않고 탄산음료를 마시고 고칼로리 음식에 과다하게 노출이 되어 건강에 해롭다고 생각하기 때문이다.

[소주 덜위치 국제학교 전경]

[방문자 무료 ASPRETTO]

Dulwich 커피점에서는 방문객에게 커피를 무료로 제공해 준다고 한다. 안내원이 맛있고 향기로운 냉커피를 한잔 건네주었다. 이런 서비스는 정말 고급스럽다. 어떻게 이런 생각을 했을까? 방문객들에게 커피를 팔면 돈도 많이 벌 수도 있을 텐데 무료로 제공한다니 정말 고맙다. 물론 방문객은 주변 학교 교육관계자나 학부모가 대부분일 것이다. 학교를 둘러보다가 안내원의 아들을 만났다. 안내원의 아들은 딸처럼 생겼는데 참 귀엽게 생겼고 도서관에서도 교실에서도 엄마에게 잘 안긴다.

도서관에 가 보았다. 도서관의 낮은 서가에 책들이 잘 정리되어 있었고 눈에 띄는 것은 학생들이 체스도 할 수 있도록 탁자 위에 체스판이 있었다. 도서관이 책만 읽는 공간이 아니었다. 이제 학교도서관은 엔터테인먼트(Entertainment)와 라이브러리(Library)가 결합한 엔터브러리(Enterbrary)가 되어야 할 것 같다. 또 곳곳에 소파가 배치되어 평안하게 책을 읽을 수 있도록 꾸며져 있었다. 도서관 앞에는 가져갈 수 있는 책이 놓여 있었는데 여기에는 책 1권을 기부하고 1권을 가져갈 수 있도록 규정이 되어 있었다. 이런 아이디어는 참 재미있다. 학급에는 주로 토론형 다인수 탁자가 배치되어 있었다. 이런 형태는 교장 연수 때 방문한 미국학교나 캐나다학교에서도 볼 수 있었는데 장단점이 있을 것 같다.

　Dulwich는 교사 자녀는 2명까지 학비가 무료이고 행정요원의 자녀는 무료가 아닌데 일정한 연차가 되면 협상의 여지는 있다고 한다. 우리를 안내해 주는 분은 홍콩 출신인데 한국에서 유학을 했다고 한다. 그래서 한국어를 잘하고 한국문화도 잘 안다고 한다. 현재 아이가 한 명인데 한 명으로도 충분하다고 말하였다. 한국도 중국도 홍콩도 모두 저출산이다. 이 학교의 특이한 점은 하우스(House) 리더라는 제도이다. 입학과 동시에 졸업 때까지 유지되며 중간에 바뀌지 않는다고 한다. 학생들을 여러 하우스로 나누어 소속감을 고취하고 학교 공동체 내에서 협력과 경쟁을 장려하는 전통적인 시스템이다. 각 하우스는 고유의 이름, 색깔, 리더를 가지고 있는데 여기서 리더는 교사가 된다. 학교생활 전반을 이끄는 정신적 지주와 같은 역할을 하며 여러 학년에 걸쳐 학생들을 관리한다는 측면에서 학급 담임과는 다르다. 여러 가지 장단점이 있겠지만 한국에서는 볼 수 없는 특이한 제도다.

[기증한 청동병마용]

[잘 정비된 도서관]　　　　　[화랑 같은 복도]

특별히 이 학교를 견학하면서 부러운 점은 넓고 다양한 교실 공간이다. 공간의 크기와 모양이 다른 경우도 많았다. 현관을 나오는데 시니어 졸업생들이 기부한 병마용 청동상이 많이 전시되어 있었는데 청동상을 너무 많이 기부해 주어서 처치 곤란한 수준이라고 한다. Dulwich는 전체적으로 중심 건물의 디자인이 인상적이었고 낮은 건물들이 많아서 학생들에게 정서적인 안정감을 주었다. 공간이 획일적이지 않고 독립성을 유지하고 있어서 학생들에게 편안함을 주었다. 약 1시간 40분의 스쿨투어를 마치고 감사의 표시로 학교에서 준비해 간 우리학교 수건과 한국 전통 윷놀이 세트를 드렸다. Dulwich에서도 방문자용 기념품을 주었다.

패터슨을 보내고 닥터 윌리암을 만나다

　ISW국제학교에 가서 닥터 윌리암 교장을 만났다. 작년까지는 초등과 유치원 교장을 했고 올해는 수석교장을 맡으셨다고 한다. 패터슨 교장선생님께서 미국으로 돌아가셔서 잠시 휴식을 취해야 한다고 한다. 해외에 장기간 나와 계셔서 가족들과 많은 시간을 보내지 못하셨기 때문이다. 미국에 살고 있는 가족들과 일정한 기간 즐거운 시간을 보내시고 다시 충전한 다음 중국으로 돌아오신다고 한다.
　중국에 돌아와서는 전에 근무하셨던 청도에서 청도 ISW 교육장 역할을 하신다고 한다.
　윌리암은 미국 흑인으로 콜로라도 출신이다. 대머리(光頭)인데 웃는 인상이 참 선해 보인다. 닥터라는 호칭으로 보아 박사학위를 가진 분이고 실제로 학생들을 학교에서 가르친 경험이 많다고 한다. 이분은 작년에도 우리 무석한국학교와 매우 긴밀하게 협력하셨고 다채로운 교육적 교류를 하신 분이다. 그래서 낯설거나 서먹서먹한 사이가 아니다. 다른 국제학교 행사에서도 자주 보았고 몇 번 사진을 같이 찍었던 기억도 난다. 그때는 패터슨 교장선생님께서 주도적으로 활동을 하셨기 때문에 전면에 나서지는 않았다.
　패터슨 교장선생님과 닥터 윌리암을 볼 때 자유 민주주의 나라 미국도 모든 것이 평등하고 똑같은 것 같지만 직장에서 권한과 책임, 그리고 업무처리는 분명한 위계가 있어 보였다. 닥터 윌리암은 패터슨 교장선생님께서 추진하시는 일을 옆에서 도와주셨다. 그리고 우리학교와 ISW국제학교가 MOU를 맺었기 때문에 앞으로도 계속해서 좋은 교육적 경험을 이어 나가고 싶다고 말씀하셨다.

패터슨 교장선생님과 인연을 돌이켜 보면 우리학교와 ISW이 축구와 농구 교류전도 시작할 수 있도록 마음의 문을 열어 주셨다. 그리고 8개 국제학교 농구 교류전도 주선하여 우리학교가 참여할 수 있도록 하였다. 뿐만 아니라 스펠링 비(Spelling Bee) 대회도 주관하여 무석의 모든 국제학교에서 참여하여 학생들이 실력을 겨룰 수 있는 장을 마련하였다. 스펠링 비 사회도 직접 맡아서 진행해 주었다. 교사 시절에 스펠링 비 대회를 기획하여 추진한 경험이 많다고 한다. 그래서 이번에도 아주 능숙하게 대회를 진행하였다. 주의를 집중하여 들었지만 맞출 수 있는 문제가 몇 개 되지 않았고 총명한 학생들에게 상대가 되지 않았다. 내 머릿속은 가물가물 헤매고 있을 때 학생들은 이미 답을 맞추고 있었다.

무석 국제 청소년축제에서는 미술작품을 공동으로 전시하였고 음악축제를 할 때는 학부모님까지 참여하고 나와 함께 듀엣으로 노래를 부르기까지 했다. Java & Jazz 축제도 너무 좋았고 우리학교 주요 행사 때도 참석해 주시고 급식실에서 점심도 함께하였다. 그리고 한국학교의 교육과정과 문화에 대해서도 관심이 많아서 우리학교 학생 통역을 2명 데리고 가서 ISW 진 교직원에게 프레젠테이션을 했다. 이렇게 국제학교 교직원을 상대로 해서 프레젠테이션을 한 것은 정말 뿌듯한 경험이었다. ISW 전 교직원이 도서관에 모여서 한국학교의 교육과정과 한국의 문화에 대해서 경청하며 호응하고 박수를 보내 준 일을 결코 잊을 수 없을 것 같다. 이런 아이디어를 제시해 주고 기회를 준 것에 대해서도 감사한 마음이다.

또 우리학교 학생들이 AP, SAT 시험을 볼 수 있도록 학교도 개방해 주었다. 미국 College board의 텃세도 뚫게 해 주었다. 이러한 배려도 두고 두고 감사한 일이다. 이 일로 인해서 학부모의 학교장에 대한 신뢰와 지지가 엄청나게 상승하여 학교장 역할을 하는 데 큰 도움이 되었다.

  ISW 패터슨 교장과 너무나 다양한 경험을 공유했고 우정을 나누었다. 이렇게 활발하게 교류하면서 교육의 장을 넓혀 왔다. 너무나 소중한 경험이고 우리에게 큰 자산이었다. 미국으로 떠나는 그날까지 건강하시고 미국에서도 가족들과 행복한 시간을 보내기를 빈다. 지금도 기억이 나는 것은 환한 웃음과 가끔 중요한 행사가 있을 때 직접 그린 그림 카드에 손 편지를 써 준 것이었다. 그리고 이태원 참사가 일어났을 때 조화를 보내 주고 참사의 아픔을 함께한 따뜻한 마음이다. 이렇게 좋은 유대와 협력을 닥터 윌리암 교장선생님과도 잘 이어 가고 싶다.

[다문화 축제에서 윌리암, 패터슨과 함께]

남외국왕국제학교(南外國王國際學校) 방문

난와이국제학교를 방문하였다. 정식 학교명은 남외국왕국제학교인데 이것도 이전 학교명이고 지금은 무석적방(狄邦)문리학교이다. 무석 교육당국에서 새롭게 학교명을 지은 것이다. 그래서 이전 이름을 줄여서 부르던 남외(南外)의 중국식 발음이 난와이여서 지금도 많은 사람들이 난와이라고 부른다. 원래는 영국학교였는데 무석 교육당국에서 여러 가지 이유로 중국학교로 만들었다고 한다. 하지만 교육과정은 국제학교 교육과정을 운영하고 있다.

난와이국제학교를 방문한 이유는 난와이국제학교의 도서관 시설이 잘 되어 있다는 정보를 들었고 SK Hynics 자녀들이 많이 재학하고 있다고 해서 학교의 교육과정 운영체제와 내용에 대해서 궁금하기도 했기 때문이다.

주말한글학교 교감선생님께서 난와이 한국부 선생님과 연락하여 방문할 수 있게 되었다. Nancy가 국제부 건물 현관까지 나와서 맞아 주었다. Nancy는 조선족으로 학교 투어와 한국학생들의 입학을 담당하고 있다고 한다. 현재는 1,800명의 학생이 재학하고 있는데 유치원은 300명, 국제부 200명, 쌍어부가 1,300명이라고 한다. 향후 학생 수를 2,800명까지 늘릴 계획이라고 한다.

Mike Hindle General Principal을 만났다. 백인 남성으로 총괄교장으로서 역할을 하고 있다고 한다. 유치원, 초등, 중등, 고등, 국제부 교장이 따로 있다. 한 학교에 교장이 6명인 구조다. 한국식으로 생각을 한다면 교장

1명에 교감을 5명을 두면 될 것 같은데 여기는 교장이 6명이다. 그만큼 각 주체의 독립성과 자율성을 존중한다는 의미일 것이다. 이러한 시스템은 ISW과 보스톤국제학교도 마찬가지였다.

난와이국제학교는 영국의 남외국왕 자본과 무석정부의 자본이 합작하여 설립된 학교이다. 이름도 처음에는 영국 투자 자본의 이름을 따서 지었으나 중국정부의 영향으로 중국식으로 바꾸었다고 한다. 최근에 종종 이런 일들이 있어 외국학교투자법인들이 중국에서 철수하기도 한다.

난와이는 IB 교육과정을 운영하고 있다. 8학년까지는 쌍어부와 국제를 완전히 독립하여 운영하다가 9학년부터는 통합한다고 한다. 8학년까지 각자 독립하여 운영하는 것은 쌍어부 학생들에게 중국인으로서 정체성을 확실히 하기 위한 교육적 목적이 있다고 볼 수 있다. 쌍어부 학생들도 대부분 중국대학이 아니라 외국대학 진학을 목표로 공부하고 있기 때문이다. 한국학생들은 유치원을 포함하여 92명의 학생이 재학하고 있다고 한다.

난와이는 연간 학비가 20만 원으로 중국의 샐러리맨은 보낼 수 없는 학교다. 사업가나 할아버지, 할머니가 자산가가 아니면 보낼 수 없는 학교이다. 여름방학이 되면 유럽으로 가서 2~3주 동안 캠프에 참여하여 국제적 감각과 안목을 기르는 데도 투자를 한다고 한다. 그리고 IB교육과정 이수를 통해 중국의 고고(高考)를 보지 않고 외국대학 진학을 목표로 공부하고 있는 학생이 대부분이다.

난와이국제학교의 거의 모든 건물과 시설을 하나하나 설명을 들으며 둘러보았다. 특이한 점은 각 건물에 모두 도서관이 있었다. 초등 도서관은 천정이 유리로 되어 있어 바로 하늘을 볼 수 있었다. 중국에 이런 멋진 학교도서관이 있다니 정말 기발하고 환상적이다. 초등학생들의 꿈을 키우고 창의력을 자극하는 데는 최고라고 생각이 되었다. 도서관의 소품 하나하나가 교육적 목적에 맞게 구비되어 있었다. 중국의 많은 도서관과 학교 시설을 둘러보았지만 초등학교 도서관으로서는 난와이가 최고인 것 같다.

고등학교 도서관에는 로비에서 편하게 이야기를 나눌 수 있는 의자가 많이 배치되어 있었다. 또 고등부 건물에는 세계의 유수한 대학에 진학한 학생들의 사진과 프로필이 게시되어 있었고 각 건물마다 주요 학생회 간부 STAFF의 사진이 자랑스럽게 게시되어 있었다. 중등부에는 당해 연도 가장 우수한 성적을 기록한 학생을 영예롭게 게시하는 공간도 있었다. 이런 전시와 게시는 영국식이 아니고 중국식 학교문화가 반영이 된 것이다. 중국은 학생들의 성적을 거의 모두에게 공개하는 경향이 있다. 한국이라면 상상도 못할 일이지만 중국에서는 아직까지 매우 자연스럽다. 그리고 그것을 통해 학생들을 자극하고 독려한다.

교실에는 빔프로젝트와 화이트보드가 설치되어 있는데 정말 좋아 보였다. 아주 마음에 들어서 학교에 돌아와 검색해 보았는데 정말 비쌌다. 그렇지만 한 가지 생각해 볼 점은 최근 전자칠판이 많이 보급되고 있는데 전자칠판에 대한 선호도가 높아지고 있는 추세이다. 특히 AI를 이용한 교수학습 플랫폼을 잘 이용하려면 전자칠판도 좋은 대안이 될 수 있다고 볼 수 있다.

각 교실 출입문에는 안을 들여다볼 수 있도록 시창이 설치되어 있었다. 특이한 점은 학교급별 엠블럼이 따로 있어서 대형 엠블럼을 제작하여 현관에 멋지게 걸어 두었다. 학교급별 엠블럼이 따로 있다니 멋지다. 우리는 작년에 우리 무석한국학교 엠블럼을 하나 제작하였다. 학생들의 공모

작 중에서 가장 우수한 작품을 미술선생님과 함께 수정 보완하여 학교 엠블럼을 만들었다. 한국의 백두산 호랑이를 상징하는 백호를 형상화한 것이다.

난와이국제학교의 유일한 단점이라고 보자면 건물이 비슷비슷해서 유치원이나 초등학교 저학년은 자기들이 사용하는 주 건물을 찾기가 쉽지 않겠다는 점이다. 각 건물에 개성을 부여하고 외관 디자인을 달리했으면 좋았을 것이란 생각이 들었다.

난와이에는 약 300명이 교직원이 근무하고 있다고 한다. 부부는 근무가 가능하지만 같은 학교급에서는 근무할 수 없다고 한다. ISW은 학교급 상관없이 부부 동일교 근무를 권장하고 있다고 하는데 난와이는 조금 다르다. 또 난와이 학생들은 자가용으로 등하교를 하며 6학년이 되면 기숙사에 들어갈 수 있는데 대부분 9학년이 되면 기숙사로 들어온다고 한다. 기숙사에는 학생들이 체력단련을 할 수 있도록 체련단련장이 있었다. 각종 체력단련 장비와 시설이 많이 갖추어져 있었다. 그리고 학교에는 초대형 수영장이 있고 카약과 조정을 배울 수 있는 시설도 있고 승마를 배울 수 있는 곳도 있다. 소위 좋다는 것은 없는 것이 없다.

학생들이 식사하는 식당은 매우 넓었다. 카페테리아를 운영하며 학생들이 자기가 원하는 메뉴를 선택하고 자기 카드로 결제하는 시스템이었다. 그리고 학교에서는 커피와 빵도 팔고 있었다. 학생상담실도 있었는데 이름이 OASIS라고 되어 있어서 참 신선하다는 느낌을 받았다. 위안과 회복을 주는 사막의 오아시스인 것이다.

국제부 학생들은 조금 자유로운 분위기에서 공부를 하나 쌍어부 학생들은 중국식 교육시스템을 적용하고 있어서 규율이 엄하고 과제도 많다고 한다. 또 드라마실이 꽤 넓게 잘 갖추어져 있고 각종 소품이 정말 많았다. 드라마실에서는 학생들이 연기 공부를 할 수 있어서 인기 있는 공간이라고 한다. 발표할 수 있는 무대가 따로 있었고 밴드 공연을 할 수 있는 곳도 따로 있어서 '학생들의 천국이 아닐까?' 이런 생각도 들었다. 난와이국제학교 교육환경을 둘러보면서 조부모와 부모를 잘 만나서 이런 좋은 교육환경 속에서 공부한다는 것이 정말 큰 축복이라는 생각이 들었다.

최근 중국은 빈부 차가 심해지고 있다고 한다. 난와이는 부자들 자녀가 다니는 학교로 보인다. 한편으로는 '꼭 부자가 좋을까?' 이런 생각도 한다. 어린 시절 과잉 충족이 학생들의 성취 의욕을 저하시킬 수 있다. 부가 꼭 축복은 아니다. Nancy는 더없이 친절하고 고마웠지만 전체적인 교직원 친절도나 인상은 ISW이 더 나아 보였다. 나중에 얘기할 기회가 있을지 모르지만 ISW 교직원 선발기준은 엄격하고 그 수준이 높다.

학교 투어를 마치고 나오는데 Nancy가 학교 기념품을 준다. 많이 바쁠 텐데 장시간 친절하게 안내해 준 것도 고마운데 기념품까지 준비했다. 학교를 상징하는 에코백 안에 난와이 마스코트 인형을 넣어 주었다. 마스코트 인형이 난와이 교복을 입고 있었다. 학교 투어를 온 학생들은 이 인형을 보면 이 학교에 다녀야겠다고 결심을 할 것 같았다. 입학을 결정하고 학교 투어를 하는 것은 아니지만 이 인형이 학생들의 마음을 사로잡을 것 같다.

비 오는 날 난와이국제학교 투어를 마쳤다. 돈이 좋은가? 돈이 많으면 많은 것을 할 수 있다. 우리학교 교육시설이나 환경도 선진 국제학교 수준에 맞게 바꿀 수 있을 텐데 그림의 떡을 보고 온 것 같기도 하다. 하지만 Nancy가 준 에코백에 담겨 있는 난와이 마스코트 인형을 보니 기분이 좋왔다. 우리학교도 백호 엠블럼을 넣은 마스코트 인형을 만들 것이다.

[난와이 행정교장과 함께]

[급별 독자적인 엠블럼]

[건물마다 독립된 도서관 5개]

[찬란한 중국문화 소개]

소주 일본학교 장학지도를 가다

소주 회해가(淮海街) 79번지에 있는 일본인 학교를 방문했다. 교장선생님께서 바쁘셔서 방문 일자가 두 번이나 바뀌는 어려움이 있었지만 행정실 송연이 일본인 학교 중국어 통역과 얘기를 잘하고 포기하지 않고 소통하여 방문 날짜를 잡았다. 2024년 12월 11일 오전 10시로 약속 시간을 잡았다.

중국에 와서 일본인들과 몇 번 접촉하고 얘기를 나누었지만 일본인들과 우호적인 관계를 맺고 왕래하며 지낸다는 것은 매우 어려운 일이라는 것을 알았다. 대외 교류와 협력이라는 큰 틀에서 볼 때 일본인들은 대외 접촉과 교류를 꺼리는 것 같다. 식사 자리에서 의례적으로 명함을 교환했다고 하더라도 이후에 연락하거나 막상 방문을 하려고 하면 난색을 표하는 경우가 많다. 몇 번의 경험을 통해 일본인들의 이런 성향을 파악할 수 있었다. 당연히 처음에는 몰랐다.

출발할 때 비가 오는 날씨였지만 소주에 가니 비가 그쳤다. 차를 타고 하는 도중 송연과 중국의 교육에 대해 이야기를 나누었다. 송연의 딸이 현재 중학교 3학년인데 아침 6시 50분에 집을 나서 7시 10분쯤에 학교에 도착하여 공부를 시작한다고 한다. 저녁에는 8시 30분까지 공부를 하고 집에 돌아오고 주말에는 수학 과외를 한다고 한다. 그리고 동생은 초등학생이어서 아침 7시 40분까지 학교를 가서 공부하고 오후에는 5시경에 집에 돌아온다고 한다. 그 후 이호(二胡) 악기 과외를 한다고 한다. 중국학생들도 한국학생처럼 모두 바쁘다.

큰딸은 성격도 과묵하고 절제심도 있어서 키우기 쉬웠는데 둘째 아들은 사달라는 것도 많고 이것저것 요구하는 것도 많아서 키우기 힘들다고 한다. 큰딸은 성격이 아빠를 닮은 것 같고 아들은 자기를 닮은 것 같다고 한다. 큰딸은 공부도 잘해서 중학교 SPEED반(14개 반 중에서 2개 반이 SPEED반)에 들어가서 공부하고 있다고 한다. 중국 무석은 중학교가 155개 정도 되는데 고등학교는 45개라고 한다. 고등학교가 조금 더 큰 규모라는 것을 감안해도 약 절반 정도의 학생이 고등학교에 가지 못한다. 직업학교나 취업으로 진로를 바꿔야 한다. 그렇기 때문에 중학교에서도 공부를 열심히 하며 우수한 학생도 좋은 고등학교에 진학하기 위해 공부를 더 열심히 한다고 한다. 고등학교도 제1, 제2, 제3 이렇게 서열이 거의 정해져 있다고 한다. 이처럼 중학교부터 고등학교 진학 여부에 따라 그리고 어떤 고등학교로 진학하는지에 따라 자신의 인생 진로가 상당 부분 결정이 되는 것이 중국이라고 한다.

얘기하던 중 결혼 전에는 남편이 절약하는 정신이 마음에 들어서 결혼하였는데 결혼하고 살아 보니 너무 짠돌이어서 피곤하다고 한다. 이런 성향 때문에 여러 번 싸우기도 했다고 한다. 남편은 10년, 20년씩 쓰는 물건도 많다고 한다. 이런 푸념을 듣는 것도 재미있다. 나이 들면서 생각해 보면 사람과 세상은 모두 변하고 양면성이 있다. 절대적으로 좋은 면만 있는 것은 없다고 생각한다.

또 중국학교는 운동회를 연 2회 정도 하는 것 같은데 학부모가 참여하는 경우는 없고 학교에서 자체적으로 한다고 한다. 보통 중국학교는 학생들이 2,000~2,500명 내외다. 이렇게 많은 학생과 학부모가 함께 운동회를 하기는 불가능할 것이다. 그리고 중국에서는 일반적으로 한국에서 하는 학부모 공개수업이 없다. 수업은 학교와 선생님들이 알아서 하는 것이지

비전문가인 학부모에게 공개할 필요가 없다고 생각하는 것 같고 참견도 제한하는 것이 일반적인 중국학교와 교육당국의 생각이다. 우리의 현장체험학습과 같은 활동이 있지만 봄 가을 두 번(春遊,秋遊) 가는 정도이고 학교에서 가까운 곳으로 간다. 심지어 이것도 아침 공부를 하고 가는 경우가 많다고 한다. 그리고 한국처럼 2박 3일, 3박 4일 수학여행을 가는 경우는 없고 아나바다 형식의 바자회를 열어 물건을 아끼고 바꾸어 쓰는 교육을 하는 것 같다고 한다.

일반적으로 중국은 자녀 양육방식도 아들과 딸이 다르다. 아들은 궁양(窮養)이고 딸은 부양(富養)이다. 궁양은 아들은 궁핍 속에서 키워야 하고 딸은 내면이 풍요롭고 귀하게 부양해야 한다는 중국식 가치관이다. 가정에 따라 지역에 따라 다소 차이가 있겠지만 이런 경향이 있다는 것은 부인할 수 없을 것 같다.

차 안에서 중국학교 얘기를 하다 보니 차가 소주 일본인 학교에 도착했다. 학교 입구에 가니 전자식 볼라드가 설치되어 있어서 원격으로 조정할 수 있었다. 최근 중국정부에서 학교 교문 앞에 모두 설치를 하라고 권유하는 장치다. 교내 출입하는 차량을 통제하기 위해서다. 특히 작년에 소주 일본인 학교 부근에서 중국인이 일본 학생에게 상해를 가한 일이 있었기 때문에 학교 보안이 강화되었다. 학교 교문도 자물통이 달려 있었는데 보안이 열쇠로 풀고 교문을 열어 주었다. 이중으로 차량을 통제하고 보안을 강화한 것이다.

학교 안으로 들어가니 통역선생님이 현관에 나와 우리를 기다리고 있었다. 중국인 50대 아줌마였다. 통역의 안내를 받아 현관 안으로 들어가니 낯선 광경이 눈에 들어왔다. 전체 학생들의 신발장과 우산꽂이가 있었다. 여기서 실내화로 신발을 갈아 신고 우산도 우산꽂이에 꽂아 놓고 실내로 들어간다. 일본 문화의 단면을 알 수 있는 상황이었다.

안으로 들어가니 교장선생님과 교감선생님이 나오셨다. 서글서글한 인상을 가진 50대 후반의 남자 교장과 다소 여윈 50대 초반의 남자 교감이 나와 우리를 맞아 주었다. 서로 인사를 나누고 미리 준비한 일본인 학교 소개 영상을 보았다.

일본인 학교는 2005년 개교하였고 현재 위치로는 2012년 신축 이전을 했다고 한다. 전교생이 약 350명이고 초중 과정만 있고 고등학교 과정은 없다고 하였다. 보통 일본인 학교는 전 세계 어디나 초중 과정만 있고 고등학교 과정은 없다. 고등학생이 되면 본국으로 돌아가서 고등학교를 다니게 된다. 기숙사에서 생활하면 되고 대학교에 진학하면 성인이므로 그때는 개별적으로 독립적인 생활을 하는 것이 일반적인 일본 학생들의 생활방식이다.

스쿨버스는 9대를 운행하고 있었고 등교시간이나 하교시간은 우리학교와 비슷했다. 체험학습을 간다거나 운동회를 하는 것은 우리나라와 비슷한 것 같다. 다만 일본인 학교는 방과후 수업이 없다. 학생들이 행복하겠다고 했더니 모두 웃는다. 교사들은 모두 본국에서 파견한 교사들이라고 한다. 우리학교는 한국에서 고용휴직을 하고 우리가 채용한 교사들인데 일본학교는 모두 파견이다. 우수한 교사들이 파견되어 왔다는 생각이 들었고 실제 수업을 참관하면서도 교사들의 우수한 자질을 알 수 있었다. 특이한 점은 영어 시간과 중국어 시간이 매우 적었다. 초등학생은 영어를 주당 2시간 배우고 있었고 중학생들은 4시간을 배우고 있었다. 우리학교는 초중고 모두 영어를 주당 10시간 배우고 중국어도 주당 4~5시간 배우고 있다.

또 학교에서 청소를 도와주는 아줌마가 있지만 학생들이 직접 청소를 한다는 점이다. 한국에서는 아이들이 청소를 하지만 국제학교는 아이들이 청소를 하지 않는다. 우리학교도 청소하는 아줌마가 5명이 있어서 학생들이 하교 후 청소를 한다. 일본학교에서는 교육적 측면에서 직접 청소를 하도록 하는 것 같다. 교장선생님께서 미리 한국학교 교장이 방문한다는 사실을 알렸는지 각 교실을 자유롭게 방문하여 수업을 참관하도록 하였다. 선생님들께 부담을 주기 싫어서 수업참관은 하지 않으려고 했는데 수업 참관을 적극 권유했다.

일본에서 학교장이 선생님들의 수업을 자유롭게 참관하는 것이 학교문화인지는 알 수 없지만 수업 참관을 적극 권유하여 본의 아니게 일본 선생님들의 수업을 세밀하게 볼 수 있었다. 모두 수업을 열심히 준비했고 학생들 모두 스마트패드를 활용하여 수업을 하고 있었다. 개인별로 모두 스마트패드가 있었다. 우리학교는 개인별로 스마트패드가 없는데 일본학교에서는 학생들 모두가 스마트패드를 가지고 있었다. 이런 부분은 우리보다 앞서 있었다. 우리학교도 학교 전체 교실에서 와아파이를 접속할 수 있는 디지털 환경을 만들었지만 예산 문제로 개인별 스마트 패드는 없고 3개 반 분량 정도만 구비하고 있는 실정이다.

수업 중에 발표하는 것은 한국학생들과 비슷하다. 학년에 따라 적극성에 약간씩 차이가 있었지만 참관하는 우리를 많이 의식하는 것 같았다. 우리가 장학사가 되어 수업을 참관하고 있는 것 같다. 잠깐 들러서 일본학교의 교육환경과 교육방식을 살펴보려고 했는데 장학사가 되어 있었다.

교실 곳곳에 학생들의 서예 작품이 붙어 있었고 교실 뒤쪽에는 게시물이 꽉 차게 붙였다. 이런 면은 영국이나 미국 국제학교와 비슷한 모습이다. 6학년들은 찬성 측과 반대 측으로 나뉘어 토론 수업도 활발하게 하고 있었다. 특히 일본 학교는 복도가 넓었는데 왜 이렇게 복도가 넓은가 하고 물었더니 아이들이 날씨가 좋지 않을 때는 충분히 뛸 수 있도록 해야 한다는 대답이 돌아왔다. 음악실에는 야마하 그랜드 피아노가 있었고 각종 악기도 수납장 위에 놓여 있었다. 다만 칠판은 전자칠판이 아니라 아직도 분필 칠판을 사용하고 있었다.

또 학생들이 모두 도시락을 싸 가지고 다닌다고 했다. 각자 마시는 물도 가지고 다닌다고 했다. 자기가 먹는 것은 모두 개인별로 가지고 다니도록 하는 일본 문화를 엿볼 수 있었다. 일본 기업에서는 회식을 할 때도 각자 식판에 배부된 음식을 먹는다고 얘기를 들었는데 일본 학교에 와 보니 왜 그런지 알게 되었다. 보건실에 갔더니 보건선생님이 한국말로 "안녕하세요? 반갑습니다" 이렇게 인사를 해서 깜짝 놀랐다. 처음에는 한국어를 배우고 있거나 한국어를 잘하는 분으로 알았는데 나중에 알고 보니 방문하는 한국학교 교장에 대한 배려와 관심의 표현이었던 것 같다. 일본인들의 준비성과 배려에 감탄을 했다.

그리고 학생들의 실습실에는 재봉틀이 있었다. 수업시간에 실제로 재

[실내화와 우산꽂이 보관]

[도시락과 물을 가지고 다님]

봉틀을 이용한 실습을 한다고 한다. 복도 벽면 곳곳에 학생들의 실습작품이 게시되어 있었고 우수한 솜씨가 돋보였다. '이런 작품도 방문에 대비하여 미리 만들었을까?' 이런 생각이 들기도 했다. 그리고 학생들의 수업 태도는 모두 진지하고 좋았다. 한 명도 졸거나 딴짓하는 학생이 없었다.

일본학교는 4월에 개학한다고 한다. 특이하다. 그리고 우리처럼 학예발표회도 있고 수학여행도 있었다. 이런 점은 한국과 일본이 비슷하다. 또 일부 학급에서는 교단이 있었는데 궁금해서 물어보니 학생들이 칠판에 판서를 하거나 문제를 풀 때 도움을 주기 위해서라고 한다. 현재 한국의 학교는 교단이 모두 없어졌다. 그래서 교권이 추락하고 위협을 받았나 이런 생각도 해 보았다. 도서관도 학생들의 눈높이에 맞추어 낮게 서가가 배열되어 있었고 책도 많이 꽂혀 있었다. 수영장의 규모는 작지만 주로 여름에 이용하고 체육관에서 농구를 할 수 있도록 깨끗하게 청소가 잘되어 있었다.

건물과 건물 사이에는 나무 몇 그루와 흰색 자갈이 깔린 일본식 정원의 모습으로 꾸며 놓았다. 전체적으로 일본 학교는 초현대식이라기보다는 소박한 모습이었고 학생들도 소란스럽게 떠들지 않고 조용하게 행동하며 예의 바른 모습을 보였다. 선생님들도 비교적 젊은 분들이 파견을 나와서 나와 근무하고 있었다.

일본 기업도 인건비 비용을 줄이자는 의도에서 중국에 투자를 했겠지만 한국 기업도 인건비 비용을 줄이기 위해서 중국에 투자했다. 한국기업의 중국 주재 법인장들의 말을 들어 보면 일반적으로 한국 비용의 약 20% 내외면 중국에서 생산이 가능하다고 한다. 여기에 한국에서는 노조의 파업과 근로자의 방만한 휴가 사용도 있고 심지어 단위 시간당 생산성도 낮다고 한다. 그래서 제조업이 중국으로 오지 않을 수 없다고 한다. 물론 최근에는 중국도 임금이 상승한 측면이 있어서 더 싼 베트남이나 동남아로 가고 있기도 하다.

일반적으로 중국인들이 일본인들을 좀 싫어하는 경향이 있어서 중국에 나와 있는 일본인들은 행동거지를 조심하고 있다. 최근에 일본인을 상대로 하는 범죄도 종종 발생하고 있어서 더 그런 것 같다. 남경대도살 사건과 같은 역사적 불행과 과오는 지울 수 없으니 미래를 보고 서로 화해 협력하는 외교적 노력이 필요할 것이다.

학교 투어를 모두 마치고 나오는데 JASPER란 서류철 덮개를 선물로 받았다. 우리는 답례로 우리학교의 상징 백호 인형 한 쌍과 기념수건, 그리고 목판에 새겨진 한국시를 선물로 주었다. 이 목판시는 지난번 문학시선 작가협회와 함께 가을 문학대잔치를 개최하면서 받은 정현종 시인의 「비스듬히」란 시가 쓰여 있다. 일본학교 교장선생님은 시의 내용에 대해 궁금해하면서 많은 질문을 하셨기에 함께 간 송연이 시 한 구절 한 구절을 일본어로 번역하여 알려 주었다. 당연히 감동하고 감사를 표하였다.

우리도 정말 감사한 마음이 크다. 바쁜 일정에도 우리의 방문을 허락해 주시고 친히 안내해 주시고 선생님들의 수업까지 모두 공개해 주신 배려를 잊지 못할 것 같다. 생각지도 못한 일본학교 장학지도를 제대로 다녀온 기분이었다.

신주소학(新洲小學) 국제화 교육 참관

우리학교에서 약 15분 거리에 있는 중국 신주소학에서 국제화 교육 발표를 한다고 연락이 왔다. 우리학교도 2년 전에 동아리 활동 중심으로 국제화 교육 발표를 한 적이 있었다. 인근 학교들과 국제화교육활동의 성과를 공유하고 서로 성장 발전을 도모하는 교육활동이다. 주로 국제학교에서 주관하여 발표하는 교육활동이었는데 이번에는 중국학교에서 발표를 하였다. 특히 홍콩에 있는 협화학교(協和學校)의 도서관 교육활동을 중심으로 발표하였다.

협화학교는 중국에 있는 특수한 형태의 학교이다. 일반 중국교육과정을 운영하는 학급과 국제부를 운영하는 학급으로 나누어져 있다. 중국어를 배우면서도 영어를 동시에 배울 수 있는 구조다. 우리학교 교직원 자녀도 일부 협화학교에 다니고 있다. 우리학교에서도 중국어를 주당 4~5시간 배우지만 생활 중국어를 배운다는 측면에서는 부족한 측면이 있어 협화학교를 다니면 중국어를 더 잘할 수 있다. 친구들이 모두 중국인이기 때문이다.

홍콩 협화학교의 발표를 보면서 느낀 점은 홍콩 협화학교의 수준이 매우 높다는 것을 알았다. 발표 내용 하나하나가 유의미한 내용이 많고 도서관에서 운영하는 프로그램도 좋았다. 도서관 시설도 좋고 독서교육에 적합하게 구성이 되어 있었다. 홍콩과 대만은 중국과 달리 번체(繁字)를 사용하는데 발표하는 PPT의 구성도 번체로 하여 새롭게 느껴졌다. 중국에서 번체를 보다니 신선한 느낌이 들었다. 그리고 홍콩협화학교의 발표 내용 중 특이한 점은 독서 프로그램을 진행하면서 한국의 교재를 번역하여 사용하고 있다는 점이었다. 이 부분을 발표하면서 강조하기까지 하였다. 간접적으로 한국 독서교육의 수준과 위상을 알 수 있는 대목이어서 자부심이 느껴졌다. 물론 한국학교 교장이 지금 발표회장에 참석하여 현장에 있다는 것을 모르는 분이다. 홍콩협화학교에서는 STEAM 교육을 하고 있고 독서가 지식으로 이어지고 그 지식이 다시 실천으로 이어진다는 내용이 참 의미가 있었다. 또 독서만 강조하는 것이 아니라 독서를 뛰어넘는 다양한 활동이 독서의 가치와 효과를 증대한다는 참신한 내용도 발표를 하였다.

그러나 현재 중국의 학교 도서관은 거의 유명무실하다. 아예 없거나 거의 형식적인 수준이고 학생들의 대부분 교실에서만 수업을 하고 공부를 하는 교육체제를 유지하고 있다. 그래서 이번 협화학교의 도서관 이용 수업은 중국교육에 시사하는 바가 크다. 이번 발표를 통해 홍콩선생님들이 영어를 매우 유창하게 구사한다는 것을 알게 되었다. 다만 이번 발표가 질문을 받지 않는 일방적인 발표여서 다소 아쉬움은 있었다.

이번 국제회교육활동 발표 시 일부는 영어로 하고 일부는 중국어로 하였다. 외국에 살려면 언어를 잘해야 한다. 영어든 중국어든 외국어 하나는 마스터해야 한다. 영어도 중국어도 어중간하니 이런 교육활동에 참석하여 적극적인 활동을 하는 데는 어려움이 많다. 다행히 PPT 내용을 통해 전체 내용을 이해하는 데는 무리가 없었다.

발표회장 테이블에는 중국차가 제공되었다. 특별히 맨 앞 좌석 특별손님에게만 뚜껑이 있는 찻잔으로 차를 대접한다. 차 담당 직원이 수시로 순회하면서 차가 일정량 이상으로 줄어들면 바로 추가해 주었다. 중국의 주요 행사에 가면 반드시 이런 식의 의전이 따른다. 특별대접을 해 줘서 고맙지만 뒤쪽에 앉아 있는 분들에게는 차별이 되기 때문에 미안하기도 하였다.

신주소학은 개교한 지 10년 남짓 된 학교인데 학생이 약 1,800여 명이다. 중국에서는 다소 작은 학교에 속한다. 건물 외관은 세련되게 보이지 않지만 내부공간이나 교실은 학생들의 교육활동을 고려하여 튼실하게 지어진 것 같다. 3학년과 5학년 교실을 방문하여 학생들이 공부하고 있는 모습을 보았는데 학생들이 모두 교복을 입고 있었다. 일반적으로 중국은 사립학교가 아니어도 초등학생도 모두 교복을 입고 학교에 다닌다. 또 홍건을 목에 매고 다닌다. 체육복도 있어서 체육시간이나 운동할 때 활용하고 있었다. 이 학교는 학생들이 한 교실에 약 45명씩 공부를 하고 있어서 교실이 학생들로 꽉 찼다. 그래서 돌아다닐 수 있는 공간이 거의 없고 모둠학습을 할 수 있는 공간이 없었다. 그래서 쉬는 시간에 화장실에 다녀오는 수준의 활동만 하고 일제식 수업과 암기식 수업을 한다. 하지만 최근에 교실에는 모두 전자칠판이 설치되었다. 중국은 일부 농촌학교를 제외하고 도시 소재 학교들은 모두 전자칠판으로 칠판을 교체하고 있다.

교실은 학생 수에 비해 좁은 편이지만 시청각실이나 급식실은 정말 넓다. 시청각실에는 500명의 학생이 동시에 앉을 수 있는 좌석이 있고 앞면에는 대형 LED 화면이 있어서 뒤쪽에 있는 학생들도 볼 수 있다.

급식실은 1,800명 학생이 동시에 급식할 수 있는 좌석이 있다. 급식실은 학생이 8명씩 앉아서 식사를 할 수 있도록 좌석이 정해져 있고 배식대와 출입구도 여러 곳이어서 동시에 많은 학생들이 출입하거나 배식을 받을 수 있게 되어 있었다. 학년별로 급식시간을 달리하여 급식하는 한국과는 차원이 다른 규모다. 그리고 운동장은 조금 거짓말을 보태면 끝이 안 보일 정도로 넓다. 400미터 트랙이 3개 정도 되는 넓이다. 주차장도 정말 넓어서 100대 이상의 차를 주차할 수 있는 공간이 있다. 무엇보다도 학생들이 상시 공부하고 생활하는 교실이 더 넓으면 좋았을 텐데 하는 아쉬움이 있다. 그러나 중국도 최근 저출산으로 인구가 줄어들고 있어서 10년 이내에 이런 콩나물 교실은 해소되리라 생각한다.

교장선생님께서 학교의 이곳저곳을 안내해 주셔서 중국학교의 내부를 잘 살펴볼 수 있었다. 중국학교는 학교 교사의 상당수가 공산당원이다. 그래서 교사의 우수한 교육활동을 칭찬하고 독려하기 위해 배너를 만들어 학교 곳곳에 게시해 두었다. 학교 현관에 관련 내용이 게시되어 있었다. 모두 열심히 안 할 수 없는 학교문화이고 구조인 것 같다. 또 동아리 활동의 우수한 산출물을 교실과 복도에 게시해 놓았는데 그 수준이 높았다. 친절하신 교장선생님은 중년 여성인데 화장실도 친히 안내해 주시고 화장실에 휴지가 없다고 손수 휴지까지 들고 화장실 앞에서 대기하고 있었다. 외국학교 교장이라서 이렇게 배려를 하는 것 같다. 비교적 젊은 분이 빨리 교장이 된 이유를 알 것 같은 대목이었다. 그리고 무석이 중국 남쪽 지방이지만 겨울에는 약간 춥기 때문에 화장실에서 온수가 나오면 좋은데 아직 이런 시설은 되어 있지 않았다. 중국학교 화장실을 이용한 후 여러 가지를 알게 되었다. 중국학교 화장실은 개별 소변기가 있는 곳도 있지만 물이 흘러내리는 대형 스테인리스에 소변을 보기도 한다. 한국에서 이전에 이런 형태의 공중화장실이 있었다. 또 대변기도 양식이 아니고 대부분 쪼그리고 앉아서 용변을 보는 준변기(蹲便器)였다. 아직 옛 중국 화장실 문화가 바뀌지 않은 곳이 많다.

신주소학 학교 건물 외벽에는 미국의 유명한 교육학자 존 듀이의 교육철학이 새겨져 있다. 중국 선현의 말씀이 아니라 외국교육학자의 말이 새겨져 있어서 인상적이었다. 또 학생들의 채소 가꾸기 실습장이 있었고 벽면에는 삼자경(三字經)이 부착되어 있어 학생들이 수시로 지나다니면서 외울 수 있도록 게시되어 있었다. 그리고 중앙정원에는 중국 지도가 각 성별로 색깔을 구분하여 바닥에 그려져 있었고 그 옆에는 소수민족을 대표하는 석류나무가 심어져 있었다.
　중국유치원에서는 학생들이 거수경례를 하고 국기게양식에 참여한다. 특별히 품행이 바른 아이를 선정하여 국기 게양을 하게 한다고 한다. 어렸을 때부터 사상교육이 철저하다. 그리고 초등학교 학생들은 2학년 때부터 홍건(紅巾)을 매는데 모두가 다 같이 매는 것이 아니고 우수한 학생, 모범적인 학생부터 매게 한다고 한다. 보통 학생들은 홍건을 세탁도 해야 해서 개인별로 여러 개의 홍건을 가지고 있다. 이런 점을 제외하고는 유치원이나 소학은 비교적 자유로운데 중국대학의 경우 사상적인 측면에서 자유롭지 못하다. 교수들의 강의실에 CCTV가 6~7개씩 설치되어 있고 내국인 교수와 외국인 교수를 구분하지 않고 강의 내용을 녹화하고 녹음하기도 한다고 한다. 교수들도 정치적 견해나 비판적 의견을 함부로 말할 수 없다. 교수들의 지성과 사상이 통제를 받고 있다고 보는 것이 맞다.

소주 SSIS 유리 통창 사무실

소주 SSIS는 Suzhou Singapore International School의 약자이다. 과거 싱가폴이 소주에 투자를 하던 지구에 중국과 합작을 하여 SSIS 국제학교를 건립한 것이다. 싱가폴이라는 나라 이름이 들어가서 싱가폴 학제를 그대로 가져와서 운영하는 학교가 아니고 IB 교육과정을 운영하는 국제학교이다. 무석에서 한 시간이면 갈 수 있는 거리에 있고 주변에 영국계 덜위치나 중국 쌍어학교들이 있다. 학교가 너무 커서 학교 주변을 둘러볼 때는 자동차를 이용해야 하고 게이트도 3개나 있어서 방문 목적에 맞게 게이트를 찾아가야 한다.

게이트1은 학생과 학부모, 방문객이 이용하는 곳이고 게이트2는 교직원 차량 출입구, 게이트3은 통학버스 출입구이다. 방문한 날은 개학일이었는데 개학일도 완전 정상수업이라고 한다. 다만 방학일은 4교시를 한다고 한다. 게이트1에서 방문자 서명을 하고 학교로 들어갔다. Kim Soo가 현관 앞에서 기다리고 있었다. 이전에 무석 보스톤국제학교에서 근무했는데 얼마 전에 소주 SSIS로 옮겨왔다고 한다. 먼저 교장실로 갔는데 교장 Mr. Samer는 이태리 사람이었다. 이전에 약 400명이 되는 국제학교의 교장을 했는데 SSIS에 와서 총괄교장을 하고 있다고 한다.

SSIS는 초등교장과 부교장, 중등교장과 부교장이 따로 있다. 급별 책임경영 시스템이다. 교장실은 매우 실무적인 비품과 환경으로 구성이 되어 있었다. 교장실도 주변 사무실과 통유리로 연결이 되어 있는 개방형 구조였다. 한국에서도 일부 학교들이 공간 재구조화 사업을 하면서 교장실과 학교사무실 공간을 투명 유리로 교체하는 사업을 하였다. 이 사업에 대해 교직원 간 찬반 의견이 있다는 얘기를 들었다. 다른 국제학교도 많이 가 보았는데 이렇게 완전히 통유리로 사무실 공간을 오픈한 학교는 없었다. SSIS의 학교 경영 철학이 담긴 시설이라는 생각이 들었다. 또 교실도 순회하면서 살펴보 았는데 복도에서 교실 안을 잘 살펴볼 수 있도록 커다란 통창으로 되어 있어서 교실 활동 내용을 훤히 볼 수 있었다. 이런 개방형 구조가 학생이나 학부모, 경영자와 교사 모두에게 좋은 시스템이란 생각이 들었다. 우리학교는 전에 무석 시정부에서 SK Hynics를 유치하는 과정에서 지어 준 학교이다. 복도와 교실이 콘크리트 벽으로 막혀 있는 구조다. 답답하기도 하고 학생 안전이나 교육활동 관리 측면에서 어려운 점이 많다.

  SSIS는 전체적으로 한국학생이 약 35% 정도인데 중등부로 가면 약 40%가 넘는다. IB 교육과정을 운영하고 있고 1년 2학기 시스템이다. 1년 2학기제가 한국과 비슷해서 인근 덜위치(Dulwich)보다 SSIS를 한국학생들이 선호한다고 한다. 덜위치는 1년 3학기 시스템이다. 이 학교에는 한국 특례입학 전문가가 따로 있고 전세계 대학으로 골고루 진학한다고 한다. 한 반 인원은 20명이 넘지 않게 관리를 하는데 SK Hynics 주재원 자녀들도 많이 재학하고 있다고 한다.

  SSIS는 현관(Foyer)에 각국의 국기가 세워진 포토존이 있다. 현재 약 24개국에서 학생들이 왔고 교사들의 국적은 25개국이라고 한다. 학생들의 모국 국기가 모두 세워져 있는 것 같다. 그리고 현관에 Aspretto가 있는데 중고등학생들이 정해진 시간에 ID카드를 이용하여 음료수나 빵류를 구입할 수 있다고 한다. 학교를 방문하는 학부모도 당연히 여기서 커피를 마실 수 있다고 한다. 우리학교는 학교 매점 설치에 대해 교육공동체가 의논했는데 이런저런 부정적인 의견과 안전사고에 대한 우려가 있어서 시행하지 못하고 있다. 교육공동체가 학생복지 증진이라는 시대적 요청에 부응하는 유연한 생각을 해 주었으면 좋겠다.

 이제 본격적으로 학교시설을 탐방해 볼 차례다. 유초등학교부터 살펴보았다. 유치원 교실이 꽤 넓고 다양한 교구와 자료들이 많았다. 모두 눈에 보이도록 진열이 되어 있고 배치가 되어 있었다. 교구대도 낮아서 언제든지 쉽게 이용을 할 수 있었다. 우리나라에서는 보통 교구보관함을 만들어서 문을 달아 놓고 사용하는 경우가 많은데 '유리문을 달아 상시 보이게 놓고 사용하면 더 편리하지 않을까?' 이런 생각을 해 보았다. 사용과 활용 중심인가? 보관과 관리 중심인가? 이런 시각차가 드러나는 대목이다. 또 하나는 유치원에 목공장이 있었다. 이것은 정말 놀랄 만한 교육시설이라고 볼 수 있다. 유치원생들의 안전을 고려하여 목공이 가능한 도구와 연장들이 비치되어 있었다. SSIS의 또 다른 교육철학을 짐작할 수 있는 교육시설이었다. 우리나라는 다치면 안 되니 유치원에서는 목공을 상상할 수도 없고 초등도 이런저런 이유로 목공실 설치를 꺼린다. 학생들은 좋아하는데 교사들이 선뜻 내키지 않아 한다. 물론 SSIS는 보조교사가 더 있는 것 같다. 수업을 진행하는 교사가 있고 언어 보조교사도 있다. 한국학교가 국제학교 운영시스템을 지원할 만한 교직원 인력을 충분히 갖추고 있지 못한 점도 있지만 이것은 교육철학의 문제이기도 하다.

 SSIS 유치원은 실내에 커다란 놀이 시설이 있었고 야외에도 놀이 시설이 있었다. 학교 투어를 오는 학부모들이 반할 만한 시설을 갖추고 있었다. 좋은 회사에 다니는 학부모들은 연간 4,000~5,000만 원 되는 국제학교 학비를 회사에서 지원해 주니 이런 학교에 자녀들이 다닐 수 있게 할 것이다.

도서관에서는 책을 읽는 공간뿐만 아니라 휴게공간과 소파 등이 갖추어져 있어서 학생들이 편하게 휴식을 취하면서도 독서를 할 수 있는 공간을 확보하고 있었다. 또 서가 밑에 바퀴가 달려 있는 이동식 서가 시스템이어서 공간을 가변적으로 활용할 수 있었다. 학교 공간이 넓다 보니 초등학교 도서관과 중고등학교 도서관이 따로 있었다. 또 식당도 1층과 2층에 있어서 저학년과 고학년이 따로 사용하고 있었고 메뉴도 정말 다양하였다. Kim Soo의 말에 따르면 특별히 무석한국학교의 식당 음식이 매우 맛이 좋다고 소문이 났다고 한다. 우리학교 급식이 맛이 있다는 것은 알고 있었지만 소주에까지 소문이 나 있을 줄은 몰랐다. 어찌 되었든 기분이 좋은 일이다. SSIS는 직영 급식이 아니고 위탁 급식을 하고 있어서 위탁업체 직원들이 나와서 학생들의 ID카드 발급이나 환불 결제를 도와주고 있었다. 급식실의 벽면도 흰색 일색이 아니고 연두색, 녹색, 푸른색 등 다양하게 채색이 되어 있었다.

또 체육관도 초등과 중등이 분리되어 두 개나 있었고 수영장도 있는데 낮에는 수업용으로 활용하고 새벽에는 수영 선수반이 활용을 하고 있다고 한다. 수영장은 관리 비용이 만만치 않아서 일반학교에서는 독자적으로 운영하기 어려운 교육시설이라고 볼 수 있다.

최근에 각 교실에 전자칠판을 많이 도입하였다고 한다. 빔 프로젝트를 활용하는 학교도 많은데 SSIS는 전자칠판을 도입하기로 방향을 잡은 것 같다. 그리고 중국에 투자한 독일 기업들이 많아서 독일어반도 있다. 무석 보스톤에는 독일어반이 없었는데 소주에 투자한 독일 기업이 더 많은 것 같다. 무석에도 지멘스(Siemens)나 보쉬(Bosch)와 같은 독일기업들이 많다.

SSIS에 중국 국적의 학생은 없고 모두 외국 국적 학생이다. 중국 국적의 학생들은 입학할 수 없다. 소주 정부에서 이런 부분을 엄격하게 관리를 하기 때문에 위반 시에는 엄중한 제재가 따른다. 교장선생님께서 체육 교류나 양교 간 교사의 연수나 수업 참관 등 교류를 더 활발히 하자고 제안을 하셨다. 우리학교에서 한 시간 거리에 있기 때문에 충분히 가능한 제안들이다.

그리고 SSIS는 1년에 한 번씩 한국에 가서 학교설명회를 한다고 한다. 한국학생들을 유치하기 위해서 정성을 들이고 있다는 것을 이번 방문을 통해 알게 되었다. SSIS는 40대가 넘는 스쿨버스를 운행하면서 소주 전역에서 다니는 학생들의 통학을 지원하고 있다. 영어가 부족한 학생들의 영어를 지원하기 위해 EAL을 운영하고 있고 전담 선생님도 있다고 한다. 그리고 이를 위해 콜롬비아 리딩프로그램을 활용한다고 한다. 학교를 순회하면서 느낀 것인데 개방성이란 측면에서 무석 ISW 교직원에는 못 미치는 것 같다. ISW 교직원의 친절도는 세계 TOP이란 생각이 들었다. 그렇지만 친절하게 냉커피를 타 주는 스태프 직원과 친절하고 상냥한 Kim Soo, 또 현관 입구에 있는 Welcome Carpet도 멋져 보였다. 이런 소소한 작은 배려와 관심이 학교 공동체를 행복하게 한다.

[각국 국기가 있는 SSIS 현관]

[SSIS 이태리 교장]

또 600석 규모의 강당이 있는 것도 대단하다. 각종 공연과 교내 행사가 이루어지는 곳이라고 한다. 최근에 대형 LED 전광판을 설치해서 각종 행사의 효과를 극대화하고 있다고 한다. 드라마실에는 각종 소품과 의상이 잘 갖추어져 있고 무대까지 있어서 자기의 소질과 끼를 발산해 볼 수 있는 기회를 많이 가질 수 있다고 한다.

특이한 점은 11학년이나 12학년이 되면 교복을 입지 않아도 된다고 한다. 학생들에게 그만큼 자율성과 책무성을 부여하고 예비 어른으로서 대접을 한다고 한다. Dulwich에서도 이런 자율시스템을 시행하고 있었다.

SSIS의 가장 큰 장점은 수업시간에 잠을 자는 학생이 한 명도 없다는 점이다. IB 교육과정 운영의 장점이라고 본다. 과도한 학원 수업으로 지친 한국학생들은 학교 수업시간에 잠자는 경우가 있는데 잠자는 학생이 없다는 것은 고무적이다. 또 교사들 간 책상에 파티션이 없고 있다고 해도 아주 낮다. 한국학생이 많은 국제학교이지만 교내에서 한글사용에 대해서 특별한 패널티는 없다고 한다. ISW에서는 한글사용에 대해서 패널티가 있었다. 아마 학부모들의 요구가 있었을 것이다.

그리고 또 하나는 교실을 순회하면서 느낀 점은 선생님들이 늘 웃으면

[잘 갖추어진 목공실]

[현대식 설비가 된 음악실]

서 학생들을 가르치고 있다는 점이다. 학생들과 함께하는 수업을 즐기고 있다는 느낌이 들었다. 화를 내거나 학생들을 엄격하게 통제하는 선생님이 안 보이고 즐겁게 소통하고 있었다.

  한국선생님들이 이런 점을 배웠으면 좋겠다. 요즘은 한국학교도 학생 수가 많이 줄어들어서 충분히 가능하다고 생각한다. 과거에는 교실에 너무 많은 학생이 있어서 통제 위주로 갈 수밖에 없는 구조였지만 지금은 충분히 가능한 상황이라고 본다. 결국 선생님들의 교육관과 마인드가 결정한다고 본다. 약 2시간 동안 학교 투어를 하면서 학생을 타이르는 선생님을 보았어도 혼내는 선생님은 한 분도 보지 못했다. 선생님이 학생을 사랑과 애정으로 타이르는 것과 혼내는 것은 분명히 다르다.

홍콩(香港)에서 홍콩 가다

홍콩의 중국식 이름 한자가 향항(香港)인데 이른바 향나무를 실어 나는 항구가 있다는 의미로 香港이라고 했다고 한다. 향항(香港)이란 이름의 유래는 처음 듣는 얘기다. 전에 광저우 갔을 때 마카오를 들러 홍콩으로 가려고 했다가 가지 못했기 때문에 홍콩은 처음 왔다. 무석에서 비행기로 2시간 30분 정도 걸리는 거리다. 사실 이 정도 거리면 꽤 멀다. 김포공항에서 제주도가 한 시간 정도 걸리는데 이 거리가 짐작이 된다. 안개 낀 무석 공항을 출발하려고 하는데 교감선생님으로부터 문자가 왔다. 편안하게 잘 다녀오시라는 문자였고 홍콩 출장 기간 중 교감선생님께서는 학교에 근무하시고 설 명절 연휴에는 한국에 가신다고 하였다.

홍콩행 비행기 표를 보니 가운데 좌석이었다. 특정 좌석을 달라고 하지 않았더니 가운데 좌석을 주었다. 비행기 좌석 중 가운데 좌석을 선호하는 사람은 없을 것이다. 이코노미석은 가운데 좌석에 앉으면 좀 불편하다. 좌석이 좁아서 좌우로 움직이기도 어렵다. 화장실 가기도 불편하다. 그래서 난 통로좌석을 선호한다. 한쪽이라도 편하고 화장실 다녀오기도 편하기 때문이다. 창가를 보니 맑은 날씨에 천평선이 보였다. 구름이 눈밭 밀림이 된 듯하다. 하늘에서만 볼 수 있는 멋진 광경이다.

좌우 좌석을 살펴보니 예쁘게 생긴 세련된 20대 홍콩 아가씨들이 앉아 있었다. 약 1,800분의 1이라는 확률이 발생한 것이다. 처음에 가운데 좌석이라서 투덜거리고 있었는데 오늘은 그냥 기분이 좋은 것 같다. 홍콩 가는데 아주 홍콩 가는 것이 아닐까? 투덜거리던 마음이 사라졌다. 홍콩공항에 도착해서 입국장으로 나가는데 거리도 꽤 멀고 입국장 면세점이 널브러져 있어 좀 혼란스러운 인상을 받았다. 좌로 빠지고 우로 돌고 올라갔다 내려갔다 정신이 없었다. 아마 공항을 계속 확장하고 시설을 재배치하고 설계를 변경하면서 이렇게 되었으리라고 추측이 되었다. 그리고 홍콩공항이라 그런지 홍콩 국적기 CATHAY PACIFIC 비행기가 많이 보였다. 공항에 도착해 보니 소주 교장선생님과 실장님께서 미리 도착해서 우리를 기다리고 있었다. 소주 행정실장은 이번에 새로 부임하신 분으로 처음 만났다. 서울교육청 본청 예산과에서 근무하다가 왔다고 한다. 우리를 기다리면서 홍콩 관광에 필요한 OCTOPUS 카드를 구입했다고 한다. 지인들이 홍콩 달러를 많이 가지고 있어서 빌려 온 홍콩 달러로 구입했다고 한다. 우리는 홍콩 달러가 없어서 국민은행 카드로 현금을 인출해 보려고 했는데 안되서 중국 신한은행 카드로 홍콩달러를 출금하여 옥토퍼스 카드를 구입하였다. 이 옥토퍼스 카드는 공항데스크에서 오직 현금으로만 구입할 수 있다고 한다. 다른 결제 수단은 안 된다고 한다. 이런 부분는 조금 이해가 안 된다. 중국 인민폐도 안 된다고 한다. 하나의 중국인데 홍콩에서 인민폐가 안 된다니 이해하기 어려웠다. 이날 원화 환율이 중국 인민폐는 198원이었고 홍콩 달러는 186원이었다.

그러나 홍콩 여행을 하면서 느낀 것인데 옥토퍼스 카드가 있으면 모든 것이 해결된다. 각종 관광지 입장료도 이것으로 해결이 되고 버스, 지하철, 식당 음식비도 다 결제가 된다. 일부 상점에서는 신용카드가 결제되고 중국 알리페이, 위챗이 결제되는 곳이 있지만 외국인이라면 홍콩에서는 옥토퍼스 카드가 있어야 한다. 최근 카카오페이와 알리페이가 제휴를 맺어서 결제가 되는 곳이 있지만 안되는 곳도 많다. 그래서 옥토퍼스 카드가 꼭 필요하다. 다만 이 카드는 충전을 조금 많이 해야 하는데 남은 금액은 홍콩을 나갈 때 상당히 손해를 보고 환전을 하든지 아니면 다시 오려면 남은 금액을 그대로 가지고 있어야 한다. 이것도 홍콩 재방문을 유인하는 고도의 관광진흥책이라고 해야 할 것이다.

옥토퍼스 카드를 구입하고 나니 상해한국학교 교장선생님과 행정실장이 도착하여 함께 밴을 타고 호텔로 향했다. 미리 상해한국학교와는 연락이 되었지만 소주와는 연락이 안 되어 일정을 맞추지 못했다. 다만 현지에서 밴 비용과 이동 동선을 고려하여 함께 이동하니 비용도 절약이 되고 좋았다. 홍콩은 자동차 운전석도 오른쪽이다. 이것은 원래 유럽의 귀족들이 마차를 몰 때 오른쪽에 앉아서 운행했는데 그 영향으로 오른쪽에 운전석이 생겼다고 한다. 마차를 몰 때 채찍질해야 하기에 손님은 왼쪽에 앉아야 한다. 그래서 오른쪽에 핸들이 생겼다고 한다.

공항에서 AEL(Airport Express Line)을 이용하지 않고 밴을 타고 홍콩섬으로 이동하며 홍콩을 보니 홍콩의 첫인상은 난개발이 이루어진 도시라는 느낌이 들었다. 각종 도로와 건물이 체계적으로 개발이 이루어진 것 같지 않다. 햇빛도 들어오지 못하게 아파트가 붙어 있고 이웃 간 프라이버시가 없을 것 같았다. 일조권까지는 상상도 못할 것 같다. 물론 고층빌딩도 많고 화려한 쇼핑몰도 많다. 관광객의 취향에 따라 볼거리도 많을 것 같다.

홍콩은 인구밀도가 높아 지하철에 사람이 많았고 물가가 정말 높다는 것을 새삼 알게 되었다. 지인들의 얘기에 따르면 일반적인 물가가 서울의 거의 두 배 수준이라고 보면 맞다고 한다. 특히 주거비는 어마무시하다. 한국 25평 기준으로 약 월 800만 원의 임대료를 낸다고 한다. 웬만한 이익을 많이 내는 글로벌 기업이 아니면 주재원을 파견하기도 어려울 것 같다. 커피도 만 원이 넘고 맥주도 8천~만 원 선이다. 100여 개가 되는 국제학교 비용도 연간 4천만 원이 넘지만 홍콩 로컬학교는 무료라고 한다. 또 홍콩은 과외비도 비싸서 한 과목에 150만 원이 들기도 한다고 한다.

오늘은 특별히 침사추이로 갔다. 홍콩섬에 왔기 때문에 옥토퍼스 카드로 결제하여 MTR을 타고 침사추이로 갔다. 홍콩은 광둥어를 사용하기 때문에 중국 보통화와 발음이 다르다. 첨사저(尖沙咀)는 보통화로는 tianshaju인데 광동어로는 tsinshatsui로 발음을 한다. 완전히 다른 것이다. 또 天后는 tianhou인데 tinhou로 발음하고 凌仔는 lingzi인데 wanchai라고 발음을 한다. 완전히 발음이 다르다. 광둥어가 중국어와 발음이 상당히 다르다는 얘기는 들었지만 홍콩에 와 보니 실감을 하겠다. 물론 홍콩은 광둥어만 쓰는 것이 아니고 영어와 혼용한다.

침사추이에서 크게 관심을 가진 것은 구룡반도 해안의 스타의 거리였다. 전에 인터넷에서 유심히 보았기 때문에 꼭 가 보고 싶었다. 구룡반도 해변을 따라 사진을 찍는 사람도 많고 해변을 구경하기 위해서 온 사람도 많았다. 건너편 홍콩섬의 빼곡한 고층빌딩도 눈에 들어왔다. 밤이 되면 그야말로 홍콩 야경을 제대로 볼 수 있는 곳이기도 하다. 레이저 쇼도 볼 수 있다.

스타의 거리에는 홍콩 영화 스타들의 핸드프린팅이 해변의 난간에 전시되어 있었다. 스타에 대한 간단한 소개와 함께 해변의 난간 스테인리스 강판에 핸드프린팅이 되어 있다. 너무나 많은 스타, 영화감독 등의 핸드프린팅이 있어서 다 헤아리기도 어려웠다. 다만 성룡은 핸드프린팅이 없었다. 아마 스타의 거리를 만들기 전에 돌아가셨기 때문이 아닐까? 이곳을 처음 방문하기 전에는 스타들의 동상이 있는 줄 알았다. 입구에 동상이 있었는데 동상은 이것 하나뿐이고 나머지는 모두 핸드프린팅이었다. 동상이 있는 줄 알고 동상들을 찾느라 한참 돌아다녔는데 핸드프린팅만 있었다. 구룡반도 앞 빅토리아항에는 유람선도 정말 많이 운행하고 있었다. 또 K11 MUSEA 쇼핑몰, 페닌슐라 호텔, 쉐라톤 호텔이 있었고, 뮤지엄과 종루까지 다양한 볼거리가 있었다. 침사추이는 꼭 가 볼 만한 곳이다. 시간 여유가 있으면 하나씩 돌아보면 좋을 것 같다. 첫날은 시간이 없어서 빅토리아하버의 야경과 레이저 쇼를 보지 못했다. 거리 악사의 버스킹도 재미가 있었는데 상해 교장선생님께서 저녁 만찬에 참석하자고 재촉하여 알렉산드라 호텔로 돌아왔다.

　호텔에 와 보니 물도 없고 치약, 비누도 없다. 일회용은 비치되어 있지 않다. 다행히 지난번 상해호텔에 갔을 때 이런 일이 있어서 가방에 치약과 칫솔, 작은 비누를 가지고 다니기 때문에 문제는 없었다. 물은 편의점에서 사서 마시면 되는데 1박에 20만 원이 넘는 호텔에 이런 것들이 없어서 숙박하기에 불편을 느끼는 것은 어쩔 수 없는 것 같다. 홍콩섬 한가운데서 고층 건물과 건물 사이로 구룡반도의 야경을 보는 재미도 있는 것 같다. 그리고 밤에는 빅토리아 하버의 8시 레이쇼를 조금 볼 수도 있다. 이것을 위안으로 삼아야 할 것 같다. 홍콩 호텔에 대해 얘기를 하자면 일단 엄청 비싸다. 작은 호텔이나 작은 방도 비싸다. 물가가 기본적으로 비싸니 한국이나 다른 나라 호텔에 비해 비싸다. 중국 본토의 호텔에 비하면 터무니없이 비쌌다.

　호텔에서 조식을 먹고 버스를 타고 남연원지(南蓮園池)에 갔다. 정원수가 잘 꾸며진 도심정원이었다. 전체적인 분위기가 일본풍이어서 일본정원으로 오해할 정도였다. 하지만 당나라 양식의 정원이라고 한다. 당나라 양식이 일본으로 전해져서 일본식으로 굳어졌고 당나라 양식은 이후 원명청을 거치면서 계속 변천을 하여 발전을 했다고 한다. 중국의 건축이나 문화적 양식이 여러 왕조를 거치면서 변화 발전을 해 왔다고 한다. 잠시 한국말이 들려서 고개를 돌려보니 서울 마포에서 온 자매들이 사진을 찍고 있었다. 반가워서 사진도 찍어 주었다. 이 남연원지는 연못 중심에 정자와 분수가 있고 연못에는 이리저리 헤엄쳐 다니는 잉어가 있었다. 중국 정자 옆 연못에는 항상 잉어가 있다. 잉어가 부와 행운의 상징이기 때문에 잉어가 없는 연못은 없다. 전에 소주한국학교 학생들이 홍콩으로 수학여행을 왔을 때도 여기를 왔다고 한다. 멋진 정원은 잡념을 덜어 버리고 평화롭게 산책할 수 있는 곳이다. 길 건너편에는 사찰까지 있어서 불교신자들에게는 더할 나위 없이 나들이하기에 좋은 곳이다. 입장료도 무료다.

그리고 남연원지 앞에는 지하철역이 있고 다이아몬드라고 큰 쇼핑몰도 있어서 쇼핑과 식사까지 할 수 있는 곳이기도 하다. 하지만 이 쇼핑몰의 식당은 가격이 비싸다. 약간의 차를 우려내 주전자에 담아 준 물이 만 원이었다. 음료의 가격을 말하지도 않는다. 한국에서는 이런 것은 무료인데 말이다. 주문하지도 않았는데 이런 것을 갖다주고 돈을 받는다. 한국이라면 강한 항의를 받았을 것이다. 그리고 각종 SNS에 비난하는 글이 올라갔을 것이다. 그러나 여기는 홍콩이고 홍콩은 다른 세상이다. 식사 전 주는 음료를 무료라고 생각하면 큰 오산이다. 이런 점은 한국과 홍콩의 문화 차이이기도 하다.

오후에는 교육부 재외동포과 사무관, 주중대사관 교육관, 상해총영사관 교육영사님도 참석하여 재중한학의 현안과 해결책에 대해서도 협의하였다. 각 학교별 재정문제와 교사 채용 문제에 대해서도 의견을 나누었고, 학교폭력 처리나 입시지도에 대해서도 학교별 사례를 중심으로 얘기를 했다. 현안에 따라 명쾌한 해결책이 없는 경우도 있어서 서로를 위안하는 시간이기도 했다. 다만 모든 것이 예산과 연결이 되어 있어서 예산만 잘 확보하면 상당한 현안들이 해결이 될 수 있다. 특히 재외한국학교 교사선발은 어려운 점이 많다. 중등의 경우 과목에 따라 지원자가 없거나 소수여서 학교가 원하는 교사를 선발할 수 없는 경우가 많다. 우수한 교사를 선발하는 것은 더욱 어렵다. 기본적으로 지원하는 교사가 너무 적다. 다만 초등의 경우 지원자가 비교적 많아서 학교가 원하는 교사를 선발할 수 있다. 또 학교폭력에 대한 교육부 차원의 적극적인 지원이 더 필요하고 재외한국학교의 실정에 맞는 학교폭력사안처리 매뉴얼도 필요하다는 의견을 개진했다. 많은 현안에 대해서 갑론을박이 있었다. '확실한 해결책이 없는 일에 너무 많은 에너지를 소모하고 있는 것이 아닌가?' 이런 생각도 들었다. 개인적으로는 재외국민당을 만들어서 비례대표 국회의원 3명 정도를 당선시키면 재외교육에 대한 획기적인 지원이 따를 것으로 본다. 국회에서 예산을 확보할 수 있는 국회의원이 있어야 한다. 기획재정부의 선의나 교육부 관련자의 노력만으로는 한계가 있다. 다만 전제조건으로는 재외국민 전자투표를 도입해야 한다. 전자투표제를 도입하지 않으면 재외의 여건상 원거리에 사는 사람들이 4~5시간씩 걸리는 투표장에 가서 투표를 하기는 쉽지 않다.

저녁에는 만찬이 개최되었다. 만찬에는 홍콩총영사관총영사님과 홍콩국제학교 이사장님이 참석하셨다. 바닷가 쪽에 있는 식당이었는데 유리창 너머로 바닷물이 출렁대는 모습이 운치가 있었다. 오랜만에 즐거운 만찬 시간을 가졌다. 와인과 맥주에 바닷가재까지 먹으며 회포를 풀었다. 홍콩 총영사님은 재정부에서 파견된 분이라고 한다. 홍콩의 주요 경제상황에 대해서 말씀하셨다. 홍콩은 인구가 750만 명인데 그중 125만 명이 홍콩섬에 살고 있다고 한다. 그리고 홍콩의 1인당 국민소득은 약 56,000달러이고 한국인은 18,000명 정도 거주하고 있다고 한다. 과거에 북경과 상해는 교민이 10만 명이 넘을 때가 있었는데 지금은 1만 명 내외로 줄어 들었다고 한다. 홍콩의 면적은 서울의 1.8배인데 대부분 산악지역이고 실제는 울릉도 크기라고 한다. 홍콩대와 홍콩과기대가 유명하며 교육열이 높다고 한다. 일본학교는 과거 홍콩에 4개가 있었는데 현재 1개로 줄어들었다고 한다.

홍콩총영사님은 홍콩국제학교가 홍콩섬에 위치해 있어서 국제과정의 학생이 점점 늘어나고 있다고 말씀하시고 학생 수가 늘어남에 따라 학교 재정에 도움이 될 뿐만 아니라 한국의 국제적 위상을 높이는 데도 도움이 된다고 하였다. 일견 타당성이 있으나 파견교장의 입장에서 볼 때 국제과정보다는 한국과정이 더 활성화되고 학생 수가 증가해야 한다. 이것이 홍콩국제학교 설립의 취지와도 부합하는 것이다. 국제과정의 학생이 늘어서 재정적으로 도움이 되는 면만 부각이 되어서는 안 된다. 더 나아가 상해총영사관 교육영사님은 홍콩한국국제학교에서 제1언어로 영어를 쓰는 것이 온당한 일인가 하고 의문을 제기하였다. 이처럼 홍콩국제학교 운영에 대해서는 다양한 의견이 표출되었다. 식사를 하면서 건배를 하고 서로 덕담을 주고받는 화기애애한 면도 있었으나 홍콩국제학교 이사회의 활동에 대해서는 아쉬운 부분도 있었다.

[홍콩국제학교 전경]　　　　　　[홍콩국제학교 도서관 내부]

　다음 날은 홍콩국제학교를 방문하였다. 홍콩섬에 있고 위치가 좋아 홍콩국제학교 땅값이 무려 6조 원이나 된다고 한다. 엄청난 금액이다. 조선시대에도 궁궐 옆은 소위 궁세권이라고 해서 집값이 비쌌다고 하는데 홍콩은 홍콩섬의 집값이 비싸다. 홍콩교민들은 주로 홍콩국제학교 인근에 거주하고 있다고 한다. 학교 교문에서 약 3~4분 걸어가면 빅토리아 하버가 보이고 구룡반도도 보인다. 점심 식사 후에 가벼운 산책을 하면 딱 좋은 곳이기도 하다. 다만 바쁜 학사운영을 하다 보면 이런 여유를 가질 시간이 없다. 어찌 되었든 위치가 좋고 교육여건도 좋아서 국제과정을 지원하는 학생들이 점점 늘고 있다고 한다. 학비는 연간 한국 돈으로 약 4천만 원을 내고 있다고 한다. 학교에 막 들어갔을 때 학교 공간이 좁고 여유가 없어서 좀 답답한 느낌이 들었는데 홍콩에서 이 정도면 넓고 여유공간이 많은 학교라고 한다. 학교 안내를 해 주는 선생님의 말씀에 따르면 학부모들이 가성비를 따져서 학교를 선택하는데 이모저모를 잘 따져서 한국학교에 보낸다고 한다. 실제로 홍콩은 학교 건물도 10층이 넘는 경우가 많다. 땅이 좁고 비싸니 학교 건물을 10층 이상으로 짓는 것이다.

　또 홍콩에 100여 개의 국제학교가 있는데 시설 면에서 다른 국제학교에

뒤지지 않는다고 한다. 실제로 체육관과 강당이 있고, 옥상에 체육활동을 할 수 있는 공간도 있었다. 강당은 교육부 지원금으로 리모델링을 하여 편리하게 사용하고 있다고 한다. 이전에 강당이 없을 때는 학교의 주요 행사를 외부에 나가서 했는데 그때는 행사 장소 임차료로 500~600만 원이 훌쩍 나갔다고 한다. 태권도장과 농구장이 갖추어져 있고 유치원 놀이장도 있었다. 테니스장도 별도로 있었고 수영장도 크지는 않지만 단출하게 이용할 수 있는 정도는 되었다. 재중한학에서 수영장이 있는 유일한 학교이기도 하다.

또 5~6학년 학생들은 영어교사와 담임교사가 함께 근무하며 지도하는 2인 담임교사체제였다. 이 정도면 홍콩에서 여러 면에서 아주 훌륭한 시설이라고 한다. 무엇보다도 학교의 도서관이 상당히 잘 정리되어 있었다. 장서도 비교적 많고 학교의 전체적인 규모나 시설에 비해 도서관이 차지하는 면적이 넓었다. 사서님도 친절하시고 도서관의 여러 설비나 교구들이 학생들의 요구와 필요에 맞게 잘 구비되어 있었다. 사서님은 두 분이 계셨는데 학교 도서관에 대해 자부심이 있었다. 다만 학교 도서관 책은 표지를 비닐로 싸야 하는 어려움이 있다고 말씀을 하셨다. 홍콩과 한국의 다른 점이라고 볼 수 있었다. 또 IPC과정(International Primary Curriculum) 라이센스을 구입하여 도서관을 운영하고 있다고 한다. 옆에는 회의실이나 토론실이 별도로 있어서 목적에 따라 다양하게 활용할 수 있는 공간이 있었다.

다시 본격적인 협의를 하기 전에 홍콩학교 홍보영상을 보았다. 학교별 현안협의회를 히고 재외한국학교장협의회 임원도 새롭게 선출하였다. 귀임하시는 교장선생님께는 귀임 선물도 드렸다. 마답비연(馬踏飛燕)이다.

새롭게 가시는 곳에서 말이 나르는 제비를 밟고 도약하듯 승승장구하고 건승하시라는 의미다. 해마다 귀임하시는 교장선생님께 이 선물을 드리는 전통을 지키고 있다.

홍콩국제학교는 한국과정과 국제과정을 모두 운영하고 있기 때문에 서로 협력을 하기도 하지만 나름 갈등도 있고 재정적인 이해관계도 있다고 한다. 그리고 주말에는 주말한글학교를 운영하는 데 참여하는 학생들이 약 500여 명이 넘는다고 한다. 상하이 주말한글학교도 참여 학생이 200~300명 수준인데 홍콩주말한글학교의 참여 인원이 가장 많은 것 같다. 지도교사도 60여 명이나 되어 주말에는 거의 모든 교실은 주말한글학교 교실로 사용한다고 한다. 홍콩국제학교는 이사회가 있고 별도로 총회가 있어서 supervisor라는 직책의 사람이 학교경영에 대해 간섭하는 경우가 많다고 한다. 홍콩만의 특이한 학교경영구조이다.

교무회의도 초등은 영어로 진행을 하고 중등은 한국어로 진행을 한다고 한다. 도서관은 초등과 중등이 같이 이용하고 있고 현재 국제부 학생의 800명인데 그중 약 10%는 한국학생이라고 한다. 또 학교행사에 대해 홍콩정부의 간섭도 있어서 가끔 학교행사의 영상자료나 음악자료를 제출하라고 한다고 한다. 홍콩국제학교 학생들은 80~90%는 도시락을 싸 가지고 다니고 10~20% 학생만이 외부업체에서 제공하는 도시락을 이용한다고 한다. 그리고 모두 교복을 입고 학교에 다닌다고 한다.

오후에는 홍콩 시내 투어를 나갔다. 먼저 미드레벨로 갔다. 미드레벨은 총길이가 800미터가 넘고 설치할 당시에는 산 정상 쪽에 사는 선원이나 상인들의 출퇴근을 위해 만들었다고 하는데 지금은 관광객을 위한 미드레벨 에스컬레이터가 되었다. 한쪽에는 보행로와 계단이 있었다. 세계에서 제일 긴 야외 에스컬레이터라고 하니 한번 타 보는 것도 괜찮을 것 같았다. 에스컬레이터가 중간중간 끊겨 있지만 올라가면서 주변의 경치와 건물을 보는 것도 쏠쏠한 재미가 있다. 미드레벨에서 내려와 벽화가 있는 거리를 가 보았는데 별 감흥은 없었다. 저 정도의 벽화에 사람들이 환호하고 찾아올까 이런 생각이 들었다.

[미드레벨 타기]

[무술 솜씨 자랑]

다음은 빅토리아 피크를 갔다. 빅토리아 피크는 트램을 타고 이동했다. 트램은 이전에 빅토리아 피크에 살던 고관대작들의 이동 수단이었다고 한다. 산 정상에 올라가니 홍콩 시내를 내려다볼 수 있었다. 이 트램도 7번이나 변천 발전을 해 왔다고 한다. 초기에는 약 20명 정도 탈 수 있었는데 계속 기술이 발전하여 200명까지 탈 수 있다고 한다. 트램을 타기 위해서 현장에서 표를 구매해야 하는 사람들은 꽤 오랜 시간을 기다려야 한다. 옥토퍼스 카드가 있는 사람들은 비교적 빠르게 별도의 통로로 입장을 할 수 있다. 옥토퍼스 카드의 위력을 느낄 수 있는 순간이었다.

트램을 타고 산 정상에 올라가 홍콩 시내를 내려다보았다. 홍콩섬(섬은 총 242개)과 구룡반도의 모습이 한눈에 들어왔다. 해 질 녘이 되자 빅토리아 하버 바다 위에 연황색 윤슬이 춤을 추고 있었다. 중국은행, IFC건물, 무역전시관이 보였고 바다 위를 오가는 유람선이 홍콩의 낭만을 배가시켰다. 어제 가 보았던 스타의 거리가 희미하게 보였다. 홍콩 앞바다에는 다리가 없다. 바다 밑에 터널이 있다. 바다 밑 해저터널을 이용하여 차가 다니고 지하철이 운행된다. 그래서 바위를 여객선과 화물선, 유람선이 맘껏 다닐 수 있는 것이다. 물론 구룡반도 화물터미널 쪽에는 다리가 있지만 빅토리아 하버 쪽에는 다리가 없다. 홍콩섬에서 구룡반도를 연결하는 다리를 만들지 않은 것은 장기적인 계획이 있었을 것이다.

빅토리아 피크 주변에는 탐방로도 있어서 시간 여유가 있는 사람이나 현지인은 이 탐방로를 이용하여 홍콩섬의 여유를 즐길 수 있다. 우리는 시간이 많지 않아서 약 400미터 정도만 걸어 보았다. 위치에 따라 홍콩의 다른 모습을 볼 수 있었다. 산 정상에 있는 갤러리아 백화점에는 관광객이 많았다. 그리고 갤러리아 백화점 옥상에서도 홍콩의 전경을 볼 수 있었다. 유료인 전망대보다는 전경을 보는 것이 조금 부족한 면이 있지만 전체적인 전망을 보는 데는 무리가 없다.

저녁은 한아림(韓雅林)이라는 한국식당에서 먹었다. 식당 입구에는 한강 작가의 노벨문학상 수상을 축하하는 배너도 세워 두었다. 무척 큰 식당이다. 홍콩에서 이 정도의 식당을 운영한다는 것은 거의 재벌 수준이다. 홍콩 현지인들도 많이 와서 식사를 하는 것 같다. 우리는 비빔밥과 갈비를 먹었는데 두 가지 모두 맛있었다. 비빔밥도 신선한 재료를 사용하고 갈비도 고기 맛이 좋았다. 한국에서 매일 신선한 재료를 비행기로 가지고 온다고 한다. 음식의 신선도와 질을 위한 클래스가 다르다. 이와 같이 관리를 할 수 있는 것은 식당이 크고 음식 재료를 많이 사용하기 때문에 가능한 일이라고 생각이 되었다. 또 이 식당의 위치는 홍콩섬에서도 임대료가 가장 비싼 causeway bay 지역이다.

우리는 사람들이 많아서 한 식탁에 6명이 앉아서 식사를 했다. 홍콩과 마카오는 이런 일이 흔하다고 한다. 4인용 식탁에 6명이 앉아서 식사를 하니 좀 불편했다. 하지만 로컬 식당이나 주요 관광지 식당에서는 모르는 사람끼리도 합석하여 식사하는 것이 무리가 없으며 자연스러운 문화라고 한다. 마카오 포르투갈 식당에 갔을 때도 식탁에 의자가 너무 좁게 비치되어 있어 옆 사람과 어깨가 닿을 정도였다. 그래서 의자를 다시 배치해 달라고 요구한 적도 있다. 거기에서 우리는 현지 문화를 이해하지 못하는 매우 까다로운 손님이었을 것이다.

저녁을 먹고 구룡반도 스타의 거리로 다시 갔다. 홍콩에 온 첫날 스타의 거리를 갔지만 홍콩 야경을 제대로 보지를 못했다. 이번에는 야경을 보는 것이 주목적이다. 홍콩섬에서 지하철을 타고 해저터널을 건너 구룡반도 스타의 거리에서 가까운 역에서 내렸다. 물론 옥토퍼스 카드를 이용하여 이동하였다.

상해의 감성이 플라타너스라면 홍콩의 감성은 홍콩섬의 야경과 따닥따닥 붙은 낡은 고층아파트가 아닐까? 홍콩의 아파트는 우리식으로 말하면 재개발 대기 중인 아파트들이다. 페인트가 다 벗겨지고 창살이 낡았는데 수리를 안 하고 그냥 그대로 사는 것 같다. 시내 곳곳에 익청빌딩과 같은 아파트가 사방에 깔려 있다. 50년 된 아파트는 기본이라고 한다. 홍콩에 가기 전에는 영화 「트랜스포머」를 찍은 익청빌딩과 같은 아파트는 하나인 줄 알았다. 그런데 사방이 익청빌딩이었다. 익청빌딩을 시간 내서 갈 필요가 없었다. 또 시내에서는 두 건물 사이에 아파트 한 채의 넓이로 20층까지 올린 샌드위치 아파트도 있다고 한다. 일조권도 없고 프라이버시도 없다. 좋다면 좋을 수 있는데 나쁘다고 생각하면 한없이 나쁘다.

반면 구룡반도 명품거리에는 관광객이 넘친다. 명품숍에는 대기줄이 길다. 한꺼번에 고객들을 입장시키지 않고 매장 안에 일정한 인원이 넘으면 입장을 시키지 않고 줄을 서게 한다. 이미 입장한 고객들이 편안하게 쇼핑할 수 있도록 전략적인 배려를 하는 것 같다.

홍콩은 겨울인데도 한낮은 덥다. 겉옷을 벗어야 하고 심지어 반팔을 입은 사람도 있다. 연변에서 온 분들은 시원하고도 추운 연변 날씨가 그립다고 한다. 홍콩은 도로가 좁고 사람은 많고 바쁜 도시다. 꾸미지도 않고 일만 하는 커리어우먼 같다. 우아함이나 품격은 좀 부족한 여자라고나 할까? 여기저기 다 본 것 같은데 홍콩의 밤 문화를 알 수 있는 란콰이퐁을 가 보지 못해 아쉽다. 한 번 더 온다면 여기를 가 보고 싶다. 그리고 가이드한테 들은 얘기인데 흔히 한국에서 남자들 사이에서 '홍콩 간다'는 말이 있는데 이는 과거 홍콩 완차이 지역에 홍등가가 있었는데 이곳을 미군들이 드나들었다고 한다. 그래서 기분이 좋고 황홀해지는 일에 빗대어 홍콩 간다는 말이 생겼다고 한다. 말의 유래도 모르고 썼던 말을 이제 제대로 알게 되었다.

홍콩은 아파트 국민평형이 11평이라고 한다. 한국은 32평이 국민평형인데 이에 비하면 매우 좁다. 홍콩교장선생님께서 거주하는 곳은 25평 크기인데 약 800만 원의 임대료를 낸다고 한다. 이것도 구룡반도 쪽에 있어서 이 정도이고 만약 홍콩섬에 있다면 족히 1,000만 원은 내야 한다고 한다. 한편 가이드는 약 5평 정도의 집에 월 150만 원 정도의 임대료를 내고 산다고 한다.

삶의 질이란 측면에서 홍콩살이는 좀 만족도가 떨어지지 않을까? 집값도 몇백억이 넘는 것도 있고 천억이 넘는 집도 있다고 한다. 센트럴에는 장국영이 자살한 만다린오리엔탈 호텔이 있는데 여기서는 매년 추모식이 열린다고 한다. 들어가 보지는 않았지만 외관만 보고 지나가는데도 웬일인지 가슴이 멍해지는 것 같다. 한국에서 초콜릿 광고를 할 때의 모습이 떠올랐다. 홍콩은 기름값도 한국이 1,600원 할 때 홍콩은 4,300원이다. 두 배가 넘는다.

여행은 체력이다. 퍼센트(%) 커피 아라비카 향이 너무 좋다. 실장님이 아라비카 커피를 조금 나누어 주었다. 맛이 좋다. 시내를 조금 벗어나 Repulse 해변으로 왔다. 주변의 풍광도 너무 좋고 고급주택이 즐비해 홍콩의 또 다른 분위기를 느낄 수 있었다. 해변의 도교사원도 방문객들에게 복을 주려나 자기가 취할 수 있는 가장 멋진 포즈를 취하고 있었다. 염소까지 신이 되어 해변을 지키고 있었다. 염소신까지 모시는 것은 처음 본다.

Repulse 해변을 가면서 본 것인데 홍콩은 공동묘지가 시내에 참 많았다. 공동묘지가 있는 쪽의 아파트가 더 비싸다고 한다. 자주 가서 조상들을 볼 수 있고 조상들이 자기들을 보호해 준다고 믿기 때문이란다. 우리와는 다르다. 우리는 공동묘지가 들어온다고 하면 시위를 하고 난리가 날 것이다. 세상사 생각하기 나름이다.

홍콩에 와서 이런저런 사회의 모습을 많이 본다. 홍콩은 자동차 번호가 앞면은 흰색이고 뒷면은 노랑색이다. 앞뒤의 색깔이 다르다. 또 자동차 번호판에 중국 번호, 홍콩 번호, 마카오 번호를 모두 나타낼 수 있다고 한다. 이런 번호판을 가지고 중국과 홍콩, 마카오를 모두 오고 갈 수 있다. 당연히 세 가지 번호를 모두 가진 번호는 비싸고 부의 상징이라고 한다. 특히 중국인이 좋아하는 '8' 자가 들어간 번호판이 비싸며 영어로는 R과 W이 들어간 번호판이 비싸다고 한다. Rich와 Wealth 모두 부와 관련이 있는 영어 단어의 이니셜이기 때문이다. 그리고 운전대가 오른쪽에 있는데 이는 과거 마차의 영향이라고 한다.

또 홍콩에는 필리핀 등지에서 온 헬퍼들이 있는데 월급은 한화로 90만 원 내외라고 한다. 헬퍼를 선발할 때 너무 예쁘면 탈락을 시킨다고 한다. 이유가 무엇일까? 남녀상열이다. 집안에서 스캔들이 일어나면 안 되기 때문이다.

헬퍼는 주로 집안일을 하고 아이들 등하교를 책임진다고 한다. 홍콩은 아이가 혼자서 등하교하는 것이 불법이다. 이렇게 5~10년 일하고 본국으로 돌아가 땅도 사고 집도 사서 산다고 한다. 홍콩의 특이한 점은 홍콩 달러 발권은행이 세 개나 된다는 것이다. Bank of China(50% 내외), Standard chartered(30% 내외), HSBC(10% 내외)와 같은 세 개 은행이 발권을 담당하고 있고 각각의 비율은 괄호와 같다. 그런데 더 이상한 점은 이 지폐의 형태나 디자인이 다르다. 우리 같으면 위조지폐의 위험성도 있고 지폐가 약간 헷갈리는 부분도 있어서 한 은행을 지정하여 발권은행으로 지정할 텐데 홍콩은 그렇지 않다. 마카오도 화폐가 있는데 자체 발권은행이 없어서 중국계 은행에 발권을 의뢰하여 지폐를 인쇄한다고 한다. 알면 알수록 재미있는 부분이다.

홍콩은 1997년 7월 1일 영국으로부터 반환이 되었다. 1842년 아편전쟁의 결과 남경조약을 맺고 홍콩을 할양하고 1860년 제2차 아편전쟁으로 구룡반도를 할양하였다. 그리고 150년이 지나 다시 중국의 손에 들어온 것이다. 영국은 1898년 신계지역(홍콩 면적의 86%)을 99년 임차조건으로 획득하였다가 이 지역까지 모두 반환한 것이다. 돌이켜 보면 '영국이 힘이 강했을 때 임차가 아닌 차지를 했으면 어땠을까?' 이런 생각도 해 본다. 당시 국제정세는 여러 가지 힘의 역학관계가 작용했겠지만 만일 영국이 홍콩을 차지했더라면 현재 영국의 국력은 비교할 수 없는 수준이 되었을 것이다. 땅값 기준으로 수천조 원의 홍콩 땅을 중국에 반환하는 것은 영국으로서는 커다란 국력의 손실이었을 것이다. 당시 무리를 해서라도 할양이나 임차가 아닌 차지라는 외교적 결단을 내렸다면 현재의 영국은 완전히 다른 나라일 것이다. 역사에는 만일이 없으니 무의미한 상상일 수 있겠다.

명품 거리와 스타의 거리가 멀지 않아서 약 10분간 걸으니 바로 도착했다. 벌써 많은 사람들이 와 있었다. 8시에 레이저쇼를 한다고 하니 이것을 보려고 시간을 맞춰서 오는 것 같다. 홍콩 야경은 처음이다. 구룡반도에서 홍콩섬을 바라보는 야경이다. 상해 외탄 야경과는 달랐다. 외탄은 동방명주를 중심으로 하고 유람선 야경이 큰 축인데 여기는 홍콩섬 여러 빌딩들이 함께 만들어 내는 야경이었다. 휴대폰 카메라 성능이 좋지 않은데 이 야경을 온전히 담아낼 수 있을까 하는 의구심이 들었지만 열심히 찍었다. 하지만 몇몇 빌딩에서 쏟아져 나오는 레이저는 그 크기나 양, 횟수에서 별다른 감흥을 주지 못했다. 서울 불꽃놀이를 본 사람을 그저 시시한 레이저쇼에 불과한 것이다. 중국의 웬만한 지방 분수쇼에도 미치지 못하는 것 같다. 야경 그 자체를 한번 구경하는 것은 괜찮으나 레이저쇼는 별로였다.

　레이저쇼까지 보고 종루 옆에서 유람선을 타고 다시 홍콩섬으로 돌아왔다. 유람선을 타는 시간도 짧아서 타자마자 내린 것 같다. 몇몇 유람선은 돛단배 모양으로 되어 있고 야간 조명을 화려하게 하여 흥겨움을 더한다. 유람선 승선료는 홍콩달러로 3달러로 매우 싸다. 이 유람선을 타고 구룡반도에서 홍콩섬으로 출퇴근하는 직장인도 있다고 한다. 홍콩을 떠나려고 하니 홍콩의 빨간 택시가 그리울 것 같다. 한번도 직접 타 보지는 않았지만 옆에서 보기에도 귀엽다. 홍콩에서 지하철이나 버스만 타고 다닐 줄은 몰랐다. 홍콩도 이제 우리 집 앞마당이 된 건가?

현장에서 본
재외한국학교
그리고 중국교육

ⓒ 박정표, 2025

초판 1쇄 발행 2025년 11월 14일

지은이 박정표
펴낸이 이기봉
편집 좋은땅 편집팀
펴낸곳 도서출판 좋은땅
주소 서울특별시 마포구 양화로12길 26 지월드빌딩 (서교동 395-7)
전화 02)374-8616~7
팩스 02)374-8614
이메일 gworldbook@naver.com
홈페이지 www.g-world.co.kr

ISBN 979-11-388-4869-5 (03370)

- 가격은 뒤표지에 있습니다.
- 이 책은 저작권법에 의하여 보호를 받는 저작물이므로 무단 전재와 복제를 금합니다.
- 파본은 구입하신 서점에서 교환해 드립니다.